Die assoziierte Diskriminierung

Europäische Hochschulschriften Recht

European University Studies in Law

Publications Universitaires Européennes de Droit

Band/Volume 6703

Merve Sürücü

Die assoziierte Diskriminierung

PETER LANG

Bibliografische Information der Deutschen Nationalbibliothek
Die Deutsche Nationalbibliothek verzeichnet diese Publikation in der Deutschen Nationalbibliografie; detaillierte bibliografische Daten sind im Internet über http://dnb.d-nb.de abrufbar.

Zugl.: Berlin, Freie Univ. Diss., 2022

D 188
ISSN 0531-7312
ISBN 978-3-631-88356-3 (Print)
E-ISBN 978-3-631-89083-7 (E-PDF)
E-ISBN 978-3-631-89084-4 (E-PUB)
DOI 10.3726/b20234

Peter Lang – Berlin · Bruxelles · Lausanne · New York · Oxford

Diese Publikation wurde begutachtet.

www.peterlang.com

Meiner Familie

Vorwort

Die vorliegende Arbeit wurde vom Fachbereich Rechtswissenschaft der Freien Universität Berlin im Sommersemester 2022 als Dissertation angenommen. Gesetzgebung, Rechtsprechung und Literatur sind bis zum 9. September 2021 berücksichtigt.

Ich danke ganz besonders meinem Doktorvater, Herrn Univ.-Prof. Dr. Felix Hartmann, für die Anregung zum Thema meiner Arbeit sowie für seine großartige Betreuung und stets wertvolle Unterstützung bei ihrer Anfertigung. Herrn Univ.-Prof. Dr. Christian Armbrüster danke ich ebenfalls ganz herzlich für die zügige Erstellung des Zweitgutachtens. Zudem danke ich dem Land Berlin, das diese Arbeit mit dem Elsa-Neumann-Stipendium gefördert hat.

Darüber hinaus gilt mein besonderer Dank meinen lieben Freundinnen Isabell Flöter, Zakiya Mzee, Larissa Schobert-Jahn und Imke Meiners. Ihnen danke ich für den konstruktiven Austausch sowie den wissenschaftlichen und privaten Beistand in jeder Phase der Erstellung dieser Arbeit.

Schließlich gebührt mein größter Dank meiner Familie: meinen Eltern Banu und Mustafa sowie meiner Oma Sefika, die mich während meiner gesamten Ausbildung in jeder Lebenslage unterstützt und an mich geglaubt haben, meiner Schwester Gökce und meinem Schwager Can, die immer für mich da waren und mich stets motiviert haben sowie meinem Ehemann Jörg, ohne dessen fortwährenden Zuspruch, Verständnis und liebevolle Unterstützung die Fertigstellung dieser Arbeit nicht möglich gewesen wäre. Ihnen ist diese Arbeit gewidmet.

Berlin, im August 2022

Merve Ceylan Sürücü

Inhaltsverzeichnis

Einleitung

Der Europäische Gerichtshof (EuGH) hatte im Jahr 2008 in der Rechtssache Coleman über einen besonderen diskriminierungsrechtlichen Fall zu entscheiden.[1] Frau Coleman, eine Anwaltssekretärin in einer Londoner Anwaltskanzlei, behauptete, wegen der Behinderung ihres Sohnes von ihrem Arbeitgeber benachteiligt und belästigt worden zu sein. Die Diskriminierung von Frau Coleman sei somit nicht aufgrund eines eigenen Differenzierungsmerkmals erfolgt. Vielmehr habe ihr Arbeitgeber sie mit der Behinderung ihres Sohnes assoziiert und sie deshalb benachteiligt und belästigt.

Bislang weist der Wortlaut des nur wenige Jahre vor der Coleman-Entscheidung in Kraft getretenen deutschen Allgemeinen Gleichbehandlungsgesetzes (AGG)[2] keine konkrete Regelung zur Fallgruppe der assoziierten Diskriminierung auf. Die klassischen Benachteiligungsfälle des AGG betreffen in der Regel Zwei-Personen-Verhältnisse, also den Benachteiligenden und den benachteiligten Merkmalsträger[3] und weniger Drei-Personen-Verhältnisse wie bei der assoziierten Diskriminierung. Somit fügt sich die Fallgruppe der assoziierten Diskriminierung in die Reihe zahlreicher dogmatischer Problemstellungen ein, die die Anwender des AGG auch nach dessen Inkrafttreten immer wieder beschäftigen und Ursache vieler rechtspolitischer Debatten sind.[4]

Unter einer assoziierten Diskriminierung versteht man die Benachteiligung einer Person wegen eines Differenzierungsmerkmals, welches nicht sie selbst, sondern eine andere (ihr nahestehende) Person aufweist.[5] Eine solche Diskriminierung liegt z.B. vor, wenn ein Bewerber wegen der Homosexualität

---

1 EuGH, Urt. v. 17.07.2008 – C-303/06, Coleman, NZA 2008, 932ff.

2 Allgemeines Gleichbehandlungsgesetz vom 14.08.2006, BGBl. I 2006, S. 1897.

3 Soweit im Folgenden Berufs-, Gruppen- und/oder Personenbezeichnungen verwendet werden, ist stets jedes Geschlecht gemeint. Aus diesem Grund sieht die Verfasserin für eine bessere Lesbarkeit bewusst von einer genderneutralen Ausdrucksweise ab.

4 Siehe für eine Übersicht zu den rechtspolitischen Debatten z.B. *Bauer/Krieger/Günther*, AGG, 5. Aufl. 2018, Einl. Rn. 32bff.

5 *Alenfelder*, Diskriminierungsschutz im Arbeitsrecht, Rn. 43; *Bader*, Arbeitsrechtlicher Diskriminierungsschutz als Privatrecht, S. 266; *Däubler*, in: Däubler/Bertzbach, NK-AGG, 4. Aufl. 2018, § 1 Rn. 109; *Braunroth/Franke*, NJ 2014, 187 (193) spricht hier von „Diskriminierung durch Assoziierung“.

seines Sohnes von einem potentiellen Arbeitgeber nicht eingestellt wird[6] oder ein Vermieter seine Wohnung nicht an eine Frau vermietet, weil ihr Freund dunkelhäutig ist.[7]

Teilweise wird die assoziierte Diskriminierung auch als „vermittelte Diskriminierung“[8], „drittbezogene Diskriminierung“[9], „Diskriminierung durch Zugehörigkeit“[10] oder „transferred discrimination“[11] bezeichnet. Der Begriff der assoziierten Diskriminierung ist jedoch der passendste: Assoziieren bedeutet zum einen Vorstellungen mit etwas verknüpfen, in Verbindung bringen und zum anderen sich zusammenschließen, vereinigen bzw. sich anschließen.[12] Durch die Verbindung der Begriffe „Diskriminierung“ und „assoziieren“ sollen gerade die Fälle erfasst werden, in denen ein Nicht-Merkmalsträger aufgrund seiner Verbindung zu einem Merkmalsträger benachteiligt wird. Er wird demnach mit dem Differenzierungsmerkmal in Verbindung gebracht und in der Vorstellung des Benachteiligenden damit verknüpft.

Zur Veranschaulichung der besonderen Dreieckskonstellation im Rahmen der assoziierten Diskriminierung soll folgendes Schaubild dienen:

---

6 Beispiel nach *Bader*, Arbeitsrechtlicher Diskriminierungsschutz als Privatrecht, S. 266.

7 Beispiel nach *Waddington*, Europäische Zeitschrift zum Antidiskriminierungsrecht, Ausgabe 5, Juli 2007, S. 13 (14), http://www.mittendrinundaussenvor.de/fileadmin/bilder/Europ-Zeitschr-5.pdf (letzter Abruf: 09.09.2021); ähnliches Beispiel auch bei *Braunroth/Franke*, NJ 2014, 187 (193).

8 *Alenfelder*, Diskriminierungsschutz im Arbeitsrecht, Rn. 43ff.

9 *Bayreuther*, NZA 2008, 986ff.; *Schnabel*, Diskriminierungsschutz ohne Grenzen?, S. 20; *Hopf/Mayr/Eichinger*, GlBG, § 17 GlBG Rn. 9.

10 *Schiek*, in: Schiek, AGG, § 3 Rn. 14.

11 *Honeyball*, Web JCLI 2007, Iss. 4, http://www.bailii.org/uk/other/journals/WebJCLI/2007/issue4/honeyball4.html (letzter Abruf: 09.09.2021).

12 Duden, Deutsches Universalwörterbuch, 8. Aufl. 2015, S. 187.

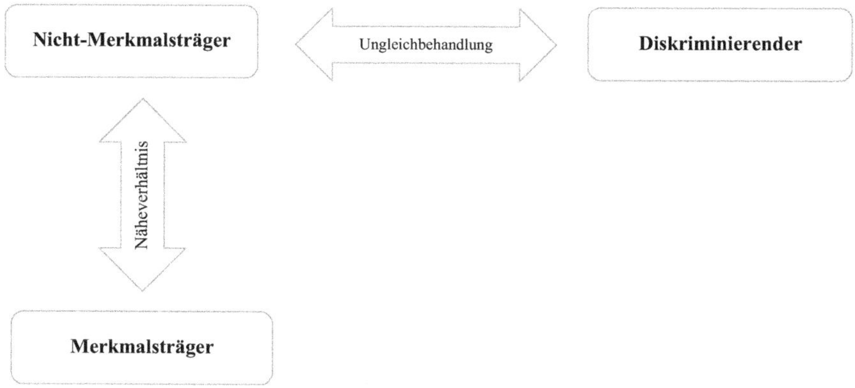

A. Anlass und Ziel der Dissertation

Durch die Rechtssache Coleman hatte der EuGH erstmals die Gelegenheit, in einem Fall der assoziierten Diskriminierung zu entscheiden und die Besonderheiten dieser Drei-Personen-Konstellation herauszuarbeiten. Sodann ergab sich im Jahr 2015 für den EuGH in der Rechtssache CHEZ Razpredelenie Bulgaria erneut die Möglichkeit, über diese Fallgruppe zu entscheiden.[13] Diesmal ging es um eine assoziierte Diskriminierung im Zivilrechtsverkehr, nämlich um eine diskriminierende Stromzähleranbringungspraxis in einem Roma-Stadtviertel in Bulgarien. In diesem Roma-Stadtviertel wurden alle Stromzähler in einer Höhe von sechs bis sieben Metern angebracht. In anderen Stadtvierteln wurden die Zähler hingegen in einer Höhe von 1,70 Meter installiert. Die Benachteiligte definierte sich selbst jedoch nicht als Roma.

Dem Bundesarbeitsgericht (BAG) lag bisher nur ein Fall der assoziierten Diskriminierung wegen des Geschlechts zur Entscheidung vor.[14] In dieser Rechtssache wandte sich ein Angestellter gegen eine tarifliche Übergangsregelung (§ 5 TVÜ-Länder), die einen Stichtag vorsah. Durch die Übergangsregelung verlor der Angestellte seinen familienbezogenen Ortszuschlag, weil sein Sohn an dem Stichtag seinen Grundwehrdienst leistete. Der Kläger behauptete, durch die Übergangsregelung gegenüber anderen Alleinerziehenden mit Töchtern oder

13 EuGH, Urt. v. 16.07.2015 – C-83/14, CHEZ Razpredelenie Bulgaria, Celex-Nr. 62014CJ0083.

14 BAG, Urt. v. 22.04.2010 – 6 AZR 966/08, NZA 2010, 947ff.

Söhnen, die keinen Wehr- oder Zivildienst hätten leisten müssen, benachteiligt worden zu sein. Die Benachteiligung sei dabei wegen des Geschlechts seines Sohnes erfolgt.

Die recht überschaubare Zahl der Verfahren vor dem EuGH und BAG täuscht jedoch über die hohe Relevanz dieser besonderen Fallgruppe. Es sind – wie die Fälle in der Rechtsprechung und die Beispielsfälle zeigen – verschiedenste Konstellationen von assoziierten Diskriminierungen denkbar. Da diese Rechtsfigur gesetzlich nicht geregelt ist und auch weiterhin viele offene Rechtsfragen z.B. in Bezug auf die Anspruchsberechtigung bestehen, ist es besonders wichtig, die Aufmerksamkeit von Betroffenen und auch der Praxis auf die Fallgruppe der assoziierten Diskriminierung zu lenken.

Ziel der vorliegenden Dissertation ist es, einen Beitrag zur Klärung der rechtlichen Fragen im Rahmen der Fallgruppe der assoziierten Diskriminierung zu leisten und zu untersuchen, ob sich die Fallgruppe der assoziierten Diskriminierung in den Schutzbereich des AGG integrieren lässt. Rechtsanwendern soll für die Zukunft der Umgang mit solchen Diskriminierungsfällen erleichtert werden. Dabei liegt der Fokus der Arbeit auf den drei großen Problemfeldern der assoziierten Diskriminierung: der Anspruchsberechtigung, dem Näheverhältnis und der Reichweite der assoziierten Diskriminierung.

B. Gang der Untersuchung

Um die zahlreichen Rechtsfragen lösen zu können, ist zunächst eine Auseinandersetzung mit der Zielrichtung des Antidiskriminierungsschutzes erforderlich.[15] Die dogmatische Einordnung des AGG ist für die weitere rechtliche Prüfung der Fallgruppe der assoziierten Diskriminierung deshalb von Bedeutung, weil hiervon vor allem die Bearbeitung der Anspruchsberechtigung und des Näheverhältnisses abhängt. Zum einen muss die Zielrichtung des AGG für die Erarbeitung der Voraussetzungen der Anspruchsberechtigung im Rahmen der assoziierten Diskriminierung beachtet werden, da ausgehend von dem konkreten dogmatischen Verständnis unterschiedliche Anforderungen an die Anspruchsvoraussetzungen zu stellen sind.[16] Zum anderen ist auch beim Näheverhältnis die dogmatische Einordnung des AGG zu beachten, weil die Prüfung der Erforderlichkeit des Näheverhältnisses und der Anforderungen an das Näheverhältnis an die Zielrichtung des AGG gebunden ist.[17] Vor allem muss dabei

---

15 Siehe hierzu 1. Kap.
16 Siehe hierzu 3. Kap.
17 Siehe hierzu 4. Kap.

beachtet werden, dass das Ergebnis mit der dogmatischen Einordnung des AGG im Einklang steht. Des Weiteren hat die dogmatische Einordnung des AGG für die Reichweite der assoziierten Diskriminierung Relevanz, weil die Übertragung der geschützten Fälle der assoziierten Diskriminierung auf alle Differenzierungsmerkmale sowie auf alle Diskriminierungsformen davon abhängt, ob dies mit der Zielrichtung des AGG vereinbar ist.[18]

Im Anschluss an die dogmatische Untersuchung wird zunächst ein Überblick zu den Schadensersatz- und Entschädigungsansprüchen der §§ 15, 21 AGG gegeben.[19] Die Ausgestaltung und der Haftungsumfang der Ansprüche sind insbesondere für das Problem der Anspruchsberechtigung von Bedeutung, weil es hier um Ansprüche des Nicht-Merkmalsträgers und Merkmalsträgers nach §§ 15, 21 AGG geht.

Anschließend beschäftigt sich die Dissertation mit dem ersten großen Problemfeld der assoziierten Diskrimininierung: der Anspruchsberechtigung.[20] Hierfür wird die Frage der Anspruchsberechtigung des Nicht-Merkmalsträgers und Merkmalsträgers separat bearbeitet. Dabei setzt sich die Arbeit unter Berücksichtigung der Zielrichtung des AGG umfassend mit der Rechtsprechung des EuGH und des BAG sowie mit den vertretenen Literaturmeinungen auseinander.

Das zweite große Problemfeld stellt das Näheverhältnis dar.[21] Damit ist die Beziehung zwischen Nicht-Merkmalsträger und Merkmalsträger gemeint. Bisher ist unklar, ob ein Näheverhältnis für eine assoziierte Diskriminierung erforderlich ist und wie bejahendenfalls die Anforderungen an das Näheverhältnis konkret ausgestaltet sein müssen. Die Arbeit untersucht, ob auf ein Näheverhältnis im Rahmen der assoziierten Diskriminierung verzichtet werden kann, und setzt sich auch hier mit der Zielrichtung des AGG auseinander. Im Anschluss werden die Anforderungen an ein Näheverhältnis unter Würdigung der Rechtsprechung und Literatur herausgearbeitet und eine Konkretisierung des Begriffs vorgeschlagen.

Die Reichweite des Schutzes vor einer assoziierten Diskriminierung stellt den letzten großen Problemkreis dar.[22] Hierbei wird zunächst die assoziierte Diskriminierung im Hinblick auf die verschiedenen Differenzierungsmerkmale des § 1 AGG untersucht. Im Anschluss daran beschäftigt sich die Arbeit mit der

---

18 Siehe hierzu 5. Kap.

19 Siehe hierzu 2. Kap.

20 Siehe hierzu 3. Kap.

21 Siehe hierzu 4. Kap.

22 Siehe hierzu 5. Kap.

assoziierten Diskriminierung in Bezug auf die verschiedenen Diskriminierungsformen. Zuletzt widmet sich die Arbeit der Frage, ob ein Schutz vor assoziierten Diskriminierungen auch außerhalb des AGG in Betracht kommt.

Der letzte Teil der Dissertation beschäftigt sich mit einem konkreten Gesetzesänderungsvorschlag.[23] In der Arbeit wird untersucht, ob eine Kodifizierung der Fallgruppe der assoziierten Diskriminierung sinnvoll und erforderlich ist, damit mehr Rechtssicherheit für die Praxis geschaffen werden kann. Dabei zieht die Arbeit exemplarisch das Österreichische Gleichbehandlungsgesetz (GlBG) heran, welches die assoziierte Diskriminierung als Antidiskriminierungsgesetz explizit enthält.[24] Die Arbeit schließt mit einem konkreten Formulierungsvorschlag für eine Gesetzesnovelle ab.[25]

23 Siehe hierzu 6. Kap.

24 Bundesgesetz über die Gleichbehandlung (Gleichbehandlungsgesetz - GlBG) vom 23.06.2004, Österreichisches BGBl. I Nr. 66/2004.

25 Die in dieser Dissertation berücksichtigte Rechtsprechung und Literatur ist auf dem Stand vom 09.09.2021. Jedwede zitierte Quelle aus dem Internet wurde zuletzt am 09.09.2021 abgerufen.

1. Kapitel Dogmatische Einordnung des AGG

Der deutsche Gesetzgeber setzte mit dem am 18.08.2006[26] in Kraft getretenen AGG vier europäische Antidiskriminierungsrichtlinien[27] um. Als einheitliches Gesetz soll das AGG mehr Rechtssicherheit und Transparenz im Umgang mit Diskriminierungen schaffen[28] und umfassend vor Benachteiligungen wegen eines verbotenen Differenzierungsmerkmals i.Sd. § 1 AGG schützen.[29] Dabei dient das AGG sowohl dem Schutz von Beschäftigten vor Benachteiligungen im Beschäftigungsverhältnis (§§ 6ff. AGG) als auch dem Schutz des Einzelnen vor Benachteiligungen im Zivilrechtsverkehr (§§ 19ff. AGG).

Die bisherigen zahlreichen Auseinandersetzungen rund um das AGG drehen sich überwiegend um die Frage, wie das AGG dogmatisch einzuordnen ist. Die Ursache für die dogmatischen Auseinandersetzungen liegt vorwiegend darin,

---

26 Allgemeines Gleichbehandlungsgesetz vom 14.08.2006, BGBl. I 2006, S. 1897.

27 RL 2000/43/EG des Rates vom 29.06.2000 zur Anwendung des Gleichbehandlungsgrundsatzes ohne Unterschied der Rasse oder der ethnischen Herkunft (Antirassismus-RL), Abl. EG 2000, L 180, S. 22ff.; RL 2000/78/EG des Rates vom 27.11.2000 zur Festlegung eines allgemeinen Rahmens für die Verwirklichung der Gleichbehandlung in Beschäftigung und Beruf (Gleichbehandlungs-Rahmen-RL), Abl. EG 2000, L 303, S. 16ff.; RL 2002/73/EG des Europäischen Parlaments und des Rates vom 23.09.2002 zur Änderung der Richtlinie 76/207/EWG des Rates zur Verwirklichung des Grundsatzes der Gleichbehandlung von Männern und Frauen hinsichtlich des Zugangs zur Beschäftigung, zur Berufsbildung und zum beruflichen Aufstieg sowie in Bezug auf die Arbeitsbedingungen (Gender-RL), Abl. EG 2002, L 269, S. 15ff.; RL 2004/113/EG des Rates vom 13.12.2004 zur Verwirklichung des Grundsatzes der Gleichbehandlung von Frauen und Männern beim Zugang zu und bei Versorgung mit Gütern und Dienstleistungen (Gleichbehandlungsrichtlinie wegen des Geschlechts außerhalb der Arbeitswelt), Abl. EU 2004, L 272, S. 37ff. Die Gender-RL 2002/73/EG wurde durch die RL 2006/54/EG des Europäischen Parlaments und des Rates vom 05.07.2006 zur Verwirklichung des Grundsatzes der Chancengleichheit und Gleichbehandlung von Männern und Frauen in Arbeits- und Beschäftigungsfragen (Neufassung) (Abl. EU 2006, L 204, S. 23ff.) abgelöst. Vgl. zur deutschen Umsetzung der Richtlinien die Übersicht bei *Thüsing*, Arbeitsrechtlicher Diskriminierungsschutz, 2. Aufl. 2013, Rn. 19ff.

28 *Feuerborn*, JR 2008, 485.

29 BT-Drs. 16/1780, S. 20ff.

dass das AGG das Verhältnis von Freiheit und Gleichheit betrifft und versucht, dieses Spannungsverhältnis zu lösen.[30]

Für die wichtigsten Probleme der assoziierten Diskriminierung – insbesondere die Anspruchsberechtigung und das Näheverhältnis – ist die dogmatische Einordnung des AGG jedoch unverzichtbar, da erst hierdurch die Voraussetzungen für einen Anspruch aus dem AGG definiert werden können. Dafür sind die Vorschriften des AGG unter Berücksichtigung der dogmatischen Einordnung des Gesetzes und der mit dem Gesetz verfolgten Ziele auszulegen. Aus diesem Grund werden die zum AGG vertretenen Programmatiken dargestellt und untersucht.

A. Die zum AGG vertretenen Programmatiken

Im Rahmen des AGG werden bisher vier Programmatiken[31] vertreten. Zunächst wird das AGG als Konkretisierung des Persönlichkeitsschutzes betrachtet (I.). Nach einer zweiten Position dient das AGG hingegen der Verteilungsgerechtigkeit (II.). Die dritte Position ordnet das AGG dogmatisch unter das Prinzip der Volkserziehung ein (III.). Als letzte und neuere Position ist das Prinzip der personalen Gleichheit zu nennen (IV.).

I. Prinzip des Persönlichkeitsschutzes

Überwiegend wird das AGG als eine Konkretisierung des Persönlichkeitsschutzes betrachtet und dem Zivilrecht zugeordnet.[32]

---

30 *Hartmann*, in: Herresthal/Kaiser/Stoffels, Staudinger Eckpfeiler, AGG, 7. Aufl. 2020, S. 101, B1; *Bauer/Krieger/Günther*, AGG, 5. Aufl. 2018, Einl. Rn. 32b.

31 Siehe für eine umfassende Übersicht zu den verschiedenen Programmatiken *Hartmann*, in: Herresthal/Kaiser/Stoffels, Staudinger Eckpfeiler, AGG, 7. Aufl. 2020, S. 104ff, B6ff. Eine gute Übersicht zu den Positionen Persönlichkeitsschutz, Verteilungsgerechtigkeit und Volkserziehung enthält auch *Repgen*, in: Isensee, Vertragsfreiheit und Diskriminierung, S. 77ff.

32 *Hartmann*, in: Herresthal/Kaiser/Stoffels, Staudinger Eckpfeiler, AGG, 7. Aufl. 2020, S. 105f., B8; *Bader*, Arbeitsrechtlicher Diskriminierungsschutz als Privatrecht, S. 125ff.; *Lobinger*, EuZA 2009, 365 (378); *Armbrüster/Wollenberg*, JuS 2020, 301 (302); *Deinert*, in: Däubler/Bertzbach, NK-AGG, 4. Aufl. 2018, § 15 Rn. 56f.; vgl. dazu auch *Repgen*, in: Isensee, Vertragsfreiheit und Diskriminierung, S. 29, der jedoch das AGG im Rahmen der Verhältnismäßigkeitsprüfung hinsichtlich des Persönlichkeitsschutzes als nicht erforderlich betrachtet (siehe S. 79ff.); teilweise auch *Lüttringhaus*, Grenzüberschreitender Diskriminierungsschutz, S. 64f., der dem AGG aber auch zum Teil eine verhaltenssteuernde (S. 61) und verteilungspolitische (S. 65) Zielsetzung zuspricht

1. *Inhalt des Persönlichkeitsrechts*

Das allgemeine Persönlichkeitsrecht wird aus Art. 2 Abs. 1 i.V.m. Art. 1 Abs. 1 GG abgeleitet[33] und enthält einen unantastbaren Kern aufgrund des Bezugs zur Menschenwürde.[34] Im öffentlichen Recht soll das allgemeine Persönlichkeitsrecht „einen umfassenden Schutz der persönlichen Integrität des Menschen gegen Eingriffe der Staatsgewalt"[35] gewährleisten. Im Zivilrecht und damit auch im Arbeitsrecht wird die Persönlichkeit durch das allgemeine Persönlichkeitsrecht als sonstiges Recht i.S.d. § 823 Abs. 1 BGB sowie durch bestimmte besondere Persönlichkeitsrechte (z.B. § 12 BGB) geschützt.[36] Der Unterschied zwischen dem Persönlichkeitsschutz im Zivilrecht und dem allgemeinen Persönlichkeitsschutz im öffentlichen Recht ist, dass der Persönlichkeitsschutz im Zivilrecht nicht auf dem Gedanken des Subordinationsverhältnisses beruht, sondern auf dem Prinzip der Gleichrangigkeit der Privatinteressen.[37] Im Zivilrecht hat das allgemeine Persönlichkeitsrecht einen „abwehrenden Charakter"[38]. Es ist

---

und der Meinung ist, dass das AGG nicht nur eine Konkretisierung des Persönlichkeitsrechts darstellen könne. Interessant ist auch der Ansatz von *Streibel*, Rassendiskriminierung als Eingriff in das allgemeine Persönlichkeitsrecht, S. 33ff., die sich für eine neue Komponente des allgemeinen Persönlichkeitsrechts ausspricht und dieses um die Fallgruppe der „Abwehr von Diskriminierungen" erweitern möchte, wobei sich ihre Ausführungen hierbei nicht auf das AGG, sondern nur auf das allgemeine Persönlichkeitsrecht beziehen.

33 *Martini*, JA 2009, 839; *Panzer-Heemeier*, in: Grobys/Panzer-Heemeier, StichwortKommentar Arbeitsrecht, 3. Aufl., 16. Ed., Stand 2021, Persönlichkeitsrecht, Rn. 2; *Schnabel*, Diskriminierungsschutz ohne Grenzen?, S. 51.

34 *Streibel*, Rassendiskriminierung als Eingriff in das allgemeine Persönlichkeitsrecht, S. 46f.

35 *Panzer-Heemeier*, in: Grobys/Panzer-Heemeier, StichwortKommentar Arbeitsrecht, 3. Aufl., 16. Ed., Stand 2021, Persönlichkeitsrecht, Rn. 2.

36 BAG, Urt. v. 29.10.1997 – 5 AZR 508/96, NZA 1998, 307 (308); *Panzer-Heemeier*, in: Grobys/Panzer-Heemeier, StichwortKommentar Arbeitsrecht, 3. Aufl., 16. Ed., Stand 2021, Persönlichkeitsrecht, Rn. 3; ähnlich *Martini*, JA 2009, 839; *Lüttringhaus*, Grenzüberschreitender Diskriminierungsschutz, S. 64.

37 *Panzer-Heemeier*, in: Grobys/Panzer-Heemeier, StichwortKommentar Arbeitsrecht, 3. Aufl., 16. Ed., Stand 2021, Persönlichkeitsrecht, Rn. 4. Vgl. auch BVerfG, Beschl. v. 22. 08. 2006 – 1 BvR 1168/04, NJW 2006, 3409 (3410), wonach das verfassungsrechtliche und das zivilrechtliche allgemeine Persönlichkeitsrecht nicht identisch seien.

38 *Bader*, Arbeitsrechtlicher Diskriminierungsschutz als Privatrecht, S. 94. Deshalb umschreibt *Bader* das zivilrechtliche allgemeine Persönlichkeitsrecht als „eindimensional".

deshalb regelmäßig eine umfassende Abwägung zwischen den konfligierenden Privatinteressen erforderlich.[39] Das öffentlich-rechtliche allgemeine Persönlichkeitsrecht hat hingegen nicht nur einen abwehrenden Charakter, weil der Staat daneben auch im Rahmen seiner Möglichkeiten die „Entfaltungs- und Teilhabechancen“[40] ermöglichen muss. Ein Eingriff in das öffentlich-rechtliche allgemeine Persönlichkeitsrecht kann durch die verfassungsmäßige Ordnung, die Rechte anderer oder durch das Sittengesetz gerechtfertigt werden.[41] Es ist somit in der Regel eine Abwägung zwischen dem Persönlichkeitsrecht des Betroffenen und dem öffentlichen Interesse nötig.[42]

Das allgemeine zivilrechtliche Persönlichkeitsrecht umfasst zahlreiche spezielle Rechte wie z.B. den Schutz der Privat- und Intimsphäre, das Recht auf informationelle Selbstbestimmung sowie das Recht auf Achtung und Entfaltung der Persönlichkeit.[43] Aus diesem Grund enthält es „subjektive Rechte, die auf die Anerkennung und Nichtverletzung der Person in ihrer leiblichen, seelischen und geistigen Existenz ausgerichtet sind“.[44] Als subjektives Recht ist bei Persönlichkeitsrechten für die Anspruchsberechtigung erforderlich, dass die betroffenen Personen überhaupt fähig sind, Träger von Rechten – also rechtsfähig – zu sein.[45]

---

39 *Panzer-Heemeier*, in: Grobys/Panzer-Heemeier, StichwortKommentar Arbeitsrecht, 3. Aufl., 16. Ed., Stand 2021, Persönlichkeitsrecht, Rn. 4.

40 *Bader*, Arbeitsrechtlicher Diskriminierungsschutz als Privatrecht, S. 93f.

41 *Martini*, JA 2009, 839 (842f.).

42 Nach *Panzer-Heemeier*, in: Grobys/Panzer-Heemeier, StichwortKommentar Arbeitsrecht, 3. Aufl., 16. Ed., Stand 2021, Persönlichkeitsrecht, Rn. 4 dürfe es „keine signifikanten Unterschiede in der Beurteilung“ von Konfliktfällen im Rahmen des zivilrechtlichen und verfassungsrechtlichen allgemeinen Persönlichkeitsrechts geben, da das zivilrechtliche allgemeine Persönlichkeitsrecht nicht im Widerspruch zu dem verfassungsrechtlichen allgemeinen Persönlichkeitsrecht stehen dürfe.

43 *Neuner*, JuS 2015, 961 (962); vgl. zu den zahlreichen Komponenten des allgemeinen Persönlichkeitsrechts mit weiteren Beispielen *Streibel*, Rassendiskriminierung als Eingriff in das allgemeine Persönlichkeitsrecht, S. 45f. sowie auch die Ausführungen von *Britz*, Einzelfallgerechtigkeit versus Generalisierung, S. 180ff. Siehe ebenfalls *Herrmann*, ZfA 1996, 19 (48).

44 *Neuner*, JuS 2015, 961 (962).

45 So auch *Neuner*, JuS 2015, 961 (962), der sich auch mit der Kritik auseinandersetzt, dass das allgemeine Persönlichkeitsrecht kein subjektives Recht sein könne. So sei es durchaus möglich, dass die Persönlichkeit Rechtssubjekt und Rechtsobjekt zugleich sei, da es keinen nachvollziehbaren und plausiblen Grund gebe, weshalb subjektive Rechte auf eine Zuordnung von außerhalb der Person liegenden Objekten begrenzt sein sollten.

Da ein Teil des Persönlichkeitsrechts die Persönlichkeitsentfaltung ist[46], kann es in bestimmten Situationen im Leben erforderlich sein, durch „Auswählen, Entscheiden und Unterscheiden“[47] eine Art Ungleichbehandlung vorzunehmen. Eine Ungleichbehandlung ist dabei nur dann ungerechtfertigt, wenn sie aufgrund verwerflicher Gründe erfolgt und damit Ausdruck einer Geringschätzung seines Gegenübers ist.[48]

2. *Grundsatz des Prinzips des Persönlichkeitsschutzes*

Die Verfechter des Prinzips des Persönlichkeitsschutzes vertreten die Ansicht, dass das AGG als integritätsschützendes Antidiskriminierungsgesetz mit einer freien Privatrechtsordnung vereinbar ist, da die Vertragsfreiheit keinem das Recht dazu gebe, sittenwidrig zu handeln und andere in ihrer Würde zu verletzen.[49] Die integritätsverletzende Handlung liege regelmäßig im Rahmen der unmittelbaren Diskriminierung vor: Der Diskriminierende sehe den Betroffenen nicht als einen potenziellen Vertragspartner, weil er ein Differenzierungsmerkmal aufweise, aufgrund dessen er im Vergleich mit allen anderen in Betracht kommenden Vertragspartnern nicht gleichwertig sei.[50] Ihm werde die Ebenbürtigkeit abgesprochen und damit seine Integrität verletzt.[51] In der Diskriminierung liege eine Herabwürdigung des Betroffenen und dessen soziale Abgrenzung sowie die Verletzung des Achtungsanspruches, der jedem Menschen zustehe.[52] Somit sei eine Herabwürdigung des Benachteiligten eine Voraussetzung für einen Anspruch nach dem AGG.[53]

Nach *Hartmann* spricht für die Einordnung des AGG unter das Prinzip des Persönlichkeitsschutzes, dass sich das Gesetz überwiegend auf Konstellationen beziehe, in denen die Betroffenen leicht in ihrem Persönlichkeitsrecht

---

46 *Neuner*, JuS 2015, 961 (962).

47 *Repgen*, in: Isensee, Vertragsfreiheit und Diskriminierung, S. 27.

48 *Repgen*, in: Isensee, Vertragsfreiheit und Diskriminierung, S. 27f.

49 *Lobinger*, in: Isensee, Vertragsfreiheit und Diskriminierung, S. 172, der jedoch in der Umsetzung der integritätsschützenden Ziele durch das AGG zahlreiche Defizite feststellt (vgl. S. 143ff.). So sei die Auswahl der Diskriminierungsmerkmale und Diskriminierungshandlungen lückenhaft. Viel richtiger wäre es gewesen, die Antidiskriminierungsrichtlinien durch eine „Generalklausel“ umzusetzen (vgl. S. 173).

50 *Lobinger*, AcP 216 (2016), 28 (89).

51 *Lobinger*, AcP 216 (2016), 28 (89); *Armbrüster/Wollenberg*, JuS 2020, 301 (302).

52 *Armbrüster/Wollenberg*, JuS 2020, 301 (302).

53 *Hartmann*, in: Herresthal/Kaiser/Stoffels, Staudinger Eckpfeiler, AGG, 7. Aufl. 2020, S. 105, B8.

verletzt werden können; insbesondere gelte dies für die Bereiche der abhängigen Beschäftigung oder Massengeschäfte.[54]

Exemplarisch ist für dieses Prinzip ferner *Bader* hervorzuheben, der sich vertieft mit diversen Kritiken an einem integritätsschützenden Verständnis des AGG auseinandersetzt.[55] So hält er dem Einwand, dass arbeitsrechtliche Diskriminierungsvorschriften nicht dem Schutz der Persönlichkeit dienen, da es regelmäßig an einem herabwürdigenden Verhalten fehle, Folgendes entgegen:

> „Dem Gesetzgeber steht es im Rahmen seiner weiten Einschätzungsprärogative frei, neue Persönlichkeitsrechte zu schaffen oder bereits anerkannte Rechte auszuweiten. Genau dies hat er in § 7 Abs. 1 AGG, der entscheidenden Zuweisungsnorm im AGG, getan. Die Vorschrift wird nicht zu Unrecht als die ‚Grundnorm' des arbeitsrechtlichen Antidiskriminierungsrechts bezeichnet. […] Der Charakter der Norm als Verhaltensverbot steht […] ihrer Einordnung als Zuweisungsnorm nicht entgegen. Auch Verhaltensgebote und -verbote können Rechtspositionen zuweisen. Mit der Zuweisung wird der rechtlich geschützte Raum, eben die Rechtsposition, festgelegt. Eine Verletzung des Verhaltensverbots stellt in diesen Fällen ein Eindringen in den geschützten Bereich und somit eine Rechtsverletzung dar. § 7 Abs. 1 AGG kann in diesem Sinne durchaus als Konkretisierung und Verschärfung des Persönlichkeitsrechts im beruflichen Bereich

---

54 *Hartmann*, in: Herresthal/Kaiser/Stoffels, Staudinger Eckpfeiler, AGG, 7. Aufl. 2020, S. 105, B8; ebenso *Bader*, Arbeitsrechtlicher Diskriminierungsschutz als Privatrecht, S. 140ff.

55 *Bader*, Arbeitsrechtlicher Diskriminierungsschutz als Privatrecht, S. 128ff., wobei der Schwerpunkt der Prüfung auf den Diskriminierungsschutz im beruflichen Bereich gelegt ist. *Bader* setzt sich mit sechs Kritikpunkten auseinander: Zunächst bezieht er Stellung zum Einwand, dass bei mittelbaren Benachteiligungen und „Benachteiligungen aus paternalistischen Gründen" regelmäßig keine Herabwürdigung und damit keine Persönlichkeitsrechtsverletzung vorliege (S. 129ff.). Danach beschäftigt sich *Bader* mit dem Kritikpunkt, dass ohne eine Interessenabwägung eine Persönlichkeitsrechtsverletzung nicht festgestellt werden könne, weil das Recht sonst uferlos wäre (S. 147ff.). Ferner nimmt er Stellung zum Einwand, die Beschränkung der Merkmale im AGG spräche gegen ein integritätsschützendes Verständnis (S. 155ff.). Des Weiteren untersucht er den Einwand, dass die Beschränkung der Annahme einer Integritätsverletzung auf den Arbeitsvertrag als Vertragstyp nicht gerechtfertigt werden könne (S. 167ff.). Als fünftes untersucht *Bader* den Kritikpunkt, dass das allgemeine Persönlichkeitsrechts als absolutes Recht nicht durch das AGG konkretisiert werden könne, da es sich nur um „gegen den Arbeitgeber gerichtete (vor-)vertragliche Regelungen handele" (S. 168ff.). Zuletzt setzt sich *Bader* mit dem Einwand auseinander, dass es systemwidrig sei, wenn durch das AGG als Konkretisierung des Persönlichkeitsrechts eine Rechtskreiserweiterung stattfinde, obwohl nur ein Integritätsschutz in Form des Erhalts bestehender Rechtsgüter möglich sei (S. 179ff.).

> betrachtet werden. Der Gesetzgeber verbietet ein konkretes Verhalten, namentlich eine nicht gerechtfertigte Benachteiligung aufgrund eines der in § 1 AGG genannten Gründe, und verschiebt damit die Grenzen zwischen Handlungsfreiheit und geschütztem Rechtskreis der Beschäftigten zulasten des erstgenannten Wertes."[56]

Bader hat sich in seinen Ausführungen mit dem Diskriminierungsschutz im Beschäftigungsverhältnis beschäftigt. Diese Ausführungen verdeutlichen, dass er letztendlich in der Regelung des § 7 Abs. 1 AGG eine Konkretisierung des Persönlichkeitsrechts im Beschäftigungsverhältnis sieht. Somit hat auch nach *Bader* das AGG eine integritätsschützende Zielrichtung.

3. *Positionierung der Rechtsprechung*

Eine endgültige Positionierung der Rechtsprechung zur dogmatischen Einordnung des AGG hat bisher nicht stattgefunden.

Durch eine Entscheidung des BAG im Jahre 2009[57] entstand zunächst der Eindruck, dass das AGG nicht unter das Prinzip des Persönlichkeitsschutzes zu fassen sei.[58] In dieser Entscheidung des BAG ging es um folgenden Sachverhalt[59]:

Die Klägerin war bei dem beklagten Land Berlin als Erzieherin tätig. Das beklagte Land errichtete mehrere Eigenbetriebe, denen Kindertagesstätten zugeordnet wurden. Da das beklagte Land einen Personalüberhang hatte, versetzte es seine Mitarbeiter aufgrund eines Punkteschemas zu einem sog. Stellenpool. Der Stellenpool war das zentrale Personalüberhangsmanagement des beklagten Landes und stellte eine der Senatsverwaltung für Finanzen nachgeordnete Behörde dar. Im Rahmen der Zuordnung der Mitarbeiter zum Personalüberhang war die Auswahl der Erzieherinnen auf diejenigen beschränkt, die zu einem Stichtag das 40. Lebensjahr vollendet hatten. Die Klägerin hatte zum Stichtag das 40. Lebensjahr vollendet. Aus diesem Grund ordnete das beklagte Land die Klägerin dem Personalüberhang zu und versetzte sie zum Stellenpool. Mit ihrer Klage wehrte sich die Klägerin gegen die Versetzung in den Stellenpool und hielt die Zuordnung zum Personalüberhang für unwirksam. Zudem verlangte sie eine Entschädigung wegen altersbedingter Benachteiligung gem. § 15 Abs. 2 AGG.

Das Arbeitsgericht (ArbG) hielt die Versetzung der Klägerin für unwirksam und wies die Klage im Übrigen ab. Das Landesarbeitsgericht (LAG) verurteilte das beklagte Land zur Zahlung einer Entschädigung i.H.v. 1.000,- EUR. Mit der

---

56 *Bader*, Arbeitsrechtlicher Diskriminierungsschutz als Privatrecht, S. 136ff.

57 BAG, Urt. v. 22.01.2009 – 8 AZR 906/07, NZA 2009, 945ff.

58 So auch *Bader*, Arbeitsrechtlicher Diskriminierungsschutz als Privatrecht, S. 127f.

59 BAG, Urt. v. 22.01.2009 – 8 AZR 906/07, NZA 2009, 945f.

Revision begehrte das Land die Abweisung der Klage. Die Klägerin verfolgte mit ihrer Anschlussrevision ihre Feststellungsklage sowie die Klage auf Schmerzensgeld i.H.v. mindestens 4.000,- EUR weiter.

Das BAG hielt sowohl die Revision des beklagten Landes als auch die Anschlussrevision der Klägerin für unbegründet und wies beide zurück. In seinem zweiten Leitsatz stellte das BAG klar, dass der Entschädigungsanspruch gemäß § 15 Abs. 2 AGG nicht die Verletzung des allgemeinen Persönlichkeitsrechts des Arbeitnehmers voraussetze.[60] Vielmehr sei bei einem Verstoß gegen das Benachteiligungsverbot „grundsätzlich das Entstehen eines immateriellen Schadens beim Arbeitnehmer anzunehmen, welcher zu einem Entschädigungsanspruch“ führe.[61]

Wie auch *Bader* kritisch feststellt, ist der zweite Leitsatz der Entscheidung irreführend, weil der Eindruck vermittelt wird, dass der Anspruch auf Entschädigung eines immateriellen Schadens aus dem AGG gar keine Persönlichkeitsrechtsverletzung voraussetzt.[62]

Dieser Eindruck setzt sich auch bei der weiteren Betrachtung der Entscheidungsgründe der BAG fort:

> „§ 15 Abs. 2 AGG sieht einen Entschädigungsanspruch wegen eines Schadens vor, der nicht Vermögensschaden ist. Daraus folgt weder, dass eine Entschädigung nach § 15 Abs. 2 AGG eine Verletzung des allgemeinen Persönlichkeitsrechts in der Weise einer ‚Herabwürdigung‘ des Beschäftigten voraussetzt, soweit nicht das entsprechende Merkmal in § 3 Abs. 3 oder 4 AGG zur Anwendung kommen soll, noch bedarf es neben der Feststellung eines Verstoßes gegen das Benachteiligungsverbot jeweils einer gesonderten Feststellung eines weiteren immateriellen Schadens.“[63]

Der gewonnene Eindruck wird jedoch einen Absatz weiter wieder relativiert, wenn es heißt:

> „Bereits der Wortlaut des § 15 AGG steht der Annahme entgegen, zusätzliche Anspruchsvoraussetzung für den Entschädigungsanspruch sei, dass der Beschäftigte ‚herabgewürdigt‘ oder ihm sachwidrig die Chancen einer gleichberechtigten Teilnahme am Arbeitsleben einzig aufgrund seines ‚Soseins‘ genommen worden sei […]. Eine solche Interpretation kann nicht dem Begriff ‚Schaden, der nicht Vermögensschaden ist‘, entnommen werden. *Der Eintritt eines immateriellen Schadens setzt nicht zwingend eine*

60 BAG, Urt. v. 22.01.2009 – 8 AZR 906/07, NZA 2009, 945.

61 BAG, Urt. v. 22.01.2009 – 8 AZR 906/07, NZA 2009, 945.

62 *Bader*, Arbeitsrechtlicher Diskriminierungsschutz als Privatrecht, S. 127.

63 BAG, Urt. v. 22.01.2009 – 8 AZR 906/07, NZA 2009, 945 (951); ähnlich feststellend auch *Bader*, Arbeitsrechtlicher Diskriminierungsschutz als Privatrecht, S. 127.

> *erhebliche Verletzung des Persönlichkeitsrechts voraus [...], jedenfalls nicht in der Weise, dass es zu einer Herabwürdigung der Person gekommen sein muss.* Eine solche Interpretation widerspräche ferner dem Sinn und Zweck des Gesetzes. Gemäß § 1 AGG ist Ziel des Gesetzes, die Benachteiligung aus den dort genannten Gründen zu verhindern oder zu beseitigen. In § 3 Abs. 1 und Abs. 2 AGG werden die Begriffe ‚unmittelbare' und ‚mittelbare Benachteiligung' definiert. Die dortigen Begriffsbestimmungen zeigen, dass eine Benachteiligung nicht erst dann vorliegt, wenn es zu einer Herabwürdigung des Beschäftigten oder zu einer schwerwiegenden Verletzung dessen Persönlichkeitsrechts kommt [...].“[64]

Vergleicht man den Leitsatz mit den Entscheidungsgründen, entsteht ein Widerspruch, und es wird deutlich, dass das BAG nur feststellt, dass keine schwerwiegende Verletzung des allgemeinen Persönlichkeitsrechts in Form einer Herabwürdigung der Person wie bei § 823 BGB i.V.m. Art. 1 Abs. 1 und Art. 2 Abs. 1 GG erforderlich ist.[65] Daraus folgt jedoch nicht, dass komplett auf eine Persönlichkeitsrechtsverletzung verzichtet werden soll.[66]

Mangels eindeutiger Positionierung des BAG war es dennoch fraglich, ob das BAG in Zukunft vollständig auf eine Persönlichkeitsrechtsverletzung im Rahmen des § 15 Abs. 2 AGG verzichten würde oder lediglich jede und somit auch eine leichte Persönlichkeitsrechtsverletzung genügen soll.[67]

In einem Urteil im Jahr 2013 des 6. Senats des BAG[68] gab es wiederum neue Tendenzen zum Persönlichkeitsschutzprinzip.[69] In diesem Urteil ging es insbesondere um die Rechtsfrage, ob eine nach § 1 AGG diskriminierende ordentliche Kündigung nach § 134 BGB i.V.m. § 7 Abs. 1 AGG i.V.m. §§ 1, 3 AGG unwirksam ist, wenn das Kündigungsschutzgesetz aufgrund der Wartezeit von sechs Monaten noch nicht anwendbar ist, oder ob § 2 Abs. 4 AGG dem entgegensteht.[70] In den Entscheidungsgründen machte der 6. Senat ausführliche Anmerkungen zum AGG und zum Persönlichkeitsschutz:

---

64 BAG, Urt. v. 22.01.2009 – 8 AZR 906/07, NZA 2009, 945 (951) – Hervorhebung durch die Verfasserin. Siehe ebenfalls hierzu die Ausführungen von *Bader*, Arbeitsrechtlicher Diskriminierungsschutz als Privatrecht, S. 127.

65 Zweifel hegt auch *Bader*, Arbeitsrechtlicher Diskriminierungsschutz als Privatrecht, S. 127.

66 Ähnlich *Bader*, Arbeitsrechtlicher Diskriminierungsschutz als Privatrecht, S. 127f.

67 Weiterhin fraglich nach *Bader*, Arbeitsrechtlicher Diskriminierungsschutz als Privatrecht, S. 127f.

68 BAG, Urt. v. 19.12.2013 – 6 AZR 190/12, NZA 2014, 372.

69 *Hartmann*, in: Herresthal/Kaiser/Stoffels, Staudinger Eckpfeiler, AGG, 7. Aufl. 2020, S. 104, B6 Fn. 22.

70 BAG, Urt. v. 19.12.2013 – 6 AZR 190/12, Rn. 14, NZA 2014, 372 (374).

> „Nach der Wertung des Gesetzgebers stellen Benachteiligungen wegen eines der in § 1 AGG genannten Merkmale regelmäßig eine Verletzung des allgemeinen Persönlichkeitsrechts dar […]. Die Sanktion des § 15 Abs. 2 AGG soll im Kern gerade vor solchen Persönlichkeitsrechtsverletzungen schützen […]. Die im diskriminierenden Verhalten liegende Persönlichkeitsrechtsverletzung soll als solche unabhängig von der Frage sanktioniert werden, ob nach einer unwirksamen Kündigung das Arbeitsverhältnis fortbesteht […].“[71]

Demnach stellt das BAG klar, dass eben nicht auf eine Persönlichkeitsrechtsverletzung im Rahmen des AGG verzichtet werden kann.[72] Dies lässt auch eine klare Tendenz erkennen, dass das BAG das AGG dogmatisch unter das Prinzip des Persönlichkeitsschutzes einordnet.

4. *Kritik der Literatur*

In der Literatur gibt es dagegen einige kritische Stimmen gegen das Prinzip des Persönlichkeitsschutzes.[73] Insbesondere positioniert sich *Grünberger* gegen diese Strömung: Auf eine Persönlichkeitsrechtsverletzung im Sinne einer „Kränkung“ durch „Pauschalisierung“ komme es im AGG nicht an.[74] Das Gesetz verpflichte den Diskriminierenden zur Gleichbehandlung, soweit eine Ungleichbehandlung nicht gerechtfertigt sei.[75] Die Ungeeignetheit des integritätsschützenden Ansatzes zeige sich insbesondere im Rahmen der mittelbaren Benachteiligung, welche diese Ansicht nicht zu erklären vermöge.[76]

II. Prinzip der Verteilungsgerechtigkeit

Die Vertreter des zweiten Prinzips sehen im AGG eine Konkretisierung des Gedankens der Verteilungsgerechtigkeit – die sog. iustitia distributiva.[77]

---

71 BAG, Urt. v. 19.12.2013 – 6 AZR 190/12, Rn. 38, NZA 2014, 372 (376).

72 Im Ergebnis auch *Hartmann*, in: Herresthal/Kaiser/Stoffels, Staudinger Eckpfeiler, AGG, 7. Aufl. 2020, S. 104, B6 Fn. 22.

73 Siehe zur eigenen kritischen Auseinandersetzung mit den verschiedenen Prinzipien auch 1. Kap. B.

74 *Grünberger*, Personale Gleichheit, S. 555.

75 *Grünberger*, Personale Gleichheit, S. 554f.

76 *Grünberger*, Personale Gleichheit, S. 555.

77 So z.B. *Thüsing*, in: MüKo BGB, Band 1, 9. Aufl. 2021, Einl. AGG Rn. 59; *Arnold*, Vertrag und Verteilung, S. 373ff. Teilweise *Lüttringhaus*, Grenzüberschreitender Diskriminierungsschutz, S. 65, der das AGG aber auch zum Teil unter das Prinzip der Volkserziehung (S. 61) sowie des Persönlichkeitsschutzes (S. 64f.) einordnet. Vgl. dazu auch *Picker*, ZfA 2005, 167 (169).

1. Begriff der Verteilungsgerechtigkeit

Unter dem Prinzip der Verteilungsgerechtigkeit versteht man den Grundsatz, dass Leistungen im gleichen Maße unter Personen zu verteilen sind, damit eine bestimmte Gerechtigkeit der Verteilung erfolgt.[78]

2. Unterscheidung zwischen iustitia distributiva und iustitia commutativa

Die iustitia distributiva wird überwiegend dem öffentlichen Recht zugeordnet.[79] Das vorherrschende Prinzip in der Privatautonomie ist hingegen das der Austauschgerechtigkeit – die sog. iustitia commutativa: Danach sollen die Vertragsparteien selbst in einem von ihnen begründeten Rechtsverhältnis einen gerechten Ausgleich ihrer Interessen schaffen.[80] Um ein Mindestmaß an Tauschgerechtigkeit zu gewährleisten, erfolgt die Einschränkung der Privatautonomie grundsätzlich anhand zwingender Normen wie z.B. § 138 BGB.[81] Im Privatrecht sind in der Regel nur dort Anzeichen der Verteilungsgerechtigkeit zu finden, wo einer der Vertragspartner eine Monopolstellung am Markt hat.[82] In diesen Fällen ist eine Einschränkung der Privatautonomie durch z.B. spezielle Kontrahierungszwänge möglich.[83]

3. Grundsatz des Prinzips der Verteilungsgerechtigkeit

Abweichend von dieser grundsätzlichen Einordnung der iustitia distributiva und iustitia commutativa ordnen dennoch einige Stimmen der Literatur das AGG unter das Prinzip der Verteilungsgerechtigkeit ein.[84] Hierdurch wird ein Prinzip, welches der gerechten Verteilung zwischen Staat und Bürger dient, auf das Verhältnis zwischen Bürger und Bürger erstreckt.[85]

---

78 *Picker*, ZfA 2005, 167 (168f.); siehe allgemein zur Bedeutung der iustitia distributiva *Arnold*, Vertrag und Verteilung, S. 1ff.

79 So auch *Adomeit*, NJW 1998, 3259.

80 *Schubert*, in: MüKo BGB, Band 2, 8. Aufl. 2019, § 242 BGB Rn. 526; *Adomeit*, NJW 1998, 3259.

81 *Thüsing*, in: MüKo BGB, Band 1, 9. Aufl. 2021, Einl. AGG Rn. 59.

82 *Thüsing*, in: MüKo BGB, Band 1, 9. Aufl. 2021, Einl. AGG Rn. 59.

83 *Thüsing*, in: MüKo BGB, Band 1, 9. Aufl. 2021, Einl. AGG Rn. 59.

84 So z.B. *Thüsing*, in: MüKo BGB, Band 1, 9. Aufl. 2021, Einl. AGG Rn. 59 und *Arnold*, Vertrag und Verteilung, S. 373ff.

85 Siehe dazu bereits *Picker*, ZfA 2005, 167 (169).

Einer der Vertreter des Prinzips der Verteilungsgerechtigkeit ist *Thüsing:* Für die Einordnung des AGG unter das Prinzip der Verteilungsgerechtigkeit sei ausschlaggebend, dass bereits das Anbieten von Leistungen am Markt genüge, um von den Diskriminierungsverboten erfasst zu sein.[86] Die Diskriminierungsverbote sollen hierbei „gesetzlich bestimmte(n) Maßstäbe(n) der Verteilungsgerechtigkeit" darstellen.[87] Durch das AGG sei einer der wichtigsten Schritte zur Einführung des Prinzips der Verteilungsgerechtigkeit im Zivilrecht erfolgt.[88]

Ein weiterer Befürworter der Verteilungsgerechtigkeit ist *Arnold*.[89] Das AGG stelle eine Präzisierung des Prinzips der Verteilungsgerechtigkeit dar und diene dem Schutz des Schwächeren.[90] Der Gesetzgeber habe das AGG und damit auch das Vertragsrecht als Mittel zur Durchsetzung seiner politischen Ziele benutzt.[91] Durch das Vertragsrecht sollen Diskriminierungen von Personen aufgrund bestimmter Merkmale verhindert werden.[92] Dies sei dem Vertragsrecht nicht fremd, da es bereits auch ohne das AGG von der iustitia distributiva gekennzeichnet sei.[93] *Arnold* beschäftigt sich jedoch auch mit der Kritik an der von ihm vorgenommenen dogmatischen Einordnung des AGG: Die Quelle vieler kritischer Stimmen liege in der Annahme, dass das Zivilrecht sich vom öffentliche Recht dahingehend unterscheide, dass es keine Verpflichtung zur Gleichbehandlung kenne.[94] Der Gleichheitssatz gelte im öffentlichen Recht und nicht im Zivilrecht.[95] Im Zivilrecht herrsche dagegen die Vertragsfreiheit und damit auch die Freiheit, andere aufgrund bestimmter Gründe ungleich zu behandeln.[96] *Arnold* ist gegen solch eine strikte Trennung der öffentlichen und privaten Sphären: Das

---

86 *Thüsing*, in: MüKo BGB, Band 1, 9. Aufl. 2021, Einl. AGG Rn. 59.

87 *Thüsing*, in: MüKo BGB, Band 1, 9. Aufl. 2021, Einl. AGG Rn. 59.

88 *Thüsing*, in: MüKo BGB, Band 1, 9. Aufl. 2021, Einl. AGG Rn. 59.

89 *Arnold*, Vertrag und Verteilung, S. 373ff., wobei die Ausführungen sich auf den zivilrechtlichen Diskriminierungsschutz beschränken.

90 *Arnold*, Vertrag und Verteilung, S. 373f.

91 *Arnold*, Vertrag und Verteilung, S. 379.

92 *Arnold*, Vertrag und Verteilung, S. 379. Vgl. auch S. 386ff., wonach § 21 Abs. 1 Satz 1 AGG als dogmatische Rechtsfolge einer unzulässigen Diskriminierung einen Kontrahierungszwang umfasse.

93 *Arnold*, Vertrag und Verteilung, S. 380; ähnlich auch *Neuner*, JuS 2015, 961 (963) wonach dem zivilrechtlichen Persönlichkeitsschutz auch solche sozialen Rechte dienen, die dem Prinzip der Verteilungsgerechtigkeit unterfallen.

94 *Arnold*, Vertrag und Verteilung, S. 380ff.

95 *Arnold*, Vertrag und Verteilung, S. 380f.

96 *Arnold*, Vertrag und Verteilung, S. 380ff.

AGG führe nur zu einer Umverteilung der Freiheitsbefugnisse.[97] Da das Vertragsrecht jedoch grundsätzlich immer Freiheitsbefugnisse verteile, hätte dies stets zur Folge, dass auch zwischen Privatpersonen Unfreiheiten entstehen.[98] Es habe bereits vor dem AGG folgender Grundsatz gegolten: „Die Freiheit zur Ungleichbehandlung ist nie schrankenlos".[99]

Auch im zwölften Erwägungsgrund zur RL 2000/43/EG, welche durch den deutschen Gesetzgeber mit dem AGG umgesetzt wurde, befinden sich Anzeichen für ein solches Verständnis. So heißt es dort:

> „Um die Entwicklung demokratischer und toleranter Gesellschaften zu gewährleisten, die allen Menschen – ohne Unterschied der Rasse oder der ethnischen Herkunft – eine Teilhabe ermöglichen, sollten spezifische Maßnahmen zur Bekämpfung von Diskriminierungen aus Gründen der Rasse oder der ethnischen Herkunft über die Gewährleistung des Zugangs zu unselbständiger und selbständiger Erwerbstätigkeit hinausgehen und auch Aspekte wie Bildung, Sozialschutz, einschließlich sozialer Sicherheit und der Gesundheitsdienste, soziale Vergünstigungen, Zugang zu und Versorgung mit Gütern und Dienstleistungen, mit abdecken."[100]

In diesen Erwägungsgrund kann demnach auch das Ziel der Verteilungsgerechtigkeit gelesen werden, da allen Menschen unabhängig von der Rasse oder ethnischen Herkunft eine Teilhabe an Leistungen und Gütern ermöglicht werden soll.

4. *Kritik der Literatur*

Auch im Rahmen des Prinzips der Verteilungsgerechtigkeit sind kritische Stimmen in der Literatur zu beobachten.

So stellte bereits *Picker* beim Gesetzesentwurf vom 16.12.2004 zum sog. Antidiskriminierungsgesetz („ADG"[101]), welches ein Vorläufer des AGG war, kritisch fest, dass mit dem Gesetz ein doppeltes Ziel verfolgt werde: Das erste gesellschaftliche Ziel sei die sog. neue Moral, wodurch jegliche Diskriminierung in der Gesellschaft nicht geduldet werde.[102] Das zweite politische Ziel sei hingegen die

---

97 *Arnold*, Vertrag und Verteilung, S. 382f.

98 *Arnold*, Vertrag und Verteilung, S. 382f.

99 *Arnold*, Vertrag und Verteilung, S. 384.

100 12. Erwägungsgrund der RL 2000/43/EG des Rates v. 29.06.2000 zur Anwendung des Gleichbehandlungsgrundsatzes ohne Unterschied der Rasse oder der ethnischen Herkunft (Antirassismus-RL), Celex-Nr. 3 2000 L 0043.

101 Gesetzesentwurf von SPD und Bündnis90/Die Grünen vom 16.12.2004 zum Antidiskriminierungsgesetz (ADG), BT-Drs. 15/4538, S. 5-11.

102 *Picker*, ZfA 2005, 167ff.

Verteilungsgerechtigkeit.[103] So solle durch „mehr Zuweisungsgleichförmigkeit mehr Verteilungsgerechtigkeit" erzielt werden.[104] Das Gesetz lege die Verteilung von Gütern in die „Hände von Gutmenschen" und versuche dadurch zwischen Wirtschaft und Moral Frieden zu stiften.[105] Im Ergebnis sei jedoch das geplante ADG mit einer „freiheitlich-marktlichen Ordnung" unvereinbar, „weder sach- noch systemgerecht" und damit unverhältnismäßig.[106]

Auch *Richardi/Fischinger* äußern sich kritisch zu dieser dogmatischen Einordnung des AGG: Das Gesetz verkenne die Grundprinzipien unserer Rechtsordnung.[107] Die Privatautonomie und damit die Freiheit, sich seinen Vertragspartner auszusuchen und den Inhalt des Vertrages selbst zu bestimmen, sei Teil des Zivilrechts.[108] Dagegen herrsche im öffentlichen Recht der Gleichheitssatz.[109] Das AGG führe zu einer nicht sachgemäßen Zuweisung öffentlicher Aufgaben an Privatrechtssubjekte.[110] Deshalb sei das AGG restriktiv auszulegen.[111]

Interessant sind auch die Bedenken *Lobingers*: Zwar könne das Prinzip der Verteilungsgerechtigkeit gut mit dem Prinzip des Persönlichkeitsschutzes konkurrieren, jedoch sei auch diese Sichtweise dogmatisch nicht vorzuziehen.[112] Mit dem Ziel des Prinzips der Verteilungsgerechtigkeit, eine „allgemeinwohlorientierte Umverteilung" zu erzielen und die positive Vertragsfreiheit bestimmter Personen durch Einschränkung der negativen Vertragsfreiheit anderer zu stärken, werde jedoch verkannt, dass diese beiden Vertragsfreiheiten im Privatrecht grundsätzlich gleichwertig seien.[113] Auch wertet *Lobinger* verteilungspolitische Diskriminierungsverbote für Privatpersonen als unzulässiges Sonderopfer, da der Staat sein Ziel, Marktnachteile zu verbessern, ebenso durch bessere

---

103 *Picker*, ZfA 2005, 167 (168f.).
104 *Picker*, ZfA 2005, 167 (169).
105 *Picker*, ZfA 2005, 167 (169).
106 *Picker*, ZfA 2005, 167 (183).
107 *Richardi/Fischinger*, in: Staudinger BGB, 2020, § 611a BGB Rn. 438f.
108 *Richardi/Fischinger*, in: Staudinger BGB, 2020, § 611a BGB Rn. 439; ähnlich *Herrmann*, ZfA 1996, 19 (25), wonach „Gleichbehandlung und Privatautonomie (...) Gegenprinzipien" seien.
109 *Richardi/Fischinger*, in: Staudinger BGB, 2020, § 611a BGB Rn. 439; so auch *Lobinger*, in: Isensee, Vertragsfreiheit und Diskriminierung, S. 152.
110 *Richardi/Fischinger*, in: Staudinger BGB, 2020, § 611a BGB Rn. 439.
111 *Richardi/Fischinger*, in: Staudinger BGB, 2020, § 611a BGB Rn. 439.
112 *Lobinger*, AcP 216 (2016), 28 (85ff.).
113 *Lobinger*, AcP 216 (2016), 28 (86f.).

Bildungsmöglichkeiten, finanzielle Unterstützungsleistungen sowie Anreizsysteme erreichen könne.[114]

Hartmann kritisiert an dem Prinzip der Verteilungsgerechtigkeit neben dem „gleichheitswidrigen Sonderopfer", das dem Einzelnen auferlegt werde, obwohl er „keine spezifische Verantwortlichkeit für die bestehenden Teilhabedefizite bestimmter Gruppen" habe, auch die Struktur des AGG: Die zivilrechtlichen Benachteiligungsverbote nach §§ 19ff. AGG knüpfen an schon vorhandene Marktangebote an und erfordern nicht den „diskriminierungsfreien Einsatz bestehender Ressourcen".[115] Auch die Regelungen zu der Haftung des Diskriminierenden und die Haftungsfolgen sprächen gegen dieses Prinzip.[116]

III. Prinzip der Volkserziehung

Andere Stimmen in der Literatur[117] und ein Teil der Rechtsprechung[118] vertreten hingegen die Ansicht, dass das AGG ein Teil des Prinzips der Volkserziehung sei.

1. Grundsatz des Prinzips der Volkserziehung

Unter dem Prinzip der Volkserziehung versteht man das Ziel des Gesetzgebers, das Verhalten der Gesellschaft durch Rechtsnormen zu steuern und gegebenenfalls zu ändern.[119] Nach den Vertretern dieses Prinzips verfolge das AGG das Ziel, dass niemand im Zivilrechtsverkehr Personen aufgrund eines Differenzierungsmerkmals benachteilige, also sich nicht an einem Differenzierungsmerkmal

114 *Lobinger*, in: Isensee, Vertragsfreiheit und Diskriminierung, S. 156; ähnlich auch *Hartmann*, in: Herresthal/Kaiser/Stoffels, Staudinger Eckpfeiler, AGG, 7. Aufl. 2020, S. 105, B8, der von einem „gleichheitswidrigem Sonderopfer" spricht; *derselbe*, EuZA 2019, 24 (39).

115 *Hartmann*, in: Herresthal/Kaiser/Stoffels, Staudinger Eckpfeiler, AGG, 7. Aufl. 2020, S. 105, B8.

116 *Hartmann*, in: Herresthal/Kaiser/Stoffels, Staudinger Eckpfeiler, AGG, 7. Aufl. 2020, S. 105f., B8.

117 So trotz eigener Kritik *Wagner*, AcP (206) 2006, 354 (398ff.); teilweise auch *Lüttringhaus*, Grenzüberschreitender Diskriminierungsschutz, S. 60f.; *Adomeit*/Mohr, NZA 2007, 179 (182) sprechen in diesem Zusammenhang von volkspädagogischen Zielen des AGG. Vgl. im Rahmen des ADG bereits *Picker*, ZfA 2005, 167 (168).

118 So bislang das ArbG Berlin, Urt. v. 28.03.2012 – 55 Ca 2426/12, Rn.42, NZA-RR 2012, 627 (629).

119 Vgl. zur Verhaltenssteuerung durch Privatrecht *Wagner*, AcP (206) 2006, 354ff.

orientiere.[120] Die Bevölkerung solle demnach umerzogen werden, damit sie frei von Vorurteilen sei.[121] In der Gesetzesbegründung zum AGG heißt es:

> „Die Richtlinien sollen die gesellschaftliche Wirklichkeit in den Mitgliedstaaten verändern, d.h. sie sollen Diskriminierungen nicht nur verbieten, sondern wirksam beseitigen. Auch deshalb enthalten die Richtlinien neben materiell-rechtlichen und prozessualen Vorgaben zusätzlich Vorschriften zum sozialen Dialog, zur Unterstützung durch Verbände und zur Benennung von Unterstützungseinrichtungen."[122]

Wagner stellt fest, dass den Antidiskriminierungsrichtlinien eine Steuerungsfunktion zukomme.[123] In seinen Ausführungen beschreibt *Wagner* die Verhaltenssteuerung durch alle Rechtsgebiete folgendermaßen: Das Verwaltungsrecht lege bestimmte besondere „Verhaltensstandards" fest („Grobsteuerung"), die durch strafrechtliche Regelungen abgesichert werden.[124] Dagegen konkretisiere das Zivilrecht die besonderen allgemeinen „Verhaltensstandards" für bestimmte Situationen und nehme folglich eine „Feinsteuerung" vor.[125]

2. *Stellungnahme der Rechtsprechung*

Auch in der Rechtsprechung gibt es einige Stimmen, die das AGG unter das Prinzip der Volkserziehung einordnen. So führt das ArbG Berlin[126] in seinem Urteil vom 28.03.2012[127] im Rahmen der grundrechtlichen Prüfung der Berufsausübungsfreiheit nach Art. 12 Abs. 1 Satz 2 GG zur Rechtsdogmatik des AGG als Gesetz, welches die Berufsausübungsfreiheit einschränken könne, Folgendes an:

> Das AGG sei der „Versuch eines gesellschaftlichen Erziehungsprogramms […]: Es soll bewirken, dass sich die Subjekte der Vertragsfreiheit nicht von dem Gedanken leiten lassen, der potentielle Vertragspartner zeige eine Haltung, die von der Mehrheitshaltung abweicht. Im Kern soll also einem menschlichen Grundübel entgegengewirkt werden, der Xenophobie."[128]

---

120 Dies stellt auch *Repgen*, in: Isensee, Vertragsfreiheit und Diskriminierung, S. 77 fest.
121 Vgl. dazu *Adomeit*/Mohr, NZA 2007, 179 (182), die dies kritisch bewerten.
122 BT-Drs. 16/1780, S. 21; so auch schon *Repgen*, in: Isensee, Vertragsfreiheit und Diskriminierung, S. 77, der feststellt, dass „bei näherer Betrachtung eine gewisse Volkserziehung" mit dem Antidiskriminierungsprogramm verfolgt werde.
123 *Wagner*, AcP (206) 2006, 352 (398ff.).
124 *Wagner*, AcP (206) 2006, 352 (439).
125 *Wagner*, AcP (206) 2006, 352 (439).
126 ArbG Berlin, Urt. v. 28.03.2012 – 55 Ca 2426/12, NZA-RR 2012, 627.
127 Siehe hierzu auch *Hartmann*, in: Herresthal/Kaiser/Stoffels, Staudinger Eckpfeiler, AGG, 7. Aufl. 2020, S. 104, B6 Fn. 26.
128 ArbG Berlin, Urt. v. 28.03.2012 – 55 Ca 2426/12, Rn.42, NZA-RR 2012, 627 (629).

Diese Ausführungen des ArbG Berlin veranschaulichen, dass das ArbG Berlin davon ausgeht, dass das AGG eine volkserzieherische Zielrichtung hat und versucht, Fremdenfeindlichkeit zu verhindern.

3. Kritik der Literatur

Das AGG sowie auch bereits die Referentenentwürfe zu einem Antidiskriminierungsgesetz wurden von einigen Stimmen in der Literatur hinterfragt und aufgrund der verhaltenssteuernden Ziele kritisch als „Gesinnungszivilrecht"[129] eingeordnet.[130] So sanktioniere das Gesetz eine Gesinnung und damit einen „Motivationszusammenhang".[131] Dies habe das BGB jedoch bisher strikt vermieden und nur in zwei Ausnahmefällen Rechtsfolgen an subjektive Merkmale geknüpft, nämlich die Schikane (§ 226 BGB) und sittenwidrige Schädigung (§ 826 BGB).[132] So habe die Privatautonomie eine äußere Begrenzung durch Rechtsnormen wie z.B. §§ 134, 138 und 307 BGB erfahren, jedoch hätten bisher keine Normen existiert, an denen sich das moralische Handeln der Bürger im Zivilrechtsverkehr hätte richten sollen.[133] Im Gegenteil: Diese Rechtsnormen hätten lediglich als Grenzen der Privatautonomie gedient, in denen sich die Vertragsparteien hätten bewegen können.[134]

Kritisiert wird diese dogmatische Einordnung des AGG unter anderem auch von *Lobinger*: „Moralpädagogisch motivierte Diskriminierungsverbote" seien mit einer freiheitlichen Grundordnung und Verfassung nicht vereinbar und deshalb ohne jegliche Ausnahme unzulässig.[135] Der Staat könne seine unabhängigen Bürger nicht „zum bloßen Repräsentanten seiner selbst mutieren".[136] Eine

---

129 *Adomeit*, NJW 2006, 2169 (2171).

130 So bezeichnet *Säcker*, ZRP 2002, 286ff. den Referentenentwurf eines Antidiskriminierungsgesetzes als „die Tugendrepublik der neuen Jakobiner"; *Adomeit*, NJW 2006, 2169 (2171); kritisch im Hinblick auf die Einordnung des § 7 Abs. 1 Hs. 2 AGG als „Gesinnungszivilrecht" *Hartmann*, EuZA 2019, 24 (28); *derselbe*, in: Herresthal/Kaiser/Stoffels, Staudinger Eckpfeiler, AGG, 7. Aufl. 2020, S. 104, B6 Fn. 16.

131 *Adomeit*, NJW 2006, 2169 (2171).

132 *Adomeit*, NJW 2006, 2169 (2171).

133 *Säcker*, ZRP 2002, 286 (287).

134 *Säcker*, ZRP 2002, 286 (287); trotz eigener Einordnung unter dieses Prinzip ebenfalls kritisch *Wagner*, AcP (206) 2006, 352 (402): Die Privatautonomie bestehe darin, dass sich jemand seinen Vertragspartner aussuchen könne, ohne die Pflicht zu haben, seine Entscheidung nachvollziehbar begründen zu müssen.

135 *Lobinger*, in: Isensee, Vertragsfreiheit und Diskriminierung, S. 164f.

136 *Lobinger*, in: Isensee, Vertragsfreiheit und Diskriminierung, S. 165.

rein moralpädagogische Sichtweise konfligiere mit dem traditionellen Prinzip der personalen Freiheit im Privatrecht.[137] Es sei nämlich nicht Aufgabe einer auf die Freiheit der Person beruhenden Rechtsordnung, die als unantastbaren Kern die Menschenwürde enthält, bestimmte Einstellungen und Motive einzufordern.[138] Solchen Rechtsordnungen gehe es um die grundsätzliche Einhaltung ihrer Gebote und nicht, weshalb dies geschehe.[139] Im Hinblick auf das AGG merkt *Lobinger* an, dass das Gesetz keine große erzieherische Wirkung auf die Bürger haben werde, da die Diskriminierungsverbote sich überwiegend „an Arbeitgeber und Anbieter auf den Güter- und Dienstleistungsmärkten" richten und diese regelmäßig Unternehmer seien.[140] Die Masse in der Gesellschaft werde hierdurch nicht sozial erzogen.[141]

IV. Prinzip der personalen Gleichheit

Die vierte und recht neue Grundposition ordnet das AGG unter das Prinzip der personalen Gleichheit ein.

1. Grundsatz des Prinzips der personalen Gleichheit

Nach dem Prinzip der personalen Gleichheit stehen personale Freiheit und personale Gleichheit nebeneinander auf einer Ebene, schließen sich nicht gegenseitig aus, sondern ergänzen sich.[142]

Das vor allem von *Grünberger* entwickelte Prinzip der personalen Gleichheit folgt mithin dem Ansatz, dass im Zivilrecht in der Regel der Grundsatz der Gleichbehandlung zwischen Privatrechtssubjekten herrscht.[143] Aus diesem Grund seien Ungleichbehandlungen rechtfertigungsbedürftige Maßnahmen, die, falls Diskriminierungsverbote einschlägig seien, aus bestimmten Gründen nicht gerechtfertigt werden können.[144] Da die Interessen bezüglich der Gleichbehandlung und Freiheit gleichrangig seien, bestehe die Freiheit zur

137 *Lobinger*, AcP 216 (2016), 28 (85).
138 *Lobinger*, AcP 216 (2016), 28 (85).
139 *Lobinger*, AcP 216 (2016), 28 (85).
140 *Lobinger*, in: Isensee, Vertragsfreiheit und Diskriminierung, S. 166f.
141 *Lobinger*, in: Isensee, Vertragsfreiheit und Diskriminierung, S. 166f.
142 *Grünberger*, Personale Gleichheit, S. 750f.; vgl. hierzu *Renner*, KritV 2010, 161 (163).
143 *Grünberger*, Personale Gleichheit, S. 749ff.; auch *Baumgärtner*, in: BeckOGK Zivilrecht, Stand: 01.06.2021, § 3 AGG Rn. 160 stimmt diesem Ansatz im Rahmen der assoziierten Diskriminierng zu.
144 *Grünberger*, Personale Gleichheit, S. 749f.

Ungleichbehandlung erst dann, wenn die Ungleichbehandlung gerechtfertigt sei.[145] Demnach bedürfe jede Ungleichbehandlung unter Privatpersonen einer Begründung.[146] Nach *Grünberger* entstehe durch den Grundsatz der Gleichbehandlung ein Anspruch der Privatperson auf „Rechtfertigung der Ungleichbehandlung".[147] Nur dann, wenn die Rechtfertigung der Ungleichbehandlung nicht erfolgreich sei, stehe dem Diskriminierten ein Anspruch auf Beseitigung der Ungleichbehandlung zu.[148] Aus diesem Grund ist für *Grünberger* der Kern des Grundsatzes der Gleichbehandlung logischerweise die Prüfung der Rechtfertigung.[149] Die Vertreter dieses Prinzips der personalen Gleichheit sprechen dem AGG mithin einen öffentlich-rechtlichen Charakter zu.

2. Kritik der Literatur

Erhebliche Kritik an dem Prinzip der personalen Gleichheit kommt insbesondere von *Lobinger*, der die von *Grünberger* „erstrebte Neukonzeption" der personalen Gleichheit neben dem Grundprinzip der personalen Freiheit als überflüssig erachtet.[150] Privatrechtliche Antidiskriminierungsgesetze seien dem Privatrecht nicht fremd und könnten sehr wohl unter das Prinzip der personalen Freiheit subsumiert werden.[151] Die personale Freiheit des Einzelnen gewähre ihm nämlich nicht das Recht, in fremde Rechte und Rechtsgüter einzugreifen, sondern bezwecke genau das Gegenteil.[152] Im Ergebnis zweifelt *Lobinger* daran, ob *Grünberger* tatsächlich ein neues Prinzip konzipiert habe, da sich die personale Freiheit und personale Gleichheit nicht unterscheiden.[153] Nach *Grünberger* sei nämlich jede Vorenthaltung einer Freiheit aus Gleichbehandlungsgründen rechtfertigungsbedürftig und die Privatautonomie stelle grundsätzlich einen tauglichen Rechtfertigungsgrund für Ungleichbehandlungen dar.[154]

---

145 *Grünberger*, Personale Gleichheit, S. 750f.
146 *Grünberger*, Personale Gleichheit, S. 864; vgl. auch *Renner*, KritV 2010, 161 (163).
147 *Grünberger*, Personale Gleichheit, S. 864.
148 *Grünberger*, Personale Gleichheit, S. 864.
149 *Grünberger*, Personale Gleichheit, S. 864.
150 *Lobinger*, AcP 216 (2016), 28 (84f.).
151 *Lobinger*, AcP 216 (2016), 28 (84f.).
152 *Lobinger*, AcP 216 (2016), 28 (84f.).
153 *Lobinger*, AcP 216 (2016), 28 (84f. Fn. 203).
154 *Lobinger*, AcP 216 (2016), 28 (84f. Fn. 203).

B. Stellungnahme

Keine der vier Grundpositionen ist in der Lage, das AGG vollständig dogmatisch einzuordnen.[155] Im Ergebnis ist allerdings das Prinzip des Persönlichkeitsschutzes vorzugswürdig.

I. Prinzip der Volkserziehung

Betrachtet man das Prinzip der Volkserziehung, ist nicht von der Hand zu weisen, dass der Gesetzgeber selbstverständlich durch Gesetze versucht, das Bewusstsein seiner Bürger zu beeinflussen, da es bereits zahlreiche privatrechtliche Normen wie z.B. § 138 BGB gibt, die gerade dies bezwecken.[156] Eindeutig weist das AGG zum Teil auch einen Erziehungscharakter auf, da es versucht, jegliche Benachteiligung im Arbeitsleben und in Teilbereichen des Zivilrechtsverkehrs zu verhindern. So finden sich in der Gesetzesbegründung zum AGG Ausführungen, die gerade diesen erzieherischen Willen des Gesetzgebers verdeutlichen.[157] Das AGG begründe zwar eine Schutzwirkung für den Diskriminierten, jedoch komme dem Gesetz auch eine „Signalwirkung" in Bezug auf die Differenzierungsmerkmale zu.[158] Das Gesetz beruhe somit auf dem politischen Willen, „eine Kultur der Vielfalt und gegen Diskriminierung zu schaffen" und sowohl für unbeabsichtigte als auch für strukturelle Diskriminierungen zu sensibilisieren.[159]

Jedoch überzeugt eine rein moralpädagogische Sichtweise nicht.[160] Zu beachten ist nämlich, dass ein Gesetz, welches ein grundrechtliches Freiheitsrecht wie die Privatautonomie einzuschränken versucht, auch verhältnismäßig sein muss.[161] Das bedeutet, dass das Mittel einen legitimen Zweck verfolgen und das

155 Ebenso *Hartmann*, in: Herresthal/Kaiser/Stoffels, Staudinger Eckpfeiler, AGG, 7. Aufl. 2020, S. 104f., B7.

156 Ähnlich *Repgen*, in: Isensee, Vertragsfreiheit und Diskriminierung, S. 78.

157 Siehe BT-Drs. 16/1780, S. 30.

158 BT-Drs. 16/1780, S. 30.

159 BT-Drs. 16/1780, S. 30.

160 So u.a. auch *Lobinger*, AcP 216 (2016), 28 (85).

161 Ebenfalls *Repgen*, in: Isensee, Vertragsfreiheit und Diskriminierung, S. 76ff., der die Antidiskriminierungsrichtlinien auf ihre Verhältnismäßigkeit untersucht. Der nationale Grundsatz der Verhältnismäßigkeit gehört zu den allgemeinen Grundsätzen des Gemeinschaftsrechts und ist auch auf Unionsrechtsebene zu beachten, siehe z.B. EuGH, Urt. v. 13.11.1990 – C-331/88, Rn. 13, BeckRS 2004, 70848. Die Prüfung des EuGH entspricht dabei im Wesentlichen der nationalen Verhältnismäßigkeitsprüfung. Siehe hierzu auch *Schnabel*, Diskriminierungsschutz ohne Grenzen?, S. 249.

Mittel zur Erreichung des Zwecks geeignet, erforderlich und angemessen sein muss.[162]

Das Ziel, Diskriminierungen in einer Gesellschaft durch mehr moralisches und soziales Handeln der Bürger zu verhindern, ist grundsätzlich erlaubt und damit rechtlich legitim.[163] Geeignet ist eine Maßnahme zur Erreichung des legitimen Ziels dann, wenn das Ziel zumindest gefördert wird.[164] Allerdings ist das AGG als Mittel nicht zur Erreichung dieses Ziels geeignet, da durch das AGG der damit verfolgte Zweck überhaupt nicht erreicht oder gefördert werden kann.[165] Dies liegt daran, dass der Diskriminierende, wenn er eine andere Person aufgrund eines Differenzierungsmerkmals benachteiligen möchte, dies auch tun wird; er wird dabei jedoch seine Beweggründe nicht offenlegen, um dem Diskriminierten keine Angriffsfläche zu bieten.[166] Aus diesem Grund kann ein Gesetz wie das AGG nicht dazu geeignet sein, dass Bewusstsein einer Gesellschaft so zu beeinflussen und zu ändern, dass Diskriminierungen unterbleiben.[167] Es wird dem Diskriminierenden nur erschwert, jemanden öffentlich wegen eines Differenzierungsmerkmals zu benachteiligen.[168] Demnach ist eine dogmatische Einordnung unter das Prinzip der Volkserziehung abzulehnen.

II. Prinzip der Verteilungsgerechtigkeit

Auch im Hinblick auf das Prinzip der Verteilungsgerechtigkeit erweist sich im Rahmen der Verhältnismäßigkeitsprüfung die Geeignetheit der Maßnahme als schwierig. Nach diesem Prinzip sollen durch das AGG Leistungen und Güter in der Gesellschaft gerecht verteilt und jedem die Teilhabe an solchen Leistungen ermöglicht werden. Der Zweck, eine gerechte Güterverteilung zu ermöglichen, ist grundsätzlich rechtlich legitim.[169] Allerdings kann mit dem AGG auch

162 *Grzeszick*, in: Maunz/Dürig, Grundgesetz-Kommentar, 94. EL Januar 2021, Art. 20 GG Kap. VII Rn. 110; *Martini*, JA 2009, 839 (843).

163 Ähnlich *Repgen*, in: Isensee, Vertragsfreiheit und Diskriminierung, S. 76ff.

164 *Martini*, JA 2009, 839 (844).

165 Derselben Ansicht ist im Hinblick auf die Antidiskriminierungsrichtlinien auch *Repgen*, in: Isensee, Vertragsfreiheit und Diskriminierung, S. 79f.

166 Ähnlich *Repgen*, in: Isensee, Vertragsfreiheit und Diskriminierung, S. 79f, wonach in Zukunft die Diskriminierung „versteckt betrieben werden" würde.

167 Ebenfalls im Hinblick auf die Antidiskriminierungsrichtlinien *Repgen*, in: Isensee, Vertragsfreiheit und Diskriminierung, S. 79f.

168 Ähnlich *Repgen*, in: Isensee, Vertragsfreiheit und Diskriminierung, S. 79f.

169 So auch im Hinblick auf die Antidiskriminierungsrichtlinien *Repgen*, in: Isensee, Vertragsfreiheit und Diskriminierung, S. 76ff.

dieser Zweck nicht erreicht werden.[170] Durch das AGG kann, zumal zumindest im Arbeitsrecht ein Kontrahierungszwang gem. § 15 Abs. 6 AGG ausdrücklich ausgeschlossen ist, die Teilhabe diskriminierter Personen auf dem Arbeitsmarkt oder auch in anderen Bereichen und somit auch eine Verteilungsgerechtigkeit nicht gefördert werden.[171] Die Rechtsfolgenregelungen beschränken sich vielmehr auf den klassischen Schadensersatz und die Entschädigung in den §§ 15, 21 AGG und dienen somit nicht der Teilhabe, sondern dem Schutz der Integrität des Diskriminierten.[172] Aus diesen Gründen ist das AGG dogmatisch nicht allein unter das Prinzip der Verteilungsgerechtigkeit einzuordnen.

III. Prinzip der personalen Gleichheit

Untersucht man das Prinzip der personalen Gleichheit, ist nicht nachzuvollziehen, weshalb neben dem Prinzip der personalen Freiheit auch ein neues Prinzip der personalen Gleichheit hinzutreten soll.[173] *Grünberger* schlägt als Lösung für den Konflikt zwischen der personalen Gleichheit und personalen Freiheit das sog. „Rechtfertigungsmodell" vor, wodurch grundsätzlich jedem, dem eine Ungleichbehandlung widerfahre, das Recht zustehe – sei es gegenüber dem Staat oder einer Privatperson – eine Rechtfertigung für diese Ungleichbehandlung zu fordern.[174] Die Anforderungen an die Rechtfertigung hängen nach *Grünberger* jedoch davon ab, ob die Ungleichbehandlung durch den Staat oder eine Privatperson erfolge, da man „vom Staat als Grundrechtsadressaten" verlangen könne, „dass er jede Differenzierung mit sachlichen Gründen rechtfertig[e]".[175] Bei Privaten müsse man dagegen beachten, dass auch sie Träger von Grundrechten seien.[176] Diesen Aussagen *Grünbergers*, also dass der Staat grundsätzlich zur Gleichbehandlung der Bürger verpflichtet ist und dass Privatpersonen

---

170 Vgl. für die Verhältnismäßigkeit der Antidiskriminiungsrichtlinien die Ausführungen von *Repgen*, in: Isensee, Vertragsfreiheit und Diskriminierung, S. 80f.

171 Derselben Ansicht ist im Hinblick auf die Antidiskriminierungsrichtlinien auch *Repgen*, in: Isensee, Vertragsfreiheit und Diskriminierung, S. 80f.

172 So auch *Lobinger*, AcP 216 (2016), 28 (91).

173 Derselben Ansicht ist u.a. auch *Lobinger*, AcP 216 (2016), 28 (84f.), der daran zweifelt, ob *Grünberger* überhaupt die Neukonzeption gelungen ist; ebenfalls kritisch ist auch *Bachmann*, GPR 2015, 10f.; für das Prinzip der personalen Gleichheit jedoch weiterhin *Grünberger*, Personale Gleichheit, S. 750f.

174 Vgl. für dieses sog. „Rechtfertigungsmodell" *Grünberger*, Personale Gleichheit, S. 823ff.

175 *Grünberger*, Personale Gleichheit, S. 825.

176 *Grünberger*, Personale Gleichheit, S. 825.

Träger von Grundrechten sind, kann nur zugestimmt werden. Letztendlich muss sich aber auch *Grünberger* eingestehen, dass insbesondere zwischen Privaten Freiheitsrechte als Rechtfertigungsgrund grundsätzlich in Betracht kommen, da sie sich auch auf ihre Grundrechte und damit auch auf ihre Freiheitsrechte berufen können.[177] Wenn jedoch die Ausübung der eigenen Freiheitsrechte ausreicht, um eine Ungleichbehandlung zu rechtfertigen, stellt sich anschließend die Frage, worin dann der Unterschied zum klassischen Modell des Vorrangs der personalen Freiheit liegt.[178] Letztendlich wird auch die personale Freiheit einer Person nicht schrankenlos gewährt, sondern findet ihre Grenzen in den Grundrechten Dritter und Verbotsnormen.[179] Somit entsteht der Eindruck, dass *Grünberger* versucht, mit dem „Rechtfertigungsmodell" einen neuen Lösungsansatz herauszuarbeiten, obwohl hierzu kein Anlass besteht. Das Problem einer Ungleichbehandlung zwischen Privaten ist bereits mit dem bestehenden Privatrechtsverständnis lösbar.

Demzufolge ist die dogmatische Einordnung des AGG allein unter das Prinzip der personalen Gleichheit abzulehnen.

IV. Prinzip des Persönlichkeitsschutzes

Letztlich sprechen für die dogmatische Einordnung des AGG unter das Prinzip des Persönlichkeitsschutzes folgende Argumente:

Zum einen lässt sich gegen einen öffentlich-rechtlichen Charakter des Gesetzes anführen, dass das AGG keinen Bußgeldkatalog enthält. Hätte der Gesetzgeber einen öffentlich-rechtlichen Charakter des AGG gewollt, dann wäre dies hierdurch möglich gewesen. So hat der Gesetzgeber z.B. im Arbeitnehmerüberlassungsgesetz (AÜG)[180] sowie im Mindestlohngesetz (MiLoG)[181] einen Ordnungswidrigkeitskatalog mit Bußgeldern vorgesehen. Solche Regelungen gibt es im AGG nicht.

Zum anderen sprechen die Regelungen des AGG für eine integritätsschützende Zielrichtung.[182] Durch eine Diskriminierung in Form der unmittelbaren

177 *Grünberger*, Personale Gleichheit, S. 840.

178 Diese Frage stellt sich auch *Lobinger*, AcP 216 (2016), 28 (84f.).

179 Ebenfalls *Lobinger*, AcP 216 (2016), 28 (84).

180 Gesetz zur Regelung der Arbeitnehmerüberlassung (Arbeitnehmerüberlassungsgesetz – AÜG), BGBl. I 1995, 158; siehe § 16 Abs. 2 AÜG.

181 Gesetz zur Regelung eines allgemeinen Mindestlohns (Mindestlohngesetz – MiLoG), BGBl. I 2014, 1348; siehe § 21 Abs. 3 MiLoG.

182 Ebenfalls *Lobinger*, AcP 216 (2016), 28 (89).

Benachteiligung nach § 3 Abs. 1 AGG wird einer Person ihre Gleichwertigkeit zu anderen, vergleichbaren Personen abgesprochen.[183] Nach § 3 Abs. 1 Satz 1 AGG liegt insbesondere dann eine unmittelbare Benachteiligung vor, wenn eine Person wegen eines in § 1 AGG genannten Grundes eine weniger günstige Behandlung erfährt, als eine andere Person in einer vergleichbaren Situation erfährt, erfahren hat oder erfahren würde. Die Aberkennung der Gleichwertigkeit erfolgt im Rahmen der unmittelbaren Diskriminierung dadurch, dass die diskriminierte Person aufgrund eines oder mehreren verpönten Differenzierungsmerkmalen überhaupt nicht als möglicher Vertragspartner in Betracht gezogen wird, sondern per se aus diesen Gründen in den Augen des Diskriminierenden minderwertig ist.[184]

Auch die mittelbare Benachteiligung nach § 3 Abs. 2 AGG lässt eine integritätsschützende Deutung des AGG zu. Nach dieser Vorschrift liegt eine mittelbare Benachteiligung vor, wenn dem Anschein nach neutrale Vorschriften, Kriterien oder Verfahren Personen wegen eines Differenzierungsmerkmals gegenüber anderen Personen in besonderer Weise benachteiligen können, es sei denn, sie sind durch ein rechtmäßiges Ziel sachlich gerechtfertigt und die Mittel sind zur Erreichung dieses Ziels angemessen und erforderlich. Im Gegensatz zur unmittelbaren Benachteiligung ist hier das Fehlen von Rechtfertigungsgründen ein negatives Tatbestandsmerkmal.[185] Bei einer mittelbaren Benachteiligung indiziert jedoch im Unterschied zur unmittelbaren Benachteiligung gerade nicht die Zurückweisung eine rechtswidrige Persönlichkeitsrechtsverletzung.[186] Diese muss vielmehr durch eine Abwägung zwischen den Interessen des Benachteiligenden und den Interessen des Benachteiligten positiv festgestellt werden.[187] Dieser Umstand läuft allerdings einer integritätsschützenden Deutung des AGG nicht zuwider, da beim allgemeinen Persönlichkeitsrecht regelmäßig eine umfassende Interessenabwägung durchzuführen ist, um eine Persönlichkeitsrechtsverletzung feststellen zu können.[188]

---

183 So auch *Lobinger*, AcP 216 (2016), 28 (89).

184 Ähnlich *Lobinger*, AcP 216 (2016), 28 (89).

185 So auch *Bader*, Arbeitsrechtlicher Diskriminierungsschutz als Privatrecht, S. 152; vgl. zum Tatbestandsmerkmal der fehlenden Rechtfertigung im Rahmen der mittelbaren Benachteiligung 5. Kap. B. II. 1.

186 Ebenfalls *Bader*, Arbeitsrechtlicher Diskriminierungsschutz als Privatrecht, S. 153.

187 *Bader*, Arbeitsrechtlicher Diskriminierungsschutz als Privatrecht, S. 153.

188 Zustimmend *Bader*, Arbeitsrechtlicher Diskriminierungsschutz als Privatrecht, S. 152f.

Schaut man sich die Belästigung i.S.d. § 3 Abs. 3 AGG an, kommt man zum selben Ergebnis.[189] Gem. § 3 Abs. 3 AGG ist eine Belästigung eine ungerechtfertigte Benachteiligung, wenn unerwünschte Verhaltensweisen, die mit einem in § 1 AGG genannten Grund in Zusammenhang stehen, bezwecken oder bewirken, dass die Würde der betreffenden Person verletzt und ein von Einschüchterungen, Anfeindungen, Erniedrigungen, Entwürdigungen oder Beleidigungen gekennzeichnetes Umfeld geschaffen wird. Bereits der Wortlaut der Norm verdeutlicht, dass es im Rahmen einer Belästigung um die Verletzung der Würde des Betroffenen geht.

Auch die Gesetzesbegründung zum AGG bestätigt dies. Danach muss die unerwünschte Verhaltensweise grundsätzlich dazu geeignet sein, den Betroffenen in dessen Würde zu verletzen.[190] Deshalb scheide ein nur geringfügiger Eingriff aus.[191] Allerdings müsse die unerwünschte Verhaltensweise auch nicht eine Menschenwürdeverletzung i.S.d. Art. 1 GG darstellen.[192]

Auch bei der Gesetzesbegründung zu § 21 AGG spricht der Gesetzgeber von Persönlichkeitsrechtsverletzungen.[193] Der maßgebliche Zweck für den Entschädigungsanspruch nach § 21 Abs. 2 Satz 1 und 3 AGG liegt nach der Gesetzesbegründung in der Persönlichkeitsrechtsverletzung aufgrund der Benachteiligung.[194] Deshalb sei die Höhe der Entschädigung auch an der Persönlichkeitsrechtsverletzung auszurichten.[195]

Im nächsten Absatz der Gesetzesbegründung heißt es zudem:

> „Angemessen ist die Entschädigung, wenn sie dem Benachteiligten Genugtuung für die durch die Benachteiligung zugefügte Herabsetzung oder Zurücksetzung verschaffen kann. Zur weiteren Konkretisierung können die Grundsätze des Geldentschädigungsanspruchs bei Verletzung des allgemeinen Persönlichkeitsrechts herangezogen werden. Hiernach ist zu berücksichtigen, dass der Geldentschädigungsanspruch bei Verletzungen des allgemeinen Persönlichkeitsrechts nur schwerwiegende und anderweitig nicht

---

189 *Lobinger*, AcP 216 (2016), 28 (90); ebenfalls für eine „persönlichkeitsrechtliche Komponente“ der Diskriminierungsverbote spricht sich *Schnabel*, Diskriminierungsschutz ohne Grenzen?, S. 157 aus.

190 BT-Drs. 16/1780, S. 33.

191 BT-Drs. 16/1780, S. 33.

192 BT-Drs. 16/1780, S. 33.

193 Ebenfalls *Bader*, Arbeitsrechtlicher Diskriminierungsschutz als Privatrecht, S. 30, der in dieser Gesetzesbegründung einen Hinweis dafür sieht, dass das AGG den Schutz der Persönlichkeit bezweckt.

194 BT-Drs. 16/1780, S. 46.

195 BT-Drs. 16/1780, S. 46.

auszugleichende Persönlichkeitsrechtsverletzungen kompensiert und für die Bemessung der Entschädigungshöhe die Intensität der Persönlichkeitsrechtsverletzung erheblich ist […].“[196]

Hierdurch wird vielfach verdeutlicht, dass der Gesetzgeber davon ausgeht, dass die unzulässigen Benachteiligungen regelmäßig den Betroffenen in seinem Persönlichkeitsrecht verletzen und somit seine Integrität in Frage stellen.[197] Mithin deuten viele Passagen der Gesetzesbegründung auf eine integritätsschützende Zielrichtung des AGG hin.

Des Weiteren sprechen auch die Regelungen der §§ 19ff. AGG für solch eine integritätsschützende Lesart.[198] Der Gesetzgeber hat im Zivilrechtsverkehr das AGG bewusst auf Fälle eingeschränkt, in denen die Leistungen und Güter öffentlich angeboten werden und bei denen es dem Anbietenden in der Regel gerade nicht auf bestimmte Eigenschaften in der Person des Vertragspartners ankommt.[199] Dies wird durch § 19 Abs. 1 AGG deutlich, da das AGG den Anwendungsbereich auf solche Schuldverhältnisse begrenzt, die typischerweise ohne Ansehen der Person zu vergleichbaren Bedingungen in einer Vielzahl von Fällen zustande kommen – also Massengeschäfte – oder bei denen das Ansehen der Person nach der Art des Schuldverhältnisses eine nachrangige Bedeutung hat und die zu vergleichbaren Bedingungen in einer Vielzahl von Fällen zustande kommen oder eine privatrechtliche Versicherung zum Gegenstand haben.[200] Die Abweisung einer Person nur wegen eines verpönten Differenzierungsmerkmals kann gerade bei Massengeschäften als besonders persönlichkeitskränkend und herabwürdigend empfunden werden, weil das Angebot öffentlich ist.[201]

Auch widerspricht diese Lesart nicht der deutschen Privatrechtsordnung.[202] Die Privatautonomie ermöglicht zwar jedem, seine Rechtsverhältnisse selbst und nach seinem Willen zu gestalten[203], jedoch bedeutet dies nicht, dass man

---

196 BT-Drs. 16/1780, S. 46.

197 So sieht das auch das BAG, Urt. v. 19.12.2013 – 6 AZR 190/12, Rn. 38, NZA 2014, 372 (376).

198 *Lobinger*, AcP 216 (2016), 28 (90).

199 *Lobinger*, AcP 216 (2016), 28 (90f.).

200 So auch *Lobinger*, AcP 216 (2016), 28 (90).

201 Zum selben Ergebnis kommt auch *Lobinger*, AcP 216 (2016), 28 (90f.).

202 Zustimmend auch *Lobinger*, AcP 216 (2016), 28 (84); ebenso *Hartmann*, EuZA 2019, 24 (39).

203 *Neuner*, JZ 2003, 57 (59); *Lobinger*, in: Isensee, Vertragsfreiheit und Diskriminierung, S. 102.

dies in persönlichkeitsrechtsverletzender Weise tun darf.[204] Teil des Persönlichkeitsrechts ist die Persönlichkeitsentfaltung.[205] Hierfür kann es jedoch in bestimmten Lebenssituationen erforderlich sein, Entscheidungen zu treffen und eine Art Ungleichbehandlung vorzunehmen.[206] Eine Ungleichbehandlung ist dabei nur dann ungerechtfertigt, wenn sie aufgrund verwerflicher Gründe erfolgt und damit Ausdruck einer Geringschätzung seines Gegenübers ist.[207] Es ist zwar möglich und auch nicht zu verhindern, dass im Alltag selektierte Entscheidungen getroffen werden, allerdings dürfen diese nicht sittenwidrig sein und auch nicht gegen Rechte Dritter oder Verbotsgesetze verstoßen.[208]

Zuletzt ist auch der Verhältnismäßigkeitsgrundsatz gewahrt, wenn man das AGG dogmatisch unter das Prinzip des Persönlichkeitsschutzes einordnet. Das Ziel, Diskriminierungen und somit Persönlichkeitsrechtsverletzungen zu verhindern, ist legitim. Das Gesetz ist durch die in ihm enthaltenen Diskriminierungsverbote in § 7 AGG und § 19 AGG auch dazu geeignet, dieses Ziel zumindest zu fördern, da gerade in den Bereichen, in denen besonders stark das allgemeine Persönlichkeitsrecht betroffen ist – also im Beschäftigungsverhältnis und bei Massengeschäften – Diskriminierungsverbote kodifiziert wurden und dadurch das Persönlichkeitsrecht der Betroffenen geschützt werden kann. § 7 AGG und § 19 AGG konkretisieren somit das allgemeine Persönlichkeitsrecht für den Beschäftigungsbereich und einen bestimmten Bereich des Zivilrechtsverkehrs.[209] Im Fall einer Verletzung des Persönlichkeitsrechts ist zumindest durch das AGG eine Entschädigung in den §§ 15 und 21 AGG vorgesehen. Das Gesetz ist auch zur Erreichung des legitimen Ziels erforderlich und angemessen. Die Erforderlichkeit liegt vor, wenn das Mittel das mildeste von gleich geeigneten Mitteln ist.[210] Ein im Vergleich zum AGG milderes, also weniger beeinträchtigendes, aber dennoch gleich wirksames Mittel ist nicht ersichtlich. Angemessen ist das Mittel immer dann, wenn es nicht außer Verhältnis zum geplanten

204 *Lobinger*, AcP 216 (2016), 28 (84).

205 *Neuner*, JuS 2015, 961 (962).

206 *Repgen*, in: Isensee, Vertragsfreiheit und Diskriminierung, S. 27.

207 *Repgen*, in: Isensee, Vertragsfreiheit und Diskriminierung, S. 27f.

208 *Lobinger*, in: Isensee, Vertragsfreiheit und Diskriminierung, S. 104.

209 Ebenfalls *Hartmann*, in: Herresthal/Kaiser/Stoffels, Staudinger Eckpfeiler, AGG, 7. Aufl. 2020, S. 115, B30 sowie S. 131, B64.

210 *Grzeszick*, in: Maunz/Dürig, Grundgesetz-Kommentar, 94. EL Januar 2021, Art. 20 GG Kap. VII Rn. 113.

Ziel steht, also keine unzumutbare Beeinträchtigung verursacht.[211] Das AGG bezweckt, Persönlichkeitsrechtsverletzungen aufgrund ungerechtfertigter Diskriminierungen in bestimmten Privatrechtsbereichen zu vermeiden. Dadurch wird zwar die Privatautonomie des potenziell Diskriminierenden beeinträchtigt, jedoch ist hier im Vergleich das Persönlichkeitsrecht der Betroffenen schutzwürdiger. Die Beeinträchtigung der Privatautonomie ist auch nicht schwerwiegend, da regelmäßig kein Kontrahierungszwang durch das AGG vorgeschrieben wird. Im Ergebnis verfolgt das AGG mithin einen legitimen Zweck und ist als Mittel zur Erreichung des Zwecks geeignet, erforderlich und angemessen.

Diese Argumente verdeutlichen, dass das AGG eine integritätsschützende Zielrichtung hat und dogmatisch unter das Prinzip des Persönlichkeitsschutzes einzuordnen ist.

C. Fazit

Zusammenfassend ist somit Folgendes festzuhalten:

Die dogmatische Einordnung des AGG ist auch heute noch eine schwierige und höchst umstrittene Frage, weil das Gesetz das Spannungsverhältnis von Gleichheit und Freiheit betrifft. Beim AGG wird neben dem Prinzip des Persönlichkeitsschutzes, der Verteilungsgerechtigkeit und der Volkserziehung auch das Prinzip der personalen Gleichheit vertreten. Keine der vier Programmatiken ist in der Lage, die dogmatischen Probleme des AGG eindeutig zu klären. Es wurde jedoch herausgearbeitet, dass das AGG dogmatisch als Konkretisierung des Persönlichkeitsschutzes zu verstehen ist, da die anderen Programmatiken nicht überzeugen und zum Teil unverhältnismäßig sind. Insbesondere sprechen der Umstand, dass ein Bußgeldkatalog im AGG fehlt, und die Regelungen des AGG, die das Beschäftigungsverhältnis und den Zivilrechtsverkehr betreffen, für eine solche integritätsschützende Lesart. Auch die Gesetzesbegründung zum AGG und die Vereinbarkeit mit dem Verhältnismäßigkeitsgrundsatz unterstützen diesen dogmatischen Ansatz.

Eine wichtige Bedeutung erlangt die integritätsschützende Zielrichtung des AGG für die weitere rechtliche Prüfung der Fallgruppe der assoziierten Diskriminierung. So muss der dogmatische Hintergrund des AGG für die Erarbeitung der Voraussetzungen der Anspruchsberechtigung im Rahmen der assoziierten Diskriminierung beachtet werden, da ausgehend von dem integritätsschützenden

211 *Grzeszick*, in: Maunz/Dürig, Grundgesetz-Kommentar, 94. EL Januar 2021, Art. 20 GG Kap. VII Rn. 117.

Verständnis eine Verletzung des Persönlichkeitsrechts erforderlich sein müsste. Diese Frage wird im 3. Kapitel untersucht. Auch das Näheverhältnis kann nicht getrennt von der dogmatischen Einordnung betrachtet werden. Hier ist wiederum fraglich, ob aufgrund des Persönlichkeitsrechtsbezugs auf ein Näheverhältnis verzichtet werden kann oder nicht und was für Anforderungen an dieses zu stellen sind, wenn ein solches Näheverhältnis für einen Anspruch wegen assoziierter Diskriminierung erforderlich sein sollte. Dieses Problem wird im 4. Kapitel beleuchtet. Zu beachten bleibt ferner, dass die dogmatische Einordnung auch für die Reichweite der assoziierten Diskriminierung von Bedeutung ist, da eine mögliche Ausweitung der geschützten Fälle der assoziierten Diskriminierung auf alle Differenzierungsmerkmale sowie auf alle Diskriminierungsformen davon abhängt, ob in allen Fällen eine Verletzung des Persönlichkeitsrechtes denkbar ist. Diese Frage wird im 5. Kapitel untersucht.

2. Kapitel Schadensersatz- und Entschädigungsansprüche

Die rechtlichen Fragen der assoziierten Diskriminierung lassen sich in drei Problemfelder aufteilen: die Anspruchsberechtigung, das Näheverhältnis und die Reichweite. Um diese rechtlichen Probleme der assoziierten Diskriminierung bearbeiten zu können, ist zunächst eine Auseinandersetzung mit den im AGG enthaltenen Schadensersatz- und Entschädigungsansprüchen erforderlich. Die Anspruchsvoraussetzungen und der Haftungsumfang der AGG-Ansprüche sind vor allem für das Problem der Anspruchsberechtigung im Rahmen der assoziierten Diskriminierung von Bedeutung, weil es um mögliche Ansprüche von Nicht-Merkmalsträgern und Merkmalsträgern nach §§ 15, 21 AGG geht.

§ 15 AGG ist die zentrale Haftungsnorm für den Bereich des Beschäftigungsverhältnisses.[212] Sie enthält in Abs. 1 einen Schadensersatzanspruch für materielle Schäden und in Abs. 2 einen Entschädigungsanspruch für immaterielle Schäden.[213] § 21 AGG enthält dagegen ähnliche, aber nicht identische Regelungen für den Zivilrechtsbereich.[214] Anders als § 15 AGG sieht § 21 AGG – neben einem Schadensersatz- und Entschädigungsanspruch in Abs. 2 – in seinem Abs. 1 zusätzlich einen Beseitigungs- und Unterlassungsanspruch vor.[215]

In Anbetracht der ungeklärten dogmatischen Einordnung des AGG[216] sind die Voraussetzungen und Rechtsfolgen der gesetzlichen Ansprüche weitgehend umstritten.[217] Im Folgenden will die Arbeit einen kurzen Überblick zu den

---

212 *Hartmann*, in: Herresthal/Kaiser/Stoffels, Staudinger Eckpfeiler, AGG, 7. Aufl. 2020, S. 120, B39; *Roloff*, in: Rolfs/Giesen/Kreikebohm/Meßling/Udsching, BeckOK Arbeitsrecht, 60. Ed., Stand: 01.06.2021, Einl. § 15 AGG; *Serr*, in: Staudinger AGG, 2020, § 15 Rn. 1.

213 *Bader*, Arbeitsrechtlicher Diskriminierungsschutz als Privatrecht, S. 188; *Schlachter*, in: ErfK, 21. Aufl. 2021, § 15 AGG Rn. 1; *Roloff*, in: Rolfs/Giesen/Kreikebohm/Meßling/Udsching, BeckOK Arbeitsrecht, 60. Ed., Stand: 01.06.2021, Einl. § 15 AGG.

214 *Ernst/Braunroth/Wascher*, in: E/B/F/W, AGG, 2. Aufl. 2013, § 21 Rn. 1.

215 *Ernst/Braunroth/Wascher*, in: E/B/F/W, AGG, 2. Aufl. 2013, § 15 Rn. 1ff. und § 21 Rn. 1; *Deinert*, in: Däubler/Bertzbach, NK-AGG, 4. Aufl. 2018, § 21 Rn. 1.

216 Siehe zur Dogmatik des AGG bereits das 1. Kap.

217 *Hartmann*, in: Herresthal/Kaiser/Stoffels, Staudinger Eckpfeiler, AGG, 7. Aufl. 2020, S. 120ff., B39ff.

verschiedenen Anspruchsnormen und deren Inhalten vermitteln. Hierbei wird der Fokus auf die Schadensersatz- und Entschädigungsansprüche gelegt.

A. Schadensersatzansprüche

Die Schadensersatzansprüche sind im AGG für den Bereich des Beschäftigungsverhältnisses in § 15 Abs. 1 Satz 1 AGG und für den Bereich des Zivilrechtsverkehrs in § 21 Abs. 2 Satz 1 AGG geregelt.

I. Beschäftigungsverhältnis (§ 15 Abs. 1 AGG)

Nach § 15 Abs. 1 Sätze 1 und 2 AGG hat ein Arbeitgeber bei einem Verstoß gegen das Benachteiligungsverbot einem Beschäftigten i.S.d. § 6 Abs. 1 AGG den hierdurch entstandenen materiellen Schaden zu ersetzen, wenn er die Pflichtverletzung zu vertreten hat.[218] Das Benachteiligungsverbot ist in § 7 AGG geregelt.[219] Danach dürfen Beschäftigte nicht wegen eines in § 1 AGG genannten Grundes benachteiligt werden; dies gilt nach dem Halbsatz 2 auch, wenn die Person, die die Benachteiligung begeht, das Vorliegen eines in § 1 AGG genannten Grundes bei der Benachteiligung nur annimmt. Ein Verstoß gegen das Benachteiligungsverbot des § 7 AGG setzt demnach voraus, dass eine unzulässige und somit nicht gemäß §§ 5, 8 bis 10 AGG gerechtfertigte Ungleichbehandlung aufgrund eines in § 1 AGG geregelten Merkmals vorliegt.[220]

Besonders umstritten ist im Rahmen des Schadensersatzanspruchs das Erfordernis eines Vertretenmüssens.[221] Nach dem Wortlaut des § 15 Abs. 1 Satz 2

---

218 *Schlachter*, in: ErfK, 21. Aufl. 2021, § 15 AGG Rn. 1; *Stoffels*, RdA 2009, 204 (207); *Hartmann*, in: Herresthal/Kaiser/Stoffels, Staudinger Eckpfeiler, AGG, 7. Aufl. 2020, S. 122ff., B43ff.; *Roloff*, in: Rolfs/Giesen/Kreikebohm/Meßling/Udsching, BeckOK Arbeitsrecht, 60. Ed., Stand: 01.06.2021, § 15 AGG Rn. 1; *Annuß*, BB 2006, 1629 (1634).

219 *Wagner/Potsch*, JZ 2006, 1084 (1088); siehe auch *Serr*, in: Staudinger AGG, 2020, § 15 Rn. 7, wonach § 15 Abs. 1 AGG eine Rechtsgrundverweisung auf § 7 Abs. 1 AGG enthalte.

220 Vgl. zum Schadensersatzanspruch nach § 15 Abs. 1 AGG ausführlich *Hartmann*, in: Herresthal/Kaiser/Stoffels, Staudinger Eckpfeiler, AGG, 7. Aufl. 2020, S. 120ff., B39ff.; *Roloff*, in: Rolfs/Giesen/Kreikebohm/Meßling/Udsching, BeckOK Arbeitsrecht, 60. Ed., Stand: 01.06.2021, § 15 AGG Rn. 1ff.

221 Siehe für eine umfassende Darstellung der Problematik *Hartmann*, in: Herresthal/Kaiser/Stoffels, Staudinger Eckpfeiler, AGG, 7. Aufl. 2020, S. 123f., B44 sowie *Bader*, Arbeitsrechtlicher Diskriminierungsschutz als Privatrecht, S. 319ff. und *Serr*, in: Staudinger AGG, 2020, § 15 Rn. 12.

AGG muss der Arbeitgeber den entstandenen Schaden nicht ersetzen, wenn er die Pflichtverletzung nicht zu vertreten hat. Ein solches Verschuldenserfordernis wird überwiegend für europarechtswidrig gehalten.[222] Die Vertreter dieser Ansicht begründen ihre Meinung damit, dass nach den Antidiskriminierungsrichtlinien, insbesondere nach Art. 15 RL 2000/43/EG und Art. 14 RL 2004/113/EG, die Sanktionen wirksam, verhältnismäßig und abschreckend sein müssen und ein verschuldensabhängiger Schadenersatzanspruch genau diesen Richtlinienvorgaben entgegenstehe.[223] Andere vertreten hingegen die Auffassung, dass ein Vertretenmüssen erforderlich sei und begründen ihre Ansicht zum einem mit dem klaren Wortlaut des § 15 Abs. 1 Satz 2 AGG und zum anderen damit, dass Schadensersatzansprüche im deutschen Recht in der Regel ein Verschulden voraussetzen.[224] Falls man ein Verschuldenserfordernis im Rahmen des § 15 Abs. 1 AGG bejaht, müsste der Arbeitgeber den Verstoß gegen das Benachteiligungsverbot nach den Maßstäben der §§ 276ff. BGB zu vertreten haben, wobei dann auch hier (wie bei § 280 Abs. 1 Satz 2 BGB) das Vertretenmüssen vermutet

---

222 *Schlachter*, in: ErfK, 21. Aufl. 2021, § 15 AGG Rn. 1, 6; *Roloff*, in: Rolfs/Giesen/Kreikebohm/Meßling/Udsching, BeckOK Arbeitsrecht, 60. Ed., Stand: 01.06.2021, § 15 AGG Rn. 2f.; *v. Steinau-Steinrück/Schneider*, in: B/D/D/H, Gesamtes Arbeitsrecht, § 15 AGG Rn. 4; *Stoffels*, RdA 2009, 204 (210): *Deinert*, in: Däubler/Bertzbach, NK-AGG, 4. Aufl. 2018, § 15 Rn. 31; *Thüsing*, in: MüKo BGB, Band 1, 9. Aufl. 2021, § 15 AGG Rn. 24 und 33; *derselbe*, Arbeitsrechtlicher Diskriminierungsschutz, 2. Aufl. 2013, Rn. 540; *Treber*, in: KR, 12. Aufl. 2019, § 15 AGG Rn.8ff.; *Kocher*, in: Schiek, AGG, § 15 Rn. 19f.; *Kamanabrou*, RdA 2006, 321 (335f); *Meinel/Heyn/Herms*, AGG, 2. Aufl. 2010, § 15 Rn. 32ff.; *Feuerborn*, JR 2008, 485 (490); *Wagner/Potsch*, JZ 2006, 1084 (1091).

223 *Schlachter*, in: ErfK, 21. Aufl. 2021, § 15 AGG Rn. 1; *Deinert*, in: Däubler/Bertzbach, NK-AGG, 4. Aufl. 2018, § 15 Rn. 31.

224 So z.B. *Bauer/Krieger/Günther*, AGG, 5. Aufl. 2018, § 15 Rn. 15; ähnlich *Ernst/Braunroth/Wascher*, in: E/B/F/W, AGG, 2. Aufl. 2013, § 15 Rn. 2; *Walker*, NZA 2009, 5 (6); *Adomeit/Mohr*, AGG, 2. Aufl. 2011, § 15 Rn. 30f.; *Hanau*, ZIP 2006, 2189 (2200f.); *Lingemann*, in: PWW, BGB, 16. Aufl. 2021, § 15 AGG Rn. 4; *Annuß*, BB 2006, 1629 (1634); *Richardi/Fischinger*, in: Staudinger BGB, 2020, § 611a BGB Rn. 479; *Willemsen/Schweibert*, NJW 2006, 2583 (2588f.). Siehe zudem ausführlich und differenzierend *Bader*, Arbeitsrechtlicher Diskriminierungsschutz als Privatrecht, S. 327ff., der bei § 15 Abs. 1 AGG von einer „Haftung für vermutetes Verschulden" spricht; vgl. *Schnabel*, Diskriminierungsschutz ohne Grenzen?, S. 164f., wobei sie auch die Unionsrechtswidrigkeit feststellt und abwarten möchte, wie der Konflikt in der Praxis bis zu einer Gesetzesänderung gelöst werde.

werden würde.[225] In der Rechtspraxis wird regelmäßig ein Vertretenmüssen in Form von Fahrlässigkeit anzunehmen sein, weshalb es im Ergebnis auf einen Streitentscheid nicht ankommen wird.[226]

Umstritten ist ferner, welche materiellen Schäden vom Schadensersatzanspruch erfasst sind. Der Streit dreht sich hierbei insbesondere um die Frage, ob nur das negative Interesse oder auch das positive Interesse ersetzt wird.[227] Das Problem wird vor allem im Rahmen der diskriminierenden Nichteinstellung besprochen.[228]

Überwiegend wird vertreten, dass dem bestqualifizierten Bewerber das positive Interesse, also der Erfüllungsschaden, zu ersetzen sei.[229] Innerhalb dieser Strömung meint wiederum ein Teil der Vertreter, dass den übrigen benachteiligten Bewerbern zusätzlich das negative Interesse ersetzt werden soll.[230]

Andere plädieren dagegen für eine differenzierte Betrachtungsweise und lehnen eine Unterscheidung zwischen bestqualifizierten und übrigen Bewerbern ab.[231] Vielmehr sei für die Höhe des Anspruches die Höhe der Einstellungschancen

---

225 BT-Drs. 16/1780, S. 38; *Ernst/Braunroth/Wascher*, in: E/B/F/W, AGG, 2. Aufl. 2013, § 15 Rn. 2.

226 *Hartmann*, in: Herresthal/Kaiser/Stoffels, Staudinger Eckpfeiler, AGG, 7. Aufl. 2020, S. 124, B44.

227 Vgl. ausführlich zu dem Streit, ob nur das negative oder auch das positive Interesse ersatzfähig ist: *Hartmann*, in: Herresthal/Kaiser/Stoffels, Staudinger Eckpfeiler, AGG, 7. Aufl. 2020, S. 120f., B40 sowie *Bader*, Arbeitsrechtlicher Diskriminierungsschutz als Privatrecht, S. 188ff.

228 *Thüsing*, in: MüKo BGB, Band 1, 9. Aufl. 2021, § 15 AGG Rn. 27ff. *Thüsing* stellt neben der diskriminierenden Nichteinstellung auch die anderen Problemfelder, nämlich die unterbliebene Beförderung und die Benachteiligung beim Gehalt, dar.

229 So u.a. *Stoffels*, RdA 2009, 204 (212); *Deinert*, in: Däubler/Bertzbach, NK-AGG, 4. Aufl. 2018, § 15 Rn. 36; *Schlachter*, in: ErfK, 21. Aufl. 2021, § 15 AGG Rn. 4; *Hocher*, RdA 2014, 93 (101); *Schnabel*, Diskriminierungsschutz ohne Grenzen?, S. 163; *Willemsen/Schweibert*, NJW 2006, 2583 (2589); *Adomeit/Mohr*, AGG, 2. Aufl. 2011, § 15 Rn. 32ff.; *Thüsing*, in: MüKo BGB, Band 1, 9. Aufl. 2021, § 15 AGG Rn. 27; *Roloff*, in: Rolfs/Giesen/Kreikebohm/Meßling/Udsching, BeckOK Arbeitsrecht, 60. Ed., Stand: 01.06.2021, § 15 AGG Rn. 4; vgl. für die verschiedenen Vorschläge, den Anspruch zeitlich zu begrenzen, die Darstellung bei *Bader*, Arbeitsrechtlicher Diskriminierungsschutz als Privatrecht, S. 192ff.

230 Siehe z.B. *Adomeit/Mohr*, AGG, 2. Aufl. 2011, § 15 Rn. 34; *Deinert*, in: Däubler/Bertzbach, NK-AGG, 4. Aufl. 2018, § 15 Rn. 39; vgl. zum alten § 611a BGB auch die kritischen Ausführungen von *Herrmann*, ZfA 1996, 19 (33ff.).

231 *Wagner*, AcP (206) 2006, 354 (396ff. und 403). *Wagner* befürwortet deshalb eine dreistufige Prüfung für die Höhe des Vermögensschadens (S. 403); siehe ebenfalls *Wagner/Potsch*, JZ 2006, 1084 (1095f.).

bei diskriminierungsfreier Beurteilung ausschlaggebend.[232] Auch diese Meinung geht bei der Berechnung des Vermögensschadens zunächst vom positiven Interesse aus.[233]

Wiederum andere versuchen den Anspruch auf das negative Interesse zu begrenzen und wollen nur den Vertrauensschaden ersetzen.[234] Als negativer Schaden seien insbesondere ärztliche Heilbehandlungskosten aufgrund der diskriminierenden Zurückweisung sowie anwaltliche Beratungskosten ersatzfähig.[235]

Der Ersatz des positiven Interesses scheint auf den ersten Blick aufgrund des Wortlauts des § 15 Abs. 1 Satz 1 AGG nachvollziehbar, da dieser den Arbeitgeber verpflichtet, den durch die Ungleichbehandlung „entstandenen Schaden zu ersetzen".[236] Dennoch stoßen die erste und zweite Meinung dogmatisch auf Bedenken.[237] Bei privatrechtskonformer Auslegung des § 15 Abs. 1 AGG wäre eine Erfüllungshaftung schwerlich zu begründen, denn auch bei der vergleichsweise heranzuziehenden Haftung für ein Verschulden bei Vertragsschluss (*culpa in contrahendo*) ist der Schadensersatz in aller Regel auf das negative Interesse begrenzt.[238] Folgt man der Auffassung, dass sich der Schadensersatzanspruch auf den Vertrauensschaden begrenzt, besteht allerdings die Gefahr, dass der Anspruch aus Abs. 1 ins Leere läuft.[239] Zur Veranschaulichung werden z.B. Bewerbungskosten angeführt, deren Ersatzfähigkeit daran scheitere, dass sie

---

232 *Wagner*, AcP (206) 2006, 354 (397).

233 *Wagner*, AcP (206) 2006, 354 (403).

234 *Heyn/Meinel*, NZA 2009, 20 (22f.); *Meinel/Heyn/Herms*, AGG, 2. Aufl. 2010, § 15 Rn. 40ff.; *Stein*, in Wendeling-Schröder/Stein, AGG, § 15 Rn. 20ff.; *Bauer/Evers*, NZA 2006, 893 (894); vgl. dazu *Hartmann*, in: Herresthal/Kaiser/Stoffels, Staudinger Eckpfeiler, AGG, 7. Aufl. 2020, S. 120f., B40; siehe hierzu auch *Bader*, Arbeitsrechtlicher Diskriminierungsschutz als Privatrecht, S. 194ff.

235 *Bader*, Arbeitsrechtlicher Diskriminierungsschutz als Privatrecht, S. 207.

236 Im Ergebnis für den Ersatz des positiven Interesses u.a. *Stoffels*, RdA 2009, 204 (211f.).

237 Ähnlich *Hartmann*, in: Herresthal/Kaiser/Stoffels, Staudinger Eckpfeiler, AGG, 7. Aufl. 2020, S. 120f., B40; *Bader*, Arbeitsrechtlicher Diskriminierungsschutz als Privatrecht, S. 194ff.

238 Siehe BGH, Urt. v. 26.03.1981 – VII ZR 185/80, NJW 1981, 1673; *Emmerich*, in: MüKo BGB, Band 3, 8. Aufl. 2019, § 311 Rn. 200f.; *Grüneberg*, in: Palandt, BGB, 80. Aufl. 2021, § 311 BGB Rn. 54; *Hartmann*, in: Herresthal/Kaiser/Stoffels, Staudinger Eckpfeiler, AGG, 7. Aufl. 2020, S. 120f., B40.

239 *Hartmann*, in: Herresthal/Kaiser/Stoffels, Staudinger Eckpfeiler, AGG, 7. Aufl. 2020, S. 121, B40.

auch ohne eine Diskriminierung im Rahmen der Auswahl entstanden wären.[240] Nichtsdestotrotz wird bei einem solchen Verständnis hinreichend Schutz vor Verletzungen des Persönlichkeitsrechts durch den Entschädigungsanspruch aus § 15 Abs. 2 AGG gewährt.[241]

Die Höhe des materiellen Schadensersatzes richtet sich nach den Grundsätzen des § 249 BGB.[242] Im Gegensatz zu dem Entschädigungsanspruch[243] hat der Gesetzgeber hier keine Obergrenze für die materielle Schadenshöhe festgelegt. Nach § 15 Abs. 6 AGG ist jedoch als Rechtsfolge eines Schadensersatzanspruchs ein Kontrahierungszwang im Beschäftigungsverhältnis ausgeschlossen.[244]

II. Zivilrechtsbereich (§ 21 Abs. 2 Satz 1 AGG)

Im Rahmen des Zivilrechtsverkehrs regeln § 21 Abs. 2 Sätze 1 und 2 AGG einen Schadensersatzanspruch für Schäden, die durch eine Verletzung des Benachteiligungsverbots entstanden sind.[245] Voraussetzung für die Pflichtverletzung ist ein Verstoß gegen das zivilrechtliche Benachteiligungsverbot aus den §§ 19f. AGG.[246] Die Benachteiligung darf demnach weder eine positive Maßnahme i.S.d. § 5 AGG darstellen noch durch sachliche Gründe nach § 20 AGG gerechtfertigt sein.[247]

---

240 *Hartmann*, in: Herresthal/Kaiser/Stoffels, Staudinger Eckpfeiler, AGG, 7. Aufl. 2020, S. 121, B40; ebenfalls kritisch *Bader*, Arbeitsrechtlicher Diskriminierungsschutz als Privatrecht, S. 207.

241 Ähnlich *Bader*, Arbeitsrechtlicher Diskriminierungsschutz als Privatrecht, S. 206f.; a.A. *Stoffels*, RdA 2009, 204 (212). Vgl. zum Entschädigungsanspruch nach § 15 Abs. 2 AGG auch 2. Kap. B. I.

242 *Schlachter*, in: ErfK, 21. Aufl. 2021, § 15 AGG Rn. 4; *v. Steinau-Steinrück/Schneider*, in: B/D/D/H, Gesamtes Arbeitsrecht, § 15 AGG Rn. 3; ähnlich *Serr*, in: Staudinger AGG, 2020, § 15 Rn. 22.

243 Siehe zur Obergrenze beim Entschädigungsanspruch 2. Kap. B. I.

244 *Adomeit/Mohr*, AGG, 2. Aufl. 2011, § 15 Rn. 149.

245 Vgl. zum problematischen Begriff des materiellen Schadens sowie zur Frage, ob im Rahmen des materiellen Schadensersatzes ein Kontrahierungszwang möglich ist: *Hartmann*, in: Herresthal/Kaiser/Stoffels, Staudinger Eckpfeiler, AGG, 7. Aufl. 2020, S. 134f., B74.

246 *Deinert*, in: Däubler/Bertzbach, NK-AGG, 4. Aufl. 2018, § 21 Rn. 38; *Serr*, in: Staudinger AGG, 2020, § 21 Rn. 37.

247 *Wendtland*, in: Hau/Poseck, BeckOK BGB, 59. Ed., Stand: 01.08.2021, § 21 AGG Rn. 22.

Der Benachteiligende muss die Ungleichbehandlung nach den Grundsätzen der §§ 276ff. BGB zu vertreten haben.[248] Wie in § 280 Abs. 1 Satz 2 BGB wird auch beim Schadensersatzanspruch nach § 21 Abs. 2 Satz 2 AGG das Vertretenmüssen vermutet, sodass der Benachteiligende den Beweis für das fehlende Vertretenmüssen zu führen hat.[249]

Die Höhe des Schadensersatzanspruchs ist – ebenfalls wie beim Anspruch aus § 15 Abs. 1 AGG – nicht begrenzt.[250] Anspruchsberechtigt ist grundsätzlich derjenige, dem der Vertragsschluss aufgrund einer unzulässigen Benachteiligung gem. §§ 19f. AGG versagt wurde, also das Diskriminierungsopfer.[251] Anspruchsgegner ist jeder, der jemanden benachteiligt hat oder dem die Benachteiligung zugerechnet werden kann.[252]

B. Entschädigungsansprüche

Neben den soeben dargestellten Schadensersatzansprüchen besteht im Rahmen des AGG ferner die Möglichkeit, eine Entschädigung für immaterielle Schäden zu fordern.

I. Beschäftigungsverhältnis (§ 15 Abs. 2 Satz 1 AGG)

Im Beschäftigungsverhältnis ist die Anspruchsgrundlage für die Entschädigung immaterieller Schäden der § 15 Abs. 2 Satz 1 AGG.[253] Voraussetzung ist auch hier eine unzulässige Benachteiligung und somit ein Verstoß gegen das

---

248 Vgl. *Serr*, in: Staudinger AGG, 2020, § 21 Rn. 36, 39ff.; *Ernst/Braunroth/Wascher*, in: E/B/F/W, AGG, 2. Aufl. 2013, § 21 Rn. 8; *Wendtland*, in: Hau/Poseck, BeckOK BGB, 59. Ed., Stand: 01.08.2021, § 21 AGG Rn. 23; a.A. *Thüsing*, in: MüKo BGB, Band 1, 9. Aufl. 2021, § 21 AGG Rn. 39ff., der das Vertretenmüssen für europarechtswidrig hält; siehe zur Frage des Vertretenmüssens auch *Hartmann*, in: Herresthal/Kaiser/Stoffels, Staudinger Eckpfeiler, AGG, 7. Aufl. 2020, S. 136, B77.

249 *Ernst/Braunroth/Wascher*, in: E/B/F/W, AGG, 2. Aufl. 2013, § 21 Rn. 8; *Deinert*, in: Däubler/Bertzbach, NK-AGG, 4. Aufl. 2018, § 21 Rn. 43; *Serr*, in: Staudinger AGG, 2020, § 21 Rn. 43.

250 *Deinert*, in: Däubler/Bertzbach, NK-AGG, 4. Aufl. 2018, § 21 Rn. 47.

251 *Deinert*, in: Däubler/Bertzbach, NK-AGG, 4. Aufl. 2018, § 21 Rn. 49, 58.

252 *Deinert*, in: Däubler/Bertzbach, NK-AGG, 4. Aufl. 2018, § 21 Rn. 59.

253 Vgl. für den umstrittenen Zweck der Vorschrift und die damit zusammenhängende dogmatische Problematik *Hartmann*, in: Herresthal/Kaiser/Stoffels, Staudinger Eckpfeiler, AGG, 7. Aufl. 2020, S. 121f., B41 sowie *Bader*, Arbeitsrechtlicher Diskriminierungsschutz als Privatrecht, S. 209ff.

Benachteiligungsverbot aus § 7 AGG.[254] Anspruchsberechtigt ist grundsätzlich jeder, der durch die Benachteiligung in seiner Persönlichkeit verletzt wurde[255], also jeder benachteiligte Beschäftigte i.S.d. § 6 Abs. 1 AGG.[256] Die Entschädigungspflicht trifft den Arbeitgeber.[257]

Auch beim Entschädigungsanspruch ist das Erfordernis eines Vertretenmüssens umstritten.[258] Überwiegend wird jedoch ein Vertretenmüssen im Rahmen des Entschädigungsanspruchs für immaterielle Schäden abgelehnt.[259] Dies wird zum einen mit der Systematik der Norm als eigenständige Anspruchsgrundlage mit neuem Absatz und zum anderen mit einer richtlinienkonformen Auslegung begründet.[260] Anders sieht das ein Teil der Lehre: Ein Vertretenmüssen sei erforderlich, da die Norm vom Wortlaut her und nach der Systematik einer Rechtsfolgennorm ähnele.[261] Zudem sei es ein „Unikum im deutschen Recht", wenn ein

---

254 *Jacobs*, RdA 2009, 193 (195); *Roloff*, in: Rolfs/Giesen/Kreikebohm/Meßling/Udsching, BeckOK Arbeitsrecht, 60. Ed., Stand: 01.06.2021, § 15 AGG Rn. 6.

255 *Schlachter*, in: ErfK, 21. Aufl. 2021, § 15 AGG Rn. 9.

256 *Jacobs*, RdA 2009, 193 (195).

257 *Roloff*, in: Rolfs/Giesen/Kreikebohm/Meßling/Udsching, BeckOK Arbeitsrecht, 60. Ed., Stand: 01.06.2021, § 15 AGG Rn. 7; *Adomeit/Mohr*, AGG, 2. Aufl. 2011, § 15 Rn. 55; *Jacobs*, RdA 2009, 193 (195).

258 Siehe ausführlich hierzu *Hartmann*, in: Herresthal/Kaiser/Stoffels, Staudinger Eckpfeiler, AGG, 7. Aufl. 2020, S. 123f., B44.

259 BAG, Urt. v. 22.01.2009 – 8 AZR 906/07, NZA 2009, 945 (950f.); BT-Drs. 16/1780, S. 38; *Jacobs*, RdA 2009, 193 (196); *Deinert*, in: Däubler/Bertzbach, NK-AGG, 4. Aufl. 2018, § 15 Rn. 70; *Roloff*, in: Rolfs/Giesen/Kreikebohm/Meßling/Udsching, BeckOK Arbeitsrecht, 60. Ed., Stand: 01.06.2021, § 15 AGG Rn. 7; *Schlachter*, in: ErfK, 21. Aufl. 2021, § 15 AGG Rn. 2; *Schnabel*, Diskriminierungsschutz ohne Grenzen?, S. 166f.; *v. Steinau-Steinrück/Schneider*, in: B/D/D/H, Gesamtes Arbeitsrecht, § 15 AGG Rn. 5; *Ernst/Braunroth/Wascher*, in: E/B/F/W, AGG, 2. Aufl. 2013, § 15 Rn. 3; *Plum*, in: SSP, AGG, 5. Aufl. 2019, § 15 Rn. 57; *Kocher*, in: Schiek, AGG, § 15 Rn. 26f.; *Willemsen/Schweibert*, NJW 2006, 2583 (2588f.).

260 BAG, Urt. v. 22.01.2009 – 8 AZR 906/07, NZA 2009, 945 (950f.); *Deinert*, in: Däubler/Bertzbach, NK-AGG, 4. Aufl. 2018, § 15 Rn. 70; *Bauer/Krieger/Günther*, AGG, 5. Aufl. 2018, § 15 Rn. 32; *Plum*, in: SSP, AGG, 5. Aufl. 2019, § 15 Rn. 57; *Kocher*, in: Schiek, AGG, § 15 Rn. 26f.; *Willemsen/Schweibert*, NJW 2006, 2583 (2588f.); *Jacobs*, RdA 2009, 193 (195); *Schnabel*, Diskriminierungsschutz ohne Grenzen?, S. 166f.

261 *Hartmann*, in: Herresthal/Kaiser/Stoffels, Staudinger Eckpfeiler, AGG, 7. Aufl. 2020, S. 124, B44; *Adomeit/Mohr*, AGG, 2. Aufl. 2011, § 15 Rn. 49f.; *Thüsing*, in: MüKo BGB, Band 1, 9. Aufl. 2021, § 15 AGG Rn. 5, der letztendlich das Vertretenmüssen dennoch im Ergebnis als europarechtswidrig bezeichnet; sehr differenzierend *Bader*, Arbeitsrechtlicher Diskriminierungsschutz als Privatrecht, S. 327ff., der bei § 15 Abs. 2 AGG von einer „Haftung für vermutetes Verschulden" spricht.

Nichtvermögensschaden leichter zu ersetzen wäre als ein Vermögensschaden.[262] Auch hier wird in der Rechtspraxis regelmäßig ein Vertretenmüssen in Form von Fahrlässigkeit anzunehmen sein, sodass es im Ergebnis auf einen Streitentscheid nicht ankommen wird.[263]

Die Höhe der Entschädigung für den immateriellen Schaden muss angemessen sein[264], wobei die Angemessenheit von „den Umständen des konkreten Einzelfalls“[265] abhängt. Das Gesetz sieht daher in § 15 Abs. 2 Satz 2 AGG eine Obergrenze von drei Bruttomonatsgehältern für Diskriminierungen im Rahmen von Einstellungen vor, wenn der Benachteiligte auch bei benachteiligungsfreier Auswahl nicht eingestellt worden wäre.[266] Berücksichtigungsfähige Umstände des Einzelfalls stellen z.B. „die Art und Schwere der Benachteiligung, ihre Dauer und Folgen, der Anlass und der Beweggrund des Handelns, der Grad der Verantwortlichkeit des Arbeitgebers, etwa geleistete Wiedergutmachung oder erhaltene Genugtuung und das Vorliegen eines Wiederholungsfalls“[267] dar.[268]

II. Zivilrechtsbereich (§ 21 Abs. 2 Satz 3 AGG)

§ 21 Abs. 2 Satz 3 AGG regelt für den Zivilrechtsbereich einen Entschädigungsanspruch bei einer ungerechtfertigten Verletzung des Diskriminierungsverbots des § 19 AGG. Nach dieser Vorschrift kann das Opfer einer zivilrechtlichen

---

262 *Thüsing*, in: MüKo BGB, Band 1, 9. Aufl. 2021, § 15 AGG Rn. 5.

263 *Hartmann*, in: Herresthal/Kaiser/Stoffels, Staudinger Eckpfeiler, AGG, 7. Aufl. 2020, S. 124, B44.

264 Vgl. für den Anspruchsumfang *Schlachter*, in: ErfK, 21. Aufl. 2021, § 15 AGG Rn. 10ff. und siehe zudem *Bader*, Arbeitsrechtlicher Diskriminierungsschutz als Privatrecht, S. 232ff., der sich kritisch mit den Kriterien zur Bestimmung der Entschädigungshöhe beim Anspruch aus § 15 Abs. 2 AGG auseinander setzt.

265 *Schnabel*, Diskriminierungsschutz ohne Grenzen?, S. 168.

266 Kritisch hingegen *Wagner/Potsch*, JZ 2006, 1084 (1094), die die Kappung des Entschädigungsanspruchs durch § 15 Abs. 2 Satz 2 AGG für nicht nachvollziehbar halten, weil es beim Entschädigungsanspruch gerade um den Ausgleich für die durch die Diskriminierung eingetretene Persönlichkeitsrechtsverletzung ginge. Die Orientierung „am Monatsgehalt und dessen Multiplikation mit einem bestimmten Faktor“ sei hingegen nicht dazu geeignet, die Intensität der Persönlichkeitsrechtsverletzung auszugleichen. Folge dieser Regelung sei, dass einem Großverdiener, der schwer verletzt worden sei, ein höheres Schmerzensgeld zustehen würde, als einem genauso stark verletzten Geringverdiener, was im Ergebnis nicht sein könne.

267 BAG, Urt. v. 22.01.2009 – 8 AZR 906/07, NZA 2009, 945 (952).

268 Siehe zur Bemessung des Entschädigungsanspruchs durch das Gericht auch *Serr*, in: Staudinger AGG, 2020, § 15 Rn. 41ff.

Diskriminierung für einen Schaden, der nicht Vermögensschaden ist, eine angemessene Entschädigung in Geld verlangen.[269] Dabei bedingt ein Verstoß gegen das Diskriminierungsverbot auch immer einen Verstoß gegen das Persönlichkeitsrecht.[270]

Ob die Persönlichkeitsrechtsverletzung schwerwiegend sein muss, ist jedoch umstritten. Zum einen wird argumentiert, dass eine solche in Anlehnung an die Rechtsprechung zu § 15 AGG nicht erforderlich sei.[271] Andere wiederum halten eine schwere Persönlichkeitsrechtsverletzung für erforderlich, da die Gesetzesmaterialien für die Beurteilung der angemessenen Entschädigung auf die Rechtsprechung des Bundesgerichtshofs (BGH) bei immateriellen Schäden im Rahmen von Verletzungen des Persönlichkeitsrechts verweisen.[272] Da in jeder Verletzung des Diskriminierungsverbots immer eine diskriminierungsrechtlich relevante Persönlichkeitsrechtsverletzung enthalten ist, vor der das AGG gerade schützen möchte, ist das Erfordernis einer schweren Persönlichkeitsrechtsverletzung als Haftungsvoraussetzung abzulehnen.[273]

Umstritten ist ferner das Erfordernis eines Vertretenmüssens. Eine Ansicht hält ein Vertretenmüssen im Rahmen des § 21 Abs. 2 Satz 3 AGG für erforderlich, da hier der Schadensersatzanspruch und Entschädigungsanspruch im Gegensatz zu § 15 AGG nicht in verschiedenen Absätzen, sondern in einem Absatz geregelt seien.[274] Aus diesem Grund handle es sich beim Entschädigungsanspruch nicht um einen eigenständigen Anspruch, sondern um eine Ausnahmeregelung zu § 253 Abs. 1 BGB.[275] Andere wiederum sehen im Entschädigungsanspruch aus § 21 Abs. 2 Satz 3 AGG einen verschuldensunabhängigen Anspruch und

269 *Deinert*, in: Däubler/Bertzbach, NK-AGG, 4. Aufl. 2018, § 21 Rn. 58, 77.

270 Ähnlich *Deinert*, in: Däubler/Bertzbach, NK-AGG, 4. Aufl. 2018, § 21 Rn. 60.

271 *Deinert*, in: Däubler/Bertzbach, NK-AGG, 4. Aufl. 2018, § 21 Rn. 62.

272 *Wendtland*, in: Hau/Poseck, BeckOK BGB, 59. Ed., Stand: 01.08.2021, § 21 AGG Rn. 25f.; *Gaier*, in: G/W, AGG, § 4 Rn. 233; *Thüsing*, in: MüKo BGB, Band 1, 9. Aufl. 2021, § 21 AGG Rn. 55; *Grüneberg*, in: Palandt, BGB, 80. Aufl. 2021, § 21 AGG Rn. 6 fordert hingegen nur eine „gewisse Intensität" der Persönlichkeitsrechtsverletzung.

273 Ebenso *Hartmann*, in: Herresthal/Kaiser/Stoffels, Staudinger Eckpfeiler, AGG, 7. Aufl. 2020, S. 135f., B75. Siehe zum Prinzip des Persönlichkeitsschutzes auch 1. Kap. A. I.

274 *Adomeit/Mohr*, AGG, 2. Aufl. 2011, § 21 Rn. 12; *Grüneberg*, in: Palandt, BGB, 80. Aufl. 2021, § 21 AGG Rn. 6; *Armbrüster*, in: Erman, BGB, Band I, 16. Aufl. 2020, § 21 AGG Rn. 13; *Wendtland*, in: Hau/Poseck, BeckOK BGB, 59. Ed., Stand: 01.08.2021, § 21 AGG Rn. 25.

275 *Thüsing*, in: MüKo BGB, Band 1, 9. Aufl. 2021, § 21 AGG Rn. 36, 39ff., der jedoch das Erfordernis des Vertretenmüssens für europarechtswidrig hält.

lehnen deshalb ein Vertretenmüssen ab.[276] Begründet wird diese Ansicht wiederum auch mit der Systematik der Norm: Der Entschädigungsanspruch in Satz 3 stehe nach dem Verschuldenserfordernis in Satz 2, sodass sich das Verschuldenserfordernis nur auf den Schadensersatzanspruch in Satz 1 beziehen könne.[277] Ferner könne man den Entschädigungsanspruch als einen eigenständigen Anspruch lesen; bei einer europarechtskonformen Auslegung müsse der Entschädigungsanspruch sogar verschuldensunabhängig sein.[278] Die letzte Ansicht überzeugt, da auch zu berücksichtigen ist, dass die systematischen Unterschiede zwischen §§ 15 und 21 AGG dadurch bedingt sind, dass bei § 21 AGG zusätzlich zum Schadensersatz- und Entschädigungsanspruch noch ein Beseitigungs- und Unterlassungsanspruch geregelt ist.

Die Höhe der Entschädigung muss auch hier angemessen sein, das heißt, für den „Benachteiligten eine Genugtuung für die zugefügte Herab- und Zurücksetzung" darstellen.[279]

C. Natur der Schadensersatz- und Entschädigungsansprüche

Ob die AGG-Ansprüche ihrer Natur nach eher vertragliche oder deliktische Ansprüche sind, ist umstritten. Diese Einordnung ist insbesondere später für die Frage der Anspruchsberechtigung des Merkmalsträgers im Zivilrechtsverkehr von Bedeutung.[280]

§ 15 AGG wird vom BAG und einem Teil der Literatur als spezielle vertragliche Vorschrift gesehen.[281] Der vertragliche Charakter der AGG-Ansprüche im

---

276 *Bauer/Krieger/Günther*, AGG, 5. Aufl. 2018, § 21 Rn. 12; *Serr*, in: Staudinger AGG, 2020, § 21 Rn. 49, 54; *Deinert*, in: Däubler/Bertzbach, NK-AGG, 4. Aufl. 2018, § 21 Rn. 65; *Lingemann*, in: PWW, BGB, 16. Aufl. 2021, § 21 AGG Rn. 4; *Rolfs*, in: Staudinger BGB, 2021, § 21 AGG Rn. 12; *Grünberger*, Personale Gleichheit, S. 734f.

277 *Grünberger*, Personal Gleichheit, S. 734; *Serr*, in: Staudinger AGG, 2020, § 21 Rn. 54.

278 *Deinert*, in: Däubler/Bertzbach, NK-AGG, 4. Aufl. 2018, § 21 Rn. 65; *Bauer/Krieger/Günther*, AGG, 5. Aufl. 2018, § 21 Rn. 12; *Serr*, in: Staudinger AGG, 2020, § 1 Rn. 49, 54.

279 *Ernst/Braunroth/Wascher*, in: E/B/F/W, AGG, 2. Aufl. 2013, § 21 Rn. 9.

280 Siehe im 3. Kap. C. II. 2. den Vergleich zum Vertrag mit Schutzwirkung zugunsten Dritter.

281 BAG, Urt. v. 21.6. 2012 – 8 AZR 188/11, Rn. 40ff., NZA 2012, 1211 (1214f.) spricht im Rahmen des § 15 Abs. 1 AGG von einem „vertraglichen Schadensersatzanspruch"; *Bauer/Krieger/Günther*, AGG, 5. Aufl. 2018, § 7 Rn. 46; wohl auch *Schlachter*, in: ErfK, 21. Aufl. 2021, § 15 AGG Rn. 20; *Mörsdorf*, in: BeckOGK Zivilrecht, Stand: 01.06.2021, § 21 AGG Rn. 90.

Beschäftigungsverhältnis könne insbesondere § 7 Abs. 3 AGG entnommen werden.[282] Nach dieser Vorschrift stellt eine Benachteiligung nach § 7 Abs. 1 AGG durch den Arbeitgeber oder Beschäftigten eine Verletzung vertraglicher Pflichten dar. Andere wollen § 15 AGG einen deliktischen Charakter zusprechen und § 7 Abs. 1 AGG als Schutzgesetz i.S.d. § 823 Abs. 2 Satz 1 BGB qualifizieren.[283] § 15 Abs. 1 AGG entspricht weitestgehend dem Regelungskonzept des § 280 Abs. 1 BGB, was im Ergebnis eher für den vertraglichen Charakter der Vorschrift spricht.[284] Auch die Regelung in § 15 Abs. 1 Satz 2 AGG verdeutlicht dies, da auch die §§ 276ff. BGB für den Anspruch aus § 15 Abs. 1 AGG anwendbar sind.[285] Gegen die Einordnung des arbeitsrechtlichen Benachteiligungsverbots des § 7 Abs. 1 AGG als Schutzgesetz i.S.d. § 823 Abs. 2 BGB lässt sich anführen, dass Schutzgesetze üblicherweise Verhaltenspflichten für Schädiger festlegen, die ansonsten in keinem vertraglichen Verhältnis zum Geschädigten stehen.[286] Eine prinzipielle Einordnung des AGG als Schutzgesetz ist jedoch nicht passend, weil im bestehenden Arbeitsrecht ein deliktischer Schadensersatz für einen effektiven Rechtsschutz nicht erforderlich ist.[287] Zudem könnte bei einem Schutzgesetzcharakter die „alleinige Verantwortlichkeit des Arbeitgebers“[288] nach § 6 Abs. 2 AGG umgangen werden. Ein Anspruch nach § 823 Abs. 2 BGB kann nämlich gegen jeden benachteiligenden Dritten geltend gemacht werden, was nicht gewollt sein kann.[289] Demnach ist das AGG kein Schutzgesetz i.S.d. § 823 Abs. 2 BGB.[290]

Im Ergebnis kann auch im Rahmen des zivilrechtlichen Benachteiligungsverbots nichts anderes gelten.[291] § 21 Abs. 2 Satz 1 und 2 AGG sind systematisch § 280 Abs. 1 BGB sowie § 15 Abs. 1 AGG nachgebildet.[292] Zwar fehlt es beim

---

282 *Bauer/Krieger/Günther*, AGG, 5. Aufl. 2018, § 7 Rn. 46; wohl auch *Mörsdorf*, in: BeckOGK Zivilrecht, Stand: 01.06.2021, § 21 AGG Rn. 19.

283 So z.B. *Bader*, Arbeitsrechtlicher Diskriminierungsschutz als Privatrecht, S. 346; wohl auch *Hartmann*, in: Herresthal/Kaiser/Stoffels, Staudinger Eckpfeiler, AGG, 7. Aufl. 2020, S. 125, B46; gegen den Schutzgesetzcharakter ist z.B. *Thüsing*, in: MüKo BGB, Band 1, 9. Aufl. 2021, § 15 AGG Rn. 53.

284 Ebenfalls BAG, Urt. v. 21.6. 2012 – 8 AZR 188/11, Rn. 44, NZA 2012, 1211 (1214f.).

285 BAG, Urt. v. 21.6. 2012 – 8 AZR 188/11, Rn. 44, NZA 2012, 1211 (1215).

286 Ebenfalls *Thüsing*, in: MüKo BGB, Band 1, 9. Aufl. 2021, § 15 AGG Rn. 53.

287 *Thüsing*, in: MüKo BGB, Band 1, 9. Aufl. 2021, § 15 AGG Rn. 53.

288 *Adomeit/Mohr*, AGG, 2. Aufl. 2011, § 15 Rn. 146.

289 Ähnlich *Adomeit/Mohr*, AGG, 2. Aufl. 2011, § 15 Rn. 146.

290 *Adomeit/Mohr*, AGG, 2. Aufl. 2011, § 15 Rn. 146, § 21 Rn. 15.

291 Zustimmend *Thüsing*, in: MüKo BGB, Band 1, 9. Aufl. 2021, § 21 AGG Rn. 75.

292 *Bauer/Krieger/Günther*, AGG, 5. Aufl. 2018, § 21 Rn. 10.

zivilrechtlichen Benachteiligungsverbot des § 19 AGG einer § 7 Abs. 3 AGG entsprechenden Regelung. Allerdings kommt dieser nach der Gesetzesbegründung zum AGG nur eine klarstellende Funktion zu.[293] Genau wie beim arbeitsrechtlichen Benachteiligungsverbot ist auch ein Schutzgesetzcharakter des § 19 AGG abzulehnen, weil das AGG kein Schutzgesetz ist.[294]

Die AGG-Ansprüche aus § 15 Abs. 1 und 2 AGG sowie § 21 Abs. 2 AGG sind ihrer Natur nach somit eher vertragliche Ansprüche.

---

293 BT-Drs. 16/1780, S. 34: „Absatz 3 verdeutlicht".

294 Ebenfalls *Adomeit/Mohr*, AGG, 2. Aufl. 2011, § 21 Rn. 15.

3. Kapitel Anspruchsberechtigung im Rahmen der assoziierten Diskriminierung

Bisher ungeklärt ist im Rahmen der assoziierten Diskriminierung zunächst die Frage, wem ein unmittelbarer Anspruch aus dem AGG zusteht und wessen Rechte verletzt sind. Stehen dem unmittelbar von der Benachteiligung betroffenen Nicht-Merkmalsträger und/oder dem nicht betroffenen Dritten als Merkmalsträger Ansprüche aus dem AGG zu?

Ausgehend von dem Standpunkt, dass das AGG eine Konkretisierung des Persönlichkeitsschutzes darstellt, müsste für eine Anspruchsberechtigung im Rahmen der assoziierten Diskriminierung eine Verletzung des Persönlichkeitsrechts erforderlich sein. Es muss somit sowohl für den Nicht-Merkmalsträger als auch für den Merkmalsträger untersucht werden, ob durch eine assoziierte Diskriminierung eine eigene Persönlichkeitsrechtsverletzung und damit eine Anspruchsberechtigung in Betracht kommt.

A. Assoziierte Diskriminierung in der bisherigen Rechtsprechung

Bisher ergingen in der Rechtsprechung zur Fallgruppe der assoziierten Diskriminierung vier Entscheidungen. Hierbei handelt es sich um zwei Urteile und einen Beschluss des EuGH sowie um ein Urteil des BAG.

I. Europäische Rechtsprechung zur assoziierten Diskriminierung

Die Entscheidungen des EuGH sind für die Bearbeitung der Rechtsfrage deshalb so wichtig, da das AGG auf vier europäischen Antidiskriminierungsrichtlinien[295] beruht. Aus diesem Grund ist das AGG richtlinienkonform auszulegen und die Rechtsprechung des EuGH bei der Auslegung des europäischen Rechts heranzuziehen.[296] Den Entscheidungen des EuGH kommt daher eine unionsweite Bedeutung zu.

---

295 Siehe oben Fn. 27.

296 *Adomeit/Mohr*, RdA 2011, 102 (103); siehe auch *Lingemann*, in: PWW, BGB, 16. Aufl. 2021, Einf. AGG Rn. 7; vgl. zur richtlinienkonformen Auslegung nationalen Rechts auch *Schnabel*, Diskriminierungsschutz ohne Grenzen?, S. 86ff.

Für die Untersuchung der Fallgruppe der assoziierten Diskriminierung sind insbesondere die beiden Urteile des EuGH wegweisend und deshalb hervorzuheben. Hierbei handelt es sich um den Fall Coleman[297] und den Fall CHEZ Razpredelenie Bulgaria[298]. Im Fall Kulikauskas[299] wurde die Rechtssache durch Beschluss für erledigt erklärt.

1. Der Fall Coleman

Im Jahr 2008 entschied der EuGH im Fall Coleman[300] das erste Mal über eine assoziierte Diskriminierung, ohne aber eindeutig und differenzierend die Frage der Anspruchsberechtigung zu klären.

a) Sachverhalt

In dem Vorabentscheidungsersuchen ging es um folgenden Sachverhalt[301]:

Die Klägerin des Ausgangsverfahrens, Frau Coleman, war als Anwaltssekretärin seit Anfang 2001 bei der Beklagten des Ausgangsverfahrens, einer Londoner Anwaltskanzlei, tätig. Sie brachte 2002 einen behinderten Sohn zur Welt, dessen Zustand eine spezialisierte Pflege erforderte, die vor allem sie selbst übernahm. Im März 2005 stimmte sie einer sog. freiwilligen Entlassung („*voluntary redundancy*")[302] wegen Arbeitsmangels zu, mit der ihr Arbeitsverhältnis endete. Im

---

297 Siehe 3. Kap. A. I. 1.

298 Siehe 3. Kap. A. I. 3.

299 Siehe 3. Kap. A. I. 2.

300 EuGH, Urt. v. 17.07.2008 – C-303/06, Coleman, NZA 2008, 932ff.

301 Vgl. zum ausführlichen Sachverhalt EuGH, Urt. v. 17.07.2008 – C-303/06, Coleman, NZA 2008, 932f. Siehe für den weiteren Verlauf des Verfahrens in der Rechtssache Coleman vor den britischen Gerichten zusammenfassend auch *Schnabel*, Diskriminierungsschutz ohne Grenzen?, S. 185ff.

302 Der Begriff „*redundancy*" wird im britischen Arbeitsrecht für die Fälle vom betriebsbedingten Wegfall von Arbeitsplätzen verwendet und bedeutet so viel wie „Stellenlosigkeit", „Überangebot" oder „Überzahl" benötigter Arbeitskräfte, vgl. *Kallos*, Der gesetzliche Kündigungsschutz Englands, S. 1f. Unter eine „*voluntary redundancy*" fallen die Fälle, in denen das Arbeitsverhältnis auf Veranlassung des Arbeitgebers beendet wird und der Arbeitnehmer der Beendigung zustimmt, vgl. *Sutschet*, EuZA Bd. 2 (2009), 245 (246). Es handelt sich demnach eigentlich um eine besondere Art der übereinstimmenden Beendigung des Arbeitsverhältnisses, die es so im deutschen Arbeitsrecht nicht gibt. Das britische Recht sieht nämlich im Gegensatz zum deutschen Arbeitsrecht in Sec. 95 (1) (c) Employment Rights Act 1996 eine Möglichkeit vor, gegen solche Beendigungen durch die sog. „*constructive dismissal*" vorzugehen: Hier wird für den Arbeitnehmer ein Rechtsbehelf gegen eine vom Arbeitgeber

selben Jahr klagte sie beim Employment Tribunal London South gegen die Beendigung des Arbeitsverhältnisses, da sie als Mutter und Betreuerin eines behinderten Kindes unmittelbar diskriminiert und belästigt worden sei. Deshalb sei sie Opfer einer erzwungenen sozialwidrigen Kündigung („*unfair constructive dismissal*") und einer Diskriminierung wegen einer Behinderung geworden. Ihr Arbeitgeber habe ihr nach dem Mutterschutzurlaub die Rückkehr an ihren alten Arbeitsplatz verwehrt und ihr keine flexiblen Arbeitszeiten gewährt und sie stattdessen als „faul" bezeichnet, wenn sie sich für die Betreuung ihres behinderten Kindes freinehmen wollte. Ferner seien unangemessene und verletzende Bemerkungen in Bezug auf sie selbst und ihr behindertes Kind gefallen. Zudem sei ihr mit einer Kündigung gedroht worden, wenn sie erneut wegen des Zustands ihres Kindes zu spät käme. Andere Eltern mit nicht behinderten Kindern hätten in gleichen Situationen solche Benachteiligungen nicht erfahren.

In dieser Angelegenheit hatte sich der EuGH mit vier Fragen[303] des Employment Tribunals auseinanderzusetzen. Generalanwalt *Maduro* fasste die

---

veranlasste Beendigung des Arbeitsverhältnisses geschaffen, vgl. *Kallos*, Der gesetzliche Kündigungsschutz Englands, S. 51ff.; *Harth/Taggart*, in: Henssler/Braun, Arbeitsrecht in Europa, 3. Aufl. 2011, S. 517; *Corbanie/Gillow/Hopkins*, EU & International Employment Law, Update 26, March 2009, United Kingdom, S. 118. Eine „*voluntary redundancy*" ist somit eher mit einer arbeitgeberseitigen Kündigung vergleichbar. Die a.A. geht von einem Aufhebungsvertrag aus: *Linneweber*, ZESAR 2009, 476 (477) in Fn. 6; *Bayreuther*, NZA 2008, 986 (988); *Melot de Beauregard*, RIW 2009, 18 (19); *Wocken*, Sozialrecht aktuell 2009, 12.

303 EuGH, Urt. v. 17.07.2008 – C-303/06, Coleman, NZA 2008, 932 (933). Es handelt sich um folgende vier Fragen:

„1. Schützt die Richtlinie 2000/78/EG im Rahmen des Verbots der Diskriminierung wegen einer Behinderung nur Menschen vor unmittelbarer Diskriminierung und Belästigungen, die selbst eine Behinderung haben?

2. Falls die erste Frage verneint wird, schützt die Richtlinie 2000/78/EG auch Arbeitnehmer, die zwar nicht selbst eine Behinderung haben, aber wegen ihrer Beziehung zu einem Menschen mit Behinderung eine weniger günstige Behandlung erfahren oder belästigt werden?

3. Wenn ein Arbeitgeber einen Arbeitnehmer weniger günstig behandelt, als er andere Arbeitnehmer behandelt oder behandeln würde, und feststeht, dass der Grund für die Behandlung des Arbeitnehmers darin liegt, dass dieser einen Sohn mit Behinderung hat, den er betreut, stellt diese Behandlung dann eine unmittelbare Diskriminierung dar, die den durch die Richtlinie 2000/78/EG festgelegten Grundsatz der Gleichbehandlung verletzt?

4. Wenn ein Arbeitgeber einen Arbeitnehmer belästigt und feststeht, dass der Grund für die Behandlung des Arbeitnehmers darin liegt, dass er einen Sohn mit Behinderung hat, den er betreut, stellt diese Belästigung dann eine

vier Fragen zutreffend in eine einzelne Rechtsfrage zusammen, nämlich ob die RL 2000/78/EG auch Arbeitnehmer, die zwar selbst keine Behinderung haben, aber wegen ihrer Beziehung zu einem Menschen mit einer Behinderung eine weniger günstige Behandlung erfahren oder belästigt werden, schützt.[304]

b) Schlussanträge des Generalanwalts Maduro

Zunächst stellte Generalanwalt *Maduro* in seinen Schlussanträgen vom 31.01.2008 klar, dass ein Merkmalsträger nicht nur direkt angegriffen und diskriminiert, sondern auch in seiner Würde und Selbstbestimmung verletzt werden könne, wenn eine andere Person nur aufgrund ihrer engen Verbundenheit zu ihm angegriffen werde.[305] Durch solch eine Diskriminierung geschehe nicht nur dem Nicht-Merkmalsträger ein Unrecht, sondern er werde auch zu einem Mittel, durch welches die Würde des Merkmalsträgers untergraben werde.[306] Folgt man *Maduros* Ausführungen, wäre durch die Benachteiligung Frau Colemans einzig ihr Kind diskriminiert und in seiner Würde verletzt.[307]

Allerdings kam Generalanwalt *Maduro* in seinen Schlussanträgen zu dem Ergebnis, dass es für die Anwendbarkeit der betroffenen Richtlinie keinen Unterschied machen könne, ob der Arbeitgeber einen Merkmalsträger direkt oder einen Nicht-Merkmalsträger aufgrund seiner Verbindung zu einem Merkmalsträger indirekt diskriminiere.[308] In beiden Fällen sei der Arbeitgeber feindselig und benutze ein Differenzierungsmerkmal.[309] Somit könne sich Frau Coleman auf die Richtlinie stützen, wenn ihr der Beweis gelinge, dass sie wegen der Behinderung ihres Sohnes weniger günstig behandelt worden sei als andere

---

Verletzung des durch die Richtlinie 2000/78/EG festgelegten Grundsatzes der Gleichbehandlung dar?".

304 Schlussanträge des Generalanwalts M. Poiares Maduro v. 31.01.2008, C-303/06, Slg. 2008, I-5603, Rn. 6.

305 Schlussanträge des Generalanwalts M. Poiares Maduro v. 31.01.2008, C-303/06, Slg. 2008, I-5603, Rn. 12.

306 Schlussanträge des Generalanwalts M. Poiares Maduro v. 31.01.2008, C-303/06, Slg. 2008, I-5603, Rn. 13.

307 Ähnlich *Sutschet*, EuZA Bd. 2 (2009), 245 (248).

308 Schlussanträge des Generalanwalts M. Poiares Maduro v. 31.01.2008, C-303/06, Slg. 2008, I-5603, Rn. 22.

309 Schlussanträge des Generalanwalts M. Poiares Maduro v. 31.01.2008, C-303/06, Slg. 2008, I-5603, Rn. 22.

Arbeitnehmer mit nichtbehinderten Kindern.[310] Die RL 2000/78/EG schütze auch Menschen, die zwar selbst keine Behinderung haben, aber wegen ihrer Verbindung zu einem Menschen mit Behinderung im Bereich der Beschäftigung oder im Beruf eine Benachteiligung erfahren.[311]

c) *Entscheidung des EuGH*

Den Schlussanträgen von Generalanwalt *Maduro* folgend bejahte der EuGH in seinem Urteil die Anspruchsberechtigung von Frau Coleman.[312] Dabei stützte der Gerichtshof seine Entscheidung insbesondere auf den Zweck der RL 2000/78/EG, wonach in „Beschäftigung und Beruf jede Form der Diskriminierung aus Gründen einer Behinderung zu bekämpfen" sei.[313] Ebenso unterstreiche diese Rechtsauffassung auch der Wortlaut der Richtlinie, da in den Art. 1 und 2 der RL 2000/78/EG immer die Rede von „einer" Behinderung sei, weshalb sich eine Beschränkung der Richtlinie nur auf eigene Behinderungen nicht ergebe.[314] Ferner zog der EuGH den effet-utile-Grundsatz heran, wonach das Ziel der Richtlinie sowie ihre praktische Wirksamkeit gefährdet seien, wenn sich ein Arbeitnehmer im Falle einer assoziierten Diskriminierung nicht auf das Verbot der unmittelbaren Diskriminierung i.S.d. Richtlinie berufen könne.[315]

---

310 Schlussanträge des Generalanwalts M. Poiares Maduro v. 31.01.2008, C-303/06, Slg. 2008, I-5603, Rn. 23, 25.

311 So das Ergebnis in den Schlussanträgen des Generalanwalts M. Poiares Maduro v. 31.01.2008, C-303/06, Slg. 2008, I-5603, Rn. 25.

312 EuGH, Urt. v. 17.07.2008 – C-303/06, Coleman, NZA 2008, 932 (934). Besonders hervorzuheben sind auch die Zweifel der niederländischen Regierung an der Zulässigkeit des Vorabentscheidungsersuchens (S. 933). Sie kritisierte, dass der gesamte Sachverhalt durch das vorlegende Gericht noch nicht hinreichend ermittelt worden sei. Dies sah der EuGH anders und bejahte die Zulässigkeit des Vorabentscheidungsersuchens. In seinen Entscheidungsgründen machte der EuGH deutlich, dass es grundsätzlich Sache der nationalen Gerichte sei, zu entscheiden, in welchem Verfahrensstadium sie ein Ersuchen an den EuGH richten. Nur wenn das Ersuchen völlig und „offensichtlich ohne Bezug zur Realität oder zum Gegenstand des Ausgangsrechtsstreits" sei und aufgrund fehlender Angaben keine sachdienliche Antwort gegeben werden könne, könne das Ersuchen als unzulässig abgewiesen werden. In allen anderen Fällen habe der EuGH auf das Ersuchen zu antworten.

313 EuGH, Urt. v. 17.07.2008 – C-303/06, Coleman, NZA 2008, 932 (934).

314 EuGH, Urt. v. 17.07.2008 – C-303/06, Coleman, NZA 2008, 932 (934).

315 EuGH, Urt. v. 17.07.2008 – C-303/06, Coleman, NZA 2008, 932 (935); vgl. auch *Bader*, Arbeitsrechtlicher Diskriminierungsschutz als Privatrecht, S. 267.

Der Gerichtshof setzte sich zudem mit den Ansichten der Regierungen des Vereinigten Königreichs, Italiens und der Niederlande auseinander, die aufgrund eines Vergleichs mit der Rechtssache Chacón Navas[316] für eine restriktive Auslegung des sachlichen Anwendungsbereichs der Richtlinie 2000/78/EG plädierten.[317] Der EuGH habe dort den Begriff der Behinderung eng ausgelegt. Der EuGH hielt dieser Kritik entgegen, dass in der Rechtsache Chacón Navas weder der Gleichbehandlungsgrundsatz noch der sachliche Anwendungsbereich der Richtlinie restriktiv ausgelegt wurden, sondern nur entschieden wurde, dass der Geltungsbereich der Richtlinie insoweit nicht auf andere als in Art. 1 der Richtlinie enthaltene Differenzierungsmerkmale ausgedehnt werden dürfe.[318]

In den Entscheidungsgründen ging der EuGH insbesondere von einer unmittelbaren assoziierten Diskriminierung der Mutter aus.[319] Offen bleibt dennoch, ob und was für eine Beziehung der Nicht-Merkmalsträger und Merkmalsträger aufweisen müssen, um eine assoziierte Diskriminierung bejahen zu können.[320] Das Gericht betonte lediglich, dass Frau Coleman für die Pflegeleistungen ihres behinderten Kindes im Wesentlichen selbst aufkomme und, dass diese Pflegeleistungen auch aufgrund des Zustands des Kindes erforderlich seien.[321] Dies lässt die Vermutung zu, dass ein bestimmtes Näheverhältnis zwischen Nicht-Merkmalsträger und Merkmalsträger erforderlich ist.[322]

2. *Der Fall Kulikauskas*

Im Jahr 2012 ersuchte der Court of Session (Schottland), Edinburgh beim EuGH eine Vorabentscheidung in einem weiteren Fall der assoziierten Diskriminierung – dem sog. Fall Kulikauskas.[323] In diesem Fall behauptete der klagende Arbeitnehmer, wegen der Schwangerschaft seiner Partnerin entlassen worden

---

316 EuGH, Urt. v. 11.07.2006 - C-13/05, Chacón Navas, NZA 2006, 839ff. In der Rechtssache hatte sich der EuGH mit der Frage zu befassen, inwieweit eine krankheitsbedingte Kündigung eines Arbeitnehmers vom Anwendungsbereich der RL 2000/78/EG erfasst ist und ob eine Krankheit unter das Merkmal „Behinderung“ fällt.

317 EuGH, Urt. v. 17.07.2008 – C-303/06, Coleman, NZA 2008, 932 (934).

318 EuGH, Urt. v. 17.07.2008 – C-303/06, Coleman, NZA 2008, 932 (934f.).

319 EuGH, Urt. v. 17.07.2008 – C-303/06, Coleman, NZA 2008, 932 (935).

320 *Schlachter*, RdA 2010, 104 (108f.); *Sutschet*, EuZA Bd. 2 (2009), 245 (252f.).

321 EuGH, Urt. v. 17.07.2008 – C-303/06, Coleman, NZA 2008, 932 (934ff).

322 Siehe hierzu 4. Kap. A. I.

323 EuGH, Mitteilung v. 19.04.2012 – C-44/12, Kulikauskas, BeckEURS 2012, 677091. Mit dieser Rechtssache beschäftigt sich auch *Braunroth/Franke*, NJ 2014, 187 (194).

zu sein.[324] Nachdem er in der Vorinstanz mit seiner Klage unterlag, verfolgte er sein Begehren beim Court of Session weiter, welcher sich mit zwei Vorlagefragen an den EuGH wandte:

1. Liegt eine ungerechtfertigte Diskriminierung i.S.d. RL 2006/54/EG vor, sobald „eine Person (A) wegen der Schwangerschaft einer Frau (B) ungünstiger behandelt wird"?[325]
2. Liegt eine ungerechtfertigte Diskriminierung i.S.d. RL 2006/54/EG vor, sobald „eine Person (A) wegen der Schwangerschaft einer Frau (B), die (i) seine Lebensgefährtin ist oder (ii) auf andere Weise mit ihm verbunden ist, ungünstiger behandelt wird"?[326]

Da die Parteien den Streit beilegten, erledigte sich das Vorabentscheidungsverfahren durch Streichung der Rechtssache[327], sodass eine Entscheidung des EuGH zu dieser Frage ausblieb. Dies ist bedauerlich, da der EuGH in diesem Verfahren erstmals Gelegenheit gehabt hätte, sich mit einer konkreten Fragestellung zum äußerst umstrittenen und bisher ungeklärten Näheverhältnis[328] auseinanderzusetzen.

3. *Der Fall CHEZ Razpredelenie Bulgaria*

Ein weiterer Fall der assoziierten Diskriminierung war vom EuGH im Jahr 2015 zu entscheiden.[329] Diesmal spielte das Ausgangsverfahren in Bulgarien.

a) Sachverhalt

In dem Fall ging es um die Stromzähleranbringungspraxis eines Unternehmens namens CHEZ Razpredelenie Bulgaria AD (im Folgenden: CHEZ RB) in

---

324 Kulikaoskas v. Macduff Shellfish (06.07.2010), UKEATS/62/09; vgl. zur Rechtssache Kulikauskas auch *Guttenberg*, Schutz vor Diskriminierung im Beschäftigungsverhältnis in Großbritannien, S. 180, wonach der Fall Kulikauskas und die rechtliche Prüfung zeige, dass der Schutz vor assoziierten Diskriminierungen nicht auf alle Diskriminierungsmerkmale auszuweiten sei – insbesondere nicht auf die (in Großbritannien bestehenden) Diskriminierungsmerkmale Schwangerschaft und Mutterschaft.

325 EuGH, Mitteilung v. 19.04.2012 – C-44/12, Kulikauskas, BeckEURS 2012, 677091.

326 EuGH, Mitteilung v. 19.04.2012 – C-44/12, Kulikauskas, BeckEURS 2012, 677091.

327 EuGH, Mitteilung v. 19.04.2012 – C-44/12, Kulikauskas, BeckEURS 2012, 725114.

328 Siehe hierzu 4. Kap.

329 EuGH, Urt. v. 16.07.2015 – C-83/14, CHEZ Razpredelenie Bulgaria, Celex-Nr. 62014CJ0083; vgl. auch *Hartmann*, EuZA 2019, 24 (42), der die Entscheidung im Hinblick auf die begrenzten Merkmalskategorien betrachtet.

der Stadt Dupnitsa in Bulgarien. Dort führte Frau Nikolova ein Lebensmittelgeschäft, das von der CHEZ RB mit Strom versorgt wurde. Das Geschäft lag im Stadtteil Gizdova Mahala, in dem im Wesentlichen Personen mit Roma-Herkunft wohnten. Frau Nikolova selbst identifizierte sich nicht als Roma, sondern als Bulgarin. Zwischen 1999 und 2000 brachte CHEZ RB Stromzähler aller ihrer Kunden in dem betroffenen Stadtteil an Betonmasten des Freileitungsnetzes in einer Höhe von sechs bis sieben Metern an. In anderen Stadtteilen dagegen installierte CHEZ RB die Zähler in einer Höhe von 1,70 Meter, meistens in den Wohnungen der Kunden, an der Fassade oder an Zäunen.

Über diese Anbringungspraxis beschwerte sich Frau Nikolova bei der Komisia za zashtita ot dikriminatsia (Kommission für den Schutz vor Diskriminierung, im Folgenden: KZD). Sie rügte insbesondere, dass sie durch diese Anbringungspraxis nicht in der Lage gewesen sei, den Zählerstand von ihrem Stromzähler zur Kontrolle ihres Verbrauches abzulesen, da sie ihre Stromrechnungen als zu hoch empfand. Der KZD stufte aufgrund der Beschwerde von Frau Nikolova diese Anbringungspraxis als eine unzulässige mittelbare Diskriminierung aufgrund der Nationalität[330] ein. Dagegen wehrte sich die CHEZ RB beim Varhoven administrativen sad (Oberster Verwaltungsgerichtshof). Das Gericht hob die Entscheidung auf und wies die Sache an die KZD zurück, da die KZD in ihrer Entscheidung nicht angegeben habe, im Vergleich zu welcher Nationalität Frau Nikolova diskriminiert worden sei. Daraufhin erließ die KZD erneut eine Entscheidung und stellte fest, dass Frau Nikolova aufgrund ihrer „persönlichen Verhältnisse" unmittelbar diskriminiert worden sei, denn Frau Nikolova sei aufgrund des Ortes ihrer Geschäftsniederlassung weniger günstig behandelt worden als andere Kunden von CHEZ RB, deren Stromzähler sich an zugänglichen Orten befänden. Gegen diese Entscheidung erhob CHEZ RB Klage beim Administrativen sad Sofia-grad. Das Gericht ersuchte beim EuGH eine Vorabentscheidung und stellte hierbei dem Gerichtshof einen umfangreichen Fragenkatalog von zehn Fragen.[331]

---

330 Das bulgarische Gesetz zum Schutz vor Diskriminierung (Zakon za zashtita ot diskriminatsia (ZZD)) sieht in Art. 4 ZZD im Gegensatz zum AGG mehrere Differenzierungsmerkmale wie u.a. die Nationalität und persönliche Verhältnisse vor, weshalb die KZD hierauf abstellte. Vgl. hierzu EuGH, Urt. v. 16.07.2015 – C-83/14, CHEZ Razpredelenie Bulgaria, Rn. 13, Celex-Nr. 62014CJ0083.

331 EuGH, Urt. v. 16.07.2015 – C-83/14, CHEZ Razpredelenie Bulgaria, Rn. 37, Celex-Nr. 62014CJ0083. Es handelt sich um folgende zehn Fragen:

„1. Ist der in der Richtlinie 2000/43 und in der Charta verwendete Begriff ‚ethnische Herkunft' dahin auszulegen, dass er eine kompakte Gruppe bulgarischer Staatsangehöriger mit Roma-Herkunft wie die im Stadtteil ‚Gizdova mahala' der Stadt Dupnitsa Wohnenden erfasst?
2. Ist der Begriff ‚vergleichbare Situation' im Sinne von Art. 2 Abs. 2 Buchst. a der Richtlinie 2000/43 auf den vorliegenden Sachverhalt anwendbar, bei dem die Mittel zur kommerziellen Messung in Roma-Stadtteilen in einer Höhe von 6 bis 7 Metern angebracht werden, während sie in anderen Stadtteilen ohne kompakte Roma-Bevölkerung üblicherweise in einer Höhe von weniger als 2 Metern angebracht werden?
3. Ist Art. 2 Abs. 2 Buchst. a der Richtlinie 2000/43 dahin auszulegen, dass die Anbringung von Mitteln zur kommerziellen Messung in Roma-Stadtteilen in einer Höhe von 6 bis 7 Metern eine weniger günstige Behandlung der Bevölkerung mit Roma-Herkunft im Vergleich zu der Bevölkerung mit anderer ethnischer Herkunft darstellt?
4. Wenn es sich um eine weniger günstige Behandlung handelt, ist dann die genannte Bestimmung dahin auszulegen, dass diese Behandlung beim Sachverhalt des Ausgangsverfahrens ganz oder teilweise auf dem Umstand beruht, dass sie die ethnische Gruppe der Roma betrifft?
5. Ist nach der Richtlinie 2000/43 eine nationale Bestimmung wie § 1 Nr. 7 der Ergänzungsvorschriften zum ZZD zulässig, wonach jeder Akt, jede Handlung und jede Unterlassung, der/die unmittelbar oder mittelbar Rechte oder rechtmäßige Interessen beeinträchtigt, eine ‚ungünstige Behandlung' ist?
6. Ist der Begriff ‚dem Anschein nach neutrale Verfahren' im Sinne von Art. 2 Abs. 2 Buchst. b der Richtlinie 2000/43 auf die Praxis der CHEZ RB, Mittel zur kommerziellen Messung in einer Höhe von 6 bis 7 Metern anzubringen, anwendbar? Wie ist der Begriff ‚dem Anschein nach' auszulegen – dahin, dass die Praxis offensichtlich neutral ist, oder dahin, dass sie nur auf den ersten Blick neutral erscheint, d.h. scheinbar neutral ist?
7. Ist es für das Vorliegen einer mittelbaren Diskriminierung im Sinne von Art. 2 Abs. 2 Buchst. b der Richtlinie 2000/43 erforderlich, dass das neutrale Verfahren die Personen aufgrund ihrer Rasse oder ethnischen Herkunft in eine in besonderem Maß ungünstigere Lage versetzt, oder genügt es, wenn dieses Verfahren nur Personen mit einer bestimmten ethnischen Herkunft beeinträchtigt? Ist in diesem Zusammenhang nach Art. 2 Abs. 2 Buchst. b der Richtlinie 2000/43 eine nationale Bestimmung wie Art. 4 Abs. 3 ZZD zulässig, wonach eine mittelbare Diskriminierung vorliegt, wenn eine Person wegen Eigenschaften nach Abs. 1 (einschließlich der ethnischen Zugehörigkeit) in eine ungünstigere Lage versetzt wird?
8. Wie ist der Begriff ‚in besonderer Weise benachteiligen' im Sinne von Art. 2 Abs. 2 Buchst. b der Richtlinie 2000/43 auszulegen? Entspricht er dem in Art. 2 Abs. 2 Buchst. a der Richtlinie 2000/43 verwendeten Begriff ‚weniger günstige Behandlung', oder umfasst er nur besonders erhebliche, offensichtliche und schwerwiegende Fälle der Ungleichbehandlung? Stellt die im vorliegenden Fall beschriebene Praxis eine besonders ungünstige Lage dar? Falls kein besonders

b) Schlussanträge der Generalanwältin Kokott

In ihren Schlussanträgen prüfte Generalanwältin *Kokott*[332] ausführlich die vom Ausgangsgericht gestellten zehn Fragen. So teilte sie ihre rechtliche Würdigung in drei Teile auf und untersuchte, ob der Sachverhalt aus dem Ausgangsverfahren unionsrechtlich eine verbotene Diskriminierung aus Gründen der ethnischen Herkunft darstellt[333], was unter dem Begriff der Diskriminierung fällt[334] und ob es eine Rechtfertigung für die Anbringungspraxis der CHEZ RB gibt.[335]

Hervorzuheben ist insbesondere die ausführliche Auseinandersetzung von *Kokott* mit der Frage, ob Frau Nikolova, obwohl sie nicht zur ethnischen Gruppe der Roma gehört, als „mitdiskriminiert" angesehen werden kann.[336] Nach *Kokott* sprach sowohl der offene Wortlaut der RL 2000/43/EG, wonach

---

erheblicher, offensichtlicher und schwerwiegender Fall der Versetzung in eine ungünstige Lage vorliegt, genügt dies, um eine mittelbare Diskriminierung zu verneinen (ohne zu prüfen, ob die jeweilige Praxis im Hinblick auf die Erreichung eines rechtmäßigen Ziels gerechtfertigt, angemessen und erforderlich ist)?
9. Sind nach Art. 2 Abs. 2 Buchst. a und b der Richtlinie 2000/43 nationale Bestimmungen wie Art. 4 Abs. 2 und 3 ZZD zulässig, die für das Vorliegen einer unmittelbaren Diskriminierung eine ‚ungünstigere Behandlung' und für das Vorliegen einer mittelbaren Diskriminierung die ‚Versetzung in eine ungünstigere Lage' verlangen, ohne wie die Richtlinie nach der Schwere der jeweiligen ungünstigen Behandlung zu differenzieren?
10. Ist Art. 2 Abs. 2 Buchst. b der Richtlinie 2000/43 dahin auszulegen, dass die in Rede stehende Praxis der CHEZ RB im Hinblick auf die Gewährleistung der Sicherheit des Elektrizitätsnetzes und die ordnungsgemäße Erfassung der verbrauchten Elektrizität sachlich gerechtfertigt ist? Ist diese Praxis auch unter Berücksichtigung der Verpflichtung der Beklagten, den Verbrauchern freien Zugang zu den Anzeigen der Stromzähler zu ermöglichen, angemessen? Ist diese Praxis erforderlich, wenn aus Veröffentlichungen in den Medien andere technisch und finanziell zugängliche Mittel zur Gewährleistung der Sicherheit der Mittel zur kommerziellen Messung bekannt sind?".

332 Schlussanträge der Generalanwältin Juliane Kokott v. 12.03.2015, C-83/14, ECLI:EU:C:2015:170.

333 Schlussanträge der Generalanwältin Juliane Kokott v. 12.03.2015, C-83/14, Rn. 34ff., ECLI:EU:C:2015:170.

334 Schlussanträge der Generalanwältin Juliane Kokott v. 12.03.2015, C-83/14, Rn. 69ff., ECLI:EU:C:2015:170.

335 Schlussanträge der Generalanwältin Juliane Kokott v. 12.03.2015, C-83/14, Rn. 111ff., ECLI:EU:C:2015:170.

336 Schlussanträge der Generalanwältin Juliane Kokott v. 12.03.2015, C-83/14, Rn. 52ff., ECLI:EU:C:2015:170.

jegliche Diskriminierung aufgrund „der" Rasse oder „der" ethnischen Herkunft verboten sei, als auch der Sinn und Zweck der Richtlinie, Diskriminierungen wegen der Rasse oder ethnischen Herkunft grundsätzlich zu bekämpfen, für die Erfassung der Fallgruppe der assoziierten Diskriminierung von der RL 2000/43/EG.[337] *Kokott* erstreckte die Lehren aus dem Urteil im Fall Coleman auch auf den Fall CHEZ RB und begründete dies damit, dass die beiden betroffenen Richtlinien (RL 2000/43/EG und RL 2000/78/EG) sog. „Schwesterrichtlinien" seien und inhaltlich im Wesentlichen übereinstimmten.[338] So heißt es u.a. in ihren Schlussanträgen:

> „‚Mitdiskriminiert' ist in erster Linie, wer in einer engen persönlichen Beziehung zum Träger eines der in Art. 21 der Charta der Grundrechte und in den Antidiskriminierungsrichtlinien genannten Merkmale steht. [...] Das Bestehen einer solchen persönlichen Bindung ist jedoch keineswegs der einzige denkbare Anknüpfungspunkt, um eine Person als ‚mitdiskriminiert' anzusehen. Vielmehr kann der ‚mitdiskriminierende' Charakter auch der in Rede stehenden Maßnahme selbst innewohnen, und zwar namentlich dann, wenn diese Maßnahme aufgrund ihres pauschalen und kollektiven Charakters geeignet ist, nicht nur die Träger eines der in Art. 21 der Charta der Grundrechte und in den Antidiskriminierungsrichtlinien genannten Merkmale zu treffen, sondern auch – gleichsam als ‚Kollateralschaden' – andere Personen miterfasst."[339]

Kokott beschäftigte sich ferner mit der Frage, ob der Anspruchsberechtigung von Frau Nikolova der Umstand entgegensteht, dass es sich bei der Anbringungspraxis möglicherweise nur um eine mittelbare Diskriminierung handelt, da sie der Ansicht ist, dass die Anbringungspraxis keine unmittelbare Diskriminierung darstelle.[340] Sie begründete ihre Auffassung damit, dass keine hinreichenden Anhaltspunkte dafür vorlägen, dass die CHEZ RB die Anbringungspraxis speziell wegen der ethnischen Herkunft der Bewohner des betroffenen Stadtteils gewählt habe.[341] Zwar könne eine unmittelbare Diskriminierung wegen der ethnischen Herkunft auch vorliegen, wenn eine Maßnahme neutral sei, aber

337 Schlussanträge der Generalanwältin Juliane Kokott v. 12.03.2015, C-83/14, Rn. 52ff., ECLI:EU:C:2015:170.

338 Schlussanträge der Generalanwältin Juliane Kokott v. 12.03.2015, C-83/14, Rn. 56, ECLI:EU:C:2015:170.

339 Schlussanträge der Generalanwältin Juliane Kokott v. 12.03.2015, C-83/14, Rn. 57ff., ECLI:EU:C:2015:170.

340 Schlussanträge der Generalanwältin Juliane Kokott v. 12.03.2015, C-83/14, Rn. 80ff., ECLI:EU:C:2015:170.

341 Schlussanträge der Generalanwältin Juliane Kokott v. 12.03.2015, C-83/14, Rn. 80ff., ECLI:EU:C:2015:170.

tatsächlich *nur* Personen betreffe, die „Träger eines bestimmten in Art. 21 der Charta der Grundrechte und in den Antidiskriminierungsrichtlinien genannten Merkmals" seien.[342] Dies sei bei der vorliegenden Anbringungspraxis jedoch nicht der Fall, weil nicht *nur* Anwohner mit einer Roma-Herkunft, sondern auch Anwohner mit einer anderen ethnischen Herkunft betroffen sein könnten.[343] Die Anbringungspraxis treffe im Ergebnis alle Verbraucher in dem betroffenen Stadtteil wegen ihrer bloßen Anwohnereigenschaft und nicht wegen ihrer ethnischen Herkunft.[344] Aus diesem Grund sei das Vorliegen einer unmittelbaren Diskriminierung abzulehnen, die Voraussetzungen einer mittelbaren Diskriminierung seien hingegen erfüllt.[345] So kommt *Kokott* zu dem Entschluss, dass jemand auch im Rahmen einer mittelbaren Diskriminierung „mitdiskriminiert" werden könne.[346]

Im Ergebnis bejahte *Kokott* in ihren Schlussanträgen die Anspruchsberechtigung von Frau Nikolova, da sie genauso wie die Roma unter der Anbringungspraxis der CHEZ RB leide und „mitdiskriminiert" werde.[347] Diese Anbringungspraxis der CHEZ RB stelle eine „pauschale und kollektive Maßnahme" mit einer „stigmatisierenden Wirkung" und damit eine mittelbare Diskriminierung wegen der ethnischen Herkunft dar.[348]

c) Entscheidung des EuGH

Der EuGH schloss sich in seinen Entscheidungsgründen überwiegend den Schlussanträgen der Generalanwältin *Kokott* an und bejahte die

---

342 Schlussanträge der Generalanwältin Juliane Kokott v. 12.03.2015, C-83/14, Rn. 82, ECLI:EU:C:2015:170.

343 Schlussanträge der Generalanwältin Juliane Kokott v. 12.03.2015, C-83/14, Rn. 85, ECLI:EU:C:2015:170.

344 Schlussanträge der Generalanwältin Juliane Kokott v. 12.03.2015, C-83/14, Rn. 86, ECLI:EU:C:2015:170.

345 Näheres hierzu im 5. Kap. B. II.

346 Schlussanträge der Generalanwältin Juliane Kokott v. 12.03.2015, C-83/14, Rn. 102ff., ECLI:EU:C:2015:170; näheres zu dem Problem der mittelbaren Diskriminierung im Rahmen der assoziierten Diskriminierung im 5. Kap. B. II. 3.

347 Schlussanträge der Generalanwältin Juliane Kokott v. 12.03.2015, C-83/14, Rn. 60f., 110, ECLI:EU:C:2015:170.

348 Schlussanträge der Generalanwältin Juliane Kokott v. 12.03.2015, C-83/14, Rn. 60, 110, ECLI:EU:C:2015:170.

Anspruchsberechtigung von Frau Nikolova im Rahmen einer assoziierten Diskriminierung aufgrund der ethnischen Herkunft.[349]

Es gibt deutliche Anzeichen dafür, dass der EuGH in diesem Urteil seine Rechtsprechung im Fall Coleman auch auf die assoziierte Diskriminierung wegen der ethnischen Herkunft ausweiten wollte. So verwies der EuGH in seinen Entscheidungsgründen mehrfach auf die Coleman-Entscheidung[350] und argumentierte auch hier mit dem Wortlaut und Zweck der einschlägigen Richtlinie.[351] Zunächst stellte der EuGH fest, dass nicht alle Sprachfassungen der RL 2000/43/EG einheitlich seien und sowohl Formulierungen wie „aufgrund der Rasse oder ethnischen Herkunft" als auch Formulierungen wie „aufgrund ihrer Rasse oder ihrer ethnischen Herkunft" aufwiesen.[352] Nach Wortlaut, Erwägungsgründen und Ziel der Richtlinie dürfe es jedoch keinen Einfluss auf die Anwendbarkeit der RL 2000/43/EG haben, ob Frau Nikolova selbst als Roma anzusehen sei oder nicht.[353] Vorliegend habe Frau Nikolova sogar gegenüber dem EuGH erklärt, dass sie Bulgarin sei, sich nicht als Roma definiere und nicht als Roma anzusehen sei.[354] Der Wortlaut und Zweck des Art. 19 AEUV, der als Rechtsgrundlage für die RL 2000/43/EG diene, sowie auch des Art. 21 der Charta der Grundrechte der Europäischen Union (EU-GRCharta) liege in der Bekämpfung der Diskriminierung aufgrund der Rasse oder der ethischen Herkunft.[355] Wegen dieses Zwecks und der bereits in der Rechtsprechung des EuGH ergangenen Entscheidungen dürfe der Anwendungsbereich der RL 2000/43/EG nicht eng ausgelegt werden und müsse auch für Personen gelten, die zwar nicht selbst der betreffenden Rasse oder Ethnie angehören, aber gleichwohl aus einem

---

349 EuGH, Urt. v. 16.07.2015 – C-83/14, CHEZ Razpredelenie Bulgaria, Rn. 38ff., Celex-Nr. 62014CJ0083.

350 EuGH, Urt. v. 16.07.2015 – C-83/14, CHEZ Razpredelenie Bulgaria, Rn. 56, 58, 85, Celex-Nr. 62014CJ0083.

351 EuGH, Urt. v. 16.07.2015 – C-83/14, CHEZ Razpredelenie Bulgaria, Rn. 51ff., Celex-Nr. 62014CJ0083.

352 EuGH, Urt. v. 16.07.2015 – C-83/14, CHEZ Razpredelenie Bulgaria, Rn. 53, Celex-Nr. 62014CJ0083.

353 EuGH, Urt. v. 16.07.2015 – C-83/14, CHEZ Razpredelenie Bulgaria, Rn. 56ff., Celex-Nr. 62014CJ0083.

354 EuGH, Urt. v. 16.07.2015 – C-83/14, CHEZ Razpredelenie Bulgaria, Rn. 59, Celex-Nr. 62014CJ0083.

355 EuGH, Urt. v. 16.07.2015 – C-83/14, CHEZ Razpredelenie Bulgaria, Rn. 58, Celex-Nr. 62014CJ0083.

dieser Gründe weniger günstig behandelt oder in besonderer Weise benachteiligt werden.[356]

Ob die benachteiligende Anbringungspraxis der CHEZ RB wie im Fall Coleman eine unmittelbare assoziierte Diskriminierung darstellt oder doch ein Fall der mittelbaren assoziierten Diskriminierung vorliegt, klärte der EuGH nicht ausdrücklich. Nach dem EuGH obliege es dem vorlegenden Gericht selbst, die Tatsachen für das Vorliegen einer unmittelbaren und mittelbaren Diskriminierung festzustellen und zu bewerten.[357] Dennoch hält der EuGH sowohl eine unmittelbare als auch eine mittelbare Diskriminierung durch die Anbringungspraxis für möglich, da die Voraussetzungen für beide Diskriminierungsformen grundsätzlich vorliegen könnten.[358] Insbesondere der Umstand, dass auch andere Bewohner ohne Roma-Herkunft von der Praxis betroffen seien, stehe einer unmittelbaren Diskriminierung nicht entgegen, da hierdurch nicht ausgeschlossen sei, dass die CHEZ RB die Anbringungspraxis wegen der ethnischen Herkunft der meisten Bewohner des Viertels eingeführt habe.[359] Die CHEZ RB habe zudem nur in diesem Stadtteil die Anbringungspraxis eingeführt, da dort nach ihrer Auskunft viele illegale Stromentnahmen stattgefunden hätten.[360] Dieser Umstand deute auf eine Anbringungspraxis hin, die auf ethnischen Stereotypen sowie Vorurteilen beruhe.[361] Vor allem aber habe die Anbringungspraxis „einen zwingenden, verallgemeinerten und dauerhaften Charakter“ und unterstelle grundsätzlich allen Bewohnern des betroffenen Stadtteils die Vornahme illegaler Stromentnahmen.[362] Es könne, falls eine unmittelbare Diskriminierung

---

356 EuGH, Urt. v. 16.07.2015 – C-83/14, CHEZ Razpredelenie Bulgaria, Rn. 42, 56, Celex-Nr. 62014CJ0083, wonach der Anwendungsbereich der RL 2000/43/EG aufgrund ihres Gegenstandes und der Natur der Sache, die die Richtlinie schützen soll, nicht restriktiv definiert werden dürfe.

357 EuGH, Urt. v. 16.07.2015 – C-83/14, CHEZ Razpredelenie Bulgaria, Rn. 79, Celex-Nr. 62014CJ0083.

358 EuGH, Urt. v. 16.07.2015 – C-83/14, CHEZ Razpredelenie Bulgaria, Rn. 91, 109, Celex-Nr. 62014CJ0083.

359 EuGH, Urt. v. 16.07.2015 – C-83/14, CHEZ Razpredelenie Bulgaria, Rn. 75, Celex-Nr. 62014CJ0083.

360 EuGH, Urt. v. 16.07.2015 – C-83/14, CHEZ Razpredelenie Bulgaria, Rn. 81ff., Celex-Nr. 62014CJ0083.

361 EuGH, Urt. v. 16.07.2015 – C-83/14, CHEZ Razpredelenie Bulgaria, Rn. 82, Celex-Nr. 62014CJ0083.

362 EuGH, Urt. v. 16.07.2015 – C-83/14, CHEZ Razpredelenie Bulgaria, Rn. 84, Celex-Nr. 62014CJ0083.

nicht vorliege, durch die Anbringungspraxis eine mittelbare Diskriminierung gegeben sein, da die Anbringungspraxis der CHEZ RB eine dem Anschein nach neutrale Praxis darstelle, die Bewohner mit Roma-Herkunft in besonderer Weise benachteiligen könne.[363]

Der EuGH zeigt durch seine Entscheidung im Fall CHEZ Razpredelenie Bulgaria nunmehr klare Tendenzen, nicht mehr auf ein Näheverhältnis zwischen dem Betroffenen und dem Merkmalsträger abzustellen.[364] Wie sich diese neue Entwicklung in der Rechtsprechung auf die bisherige Handhabung der assoziierten Diskriminierung auswirkt und ob dadurch auf ein Näheverhältnis vollkommen verzichtet werden kann, wird im 4. Kapitel untersucht.

II. Nationale Rechtsprechung zur assoziierten Diskriminierung

Im Jahr 2010 befasste sich das BAG erstmals im Rahmen des AGG mit einem Fall der assoziierten Diskriminierung.[365] Im zu entscheidenden Fall ging es um folgenden Sachverhalt[366]:

---

363 EuGH, Urt. v. 16.07.2015 – C-83/14, CHEZ Razpredelenie Bulgaria, Rn. 106ff., Celex-Nr. 62014CJ0083. Vgl. zur mittelbaren assoziierten Diskriminierung zudem das 5. Kap. B. II. 3.

364 Ähnlich *Schlachter*, in: ErfK, 21. Aufl. 2021, § 1 AGG Rn. 17; *Serr*, in: Staudinger AGG, 2020, § 1 Rn. 49.

365 BAG, Urt. v. 22.04.2010 – 6 AZR 966/08, NZA 2010, 947ff. Siehe jedoch bereits auch BAG, EuGH-Vorlage vom 27.06.2006 – 3 AZR 352/05 (A), BAGE 118, 340ff. Hier ging es um eine Altersabstandsregelung in einer betrieblichen Altersversorgung. Nach dieser Regelung hatten Witwen und Witwer keinen Anspruch auf Ruhegeld, wenn sie einen Altersunterschied von mehr als 15 Jahren zu dem verstorbenen Arbeitnehmer hatten. Die Witwe eines verstorbenen Arbeitnehmers klagte hiergegen. Das BAG stellte in seinen Erwägungen zur Altersdiskriminierung lediglich auf das Alter des verstorbenen Arbeitnehmers ab, weil nur dieser Vertragspartner der Versorgungszusage gewesen sei. Deshalb sei sein Alter maßgeblich und gerade nicht durch die Regelung berührt. Die Witwe sei nur Begünstigte in einem Vertrag zugunsten Dritter gewesen. Das BAG hatte in dieser Entscheidung nicht über eine klassische assoziierte Diskriminierung entschieden, weil die Witwe als Merkmalsträgerin den Anspruch selbst geltend gemacht hatte. Hätte sich hingegen der Arbeitnehmer zu Lebzeiten gegen die Regelung in der betrieblichen Altersvorsorge gewehrt, hätte das BAG über eine assoziierte Diskriminierung entscheiden müssen. Zudem hatte das BAG im Entscheidungszeitpunkt nicht über eine Benachteiligung nach dem AGG zu entscheiden, da im Zeitpunkt der Vorlage das AGG noch nicht in Kraft getreten war. Vgl. auch die nachfolgende Entscheidung des EuGH, Urt. v. 23.09.2008 – C-427/06, Bartsch, BB 2008, 235ff.

366 BAG, Urt. v. 22.04.2010 – 6 AZR 966/08, NZA 2010, 947 (948f.).

1. Sachverhalt

Der alleinerziehende Kläger begehrte vom beklagten Land die Neuberechnung des Vergleichsentgelts nach Beendigung des Grundwehrdienstes seines Sohnes. Im Rahmen der Überleitung des Arbeitsverhältnisses des Klägers vom Bundes-Angestelltenvertrag (BAT) in den Tarifvertrag für den öffentlichen Dienst der Länder (TV-L) berechnete das beklagte Land das Vergleichsentgelt des Klägers und zog hierfür nach der anzuwendenden Übergangsregelung des § 5 TVÜ-Länder die Bezüge des Klägers aus dem Monat Oktober 2006 heran. Da der Sohn des Klägers im Oktober 2006 seinen Grundwehrdienst leistete, berücksichtigte das beklagte Land in seiner Berechnung nicht den Ortszuschlag 2 bzw. 3, der einen familienbezogenen Bestandteil enthielt, sondern den Ortszuschlag 1 und stellte den Kläger einem Ledigen gleich. Durch diese Berechnung erhielt der Kläger innerhalb seiner Entgeltgruppe eine niedrigere Entgeltstufe. Nach Ansicht des Klägers benachteilige § 5 TVÜ-Länder willkürlich Alleinerziehende, deren Kinder im Oktober 2006 Grundwehr- oder Zivildienst hätten leisten müssen. Alleinerziehende mit Töchtern oder Söhnen, die keinen Wehr- oder Zivildienst leisten müssen, enthielten weiterhin den familienbezogenen Bestandteil des Ortszuschlags 2. Dies stelle eine Benachteiligung wegen des Geschlechts seines Sohnes dar. Das beklagte Land erwiderte gegen diesen Vorwurf, dass § 5 TVÜ-Länder eine wirksame Stichtagsregelung für die unterschiedliche Berechnung des Ortszuschlags enthalte, und beantragte Klageabweisung.

Das ArbG Kaiserslautern[367] gab der Klage statt, das LAG Rheinland-Pfalz[368] wies die Klage auf die Berufung des beklagten Landes dagegen ab.

2. Entscheidung des BAG

Die Revision des Klägers hatte Erfolg.[369] Das BAG erklärte die Übergangsregelung in § 5 TVÜ-Länder für gleichheitswidrig.[370] Nach dem 6. Senat verstoße die Regelung gegen den Gleichheitssatz in Art. 3 GG i.V.m. Art. 6 GG, da sie alleinerziehende Eltern, deren Söhne im Oktober 2006 der Pflicht zur Leistung von Wehr- oder Zivildienst nachgekommen seien, gegenüber alleinerziehenden Eltern von Töchtern und Söhnen, die entweder nicht wehrtauglich gewesen sind oder im Oktober 2006 keinen Wehr- oder Zivildienst geleistet haben, weil sie

---

367 ArbG Kaiserslautern, Urt. v. 17.10.2007 – 8 Ca 851/07, BeckRS 2010, 71099.

368 LAG Rheinland-Pfalz, Urt. v. 12.08.2008 – 5 Sa 702/07, BeckRS 2009, 53663.

369 BAG, Urt. v. 22.04.2010 – 6 AZR 966/08, NZA 2010, 947 (949f.).

370 BAG, Urt. v. 22.04.2010 – 6 AZR 966/08, NZA 2010, 947 (949f.).

nicht herangezogen wurden, benachteilige.[371] Da die Regelung für die Berechnung des Ortszuschlags nur auf die familiären Verhältnisse im Oktober 2006 abstelle, berücksichtige sie die durch Art. 6 GG geschützten Interessen von Ehe und Familie nicht mehr hinreichend.[372]

Einen Verstoß gegen das AGG und das Vorliegen einer assoziierten Diskriminierung des Klägers wegen des Geschlechts seines Sohnes lehnte das BAG jedoch ab.[373] Seine Entscheidung begründete der 6. Senat damit, dass zunächst keine unmittelbare Benachteiligung des Klägers wegen des Geschlechts vorliege, da § 5 TVÜ-Länder nicht an das Geschlecht der betroffenen Arbeitnehmer nachteilige Folgen knüpfe.[374] Auch könne die Rechtsprechung des EuGH im Fall Coleman nicht herangezogen werden, da es sich dort um eine assoziierte Diskriminierung wegen einer Behinderung gehandelt habe und es um die Auslegung der RL 2000/78/EG gegangen sei.[375] Im vorliegenden Fall sei jedoch die RL 2006/54/EG anzuwenden, die die Diskriminierung im Arbeitsverhältnis wegen des Geschlechts verbiete.[376] Da der EuGH vor allem mit dem Wortlaut der Richtlinie argumentiert habe und die RL 2006/54/EG von einer „weniger günstigen Behandlung einer Person aufgrund ihres Geschlechts“ spreche, könne nicht angenommen werden, dass eine assoziierte Diskriminierung wegen des Geschlechts von § 7 Abs. 1 AGG i.V.m. § 1 AGG erfasst sei.[377] Ob eine mittelbare assoziierte Diskriminierung überhaupt vom Anwendungsbereich des AGG umfasst ist, ließ das Gericht offen, da eine mittelbare Benachteiligung wegen des Geschlechts des Sohnes schon nicht hinreichend dargelegt worden sei.[378]

---

371 BAG, Urt. v. 22.04.2010 – 6 AZR 966/08, NZA 2010, 947 (950).

372 BAG, Urt. v. 22.04.2010 – 6 AZR 966/08, NZA 2010, 947 (950); hieraus folgert *Guttenberg*, Schutz vor Diskriminierung im Beschäftigungsverhältnis in Großbritannien, S. 232, dass die Fallgruppe der assoziierten Diskriminierung in Deutschland restriktiv ausgelegt wird und nicht auf alle Differenzierungsmerkmale angewandt werde.

373 BAG, Urt. v. 22.04.2010 – 6 AZR 966/08, NZA 2010, 947 (949ff.); dem Ergebnis zustimmend *Adomeit/Mohr*, RdA 2011, 102 (107f.).

374 BAG, Urt. v. 22.04.2010 – 6 AZR 966/08, NZA 2010, 947 (949).

375 BAG, Urt. v. 22.04.2010 – 6 AZR 966/08, NZA 2010, 947 (949).

376 BAG, Urt. v. 22.04.2010 – 6 AZR 966/08, NZA 2010, 947 (949).

377 BAG, Urt. v. 22.04.2010 – 6 AZR 966/08, NZA 2010, 947 (949).

378 BAG, Urt. v. 22.04.2010 – 6 AZR 966/08, NZA 2010, 947 (949f.).

B. Assoziierte Diskriminierung in der bisherigen Literatur

I. Entwicklungen in der Literatur vor dem Coleman-Urteil des EuGH

Vor der ersten Entscheidung des EuGH zur assoziierten Diskriminierung wurde diese Fallgruppe schon vereinzelt in der Literatur besprochen und eine Anspruchsberechtigung des Nicht-Merkmalsträgers teilweise befürwortet.[379] So sei die assoziierte Diskriminierung nach *Alenfelder* nicht anders zu behandeln als die Diskriminierung wegen eines eigenen Merkmals.[380] Er begründete dies zum einen mit dem Wortlaut des Gesetzes, da an keiner Stelle davon die Rede sei, dass das Merkmal beim Diskriminierten selbst vorliegen müsse.[381] Auch spreche der Umstand, dass in der Definition der unmittelbaren Benachteiligung in § 3 Abs. 1 AGG keine Ausführungen zum Träger des Merkmals enthalten seien, für diese Sichtweise.[382] Außerdem werde nach § 3 Abs. 1 Satz 2 AGG gerade auch die Benachteiligung der Frau aufgrund ihrer Mutterschaft und somit aufgrund ihrer Nähebeziehung zum Kind als unmittelbare Diskriminierung definiert.[383] Dadurch gelte der Grundsatz, dass eine enge Beziehung zu einer dritten Person eine eigene Diskriminierung begründen könne.[384] Ferner entspreche dies dem Sinn und Zweck des AGG und der diesem zugrundeliegenden europäischen Richtlinien, umfassend vor Diskriminierungen zu schützen.[385] So stellte

---

379 So z.B. *Alenfelder*, Diskriminierungsschutz im Arbeitsrecht, Rn. 44ff.; *Däubler*, in: Däubler/Bertzbach, NK-AGG, 2. Aufl. 2008, § 1 Rn. 97, der zahlreiche Beispiele zu dieser Fallkonstellation aufzählt; ebenso *Heinrichs*, in: Palandt, BGB, 66. Aufl. 2007, § 1 AGG Rn. 11; *Wendtland*, in: G/W, AGG, § 2 Rn. 61; *Schiek*, in: Schiek, AGG, § 3 Rn. 14, die bereits vor dem Coleman-Urteil der Auffassung war, dass ein anderes Verständnis dem „sonstigen methodischen Vorgehen des EuGH" widerspreche; vgl. hierzu auch *Hanau*, ZIP 2006, 2189 (2191f.), der die Frage offen gelassen hat; siehe zudem *Waddington*, Europäische Zeitschrift zum Antidiskriminierungsrecht, Ausgabe 5, Juli 2007, S. 13: Sie bespricht das Problem der assoziierten Diskriminierung und prüft dabei auch andere Antidiskriminierungsgesetze der Mitgliedsstaaten.

380 So *Alenfelder*, Diskriminierungsschutz im Arbeitsrecht, Rn. 44ff, der wiederum nicht den Begriff der assoziierten Diskriminierung für diese Fallgruppe verwendet, sondern den Begriff der „vermittelten Diskriminierung".

381 *Alenfelder*, Diskriminierungsschutz im Arbeitsrecht, Rn. 44.

382 *Alenfelder*, Diskriminierungsschutz im Arbeitsrecht, Rn. 44.

383 *Alenfelder*, Diskriminierungsschutz im Arbeitsrecht, Rn. 45.

384 *Alenfelder*, Diskriminierungsschutz im Arbeitsrecht, Rn. 45.

385 Ebenso auch *Wendtland*, in: G/W, AGG, § 2 Rn. 61, der sich mit der assoziierten Diskriminierung im Zivilrechtsverkehr (§§ 19ff. AGG) beschäftigt. Er stellt diverse

Alenfelder fest, dass es keinen Unterschied mache, ob eine Person wegen einem eigenen tatsächlich oder vermeintlich vorliegendem Merkmal benachteiligt werde oder weil eine ihm nahestehende Person dieses Merkmal tatsächlich oder vermeintlich aufweise.[386] Aus diesen Gründen sei die assoziierte Diskriminierung als eine Form der unmittelbaren Diskriminierung anzuerkennen.[387]

Auch *Däubler* sprach sich bereits vor dem Urteil des EuGH im Fall Coleman für eine Einbeziehung der assoziierten Diskriminierung unter das Antidiskriminierungsrecht aus.[388] Er begründete dies mit dem Ziel des AGG, einen möglichst umfassenden Schutz vor Diskriminierungen zu gewährleisten.[389] Zudem sei das Recht auf Gleichbehandlung noch intensiver verletzt, wenn eine Benachteiligung wegen Differenzierungsmerkmalen nahestehender Personen erfolge.[390] Auch heute noch bezeichnet *Däubler* diese Fallkonstellation anschaulich als „Sippenhaft".[391]

Allerdings sprachen sich andere Stimmen in der Literatur gegen einen Rechtsbehelf des Nicht-Merkmalsträgers aus.[392] Eine dieser kritischen Stimmen ist *Reich*.[393] Er äußerte erhebliche Zweifel an der Rechtfertigung eines so weiten Anwendungsbereichs der RL 2000/78/EG.[394] *Wank* lehnte zwar nicht ausdrücklich eine Anspruchsberechtigung des Nicht-Merkmalsträgers ab, er differenzierte jedoch zwischen unmittelbarer und mittelbarer Benachteiligung und meinte, dass es keine unmittelbare assoziierte Diskriminierung geben könne.[395] Er führte das Beispiel an, dass ein Arbeitnehmer wegen der Homosexualität

---

Beispiele für eine assoziierte Diskriminierung im Zivilrechtsverkehr vor. So sei der Fall, dass „ein deutscher Mietinteressent von einem ausländerfeindlichen Vermieter abgewiesen" werde, „weil er etwa Ehegatte, Lebenspartner, -gefährte oder (auch nur vermeintlicher) Freund eines Ausländers" sei, ein Beispiel für solch eine Diskriminierung. Zudem bringt er das Beispiel an, dass z.B. „eine Familie in einem Café nicht bedient" werde, „weil ihr adoptiertes Kind eine andere Hautfarbe" habe.

386 *Alenfelder*, Diskriminierungsschutz im Arbeitsrecht, Rn. 46.

387 *Alenfelder*, Diskriminierungsschutz im Arbeitsrecht, Rn. 44ff.

388 *Däubler*, in: Däubler/Bertzbach, NK-AGG, 2. Aufl. 2008, § 1 Rn. 98.

389 *Däubler*, in: Däubler/Bertzbach, NK-AGG, 2. Aufl. 2008, § 1 Rn. 98.

390 *Däubler*, in: Däubler/Bertzbach, NK-AGG, 2. Aufl. 2008, § 1 Rn. 98.

391 *Däubler*, in: Däubler/Bertzbach, NK-AGG, 4. Aufl. 2018, § 1 Rn. 111; kritisch hingegen *Adomeit/Mohr*, AGG, 2. Aufl. 2011, § 3 Rn. 64, da es nicht darum ginge, jemanden für das Verhalten eines Dritten haftbar zu machen.

392 So z.B. *Reich*, EuZW 2008, 132 (133); *Wank*, NZA-Sonderbeilage zu Heft 22/2004, 16 (21).

393 *Reich*, EuZW 2008, 132.

394 *Reich*, EuZW 2008, 132 (133).

395 *Wank*, NZA-Sonderbeilage zu Heft 22/2004, 16 (21).

seines Sohnes benachteiligt werde.[396] Da in dem Gesetzeswortlaut des AGG im Rahmen der unmittelbaren Benachteiligung hineinzulesen sei, dass der Betroffene „wegen eines Merkmals, dessen Träger er selbst ist oder angeblich ist" benachteiligt werde, könne es sich nur um eine mittelbare assoziierte Benachteiligung handeln.[397]

Ferner gab es differenzierende Stimmen, die teilweise eine Anspruchsberechtigung im Rahmen der assoziierten Diskriminierung bei bestimmten Differenzierungsmerkmalen[398] oder Diskriminierungsformen[399] befürworteten und bei anderen wiederum ablehnten.

So differenzierte *Waddington* z.B. im Rahmen ihrer Ausführungen zur Fallgruppe der assoziierten Diskriminierung zwischen den Diskriminierungsformen der unmittelbaren und mittelbaren Benachteiligung sowie der Belästigung und Anweisung zur Benachteiligung.[400] Dabei argumentierte sie insbesondere mit dem Wortlaut und Sinn und Zweck der Antidiskriminierungsrichtlinien und kam zu dem Ergebnis, dass unproblematisch bei der unmittelbaren Benachteiligung sowie Belästigung und Anweisung der Anwendungsbereich auf die Fälle der assoziierten Diskriminierung erweitert werden könne, jedoch bei der mittelbaren Benachteiligung dies problematischer sei, weil dort der Wortlaut sich konkret auf Merkmale des Betroffenen beziehen würde.[401] Nichtsdestotrotz kam

396 *Wank*, NZA-Sonderbeilage zu Heft 22/2004, 16 (21).

397 *Wank*, NZA-Sonderbeilage zu Heft 22/2004, 16 (21).

398 So z.B. *Skidmore*, AuR 2005, 360ff., der eine Übersicht zur Rechtslage in England vor dem Coleman-Urteil gibt. Im Hinblick auf das britische Arbeitsrecht sei die assoziierte Diskriminierung bei den Merkmalen Rasse, Religion und sexuelle Orientierung vom Diskriminierungsschutz umfasst, jedoch nicht bei einer Behinderung. Er begründete diese Differenzierung damit, dass der Wortlaut des britischen Antidiskriminierungsrechts nach Umsetzung der europäischen Richtlinien im Hinblick auf die Differenzierungsmerkmale Rasse, Religion und sexuelle Orientierung weit gefasst sei und keinen Personenbezug erkennen lasse. Anders sei dies beim Differenzierungsmerkmal der Behinderung, weil der Wortlaut des Sec. 3 A Disability Discrimination Act 1995 einen Personenbezug voraussetze und deshalb nur den Merkmalsträger selbst vor Diskriminierungen schütze.

399 Siehe z.B. *Waddington*, Europäische Zeitschrift zum Antidiskriminierungsrecht, Ausgabe 5, Juli 2007, S. 13 (15ff.).

400 *Waddington*, Europäische Zeitschrift zum Antidiskriminierungsrecht, Ausgabe 5, Juli 2007, S. 13 (15ff.).

401 *Waddington*, Europäische Zeitschrift zum Antidiskriminierungsrecht, Ausgabe 5, Juli 2007, S. 13 (15ff.).

sie zu dem Ergebnis, das mit dem Sinn und Zweck der Richtlinien ein Schutz vor mittelbaren assoziierten Diskriminierungen begründet werden könne.[402]

II. Entwicklungen in der Literatur nach dem Coleman-Urteil des EuGH

Die Debatte um die Fallgruppe der assoziierten Diskriminierung wurde durch die Coleman-Entscheidung des EuGH neu entfacht.[403]

1. Anspruchsberechtigung

Bader, der sich zum Teil mit dieser Thematik im Rahmen des arbeitsrechtlichen Diskriminierungsschutzes beschäftigt hat, hält die Bejahung einer Anspruchsberechtigung für die assoziierte Diskriminierung mit dem deutschen Privatrechtsverständnis für vereinbar.[404] Eine Anspruchsberechtigung setze eine Rechtsverletzung des Rechtsträgers voraus, da der Rechtsschutz notwendigerweise der Rechtszuweisung folge.[405] So sei auch im Fall Coleman die Mutter als

---

402 *Waddington*, Europäische Zeitschrift zum Antidiskriminierungsrecht, Ausgabe 5, Juli 2007, S. 13 (15).

403 So z.B. bei *Leder*, EWiR 2008, 603f.; *Bader*, Arbeitsrechtlicher Diskriminierungsschutz als Privatrecht, S. 266ff.; *Hartmann*, in: Herresthal/Kaiser/Stoffels, Staudinger Eckpfeiler, AGG, 7. Aufl. 2020, S. 108, B12; *Nebe*, DVfR, Forum A, Diskussionsbeitrag Nr. 1/2011, S. 1ff., https://www.reha-recht.de/fileadmin/download/foren/a/2011/A_1-2011.pdf (letzter Abruf: 09.09.2021); *Welti*, ZESAR 2009, 148 (152); *Braunroth/Franke*, NJ 2014, 187 (193f.); *Adomeit/Mohr*, AGG, 2. Aufl. 2011, § 3 Rn. 61ff.; *Thüsing*, in: MüKo BGB, Band 1, 9. Aufl. 2021, § 7 AGG Rn. 6; *Ahrendt*, in: Schaub, ArbRHdb, 18. Aufl. 2019, § 36 Rn. 38; *Schrader/Schubert*, in: Däubler/Bertzbach, NK-AGG, 4. Aufl. 2018, § 3 Rn. 43; *Rosendahl*, DVfR, Forum B, Diskussionsbeitrag Nr. 12/2011, S. 1ff., https://www.reha-recht.de/fileadmin/download/foren/b/2011/B12-2011_Fall_Coleman.pdf (letzter Abruf: 09.09.2021); *Grünberger*, Personale Gleichheit, S. 620ff.; *Guttenberg*, Schutz vor Diskriminierung im Beschäftigungsverhältnis in Großbritannien, S. 222ff. und 232; *Kotthaus*, ArbRB 2008, 270f.; *Krimphove*, EuR 2009, 330 (341); *Birnbaum*, AuA 2010, 314f.; *Lobinger*, Entwicklung, Stand und Perspektiven des europäischen Antidiskriminierungsrechts, S. 18ff.; *Lindner*, NJW 2008, 2750 (2751); *Tolmein*, jurisPR-ArbR 37/2008 Anm. 1; *Wocken*, Sozialrecht aktuell 2009, 12f.; *Melot de Beauregard*, RIW 2009, 18 (21); *Schlachter*, RdA 2010, 104ff.; *Stenslik*, Diskriminierende Arbeitgeberkündigung, S. 237f.; *Schnabel*, Diskriminierungsschutz ohne Grenzen?, S. 181ff.; *Sprenger*, BB 2008, 2405 (2408f.).

404 *Bader*, Arbeitsrechtlicher Diskriminierungsschutz als Privatrecht, S. 268f.

405 *Bader*, Arbeitsrechtlicher Diskriminierungsschutz als Privatrecht, S. 268f.

Arbeitnehmerin anspruchsberechtigt – und nicht etwa das Kind als Merkmalsträger –, da nur sie Nachteile für die Persönlichkeitsentfaltung im Arbeitsleben erleiden könne und unter die Rechtszuweisung des § 7 Abs. 1 AGG falle.[406] In seiner Auseinandersetzung mit dieser Thematik stellt *Bader* zunächst fest, dass zwar weder durch den Gesetzeswortlaut noch die Gesetzesmaterialien eine endgültige Aussage über die Anspruchsberechtigung bei der assoziierten Diskriminierung getroffen werden könne, jedoch insbesondere in der Regelung des § 7 Abs. 1 Hs. 2 AGG ein Argument für die Bejahung der Anspruchsberechtigung enthalten sei.[407] Nach der Vorschrift greift das Benachteiligungsverbot auch dann, wenn der Benachteiligende nur irrig annimmt, dass ein Merkmal beim Benachteiligten vorliegt. Der an sich merkmalslose Beschäftigte werde im Fall des § 7 Abs. 1 Hs. 2 AGG demnach „wie ein Merkmalsträger behandelt".[408] Dies treffe jedoch auch im Rahmen der assoziierten Diskriminierung zu, da der merkmalslose Beschäftigte aus Sicht des Benachteiligenden aufgrund seiner Beziehung zu dem Dritten mit dem Merkmal einen „Repräsentanten der Gruppe" darstelle, sodass er „wie ein Merkmalsträger" behandelt werde.[409] Ferner argumentiert *Bader* mit der emotionalen Beziehung des Benachteiligten zum Merkmalsträger: Durch die Bindung empfinde der benachteiligte das Merkmal „als sein eigenes", es hafte ihm also an, weshalb er in „Sippenhaft" genommen werde.[410]

406 *Bader*, Arbeitsrechtlicher Diskriminierungsschutz als Privatrecht, S. 269.

407 *Bader*, Arbeitsrechtlicher Diskriminierungsschutz als Privatrecht, S. 270f.; ähnlich auch *Schnabel*, Diskriminierungsschutz ohne Grenzen?, S. 200ff. *Schnabel* spricht sich auch für eine Anspruchsberechtigung im Rahmen der assoziierten Diskriminierung aus und stellt fest, dass eine Ausdehnung des Diskriminierungsschutzes auf Drei-Personen-Konstellationen mit den Schutzrichtungen des europäischen Antidiskriminierungsrechts vereinbar sei. In ihren Ausführungen geht *Schnabel* auch wie *Bader* auf die Ähnlichkeiten zwischen der assoziierten Diskriminierung und den Diskriminierungsfällen des § 7 Abs. 1 Hs. 2 AGG ein. Anders als *Bader* stellt *Schnabel* jedoch auch auf den Merkmalsträger als Schutzobjekt ab, wobei sie im Anschluss bemerkt, dass dann ein Anspruch des merkmalslosen Beschäftigten dogmatisch schwer zu begründen sei und versucht, dieses durch eine „Projektion des Diskriminierungsschutzes" zu lösen. Dabei entfalteten die Differenzierungsmerkmale und die Diskriminierungsverbote eine „Ausstrahlungswirkung für alle Handlungen des Diskriminierenden" und es komme nicht darauf an, ob diese feindseligen Handlungen unmittelbar den Merkmalsträger oder Nicht-Merkmalsträger träfen. In Mehrpersonenverhältnissen hinge dies nämlich vom Zufall ab.

408 *Bader*, Arbeitsrechtlicher Diskriminierungsschutz als Privatrecht, S. 271.

409 *Bader*, Arbeitsrechtlicher Diskriminierungsschutz als Privatrecht, S. 271.

410 *Bader*, Arbeitsrechtlicher Diskriminierungsschutz als Privatrecht, S. 271.

Diese Situation sei für den Benachteiligten mit der einer Benachteiligung wegen eines eigenen Merkmals vergleichbar.[411] Dass gegebenenfalls auch der Dritte als Merkmalsträger durch die Benachteiligung des Nicht-Merkmalsträgers in seiner Würde verletzt werden könne, spiele keine Rolle für Ansprüche aus dem AGG; dem Merkmalsträger könnten wenn überhaupt nur allgemeine Ansprüche aus dem Deliktsrecht zustehen.[412]

Auch *Hartmann* hält eine Anspruchsberechtigung nur des Nicht-Merkmalsträgers im Falle einer assoziierten Diskriminierung für möglich und verdeutlicht, dass es bei einer privatrechtskonformen Deutung des AGG nur um die Verletzung der Rechte des Nicht-Merkmalsträgers gehen könne.[413] Eine solche Rechtsverletzung sei hingegen nur durch ein gewisses Näheverhältnis denkbar.[414]

Ähnlich wie *Bader* und *Hartmann* setzt sich auch *Lobinger*[415] mit der Anspruchsberechtigung im Rahmen der assoziierten Diskriminierung auseinander und spricht sich für eine Anspruchsberechtigung des Nicht-Merkmalsträgers aus. Der Unwert des Verhaltens des Diskriminierenden unterscheide sich nämlich nicht von dem der Benachteiligung eines Merkmalsträgers, da der Diskriminierende den Nicht-Merkmalsträger bemakele, dadurch einem Merkmalsträger gleichstelle und ihn somit wie einen Merkmalsträger behandle.[416] Der Benachteiligte erfahre durch die Assoziation mit dem Merkmal eine eigene Persönlichkeitsrechtsverletzung, da ihm mit der Benachteiligung (wie bei einem Merkmalsträger) auch „die allgemeine menschliche Gleichwertigkeit abgesprochen" werde.[417]

Däubler hält weiterhin an seiner vor der Coleman-Entscheidung bestehenden Ansicht fest und verfestigt diese: So sei nur derjenige anspruchsberechtigt, der von der rechtswidrigen Benachteiligung betroffen sei, das heißt, dass z.B. nur

---

411 *Bader*, Arbeitsrechtlicher Diskriminierungsschutz als Privatrecht, S. 271.

412 *Bader*, Arbeitsrechtlicher Diskriminierungsschutz als Privatrecht, S. 269.

413 *Hartmann*, in: Herresthal/Kaiser/Stoffels, Staudinger Eckpfeiler, AGG, 7. Aufl. 2020, S. 108, B12.

414 *Hartmann*, in: Herresthal/Kaiser/Stoffels, Staudinger Eckpfeiler, AGG, 7. Aufl. 2020, S. 108, B12; vgl. zum Näheverhältnis auch 4. Kap.

415 *Lobinger*, Entwicklung, Stand und Perspektiven des europäischen Antidiskriminierungsrechts, S. 19f.

416 *Lobinger*, Entwicklung, Stand und Perspektiven des europäischen Antidiskriminierungsrechts, S. 19.

417 *Lobinger*, Entwicklung, Stand und Perspektiven des europäischen Antidiskriminierungsrechts, S. 19.

der abgelehnte Bewerber Ansprüche auf Schadensersatz und Entschädigung geltend machen könne, nicht dagegen der Merkmalsträger selbst.[418] Auch *Schnabel* stellt klar, dass die RL 2000/78/EG nur Schutzvorschriften für Beschäftigte vorsehe, sodass für eine Anspruchsberechtigung im Rahmen der assoziierten Diskriminierung zwingend eine Personenidentität zwischen Benachteiligtem und Beschäftigtem vorliegen müsse.[419] Ob auch der Merkmalsträger eine Herabwürdigung erfahren habe, sei für die Anspruchsberechtigung unerheblich.[420]

Sutschet wirft die Frage nach der Anspruchsberechtigung im Rahmen seiner Besprechung der Coleman-Entscheidung auf.[421] In seiner Auseinandersetzung mit dieser Frage stellt *Sutschet* zunächst fest, dass, wenn man den Schlussanträgen des Generalanwalts *Maduro* folge, nur der Merkmalsträger, also der Sohn, durch die Kündigung Frau Colemans diskriminiert werde und nicht Frau Coleman selbst.[422] Denn die Benachteiligung der Mutter stelle eine Verletzung der Würde und Selbstbestimmung des Sohnes dar.[423] So sei der diskriminierende Arbeitgeber nur dem Sohn gegenüber schadensersatzpflichtig und nicht der Mutter gegenüber.[424] Der Mutter geschehe durch die Kündigung letztlich kein

---

418 *Däubler*, in: Däubler/Bertzbach, NK-AGG, 4. Aufl. 2018, § 1 Rn. 110; für eine Anspruchsberechtigung des Nicht-Merkmalsträgers ebenfalls *Treber*, in: KR, 12. Aufl. 2019, § 3 AGG Rn. 9; *Ellenberger*, in: Palandt, BGB, 80. Aufl. 2021, § 1 AGG Rn. 11; *Serr*, in: Staudinger AGG, 2020, § 1 Rn. 50; *Bauer/Krieger/Günther*, AGG, 5. Aufl. 2018, § 1 Rn. 59; *Schleusener*, in: SSP, AGG, 5. Aufl. 2019, § 1 Rn. 77; *Thüsing*, in: MüKo BGB, Band 1, 9. Aufl. 2021, § 7 AGG Rn. 6; *Horcher*, in: Hau/Poseck, BeckOK BGB, 59. Ed., Stand: 01.08.2021, § 1 AGG Rn. 8f. und § 3 AGG Rn. 14; *Braun*, in: D/H/S/W, Arbeitsrecht, 4. Aufl. 2017, § 3 AGG Rn. 8; *Temming*, in: Preis/Temming, Arbeitsrecht, 6. Aufl. 2019, 4. Teil § 34 Antidiskriminierung Rn. 1500; *Nollert-Borasio/Perreng*, AGG Basiskommentar, 3. Aufl. 2011, § 3 Rn. 3a; *Mörsdorf*, in: BeckOGK Zivilrecht, Stand: 01.06.2021, § 21 AGG Rn. 72; *Baumgärtner*, in: BeckOGK Zivilrecht, Stand: 01.06.2021, § 3 AGG Rn. 115 sowie Rn. 153ff.; *Welti*, ZESAR 2003, 148 (148ff.), wobei er im Rahmen der assoziierten Diskriminierung weniger auf die Integritätsverletzung des Nicht-Merkmalsträgers abstellt und verstärkt soziale Gesichtspunkte in den Vordergrund rückt. *Nebe/Gröhl/Thoma*, ZESAR 2021, 157 (163) bejahen den Schutz vor assoziierten Diskriminierungen auch im Hinblick auf Art. 11 der RL 2019/1158/EU, der den Diskriminierungsschutz für Beschäftigte mit Sorgeverpflichtungen regelt.

419 *Schnabel*, Diskriminierungsschutz ohne Grenzen?, S. 211.

420 *Schnabel*, Diskriminierungsschutz ohne Grenzen?, S. 211.

421 *Sutschet*, EuZA Bd. 2 (2009), 245 (248f.).

422 *Sutschet*, EuZA Bd. 2 (2009), 245 (248).

423 *Sutschet*, EuZA Bd. 2 (2009), 245 (248).

424 *Sutschet*, EuZA Bd. 2 (2009), 245 (248).

Unrecht i.S.d. Antidiskriminierungsgesetzes.[425] Eine ausführliche Begründung des EuGH dafür, dass die Benachteiligung des Sohnes auch eine Benachteiligung der Mutter darstelle, vermisse er.[426] Insbesondere sehe er in dem effet-utile Grundsatz kein hinreichendes Argument für die Ausweitung der Anspruchsberechtigung auf die Mutter.[427] Selbstverständlich sei der Schutz des Antidiskriminierungsrechts größer, wenn neben dem Sohn auch die Mutter Ansprüche hätte, jedoch sei die Erforderlichkeit dieser Ausdehnung nicht offensichtlich.[428] Letztendlich nimmt *Sutschet* zu der Frage keine endgültige Stellung und spricht lediglich seine Sympathie für die Entscheidung des EuGH aus.[429] Er kommt zu dem Ergebnis, dass das AGG in Anbetracht der Coleman-Entscheidung auch vor assoziierten Diskriminierungen schützen müsse und ein Arbeitnehmer wegen eines in § 1 AGG genannten „Grundes in der Person eines anderen benachteiligt werden" könne.[430]

Göke hingegen kritisiert zunächst die Entscheidungsbegründung des EuGH in der Rechtssache Coleman und stellt hierbei fest, dass der Wortlaut der RL 2000/78/EG das Ergebnis des EuGH nicht stütze.[431] Diese Feststellung begründet *Göke* unter anderem damit, dass die streitgegenständliche Richtlinie gerade auf den Schutz von Personen abstelle, die selbst das Merkmal der Behinderung aufwiesen.[432] Aus diesem Grund sei der Schutz vor Diskriminierungen grundsätzlich an das Zusammenfallen von Diskriminierten und Merkmalsträger geknüpft.[433] So sei Frau Coleman zwar in ihrem Persönlichkeitsrecht verletzt worden, jedoch werde sie nicht wegen einer in ihrer Person liegenden Behinderung diskriminiert.[434] Vielmehr liege eine mittelbare Diskriminierung des behinderten Sohnes vor, der sich jedoch aufgrund fehlender Arbeitnehmereigenschaft nicht auf den Schutz der streitgegenständlichen Richtlinie berufen könne.[435] Trotz dieser klaren Kritik hält *Göke* das Ergebnis des EuGH für

---

425 *Sutschet*, EuZA Bd. 2 (2009), 245 (248).
426 *Sutschet*, EuZA Bd. 2 (2009), 245 (249).
427 *Sutschet*, EuZA Bd. 2 (2009), 245 (249).
428 *Sutschet*, EuZA Bd. 2 (2009), 245 (249).
429 *Sutschet*, EuZA Bd. 2 (2009), 245 (249).
430 *Sutschet*, EuZA Bd. 2 (2009), 245 (256).
431 *Göke*, Der Einzelne im Spannungsfeld von Teleologie und Deontologie, S. 321 sowie S. 381ff. mit weiteren Ausführungen zur Rechtssache Coleman.
432 *Göke*, Der Einzelne im Spannungsfeld von Teleologie und Deontologie, S. 321f.
433 *Göke*, Der Einzelne im Spannungsfeld von Teleologie und Deontologie, S. 322.
434 *Göke*, Der Einzelne im Spannungsfeld von Teleologie und Deontologie, S. 322.
435 *Göke*, Der Einzelne im Spannungsfeld von Teleologie und Deontologie, S. 322f.

nachvollziehbar: Grundrechtliche Wertungen sprächen gegen eine enge Auslegung der streitgegenständlichen Antidiskriminierungsrichtlinie, da sowohl auf Seiten Frau Colemans als auch auf Seiten ihres behinderten Kindes eine Persönlichkeitsrechtsverletzung und eine Verletzung der Menschenwürde vorliege.[436] Aus Gerechtigkeitserwägungen müsse deshalb der persönliche Schutzbereich der Richtlinien weit ausgelegt werden, weil beide durch das Verhalten des Arbeitgebers eine grundrechtsrelevante Diskriminierung erlitten – die Mutter sei dabei einer unmittelbaren und das Kind einer mittelbaren Diskriminierung ausgesetzt.[437] Zum Schluss stellt *Göke* jedoch klar, dass es „weniger um die Gewährleistung der praktischen Wirksamkeit der Richtlinie selbst, als vielmehr um die Gewährleistung der praktischen Wirksamkeit fundamentaler Werte" ginge.[438] Die Auslegung der Richtlinie werde nicht vom „gemeinschaftseffektuierende[n] Kalkül" gesteuert, sondern von der „effektive[n] Sicherung grundrechtlich geschützter Positionen des Einzelnen".[439]

2. *Keine Anspruchsberechtigung*

In der Literatur gibt es jedoch auch einige Stimmen, die sich eindeutig gegen eine Anspruchsberechtigung des Nicht-Merkmalsträgers bei einer assoziierten Diskriminierung aussprechen, da der Anspruchssteller selbst Träger des Differenzierungsmerkmals sein müsse.[440]

Stenslik lehnt die Ausdehnung des Schutzbereichs der Antidiskriminierungsrichtlinien auf Nicht-Merkmalsträger ab, da dies ansonsten „zu einem unerträglichen Maße an Rechtsunsicherheit führen" würde.[441] Insbesondere spreche auch der Zweck der Antidiskriminierungsrichtlinien, nämlich Merkmalsträgern ein benachteiligungsfreies Arbeitsumfeld zu schaffen, gegen einen weiten Schutzbereich.[442] Zudem sei der Diskriminierungsschutz auch ohne die Fallgruppe der

436 *Göke*, Der Einzelne im Spannungsfeld von Teleologie und Deontologie, S. 323.
437 *Göke*, Der Einzelne im Spannungsfeld von Teleologie und Deontologie, S. 323f.
438 *Göke*, Der Einzelne im Spannungsfeld von Teleologie und Deontologie, S. 324.
439 *Göke*, Der Einzelne im Spannungsfeld von Teleologie und Deontologie, S. 324.
440 So z.B. *Stenslik*, Diskriminierende Arbeitgeberkündigung, S. 237f.; *Sprenger*, BB 2008, 2405 (2408f.); *Benecke*, Rechtsvergleich der europäischen Systeme zum Antidiskriminierungsrecht, S. 38, https://www.antidiskriminierungsstelle.de/SharedDocs/downloads/DE/publikationen/Expertisen/expertise_rechtsvergleich_europ_systeme_zum_antidiskr_recht.pdf?__blob=publicationFile&v=3 (letzter Abruf: 09.09.2021); *Adomeit/Mohr*, AGG, 2. Aufl. 2011, § 3 Rn. 64.
441 *Stenslik*, Diskriminierende Arbeitgeberkündigung, S. 238.
442 *Stenslik*, Diskriminierende Arbeitgeberkündigung, S. 238.

assoziierten Diskriminierung für einen Missbrauch anfällig, sodass die Missbrauchsgefahr durch eine Anerkennung der assoziierten Diskriminierung weiter ansteigen könne.[443]

Nach *Sprenger* spricht gegen eine Ausweitung des persönlichen Schutzbereiches auf Fälle der assoziierten Diskriminierung und somit gegen eine Anspruchsberechtigung des Nicht-Merkmalsträgers, dass ansonsten der EuGH eine „unzulässige Rechtsfortbildung im Bereich des § 3 Abs. 1 AGG" vornehmen würde.[444] Der Wortlaut der RL 2000/78/EG, der die äußere Grenze der juristischen Auslegungsmethode darstelle, spreche nämlich, betrachte man auch die Definition der mittelbaren Diskriminierung, gegen eine solche Ausdehnung.[445] So verlange die mittelbare Diskriminierung, dass eine Benachteiligung einer „Person mit [...] einer bestimmten Behinderung" vorliege, weshalb, entgegen der Ansicht des EuGH, eben doch ein Personenbezug gewollt sei.[446]

Benecke begründet ihre ablehnende Position damit, dass die Antidiskriminierungsrichtlinien eine Regelung der Fallgruppe der assoziierten Diskriminierung nicht verlangten und dass der Wortlaut des AGG eben keine Anhaltspunkte für einen Schutz gegen assoziierte Diskriminierungen enthalte.[447] Das ausschlaggebende Argument für die ablehnende Haltung von *Adomeit/Mohr* ist hingegen, dass es sich bei den Fällen der assoziierten Diskriminierung nicht um eine nach § 1 AGG verbotene Ungleichbehandlung handle, sondern um einen Verstoß gegen das allgemeine Persönlichkeitsrecht, da es hier um die „Frage des Schutzes der Menschenwürde und des Rechts auf Selbstbestimmung" gehe und gerade nicht um eine Frage des europäischen Diskriminierungsschutzes.[448] Problematisch ist nach *Stenslik*[449] und *Adomeit/*

443 Interessant ist jedoch, dass *Stenslik* sich nicht umfassend mit den Entscheidungsgründen des EuGH auseinandersetzt.

444 *Sprenger*, BB 2008, 2405 (2408f.); ebenfalls *Adomeit/Mohr*, AGG, 2. Aufl. 2011, § 3 Rn. 64.

445 *Sprenger*, BB 2008, 2405 (2408f.).

446 *Sprenger*, BB 2008, 2405 (2408f.); zustimmend auch *Adomeit/Mohr*, AGG, 2. Aufl. 2011, § 3 Rn. 64.

447 *Benecke*, Rechtsvergleich der europäischen Systeme zum Antidiskriminierungsrecht, S. 38.

448 *Adomeit/Mohr*, AGG, 2. Aufl. 2011, § 3 Rn. 64, wobei sie grundsätzlich der EuGH-Entscheidung in der Rechtssache Coleman zustimmen. Sie sehen nur keinen Anspruch nach dem AGG, sondern einen reinen Verstoß gegen das allgemeine Persönlichkeitsrecht.

449 *Stenslik*, Diskriminierende Arbeitgeberkündigung, S. 238.

Mohr[450] zudem die Ausgestaltung des Näheverhältnisses, falls man eine Anspruchsberechtigung bejahen sollte.

C. Stellungnahme

Um die Frage der Anspruchsberechtigung des Nicht-Merkmalsträgers und Merkmalsträgers im Rahmen der assoziierten Diskriminierung untersuchen zu können, ist aufgrund der unterschiedlichen Anspruchsgrundlagen (§§ 15, 21 AGG) zwischen dem Beschäftigungsverhältnis und dem Zivilrechtsverkehr zu differenzieren.[451]

Die Rezeption der Rechtsprechung des EuGH in das deutsche Recht – insbesondere das deutsche Arbeits- und Zivilrecht – ist regelmäßig durch eine richtlinienkonforme Auslegung des AGG möglich.[452] Die Rechtsprechung des EuGH und seine Ausführungen zu den Antidiskriminierungsrichtlinien lassen sich auf die Regelungen des AGG übertragen, da die AGG-Regelungen ebenso offen formuliert sind wie die Richtlinien.[453] So heißt es auch in den §§ 3, 7 AGG „wegen eines in § 1 genannten Grundes“ und in § 19 AGG „aus Gründen der Rasse oder wegen der ethnischen Herkunft, wegen des Geschlechts, der Religion, einer Behinderung, des Alters oder der sexuellen Identität“.

I. Anspruchsberechtigung des Nicht-Merkmalsträgers

1. Beschäftigungsverhältnis

Für die Frage der Anspruchsberechtigung des Nicht-Merkmalsträgers im Beschäftigungsverhältnis ist auf europäischer Ebene insbesondere die Coleman-Entscheidung des EuGH[454] maßgebend gewesen. Auf nationaler Ebene beschäftigte sich das BAG im Jahr 2010[455] mit der assoziierten Diskriminierung im Beschäftigungsverhältnis.

Betrachtet man zunächst die Rechtsprechung des EuGH im Fall Coleman ist anzumerken, dass dem Ergebnis, also der Bejahung der Anspruchsberechtigung der Mutter, grundsätzlich zuzustimmen ist.[456] Für eine Mutter eines behinderten

---

450 *Adomeit/Mohr*, AGG, 2. Aufl. 2011, § 3 Rn. 65.

451 Siehe zu den Anspruchsvoraussetzungen der §§ 15, 21 AGG 2. Kap.

452 *Sutschet*, EuZA Bd. 2 (2009), 245 (256).

453 Ebenfalls *Sutschet*, EuZA Bd. 2 (2009), 245 (256).

454 EuGH, Urt. v. 17.07.2008 – C-303/06, Coleman, NZA 2008, 932ff.

455 BAG, Urt. v. 22.04.2010 – 6 AZR 966/08, NZA 2010, 947ff.

456 Ebenso begrüßten das Ergebnis der Coleman-Entscheidung u.a. *Lindner*, NJW 2008, 2750 (2751); *Bader*, Arbeitsrechtlicher Diskriminierungsschutz als Privatrecht,

Kindes macht es nämlich keinen Unterschied, ob sie von ihrem Arbeitgeber wegen ihrer eigenen Behinderung oder der ihres Kindes benachteiligt wird. In beiden Fällen kann ihr Persönlichkeitsrecht verletzt sein.

Rechtlich lässt die Entscheidung jedoch einiges ungeklärt und fraglich. Insbesondere überzeugt die Entscheidung hinsichtlich der Begründungstiefe nicht.[457] Aus diesem Grund wird die Einbeziehung der assoziierten Diskriminierung in den Schutzbereich der Antidiskriminierungsrichtlinien und des AGG kritisch gesehen. Ob die Kritikpunkte begründet sind oder ob die Erweiterung des personellen Anwendungsbereichs der Antidiskriminierungsrichtlinien und des AGG möglich und mit der integritätsschützenden Zielrichtung des Antidiskriminierungsrechts vereinbar ist, soll im Folgenden untersucht werden:

a) Kritikpunkt: Zweck der Antidiskriminierungsrichtlinien

So wurde zum einen von *Stenslik* und *Göke* kritisiert, dass der Zweck der Antidiskriminierungsrichtlinien die Schaffung eines diskriminierungsfreien Arbeitsumfelds für die Merkmalsträger sei und deshalb eine Ausdehnung des persönlichen Schutzbereichs auf Nicht-Merkmalsträger abgelehnt werden müsse.[458] *Göke* versucht dieses vermeintliche Problem mit Gerechtigkeitserwägungen zu lösen.[459]

S. 268ff.; *Nebe*, DVfR, Forum A, Diskussionsbeitrag Nr. 1/2011, S. 1 (4); *Schleusener*, in: SSP, AGG, 5. Aufl. 2019, § 1 Rn. 77; ebenfalls *Welti*, ZESAR 2009, 148 (152), der jedoch im Rahmen der Rechtssache Coleman vom „Potenzial einer europäischen Rechtsordnung, in der der Schutz von Würde, Teilhabe und Selbstbestimmung nicht an den Status als Marktteilnehmer, sondern als Bürgerinnen und Bürger, Einwohnerinnen und Einwohner der Europäischen Union geknüpft" sei, spricht. *Welti* stellt folglich nicht auf die Persönlichkeitsrechtsverletzung des Nicht-Merkmalsträgers als Marktteilnehmer und damit auf eine integritätsschützende Deutung des AGG ab, sondern auf die EU-Bürgerschaft und soziale Aspekte wie das Recht auf Teilhabe an der Gesellschaft.

457 Ähnlich *Bader*, Arbeitsrechtlicher Diskriminierungsschutz als Privatrecht, S. 268ff.; *Sutschet*, EuZA Bd. 2 (2009), 245 (248f.); a.A. *Melot de Beauregard*, RIW 2009, 18 (20); *Lindner*, NJW 2008, 2750 (2751f.): er beschreibt die Begründung des EuGH als relativ ausführlich und empfindet das Ergebnis als überzeugend; siehe auch *Tolmein*, jurisPR-ArbR 37/2008 Anm. 1, der von einer „überzeugend argumentierten Entscheidung" des EuGH spricht.

458 *Stenslik*, Diskriminierende Arbeitgeberkündigung, S. 238; *Göke*, Der Einzelne im Spannungsfeld von Teleologie und Deontologie, S. 3381ff., der jedoch das Problem dann mit Gerechtigkeitserwägungen löst und sich für eine Erweiterung des persönlichen Schutzbereichs ausspricht.

459 *Göke*, Der Einzelne im Spannungsfeld von Teleologie und Deontologie, S. 323f.

Dieser Lösungsansatz ist allerdings gar nicht erforderlich, da bereits der Hauptkritikpunkt fehlgeht. Der Zweck der Antidiskriminierungsrichtlinien ist die Bekämpfung *jeder* Art von Diskriminierung im Beschäftigungsverhältnis aufgrund eines Differenzierungsmerkmals, sodass nicht auf die Person des Merkmalsträgers abgestellt wird.[460] Dies wird in Art. 1 der RL 2000/78/EG deutlich. Danach ist Zweck der Richtlinie die Schaffung eines allgemeinen Rahmens zur Bekämpfung der Diskriminierung wegen der Religion oder der Weltanschauung, einer Behinderung, des Alters oder der sexuellen Ausrichtung in Beschäftigung und Beruf im Hinblick auf die Verwirklichung des Grundsatzes der Gleichbehandlung in den Mitgliedstaaten. Diese Regelung veranschaulicht, dass es nicht auf den Merkmalsträger ankommt, sondern darauf, *Beschäftigte* vor Persönlichkeitsrechtsverletzungen zu schützen.[461] Dies entspricht auch der integritätsschützenden Zielrichtung des Antidiskriminierungsrechts.[462] Es muss demnach eine Benachteiligung des Beschäftigten vorliegen, der aber auch ein Nicht-Merkmalsträger sein kann, weil Art. 1 der RL 2000/78/EG eben keinen Personenbezug aufweist. Es entspricht somit vielmehr dem Zweck der RL 2000/78/EG den persönlichen Schutzbereich der Antidiskriminierungsrichtlinien extensiv auszulegen und einen Nicht-Merkmalsträger vor assoziierten Diskriminierungen zu schützen. Dieser Kritikpunkt ist mithin nicht begründet.

b) Kritikpunkt: Unzulässige Rechtsfortbildung durch den EuGH

Des Weiteren ist die Kritik *Sprengers*[463], der in der Rechtsprechung des EuGH in der Rechtssache Coleman eine unzulässige Rechtsfortbildung sieht, weil der EuGH in seiner Entscheidung nur den Wortlaut der unmittelbaren Diskriminierung und nicht auch den Wortlaut der mittelbaren Diskriminierung berücksichtigt habe, nicht nachvollziehbar. Im Rahmen der Auslegung der Antidiskriminierungsrichtlinien kommt es nicht nur auf den Wortlaut und die Systematik dieser Richtlinien an. Vielmehr sind auch die anderen juristischen Auslegungsmethoden wie das Telos und die Historie heranzuziehen.

---

460 EuGH, EuGH, Urt. v. 17.07.2008 – C-303/06, Coleman, NZA 2008, 932ff.

461 Siehe ausführlich zur Bedeutung des Beschäftigungsverhältnisses für das allgemeine Persönlichkeitsrecht 3. Kap. C. I. 1. f).

462 Vgl. zur integritätsschützenden Zielrichtung des AGG 1. Kap. B. IV.

463 *Sprenger*, BB 2008, 2405 (2408f.); siehe ebenfalls *Göke*, Der Einzelne im Spannungsfeld von Teleologie und Deontologie, S. 381ff., der auch die Gefahr einer unzulässigen Rechtsfortbildung sieht. Jedoch hält er die Rechtssache Coleman für einen Grenzfall, der sich wohl noch als zulässige verfassungskonforme Rechtsfortbildung darstelle.

Insbesondere spricht das Telos, also die Bekämpfung von Diskriminierungen wegen Differenzierungsmerkmalen sowie der Schutz vor Persönlichkeitsrechtsverletzungen, für eine Einbeziehung assoziierter Diskriminierungen in den Schutzbereich der RL 2000/78/EG.[464] Ob der EuGH im Rahmen der Coleman-Entscheidung auch die Definition der mittelbaren Diskriminierung in der Richtlinie hätte berücksichtigen müssen, ist für den ihm zur Entscheidung vorgelegten Fall unerheblich gewesen, da es dort um eine unmittelbare Diskriminierung ging. Auch *Schnabel* folgt den Ausführungen *Sprengers* nicht und hält die Argumentation des EuGH grundsätzlich für nachvollziehbar, da regelmäßig eine höhere Gefahr für unmittelbare assoziierte Diskriminierungen bestehe als für mittelbare assoziierte Diskriminierung, weshalb eine „Begrenzung des Diskriminierungsschutzes auf zweipolige Konstellationen, um damit einen Gleichlauf" zur mittelbaren Diskriminierung herzustellen, nicht notwendig sei.[465] Es ist daher keine unzulässige Rechtsfortbildung durch den EuGH erfolgt, da der EuGH mit seiner Entscheidung nicht festgestellt hat, dass auch eine mittelbare assoziierte Diskriminierung verboten ist. *Sprenger* vermengt daher zwei verschiedene Prüfungsaufträge. Die Fragen, die im Zusammenhang mit der mittelbaren assoziierten Diskriminierung entstehen, werden im 5. Kapitel unter B. II. 3. gesondert erörtert.

c) Kritikpunkt: Keine Umsetzungspflicht durch die Antidiskriminierungsrichtlinien und keine Anhaltspunkte im Wortlaut des AGG

Dem ersten Kritikpunkt *Beneckes*[466], dass die Antidiskriminierungsrichtlinien die Regelung der Fallgruppe der assoziierten Diskriminierung nicht explizit verlangten, ist entgegenzuhalten, dass die EU-Richtlinien nur ein Mindestniveau an Diskriminierungsschutz vorschreiben und den Mitgliedstaaten es deshalb im Rahmen ihrer Richtlinienumsetzung freisteht, einen höheren Schutz zu regeln.[467]

---

464 Vgl. Art. 1 der RL 2000/78/EG. Ebenfalls *Schnabel*, Diskriminierungsschutz ohne Grenzen?, S. 236ff.

465 *Schnabel*, Diskriminierungsschutz ohne Grenzen?, S. 233ff.

466 *Benecke*, Rechtsvergleich der europäischen Systeme zum Antidiskriminierungsrecht, S. 38.

467 Vgl. zur Regelungsstruktur von EU-Richtlinien *Höpfner*, in: Franzen/Gallner/Oetker, Kommentar zum europäischen Arbeitsrecht, 3. Aufl. 2020, Art. 288 AEUV Rn. 19.

Gegen die zweite Kritik *Beneckes*, dass der Wortlaut des AGG keinen Anhaltspunkt für einen Schutz gegen assoziierte Diskriminierungen biete, ist einzuwenden, dass der Wortlaut des AGG dem der ihm zugrundeliegenden Antidiskriminierungsrichtlinien sehr ähnlich und ebenfalls offen formuliert ist.[468] Zwar stimmt es, dass im AGG die assoziierte Diskriminierung nicht explizit als Diskriminierungsform in § 3 AGG aufgezählt wird, jedoch kommt es bei der Auslegung des AGG nicht nur auf den Wortlaut an, sondern auch auf den mit dem Gesetz verfolgten Zweck – nämlich vor jeglicher Diskriminierung aufgrund eines verpönten Merkmals zu schützen. Das AGG muss im Lichte der EuGH-Rechtsprechung, also europarechtskonform, ausgelegt werden, weshalb der Kritik *Beneckes* hier nicht zugestimmt werden kann.[469]

d) Kritikpunkt: Keine Frage des Diskriminierungsschutzes

Der Kritik von *Adomeit/Mohr*, dass es sich bei der assoziierten Diskriminierung nicht um eine Frage des Diskriminierungsschutzes, sondern nur um „eine Frage des Schutzes der Menschenwürde und des Rechts auf Selbstbestimmung"[470] handle, ist entgegenzuhalten, dass die Antidiskriminierungsrichtlinien und das AGG gerade dem Schutz des allgemeinen Persönlichkeitsrechts dienen und eine Konkretisierung des Persönlichkeitsschutzes darstellen.[471] Demzufolge ist das europäische sowie deutsche Antidiskriminierungsrecht gerade betroffen, sobald ein Verstoß gegen das allgemeine Persönlichkeitsrecht aufgrund eines Differenzierungsmerkmals vorliegt. *Adomeit/Mohr* stellen zudem fest, dass „das Persönlichkeitsrecht einer Person [...] noch stärker als bei einer sie selbst betreffenden Diskriminierung berührt [sein kann], wenn sie wegen eines bei einem Angehörigen vorliegenden Merkmals benachteiligt wird."[472] Diese Ausführung verdeutlicht, dass Diskriminierungen gerade wegen der Verletzung des Persönlichkeitsrechts verboten werden. Es ist widersprüchlich und nicht nachvollziehbar, weshalb eine assoziierte Diskriminierung gerade nicht vom Schutzbereich des AGG erfasst sein soll, wenn sie doch eine stärkere

---

468 Ähnlich *Sutschet*, EuZA Bd. 2 (2009), 245 (256).

469 Auch nach *Ahrendt*, in: Schaub, ArbRHdb, 18. Aufl. 2019, § 36 Rn. 38 ist der § 3 Abs. 1 AGG im Lichte der EuGH-Rechtsprechung auszulegen.

470 *Adomeit/Mohr*, AGG, 2. Aufl. 2011, § 3 Rn. 64.

471 Siehe hierzu 1. Kap. A. I. sowie 1. Kap. B. IV.

472 *Adomeit/Mohr*, AGG, 2. Aufl. 2011, § 3 Rn. 61. Siehe auch *Mohr*, in: Franzen/Gallner/Oetker, Kommentar zum europäischen Arbeitsrecht, 3. Aufl. 2020, Art. 2 RL 2000/78/EG Rn. 31.

Persönlichkeitsrechtsverletzung enthalten können. Aus diesem Grund ist die Argumentation von *Adomeit/Mohr* abzulehnen.

e) Kritikpunkt: Schwächen des Wortlautarguments und pauschaler Verweis auf den effet-utile-Grundsatz

Ferner wurde von einigen Stimmen insbesondere die rechtliche Begründung der Entscheidung in Bezug auf das Wortlautargument und den effet-utile-Grundsatz kritisiert.[473]

Das Wortlautargument des EuGH habe einige Schwächen: Ein Vergleich der Antidiskriminierungsrichtlinie zeige, dass sich die Richtlinientexte in den verschiedenen Sprachfassungen unterscheiden und deshalb wenig Relevanz für die Problemlösung besitzen.[474] Im Ergebnis ergebe es letztlich keinen Sinn, jeweils nach Richtlinientext und Merkmal zu verschiedenen Ergebnissen zu gelangen.[475] Dem Richtliniengeber könne demnach nicht unterstellt werden, dass er bei bestimmten Differenzierungsmerkmalen bewusst einen Personenbezug und bei anderen keinen gewollte habe.[476]

Zudem könne der pauschale Verweis auf den effet-utile-Grundsatz eine fundierte Argumentation nicht ersetzen, habe schon häufig zu „dogmatischen Wirrungen im Antidiskriminierungsrecht“[477] geführt und sei das berühmte „Totschlagargument“[478] des EuGH und besonders instabil.[479] Die praktische Wirksamkeit der RL 2000/78/EG sei gerade pauschal nicht berührt, wenn es um den Schutz von „Nicht-Merkmalsträgern innerhalb und Merkmalsträgern außerhalb“ eines Beschäftigungsverhältnisses gehe, da Zweck der RL 2000/78/EG sei, Merkmalsträger vor Benachteiligungen im Beschäftigungsverhältnis zu

---

473 So z.B. durch *Schlachter*, RdA 2010, 104 (107f.); *Bader*, Arbeitsrechtlicher Diskriminierungsschutz als Privatrecht, S. 268ff.; *Lobinger*, Entwicklung, Stand und Perspektiven des europäischen Antidiskriminierungsrechts, S. 19; *Melot de Beauregard*, RIW 2009, 18 (20ff.).

474 *Schlachter*, RdA 2010, 104 (106f.); *Bader*, Arbeitsrechtlicher Diskriminierungsschutz als Privatrecht, S. 268; ähnlich *Lobinger*, Entwicklung, Stand und Perspektiven des europäischen Antidiskriminierungsrechts, S. 19.

475 *Bader*, Arbeitsrechtlicher Diskriminierungsschutz als Privatrecht, S. 268.

476 *Bader*, Arbeitsrechtlicher Diskriminierungsschutz als Privatrecht, S. 268.

477 *Bader*, Arbeitsrechtlicher Diskriminierungsschutz als Privatrecht, S. 268.

478 *Melot de Beauregard*, RIW 2009, 18 (20).

479 *Schlachter*, RdA 2010, 104 (108); *Bader*, Arbeitsrechtlicher Diskriminierungsschutz als Privatrecht, S. 268; *Melot de Beauregard*, RIW 2009, 18 (20).

schützen.[480] Das Gericht hätte, so die Kritik, vielmehr darlegen bzw. beweisen müssen, weshalb es dem Zweck der Richtlinie entspreche, den Schutz der Richtlinie auf die Fallgruppe der assoziierten Diskriminierung zu erweitern.[481]

Des Weiteren sei die Argumentation des EuGH anhand der Erwägungsgründe der RL 2000/78/EG „ambivalent", da der Gerichtshof selbst in seinen Entscheidungsgründen festgestellt habe, dass die Erwägungsgründe als Argument sowohl für als auch gegen eine extensive Auslegung der Richtlinie herangezogen werden können.[482] Allerdings stellt *Melot de Beauregard*, der diese Kritik geäußert hat, auch fest, dass „das historische Umfeld, welches die Verabschiedung der Richtlinie begleitet" habe, wiederum für eine extensive Auslegung spreche.[483]

Letztlich sind die Bedenken hinsichtlich der Begründung der Entscheidung – vor allem bezüglich des Wortlauts der Richtlinie und des effet-utile-Grundsatzes – nachvollziehbar und richtig.

aa) Wortlautargument

Insbesondere das Wortlautargument überzeugt nicht durchgehend, da den europäischen Antidiskriminierungsrichtlinien immanent ist, dass sich die verschiedenen Sprachfassungen unterscheiden und dem Wortlaut deshalb kein allzu großer Stellenwert beigemessen werden kann.[484]

Betrachtet man z.B. die RL 2000/78/EG, ergibt das Wortlautargument zwar Sinn, da sich die Sprachfassungen nicht sehr unterscheiden. So heißt es in der deutschen Fassung des Art. 2 Abs. 1 der RL 2000/78/EG, dass „im Sinne dieser Richtlinie [...] ‚Gleichbehandlungsgrundsatz' [bedeutet], dass es keine unmittelbare oder mittelbare Diskriminierung *wegen eines der in Artikel 1 genannten Gründe* geben darf."[485] In der französischen Fassung heißt es: „Aux fins de la présente directive, on entend par 'principe de l'égalité de traitement' l'absence de

---

480 *Lobinger*, Entwicklung, Stand und Perspektiven des europäischen Antidiskriminierungsrechts, S. 19.

481 *Schlachter*, RdA 2010, 104 (108); *Lobinger*, Entwicklung, Stand und Perspektiven des europäischen Antidiskriminierungsrechts, S. 19.

482 *Melot de Beauregard*, RIW 2009, 18 (20).

483 *Melot de Beauregard*, RIW 2009, 18 (20).

484 Zustimmend u.a. auch *Lobinger*, Entwicklung, Stand und Perspektiven des europäischen Antidiskriminierungsrechts, S. 19; *Grünberger*, Personale Gleichheit, S. 620f.; *Schnabel*, Diskriminierungsschutz ohne Grenzen?, S. 229ff.; *Baumgärtner*, in: BeckOGK Zivilrecht, Stand: 01.06.2021, § 3 AGG Rn. 155.1f.

485 Hervorhebung durch die Verfasserin.

toute discrimination directe ou indirecte, *fondée sur un des motifs visés à l'article 1er.*"[486] Die englische Fassung ist folgendermaßen formuliert: „For the purposes of this Directive, the 'principle of equal treatment' shall mean that there shall be no direct or indirect discrimination whatsoever *on any of the grounds referred to in Article 1.*"[487] In diesen drei Fassungen wird immer auf die Diskriminierungsgründe und nicht auf die Personen abgestellt, sodass das Wortlautargument in dieser Richtlinie grundsätzlich herangezogen werden kann.

Vergleicht man hingegen die Sprachfassungen der RL 2000/43/EG, sieht das Ergebnis schon ganz anders aus. So heißt es in der deutschen Fassung in Art. 2 Abs. 2 lit. a der RL 2000/43/EG, dass „eine unmittelbare Diskriminierung vor[liegt], wenn eine Person aufgrund *ihrer* Rasse oder ethnischen Herkunft in einer vergleichbaren Situation eine weniger günstige Behandlung als eine andere Person erfährt, erfahren hat oder erfahren würde."[488] Die englische und französische Fassung weisen hingegen im Vergleich zur deutschen Fassung keinen direkten Personenbezug auf. So heißt es im Englischen „direct discrimination shall be taken to occur where one person is treated less favourably than another is, has been or would be treated in a comparable situation *on grounds of* racial or ethnic origin"[489] und im Französischen „une discrimination directe se produit lorsque, *pour des raisons de* race ou d'origine ethnique, une personne est traitée de manière moins favorable qu'une autre ne l'est, ne l'a été ou ne le serait dans une situation comparable."[490]

Diese Feststellung wird auch durch die RL 2004/113/EG und RL 2006/54/EG unterstützt. Auch hier unterscheiden sich die sprachlichen Fassungen.

Die deutsche Fassung des Art. 2 lit. a der RL 2004/113/EG lautet: „Im Sinne dieser Richtlinie bezeichnet der Ausdruck unmittelbare Diskriminierung: wenn eine Person aufgrund *ihres* Geschlechts in einer vergleichbaren Situation eine weniger günstige Behandlung erfährt, als eine andere Person erfährt, erfahren hat oder erfahren würde."[491] Wie die deutsche Version stellt auch die Französische auf die Person ab. So heißt es dort: „Aux fins de la présente directive, les définitions suivantes s'appliquent: ‚discrimination directe': la situation dans laquelle une personne est traitée de manière moins favorable en raison *de son*

---

486 Hervorhebung durch die Verfasserin.
487 Hervorhebung durch die Verfasserin.
488 Hervorhebung durch die Verfasserin.
489 Hervorhebung durch die Verfasserin.
490 Hervorhebung durch die Verfasserin.
491 Hervorhebung durch die Verfasserin.

sexe qu'une autre ne l'est, ne l'a été ou ne le serait dans une situation comparable."[492] Die englische Fassung dagegen stellt nicht auf die Person, sondern nur auf den Diskriminierungsgrund ab. Sie lautet: „For the purposes of this Directive, the following definitions shall apply: direct discrimination: where one person is treated less favourably, *on grounds of* sex, than another is, has been or would be treated in a comparable situation."[493]

Nach der deutschen Fassung des Art. 2 Abs. 2 lit. a der RL 2006/54/EG liegt eine unmittelbare Diskriminierung vor, „wenn eine Person aufgrund *ihres* Geschlechts eine weniger günstige Behandlung erfährt, als eine andere Person in einer vergleichbaren Situation erfährt, erfahren hat oder erfahren würde ".[494] Die französische Fassung stellt ebenfalls auf eine Personenidentität ab, da sie in der Vorschrift von einer Benachteiligung „en raison *de son* sexe" spricht.[495] Die englische Fassung des Artikels stellt hingegen nicht wie die deutsche und französische Fassung auf eine Personenidentität ab, sondern darauf, dass eine Person „*on grounds of* sex" ungünstiger behandelt wird.[496]

Demzufolge wird deutlich, dass das Wortlautargument nicht aussagekräftig ist, da es eher vom Zufall abhängt, ob nach den Antidiskriminierungsrichtlinien ein Personen- oder ein Umstandsbezug vorliegt.[497] Dennoch ist festzuhalten, dass der Wortlaut der RL 2000/78/EG zumindest nicht gegen eine Erstreckung des Schutzbereiches auf unmittelbare assoziierte Diskriminierungen wie im Fall Coleman spricht.[498] Ob jedoch auch bei einer mittelbaren assoziierten Diskriminierung der Wortlaut so weit reicht, wird im 5. Kapitel unter B. II. 3. erläutert.

---

492 Hervorhebung durch die Verfasserin.

493 Hervorhebung durch die Verfasserin.

494 Hervorhebung durch die Verfasserin.

495 Hervorhebung durch die Verfasserin.

496 Hervorhebung durch die Verfasserin.

497 Zustimmend auch *Schlachter*, RdA 2010, 104 (106f.), die sich auch kritisch mit dem Wortlautargument auseinandersetzt und im Ergebnis dem Wortlaut der Richtlinien keine besondere Relevanz zuspricht. *Baumgärtner*, in: BeckOGK Zivilrecht, Stand: 01.06.2021, § 3 AGG Rn. 155.1ff. stellt aufgrund des unterschiedlichen Wortlauts der Richtlinien auf einen „systematischen Zusammenhang der Diskriminierungsbegriffe" sowie auf die mit den Richtlinen verfolgten Ziele ab.

498 Ebenfalls *Schnabel*, Diskriminierungsschutz ohne Grenzen?, S. 229ff.

bb) effet-utile-Grundsatz

Das erste Mal argumentierte der EuGH mit dem effet-utile-Grundsatz in seinem Urteil vom 15.07.1963 in der Rechtssache 34/62 (Deutschland/Kommission).[499] In der Entscheidung ging es um die Anpassung der deutschen Zölle an den Gemeinsamen Zolltarif und dabei insbesondere um die Auslegung des Art. 29 EGV. Der EuGH argumentierte damit, dass dem Gemeinsamen Zolltarif *jede Wirksamkeit* beraubt werden würde, wenn die Kommission allen Anträgen auf Ausnahmeermächtigung (für geringere nationale Zölle bei der Einfuhr von Lebensmitteln aus Drittstaaten) stattgeben würde.[500] Seit diesem Urteil beruft sich der EuGH regelmäßig auf den effet-utile-Grundsatz.[501]

Eines der größten Probleme des effet-utile-Grundsatzes ist dessen dogmatische Einordnung. Es ist umstritten, ob der effet utile als Teil der telelogischen Auslegung[502] zu sehen ist, eine eigenständige, vom Telos zu differenzierende Auslegungsmethode[503] darstellt oder doch ein Teil der richterlichen Rechtsfortbildung[504] ist. Die bisherige Rechtsprechung des EuGH spricht jedoch dafür, den effet-utile-Grundsatz als eigenständige Auslegungsmethode einzustufen.[505] Dies zeigt z.B. die Rechtsprechung des EuGH im Fall Francovich.[506] In der

---

499 EuGH, Urt. v. 15.07.1963 – 34/62, Deutschland/Kommission, Celex-Nr. 61962CJ0034.

500 EuGH, Urt. v. 15.07.1963 – 34/62, Deutschland/Kommission, S. 318, Celex-Nr. 61962CJ0034.

501 So z.B. EuGH, Urt. v. 14.05.2019 – C-55/18, CCOO/Deutsche Bank SAE, Celex-Nr. 62018CJ0055.

502 *Mosiek*, Effet utile und Rechtsgemeinschaft, S. 6f.; *Löwisch*, Die horizontale Direktwirkung der Europäischen Grundfreiheiten, S. 109f.; so wohl *Wegener*, in: Calliess/ Ruffert, EUV/AEUV, 5. Aufl. 2016, Art. 19 EUV Rn. 16.

503 *Seyr*, Der *effet utile* in der Rechtsprechung des EuGH, S. 272ff.; *Yaroshevskiy*, in: Berliner Online-Beiträge zum Europarecht, Nr. 59, S. 17ff., https://www.jura.fu-berlin.de/forschung/europarecht/bob/berliner_online_beitraege/Paper59-Yaroshevskiy/Paper59---Die-Auslegungsmethoden-des-EuGH.pdf (letzter Abruf: 09.09.2021).

504 *Pechstein*, Entscheidungen des EuGH, 11. Aufl. 2020, S. 216f.; teilweise gehen auch die Ausführungen *Potacs*, EuR 2009, 465ff. in diese Richtung.

505 Im Ergebnis ebenfalls *Seyr*, Der *effet utile* in der Rechtsprechung des EuGH, S. 272ff., die den effet-utile-Grundsatz deshalb auch als „sechste Auslegungsmethode des Gemeinschaftsrechts" bezeichnet. Siehe auch *Yaroshevskiy*, in: Berliner Online-Beiträge zum Europarecht, Nr. 59, S. 17ff.

506 EuGH, Urt. v. 19.11.1991 – Rs C-6/90 u. 9/90, Francovich, NJW 1992, 165ff.; *Yaroshevskiy*, in: Berliner Online-Beiträge zum Europarecht, Nr. 59, S. 18f. Dagegen führt *Pechstein*, Entscheidungen des EuGH, 11. Aufl. 2020, S. 216f. den Fall Francovich als Beispiel für die Einordnung des effet-utile-Grundsatzes als richterliche Rechtsfortbildung an.

Rechtssache ging es um die Haftung Italiens für Schäden, die dem Einzelnen durch die Nichtumsetzung der RL 80/987/EWG[507] entstanden sind. Der EuGH bejahte einen solchen Anspruch einzelner Personen gegen einen Mitgliedstaat, obwohl solch ein Anspruch nicht mit den allgemeinen Auslegungsmethoden (Wortlaut, Historie, Systematik und Telos) begründet werden konnte.[508] Dabei argumentierte der Gerichtshof mit der *vollen Wirksamkeit* der Bestimmungen des Gemeinschaftsrechts[509] und „entwickelte durch die Auslegung nach dem Effektivitätsgrundsatz einen neuen Sinn, welcher mit keiner der anderen Auslegungsmethoden zu erschließen ist“[510].

Der effet-utile-Grundsatz[511] mag zwar auf den ersten Blick ein plausibles Argument sein, da die praktische Wirksamkeit der europäischen Richtlinien immer gefördert werden muss. Jedoch entsteht nicht ohne Grund der Eindruck eines „Totschlagarguments“[512] oder der einer Erweiterung der Gemeinschaftskompetenzen durch die Rechtsprechung des Gerichtshofs.[513] In der Praxis argumentiert der EuGH gerne als letzte Möglichkeit mit dem effet-utile-Grundsatz und verschafft sich dadurch die „Deutungshoheit über Inhalt und Zwecksetzung der Richtlinien“.[514] Diese Feststellungen exemplifiziert das Urteil des EuGH vom 14.05.2019 in der Rechtssache CCOO/Deutsche Bank SAE.[515] In der Rechtssache ging es um die Pflicht zur Arbeitszeiterfassung des Arbeitgebers.[516] Der

---

507 In der RL 80/987/EWG des Rates vom 20.10.1980 ging es um den Schutz von Arbeitnehmern bei Zahlungsunfähigkeit des Arbeitgebers.

508 Ebenfalls *Yaroshevskiy*, in: Berliner Online-Beiträge zum Europarecht, Nr. 59, S. 19.

509 EuGH, Urt. v. 19.11.1991 – Rs C-6/90 u. 9/90, Francovich, Rn. 32ff., NJW 1992, 165 (167).

510 *Yaroshevskiy*, in: Berliner Online-Beiträge zum Europarecht, Nr. 59, S. 19.

511 Siehe ausführlich zum effet-utile-Grundsatz *Seyr*, Der *effet utile* in der Rechtsprechung des EuGH, S. 21ff., 94ff.

512 *Melot de Beauregard*, RIW 2009, 18 (20).

513 Vgl. zu der Abgrenzung effet utile und implied powers *Seyr*, Der *effet utile* in der Rechtsprechung des EuGH, S. 108ff.

514 *Melot de Beauregard*, RIW 2009, 18 (20).

515 EuGH, Urt. v. 14.05.2019 – C-55/18, CCOO/Deutsche Bank SAE, Celex-Nr. 62018CJ0055.

516 Es ging zudem um die Auslegung des Art. 31 Abs. 2 der EU-GRCharta, der Richtlinie 2003/88/EG des Europäischen Parlaments und des Rates vom 04.11.2003 über bestimmte Aspekte der Arbeitszeitgestaltung, Abl. EU 2003, L 299, S. 9, sowie der Richtlinie 89/391/EWG des Rates vom 12. Juni 1989 über die Durchführung von Maßnahmen zur Verbesserung der Sicherheit und des Gesundheitsschutzes der Arbeitnehmer bei der Arbeit, Abl. EG 1989, L 183, S. 1.

EuGH argumentierte in seiner Entscheidung recht häufig mit den Begriffen „volle Wirksamkeit“[517] und „praktische Wirksamkeit“[518].[519] Dieses Urteil ist nur eines von vielen, in dem der effet-utile-Grundsatz als Hauptargument für eine bestimmte Auslegung der europäischen Richtlinien herangezogen wird. Aus diesem Grund entsteht nicht selten der Eindruck, dass der effet-utile-Grundsatz für eine ergebnisorientierte Entscheidungsbegründung herangezogen wird.[520]

Im Rahmen der assoziierten Diskriminierung ist allerdings festzuhalten, dass es in den Antidiskriminierungsrichtlinien und ihren Erwägungsgründen grundsätzlich weder Anhaltspunkte für eine beabsichtigte Herausnahme dieser Fallgruppe noch Anhaltspunkte für eine gewollte Erweiterung des Schutzbereichs gibt.[521] Aus diesem Grund muss der EuGH neben den allgemeinen Auslegungsmethoden wie Wortlaut, Telos, Historie und Systematik auch den effet utile in seiner Entscheidungsfindung heranziehen. Da die Antidiskriminierungsrichtlinien gerade ungerechtfertigte Benachteiligungen aufgrund bestimmter Differenzierungsmerkmale – wie bereits dargelegt – umfassend verhindern wollen und die Richtlinien gerade dem Schutz vor Persönlichkeitsrechtsverletzungen dienen, ist die praktische Wirksamkeit der Richtlinien nur dann gegeben, wenn auch assoziierte Diskriminierungen in den Schutzbereich der Richtlinien fallen. Nichtsdestotrotz ist die Kritik an der Argumentation des EuGH im Fall Coleman durch einen pauschalen Verweis auf den effet-utile-Grundsatz nachvollziehbar.

---

517 EuGH, Urt. v. 14.05.2019 – C-55/18, CCOO/Deutsche Bank SAE, Rn. 40, 50, Celex-Nr. 62018CJ0055.

518 EuGH, Urt. v. 14.05.2019 – C-55/18, CCOO/Deutsche Bank SAE, Rn. 42, 50, 60, 62, Celex-Nr. 62018CJ0055.

519 Der EuGH (Urt. v. 14.05.2019 – C-55/18, CCOO/Deutsche Bank SAE, Rn. 60, Celex-Nr. 62018CJ0055) kam in seiner Entscheidung zu dem Ergebnis, dass die Mitgliedstaaten, „um die praktische Wirksamkeit der von der Richtlinie 2003/88 vorgesehenen Rechte und des in Art. 31 Abs. 2 der EU-GRCharta verankerten Grundrechts zu gewährleisten, [...] die Arbeitgeber [...] verpflichten [müsse], ein objektives, verlässliches und zugängliches System einzuführen, mit dem die von einem jeden Arbeitnehmer geleistete tägliche Arbeitszeit gemessen werden kann.“

520 Zum Begründungsstil des EuGH vgl. *Seyr*, Der *effet utile* in der Rechtsprechung des EuGH, S. 346ff., wonach der spezielle Begründungsstil des EuGH insbesondere darauf beruhe, dass die Richter aus verschiedenen Mitgliedstaaten und damit aus verschiedenen Rechtskulturen stammen.

521 Ebenfalls *Schnabel*, Diskriminierungsschutz ohne Grenzen?, S. 244f.

f) Vereinbarkeit der assoziierten Diskriminierung mit dem deutschen Privatrecht

Mit der Coleman-Entscheidung erweitert der EuGH erstmals den personellen Anwendungsbereich des europäischen Antidiskriminierungsrechts für eine assoziierte Diskriminierung und verdeutlicht, dass die Diskriminierung nicht nur personen-, sondern vielmehr umstandsbezogen ist.[522] Diese Erweiterung des personellen Anwendungsbereichs der RL 2000/78/EG ist mit dem deutschen Privatrecht vereinbar.[523]

Das deutsche Privatrecht beruht auf einer „Zuweisungsordnung"[524].[525] Das bedeutet, dass dem Einzelnen subjektive Rechte zugewiesen werden, in die ein Dritter nicht ohne Weiteres eingreifen darf.[526] Es entsteht demnach eine „zugriffsfreie Herrschaftssphäre"[527] des Einzelnen. Überwiegend wird solch ein subjektives Recht auch als „Substanzrecht"[528] bezeichnet. Den Trägern dieser Substanzrechte werden dann durch den Gesetzgeber Schutzansprüche zugewiesen.[529] Diese wiederum werden als „Schutzrechte"[530] beschrieben. Dadurch sind die einzelnen Rechtsträger dazu berechtigt, gegen den Schädiger vorzugehen, wenn der Schutzbereich der Rechtszuweisung tangiert wird.[531] Als Schutzrechte kommen in der Regel umfassend negatorische, schadensrechtliche sowie

---

522 *Bayreuther*, NZA 2008, 986 (987ff.); *Schorkopf*, in: Grabitz/Hilf/Nettesheim, Das Recht der Europäischen Union: EUV/AEUV, 72. EL, Stand: Februar 2021, Art. 10 AEUV Rn. 20 bezeichnet die Entscheidung des EuGH in der Rechtssache Coleman als „Wendepunkt".

523 Ebenfalls *Bader*, Arbeitsrechtlicher Diskriminierungsschutz als Privatrecht, S. 268ff.

524 *Bader*, Arbeitsrechtlicher Diskriminierungsschutz als Privatrecht, S. 36.

525 *Lobinger*, RdA 2011, 76 (77); *Hartmann*, Der Anspruch auf das stellvertretende commodum, S. 22; *Gebauer*, JURA 1998, 128 (132); *Picker*, JZ 2010, 541 (546) spricht hierbei von einer „Rechtszuweisungsordnung"; *Katzenstein*, JURA 2004, 1 (5) spricht in diesem Rahmen von einer „Zuordnungsentscheidung".

526 *Bader*, Arbeitsrechtlicher Diskriminierungsschutz als Privatrecht, S. 36.

527 *Lobinger*, RdA 2011, 76 (77).

528 *Hartmann*, Der Anspruch auf das stellvertretende commodum, S. 22; *Bader*, Arbeitsrechtlicher Diskriminierungsschutz als Privatrecht, S. 36; *Picker*, JZ 2010, 541 (546ff.); *Katzenstein*, JURA 2004, 1 (5).

529 *Lobinger*, RdA 2011, 76 (77); ähnlich *Hartmann*, Der Anspruch auf das stellvertretende commodum, S. 22.

530 *Hartmann*, Der Anspruch auf das stellvertretende commodum, S. 22; *Picker*, JZ 2010, 541 (546ff.).

531 *Lobinger*, RdA 2011, 76 (77); ähnlich *Picker*, JZ 2010, 541 (546f.).

bereicherungsrechtliche Ansprüche in Betracht.[532] Im deutschen Privatrecht folgt der Rechtsschutz demnach der Rechtszuweisung.[533]

Das AGG enthält für das Beschäftigungsverhältnis in § 7 AGG eine Rechtszuweisungsnorm.[534] Danach dürfen Beschäftigte nicht wegen eines in § 1 AGG genannten Grundes benachteiligt werden; dies gilt nach Halbsatz 2 auch, wenn die Person, die die Benachteiligung begeht, das Vorliegen eines in § 1 AGG genannten Grundes bei der Benachteiligung nur annimmt. Wenn ein Verstoß gegen dieses Benachteiligungsverbot vorliegt, hat der Benachteiligte einen Anspruch nach § 15 AGG, soweit die restlichen Voraussetzungen gegeben sind.[535] Im Beschäftigungsverhältnis steht somit grundsätzlich nur dem benachteiligten Beschäftigten nach § 15 AGG ein Anspruch gegen den Arbeitgeber auf Schadensersatz oder Entschädigung zu.[536]

Da das Recht auf Gleichbehandlung dem Schutz des Persönlichkeitsrechts dient, müssen die Anspruchsberechtigten durch die Ungleichbehandlung in ihrem Persönlichkeitsrecht verletzt worden sein, was bedeutet, dass im Fall Coleman die Mutter als Arbeitnehmerin und somit Anspruchsberechtigte eine Persönlichkeitsrechtsverletzung erlitten haben muss.[537] Denn nach dem Prinzip des Persönlichkeitsschutzes dienen insbesondere die AGG-Regelungen im Rahmen des Beschäftigungsverhältnisses dem Schutz des Persönlichkeitsrechts, weil die Arbeit eine besondere Persönlichkeitsrelevanz hat.[538] So hat das BAG

532 *Katzenstein*, JURA 2004, 1 (5); *Picker*, JZ 2010, 541 (546); ähnlich *Gebauer*, JURA 1998, 128 (132).

533 *Bader*, Arbeitsrechtlicher Diskriminierungsschutz als Privatrecht, S. 35ff. und S. 268f.; im Ergebnis ebenfalls *Lobinger*, RdA 2011, 76 (77); *Hartmann*, Der Anspruch auf das stellvertretende commodum, S. 22; *Picker*, JZ 2010, 541 (546ff.); *Gebauer*, JURA 1998, 128 (132); *Katzenstein*, JURA 2004, 1 (5).

534 *Bader*, Arbeitsrechtlicher Diskriminierungsschutz als Privatrecht, S. 270; *Feuerborn*, JR 2008, 485 (488) beschreibt § 7 Abs. 1 AGG als ein „Ausschmückungsmerkmal".

535 Siehe zu § 15 AGG 2. Kap.

536 Siehe zu den Schadensersatz- und Entschädigungsansprüchen im Rahmen des AGG 2. Kap. Im Zivilrechtsbereich steht hingegen nach § 19 AGG nur dem Opfer der Benachteiligung ein Anspruch nach dem AGG zu.

537 Siehe zum Prinzip des Persönlichkeitsschutzes 1. Kap. A. I sowie 1. Kap. B. IV.; ähnlich auch *Bader*, Arbeitsrechtlicher Diskriminierungsschutz als Privatrecht, S. 268f.; *Hartmann*, in: Herresthal/Kaiser/Stoffels, Staudinger Eckpfeiler, AGG, 7. Aufl. 2020, S. 108, B12; *Lobinger*, Entwicklung, Stand und Perspektiven des europäischen Antidiskriminierungsrechts, S. 18ff.

538 So auch *Bader*, Arbeitsrechtlicher Diskriminierungsschutz als Privatrecht, S. 269.

in seinem Urteil vom 10.11.1955 maßgebend dem Beschäftigungsanspruch des Arbeitnehmers Persönlichkeitsrelevanz zugesprochen und Folgendes angeführt:

> „Denn das Arbeitsverhältnis ist ein personenrechtliches Gemeinschaftsverhältnis, das nicht nur [...] einzelne bestimmte Leistungen betrifft, sondern für seinen Geltungsbereich die ganze Person des Arbeitnehmers erfaßt, deshalb wesentlich sein Leben gestaltet und seine Persönlichkeit bestimmt. Die Achtung und Anerkennung des Arbeitnehmers als Mensch beruht auch nicht nur auf dem wirtschaftlichen Wert seiner Leistung (die Höhe des Gehaltes), sondern weitgehend darin, wie er die ihm obliegenden Aufgaben erfüllt. Gerade das gibt ihm im Bereich des Arbeitslebens maßgeblich seine Würde als Mensch. Deshalb muß der Arbeitgeber nicht bloß auf Grund seiner Treupflicht, sondern vor allem auch auf Grund der jedermann aus Art. 1 und 2 GG obliegenden Verpflichtung [...] alles unterlassen, was die Würde des Arbeitnehmers und die freie Entfaltung der Persönlichkeit beeinträchtigen kann."[539]

Unter Berücksichtigung dieser Ausführungen des BAG wird deutlich, dass im Beschäftigungsverhältnis die Verletzung des Persönlichkeitsrechts von Arbeitnehmern möglich ist, weil der Arbeitnehmer mit seiner Tätigkeit regelmäßig auch seine Persönlichkeit entfaltet. Die Benachteiligung und Belästigung Frau Colemans aufgrund der Behinderung ihres Kindes durch ihren Arbeitgeber ist dazu geeignet, Frau Coleman in ihrem Persönlichkeitsrecht zu verletzen, da sie einen Nachteil im Arbeitsleben erleidet. Sie wird aufgrund der Tatsache, dass ihr Kind eine Behinderung hat, anders als die anderen Arbeitnehmer behandelt und mit der Behinderung ihres Kindes assoziiert. Sie hat zwar selbst keine Behinderung, jedoch wird sie von ihrem Arbeitgeber wie eine behinderte Person behandelt; ihr wird also das Differenzierungsmerkmal Behinderung durch den Arbeitgeber zugerechnet. Der Arbeitgeber spricht Frau Coleman durch sein benachteiligendes und belästigendes Verhalten die Gleichwertigkeit zu anderen Arbeitnehmern mit nicht behinderten Kindern ab. Frau Coleman wird nur auf das Merkmal Behinderung reduziert und in ihrer Würde verletzt. Aufgrund der besonderen Verbindung[540] zu ihrem Kind empfindet sie das Merkmal Behinderung wie ihr eigenes.[541] Es macht aus Sicht der Mutter am Ende für ihre Persönlichkeitsrechtsverletzung keinen Unterschied, ob sie das Merkmal selbst verwirklicht oder ihr Kind. Durch diese besondere Beziehung ändert sich an der Qualität der Benachteiligung nichts. Das fremde Merkmal haftet dem

---

539 BAG, Urt. v. 10.11.1955 – 2 AZR 591/54 (Berlin), NJW 1956, 359 (360) – Hervorhebung durch die Verfasserin; vgl. auch BAG (Großer Senat), Beschl. v. 27.02.1985 – GS 1/84, NZA 1985, 702 (708).

540 Vgl. ausführlich zum Näheverhältnis 4. Kap.

541 Ebenfalls *Bader*, Arbeitsrechtlicher Diskriminierungsschutz als Privatrecht, S. 271.

Nicht-Merkmalsträger in den Fällen einer assoziierten Diskriminierung demnach durch die besondere Verbindung an.[542] Der Nicht-Merkmalsträger wird vielmehr, wie bereits *Däubler* dargestellt hat, in „Sippenhaft" genommen.[543] *Bader* beschreibt im Rahmen der assoziierten Diskriminierung den Nicht-Merkmalsträger richtigerweise als „Repräsentanten" der Merkmalsträger.[544] Ob auch das behinderte Kind als Merkmalsträger eine Persönlichkeitsrechtsverletzung durch den Arbeitgeber erleidet, ist hingegen für die Anspruchsberechtigung der Mutter irrelevant, da nur die Mutter im Beschäftigungsverhältnis zum benachteiligenden Arbeitgeber steht und damit anspruchsberechtigt ist.[545] Dies kann *Lüttringhaus* entgegengehalten werden. Er führt als Argument gegen das Prinzip des Persönlichkeitsschutzes nämlich an, dass Frau Coleman als Arbeitnehmerin sich nicht auf die Verletzung des Persönlichkeitsrechts ihres Sohnes berufen könne, da nur der Sohn Träger seines Persönlichkeitsrechtes sei und nicht die Arbeitnehmerin als Nicht-Merkmalsträgerin.[546] Dem ist zwar nicht zu widersprechen, jedoch kommt es bei der assoziierten Diskriminierung – wie dargestellt – gerade zu einer Verletzung des eigenen Persönlichkeitsrechts Frau Colemans, sodass das Argument von *Lüttringhaus* nicht greift und die Bejahung der assoziierten Diskriminierung nicht gegen die dogmatische Einordnung des AGG und das Prinzip des Persönlichkeitsschutzes spricht. Die Entscheidung des EuGH ist somit nach dem Prinzip des Persönlichkeitsschutzes grundsätzlich konsequent und schlüssig.

Auch die Rechtszuweisungsnorm des § 7 AGG spricht nicht gegen die Einbeziehung des Verbots von assoziierten Diskriminierungen in den Schutzbereich des AGG. Betrachtet man den § 7 Abs. 1 AGG sowie die §§ 1 und 3 AGG, fällt auf, dass der Wortlaut wie bei den Antidiskriminierungsrichtlinien weit gefasst ist und somit eher für die Einbeziehung der Fallgruppe der assoziierten Diskriminierung spricht.[547] So heißt es in § 7 Abs. 1 AGG und § 3 Abs. 1 AGG „wegen eines in § 1 genannten Grundes" und in § 1 AGG „Benachteiligungen aus Gründen der Rasse oder wegen der ethnischen Herkunft, des Geschlechts, der Religion oder Weltanschauung, einer Behinderung, des Alters oder der sexuellen Identität". Demzufolge stellt die Diskriminierung nicht auf den Merkmalsträger,

542 Zustimmend *Bader*, Arbeitsrechtlicher Diskriminierungsschutz als Privatrecht, S. 271.
543 *Däubler*, in: Däubler/Bertzbach, NK-AGG, 4. Aufl. 2018, § 1 Rn. 111.
544 *Bader*, Arbeitsrechtlicher Diskriminierungsschutz als Privatrecht, S. 271.
545 Vgl. zur Anspruchsberechtigung des Sohnes 3. Kap. C. II.
546 *Lüttringhaus*, Grenzüberschreitender Diskriminierungsschutz, S. 65.
547 So auch *Bader*, Arbeitsrechtlicher Diskriminierungsschutz als Privatrecht, S. 270.

sondern auf den Grund der Ungleichbehandlung ab.[548] Deshalb ist auch *Wanks* Ansicht, dass es keine unmittelbare assoziierte Diskriminierung geben könne, weil in den Gesetzeswortlaut des AGG hineingelesen werden müsse, dass der Betroffene „wegen eines Merkmals, dessen Träger er selbst ist oder angeblich ist" benachteiligt werde[549], nicht nachvollziehbar. Weder die Erwägungsgründe noch die Richtlinien, auf denen das AGG beruht, stützen diese Auslegung. Auch *Schiek* kritisiert richtigerweise diese enge Auslegung und merkt an, dass solch eine Auslegung der bisherigen Methodik des EuGH entgegenlaufen würde.[550]

Ferner spricht auch die Regelung des § 7 Abs. 1 Hs. 2 AGG für die Einbeziehung der assoziierten Diskriminierung.[551] Die in dieser Vorschrift enthaltene Diskriminierungsform wird als „Putativdiskriminierung" bezeichnet.[552] Ein Beispiel für solch eine Putativdiskriminierung ist, dass der Benachteiligende den Betroffenen deshalb ungerechtfertigt benachteiligt, weil er fälschlicherweise annimmt, er habe ausländische Wurzeln.[553] In dieser Fallkonstellation wird der Diskriminierte wie ein Merkmalsträger behandelt, obwohl er kein Merkmal aufweist.[554] Bei einer assoziierten Diskriminierung wird die benachteiligte Person wegen ihrer Zugehörigkeit zum Merkmalsträger wie ein Merkmalsträger gesehen und deshalb diskriminiert, weshalb letztendlich die assoziierte Diskriminierung mit dem Fall des § 7 Abs. 1 Hs. 2 AGG vergleichbar ist.[555] Der einzige Unterschied liegt hier darin, dass es im Fall der assoziierten Diskriminierung noch eine weitere Person, nämlich einen tatsächlichen Merkmalsträger, gibt. In beiden Fällen liegt eine eigene Persönlichkeitsrechtsverletzung des Nicht-Merkmalsträgers vor. Die Persönlichkeitsrechtsverletzung im Falle des § 7 Abs. 1 Hs. 2 AGG erfolgt dadurch, dass der betroffene Nicht-Merkmalsträger einen Nachteil in seinem Berufsleben bzw. in seinem beruflichen Fortkommen und damit in seiner Persönlichkeitsentfaltung erleidet, weil ihm angeblich ein

548 *Bader*, Arbeitsrechtlicher Diskriminierungsschutz als Privatrecht, S. 270f.

549 *Wank*, NZA-Sonderbeilage zu Heft 22/2004, 16 (21).

550 *Schiek*, in: Schiek, AGG, § 3 Rn. 14.

551 *Bader*, Arbeitsrechtlicher Diskriminierungsschutz als Privatrecht, S. 271.

552 *Adomeit/Mohr*, NZA 2007, 179 (181); *Guttenberg*, Schutz vor Diskriminierung im Beschäftigungsverhältnis in Großbritannien, S. 232; vgl. auch zu den unterschiedlichen (dogmatischen) Deutungen des § 7 Abs. 1 Hs. 2 AGG *Hartmann*, in: Herresthal/Kaiser/Stoffels, Staudinger Eckpfeiler, AGG, 7. Aufl. 2020, S. 109f., B16.

553 Vgl. für weitere Beispiele *Thüsing*, in: MüKo BGB, Band 1, 9. Aufl. 2021, § 7 AGG Rn. 9.

554 *Bader*, Arbeitsrechtlicher Diskriminierungsschutz als Privatrecht, S. 271.

555 Zustimmend auch *Bader*, Arbeitsrechtlicher Diskriminierungsschutz als Privatrecht, S. 271.

Merkmal anhaftet. Er fühlt sich dann, obwohl er gar nicht das Merkmal hat, wie ein Merkmalsträger. Diese emotionale Betroffenheit und Verbindung zum vermutlich anhaftenden Merkmal führt zu einer Persönlichkeitsrechtverletzung beim Nicht-Merkmalsträger. Bei der assoziierten Diskriminierung erleidet der Nicht-Merkmalsträger – wie bereits dargelegt – in dem für seine Persönlichkeitsentfaltung so wichtigen Beschäftigungsverhältnis eine eigene Persönlichkeitsrechtsverletzung, weil er durch die besondere Verbindung zum Merkmalsträger das für ihn fremde Merkmal als eigenes Merkmal empfindet und sich dadurch emotional selbst als Merkmalsträger fühlt.[556]

Letztendlich ist es nicht nachvollziehbar, weshalb die Fälle der assoziierten Diskriminierung anders als die klassischen Benachteiligungen behandelt werden sollten: Aus der Perspektive des Benachteiligenden wird der Nicht-Merkmalsträger einem Merkmalsträger gleichgestellt und deshalb wie ein Merkmalsträger behandelt.[557] Aus der Perspektive des Nicht-Merkmalsträgers liegt aufgrund seines Näheverhältnisses zu dem Merkmalsträger ein Zugehörigkeitsgefühl zu diesem und damit auch zu dem Differenzierungsmerkmal vor.[558] Demnach ist die assoziierte Diskriminierung grundsätzlich in den Anwendungsbereich des AGG einzubeziehen.

g) Wertungen des Art. 21 der Charta der Grundrechte der Europäischen Union

Dieses Ergebnis wird auch von der Wertung des Art. 21 der EU-GRCharta gestützt.

aa) Anwendungsbereich der EU-GRCharta

Die Charta der Grundrechte der Europäischen Union ist seit Inkrafttreten des Vertrags von Lissabon am 01.12.2009 verbindlicher Teil des europäischen Primärrechts.[559]

---

556 Im Ergebnis ebenfalls *Bader*, Arbeitsrechtlicher Diskriminierungsschutz als Privatrecht, S. 271f.

557 *Bader*, Arbeitsrechtlicher Diskriminierungsschutz als Privatrecht, S. 272; ähnlich *Lobinger*, Entwicklung, Stand und Perspektiven des europäischen Antidiskriminierungsrechts, S. 18ff.

558 *Bader*, Arbeitsrechtlicher Diskriminierungsschutz als Privatrecht, S. 272.

559 *Willemsen/Sagan*, NZA 2011, 258; *Ricken*, in: MüHdb Arbeitsrecht, Band 3, 4. Aufl. 2019, § 269 Rn. 5.

Adressat der EU-GRCharta sind nach Art. 51 Abs. 1 der EU-GRCharta die Organe, Einrichtungen und sonstigen Stellen der Europäischen Union und bei der Durchführung des Rechts der Union auch die Mitgliedstaaten. Deshalb wird überwiegend vertreten, dass Private nicht durch die EU-GRCharta verpflichtet seien und somit keine unmittelbare Drittwirkung der EU-GRCharta auf Privatrechtsverhältnisse angenommen werden könne.[560]

Die in der EU-GRCharta enthaltenen Grundrechte finden nach Art. 51 Abs. 1 der EU-GRCharta insbesondere auf nationale Gesetze der Mitgliedstaaten Anwendung, wenn und soweit diese auf der Richtlinienumsetzungspflicht nach Art. 288 AEUV beruhen.[561] Der Grund hierfür ist, dass nach Art. 6 Abs. 1 S. 1 Hs. 2 EUV die EU-GRCharta rechtlich gleichrangig zum Primärrecht eingestuft wird und deshalb dem sekundären Unionsrecht, also den europäischen Richtlinien, vorgeht.[562] Daraus folgt, dass die Grundrechte der EU-GRCharta bei der Auslegung von europäischem Sekundärrecht und damit auch bei der Auslegung der europäischen Antidiskriminierungsrichtlinien zu berücksichtigen sind.[563] Die chartakonforme Auslegung der europäischen Antidiskriminierungsrichtlinien hat dann wiederum eine Ausstrahlungswirkung auf das richtlinienkonform auszulegende nationale Recht, wie etwa das AGG.[564]

---

560 *Schnabel*, Diskriminierungsschutz ohne Grenzen?, S. 69, 143; *Hölscheidt*, in: Meyer/Hölscheidt, Charta der Grundrechte der EU, 5. Aufl. 2019, Art. 21 GRCh Rn. 34, *Ricken*, in: MüHdb Arbeitsrecht, Band 3, 4. Aufl. 2019, § 269 Rn. 5; a.A. *von Diest*, Änderungen im Diskriminierungsschutz durch die Europäische Grundrechtecharta, S. 151ff.

561 *Willemsen/Sagan*, NZA 2011, 258.

562 *Willemsen/Sagan*, NZA 2011, 258 (260).

563 *Willemsen/Sagan*, NZA 2011, 258; *Schnabel*, Diskriminierungsschutz ohne Grenzen?, S. 246f.

564 Nach *Willemsen/Sagan*, NZA 2011, 258 (260) entsteht dadurch eine mittelbare Wirkung der Grundrechte der EU-GRCharta auf das nationale Recht der Mitgliedstaaten. Das ArbG Emden, Urt. v. 20.02.2020 – 2 Ca 94/19, BeckRS 2020, 5213, will in seiner umstrittenen Rechtsprechung zur Arbeitszeiterfassung die EU-GRCharta sogar unmittelbar zwischen Privaten anwenden. Das Urteil erging nach der Rechtsprechung des EuGH, Urt. v. 14.05.2019 – C-55/18, CCOO/Deutsche Bank SAE, Celex-Nr. 62018CJ0055, wonach die europäischen Richtlinien und nationalen Vorschriften zur Arbeitszeiterfassung im Lichte des Art. 31 Abs. 2 der EU-GRCharta auszulegen seien.

bb) Inhalt des Diskriminierungsverbots aus Art. 21 der EU-GRCharta

Für Diskriminierungsfälle ist Art. 21 Abs. 1 der EU-GRCharta relevant, in dem ein umfassendes Diskriminierungsverbot geregelt ist, welches ein Grundrecht auf Nichtdiskriminierung enthält.[565] Nach Abs. 1 sind Diskriminierungen insbesondere wegen des Geschlechts, der Rasse, der Hautfarbe, der ethnischen oder sozialen Herkunft, der genetischen Merkmale, der Sprache, der Religion oder der Weltanschauung, der politischen oder sonstigen Anschauung, der Zugehörigkeit zu einer nationalen Minderheit, des Vermögens, der Geburt, einer Behinderung, des Alters oder der sexuellen Ausrichtung verboten. Abs. 2 statuiert hingegen ein Diskriminierungsverbot aus Gründen der Staatsangehörigkeit. Art. 21 Abs. 1 der EU-GRCharta enthält somit 17 Differenzierungsmerkmale.[566] Durch die Formulierung „insbesondere" wird jedoch überwiegend vertreten, dass der Katalog der Differenzierungsmerkmale nicht abschließend ist, sondern nur eine beispielhafte Aufzählung enthält.[567] Ziel der beispielhaften Aufzählung ist es, die Hoheitsträger und auch die Bürger für Diskriminierungsgründe zu sensibilisieren.[568]

cc) Bedeutung der EU-GRCharta für die assoziierte Diskriminierung

Das Diskriminierungsverbot in Art. 21 der EU-GRCharta steht einem Schutz gegen assoziierte Diskriminierungen nicht entgegen. Zum einen ist der Wortlaut der Norm weit gefasst und verbietet Diskriminierungen „wegen" eines bestimmten Differenzierungsmerkmals.[569] Demzufolge ist auch der Schutz durch das Grundrecht auf Nichtdiskriminierung wie auch die Antidiskriminierungsrichtlinien nicht personen-, sondern umstandsbezogen. Ferner spricht auch die nicht abschließende Aufzählung der möglichen Differenzierungsmerkmale für einen

---

565 *Hölscheidt*, in: Meyer/Hölscheidt, Charta der Grundrechte der EU, 5. Aufl. 2019, Art. 21 GRCh Rn. 30, 32; *Jarass*, Charta der Grundrechte der EU, 4. Aufl. 2021, Art. 21 Rn. 2.

566 Im Vergleich hierzu enthält § 1 AGG lediglich acht Differenzierungsmerkmale.

567 *Hölscheidt*, in: Meyer/Hölscheidt, Charta der Grundrechte der EU, 5. Aufl. 2019, Art. 21 GRCh Rn. 30; *Lemke*, in: von der Groeben/Schwarze/Hatje, Europäisches Unionsrecht, 7. Aufl. 2015, Art. 21 GRC Rn. 8; *Jarass*, Charta der Grundrechte der EU, 4. Aufl. 2021, Art. 21 Rn. 9, 24; *von Diest*, Änderungen im Diskriminierungsschutz durch die Europäische Grundrechtecharta, S. 199; *Frenz*, Hdb Europarecht, Band 4, Kap. 10 Rn. 3255; *Schnabel*, Diskriminierungsschutz ohne Grenzen?, S. 67.

568 *Hölscheidt*, in: Meyer/Hölscheidt, Charta der Grundrechte der EU, 5. Aufl. 2019, Art. 21 GRCh Rn. 30.

569 Zustimmend auch *Schnabel*, Diskriminierungsschutz ohne Grenzen?, S. 247.

weiten und umfassenden Schutz vor Diskriminierungen und damit auch für einen extensiven Anwendungsbereich.[570]

In der Coleman-Entscheidung des EuGH wurde in den Entscheidungsgründen kein Bezug auf Art. 21 der EU-GRCharta genommen, sodass die Frage aufkommt, ob für die Bearbeitung der Fallgruppe der assoziierten Diskriminierung die EU-GRCharta unerheblich ist. Hierbei ist jedoch zu beachten, dass die Entscheidung des EuGH in der Rechtssache Coleman im Jahr 2008 getroffen wurde. Zu diesem Zeitpunkt war die EU-GRCharta noch kein verbindlicher Teil des europäischen Primärrechts.[571] Erst mit Inkrafttreten des Vertrages von Lissabon am 01.12.2009[572] änderte sich dies. Der Gerichtshof hat stattdessen zum Teil mit der Gemeinschaftscharta der sozialen Grundrechte der Arbeitnehmer (SozGRCh)[573] argumentiert, da die Erwägungsgründe zur RL 2000/78/EG auf diese Bezug nehmen.[574] Der EuGH führte deshalb aus, dass insbesondere der sechste Erwägungsgrund der RL 2000/78/EG, der auf die Gemeinschaftscharta der sozialen Grundrechte der Arbeitnehmer hinweise, sich „sowohl auf die Bekämpfung jeder Art von Diskriminierung als auch auf die Notwendigkeit, geeignete Maßnahmen zur sozialen und wirtschaftlichen Eingliederung von Menschen mit Behinderung zu treffen",[575] beziehe. Aus diesem Grund könne der Anwendungsbereich der RL 2000/78/EG nicht restriktiv ausgelegt werden.[576]

Die Argumentation verdeutlicht, dass der EuGH bei der Auslegung der RL 2000/78/EG auch aufgrund der SozGRCh den Anwendungsbereich der Richtlinie extensiv auslegt. Wäre zum Zeitpunkt der Entscheidung auch die EU-GRCharta verbindlich gewesen, hätte der EuGH mit hoher Wahrscheinlichkeit in seinen Entscheidungsgründen auch den Art. 21 der EU-GRCharta herangezogen. Dies zeigt sich vor allem in einer späteren Entscheidung des EuGH zur

---

570 Ebenfalls *Schnabel*, Diskriminierungsschutz ohne Grenzen?, S. 247.

571 Dennoch hat der EuGH bereits in bestimmten Konstellationen Art. 21 der EU-GRCharte angewandt, obwohl die Vorschrift noch nicht zum relevanten Zeitpunkt verbindlich war. So z.B. in EuGH, Urt. v. 19.01.2010 – C-555/07, Kücükdeveci, Rn. 20, NZA 2010, 85 (86); EuGH, Urt. v. 19.04.2016 – C-441/14, Rn. 22, Dansk Industri, NZA 2016, 537 (538); vgl. ebenfalls *Hartmann*, EuZA 2019, 24 (37).

572 BGBl. II 2009, S. 1223.

573 Gemeinschaftscharta der sozialen Grundrechte der Arbeitnehmer vom 9.12.1989, KOM (89) 248 endg.

574 EuGH, Urt. v. 17.07.2008 – C-303/06, Coleman, NZA 2008, 932 (934).

575 EuGH, Urt. v. 17.07.2008 – C-303/06, Coleman, NZA 2008, 932 (934).

576 EuGH, Urt. v. 17.07.2008 – C-303/06, Coleman, NZA 2008, 932 (934).

assoziierten Diskriminierung (Fall CHEZ Razpredelenie Bulgaria), in der der EuGH auch auf Art. 21 der EU-GRCharta eingeht.[577]

h) Einhaltung des Verhältnismäßigkeitsgrundsatzes

Da die Einbeziehung der assoziierten Diskriminierung in den Schutzbereich des AGG auch eine Beschränkung der Privatautonomie des Diskriminierenden bedeutet, muss sie mit dem national-verfassungsrechtlichen Verhältnismäßigkeitsgrundsatz vereinbar sein.[578]

Wie bereits im 1. Kapitel unter B. IV. erörtert wurde, ist das AGG und der damit verfolgte Zweck, vor Verletzungen des Persönlichkeitsrechts zu schützen, in Zwei-Personen-Konstellationen verhältnismäßig. Da die Einbeziehung der assoziierten Diskriminierung in den Schutzbereich des AGG vor allem das Ziel verfolgt, Diskriminierungen aufgrund eines verpönten Differenzierungsmerkmals zu bekämpfen und Persönlichkeitsrechtsverletzungen zu verhindern, wird damit ein legitimes Ziel verfolgt. Die Einbeziehung der assoziierten Diskriminierung in den Schutzbereich des AGG ist zudem dazu geeignet, diese Ziele zu fördern, weil der Schutzumfang des AGG vergrößert wird. Des Weiteren kann eine assoziierte Diskriminierung– wie bereits dargelegt – das Persönlichkeitsrecht der betroffenen Nicht-Merkmalsträger verletzen, weil der Nicht-Merkmalsträger nur aufgrund seiner Verbindung zu einem Merkmalsträger Nachteile erleidet und als Repräsentant des Merkmalsträgers das Differenzierungsmerkmal als eigenes empfindet.[579] Zur Verhinderung dieses Eingriffs in das Persönlichkeitsrecht ist somit ein Verbot assoziierter Diskriminierungen erforderlich. Insbesondere ist kein milderes, gleich effektives Mittel ersichtlich, um diesen Schutz zu gewährleisten. Ein milderes Mittel könnte zwar ein bloßes Gebot zum diskriminierungsfreien Verhalten darstellen, allerdings wäre dieses nicht durchsetzbar und damit auch nicht gleich effektiv wie ein gesetzliches Verbot.[580]

---

577 EuGH, Urt. v. 16.07.2015 – C-83/14, CHEZ Razpredelenie Bulgaria, Celex-Nr. 62014CJ0083. Siehe hierzu auch 3. Kap. C. I. 2. d).

578 Siehe bereits zum Verhältnismäßigkeitsgrundsatz 1. Kap. B.; *Schnabel*, Diskriminierungsschutz ohne Grenzen?, S. 248ff. widmet sich bei der Untersuchung der Einbeziehung der assoziierten Diskriminierung in den Schutzbereich der europäischen Antidiskriminierungsrichtlinien ebenfalls dem Verhältnismäßigkeitsgrundsatz.

579 Siehe hierzu 3. Kap. C. I. 1. f).

580 *Schnabel*, Diskriminierungsschutz ohne Grenzen?, S. 249 spricht in diesem Fall von einem sog. „Diskriminierungsverbot qua *soft law*“. Auch *Schnabel* kommt zu dem Ergebnis, dass ein solches Verbot mit geringerer Geltungskraft nicht durchgesetzt werden könne und damit nicht gleich geeignet sei, um das Ziel des AGG zu erreichen.

Auch steht die Einbeziehung nicht außer Verhältnis zum geplanten Ziel. Einerseits wird zwar der Diskriminierende in seiner Privatautonomie eingeschränkt, jedoch wiegt die Persönlichkeitsrechtsverletzung des Nicht-Merkmalsträgers und auch des Merkmalsträgers wesentlich schwerer. Die Privatautonomie wird nämlich nicht ohne Einschränkungen gewährt. So darf die Verhaltensweise des Diskriminierenden, der sich auf die Privatautonomie beruft, nicht sittenwidrig sein und auch nicht gegen Rechte Dritter oder Verbotsgesetze verstoßen.[581] Im Ergebnis ist das Persönlichkeitsrecht der Betroffenen deshalb schutzwürdiger als die Privatautonomie des Diskriminierenden. Die Beeinträchtigung der Privatautonomie ist auch nicht schwerwiegend, da regelmäßig kein Kontrahierungszwang durch das AGG vorgeschrieben wird. Zudem muss trotz Anerkennung der Fallgruppe der assoziierten Diskriminierung im AGG immer im Einzelfall geprüft werden, ob eine ungerechtfertigte Benachteiligung vorliegt. Insgesamt ist somit festzuhalten, dass die Einbeziehung der assoziierten Diskriminierung in den Schutzbereich des AGG verhältnismäßig ist.[582]

i) Einbeziehung der assoziierten Diskriminierung trotz der BAG-Entscheidung

Der Schutz vor assoziierten Diskriminierungen ist auch trotz der Rechtsprechung des 6. Senats des BAG im Jahr 2010[583] vom Anwendungsbereich des AGG erfasst. Insbesondere erscheint die Rechtsprechung des BAG hinsichtlich des Ergebnisses und der rechtlichen Begründung zweifelhaft.[584]

---

581 *Lobinger*, in: Isensee, Vertragsfreiheit und Diskriminierung, S. 104.

582 Ebenfalls *Schnabel*, Diskriminierungsschutz ohne Grenzen?, S. 248ff.

583 BAG, Urt. v. 22.04.2010 – 6 AZR 966/08, NZA 2010, 947ff.

584 Ebenfalls kritisch *Serr*, in: Staudinger AGG, 2020, § 1 Rn. 49; wohl auch *Mohr*, in: Franzen/Gallner/Oetker, Kommentar zum europäischen Arbeitsrecht, 3. Aufl. 2020, Art. 2 RL 2006/54/EG Rn. 5, der aber auch die Argumente der Gegenansicht für überzeugend hält. *Adomeit/Mohr*, RdA 2011, 102 (108) stimmen hingegen dem BAG im Ergebnis zu, jedoch sehen auch sie keine sachlichen Geschichtspunkte für eine unterschiedliche Behandlung der Benachteiligung wegen des Geschlechts und wegen der Behinderung. Das letzte Wort scheine noch nicht gesprochen zu sein und es bleibe offen, ob sich der EuGH dieser Argumentation anschließen werde. Im Ergebnis zustimmend auch *Wendeling-Schröder*, AP GG Art. 3 Nr. 322, wonach die Argumentation des BAG „etwas überzogen sei", jedoch dem BAG trotzdem zugestimmt werden müsse, da es sich im Fall Coleman um einen „Extremfall" gehandelt habe und deshalb die Rechtsprechung des EuGH nicht „beliebig übertragen" werden könne.

Der Vergleich des unterschiedlichen Wortlauts der Richtlinien ist zunächst deshalb fragwürdig, weil die europäischen Richtlinien in verschiedenen Sprachen formuliert sind und die jeweilige Wortwahl in den Sprachfassungen voneinander abweichen können.[585]

Im Übrigen handelt es sich bei der assoziierten Diskriminierung um ein allgemeines Problem, das sich unabhängig vom jeweiligen Differenzierungsmerkmal stellt.[586] Seit der Rechtsprechung des EuGH im Fall CHEZ Razpredelenie Bulgaria[587] ist diese Argumentation des BAG nicht mehr haltbar, da die Rechtsprechung im Fall Coleman eindeutig auch auf das Differenzierungsmerkmal Rasse und ethnische Herkunft erweitert wurde und nicht ersichtlich ist, weshalb es beim Differenzierungsmerkmal Geschlecht anders sein sollte, insbesondere im Hinblick darauf, dass es sich beim Differenzierungsmerkmal Geschlecht sowohl im deutschen als auch im europäischen Antidiskriminierungsrecht um eines der ältesten Differenzierungsmerkmale handelt.[588]

Mittlerweile zeigt die neuere Rechtsprechung des 8. Senats des BAG, dass das Gericht sehr wohl eine assoziierte Diskriminierung wegen der Rasse und ethnischen Herkunft für möglich hält.[589] So hat das BAG in seiner Entscheidung vom 15.12.2016 zwar nicht in einem Fall der assoziierten Diskriminierung entschieden, jedoch in einem anderen AGG-rechtlichen Kontext die Entscheidung des EuGH im Fall CHEZ Razpredelenie Bulgaria in seinen Entscheidungsgründen wie folgt zitiert:

---

585 Zustimmend *Schnabel*, Diskriminierungsschutz ohne Grenzen?, S. 329. Siehe hierzu auch 3. Kap. C. I. 1. e) aa).

586 Ähnlich schon im Rahmen der Coleman-Entscheidung *Hartmann*, in: Herresthal/Kaiser/Stoffels, Staudinger Eckpfeiler, AGG, 7. Aufl. 2020, S. 108, B12.

587 EuGH, Urt. v. 16.07.2015 – C-83/14, CHEZ Razpredelenie Bulgaria, Celex-Nr. 62014CJ0083.

588 Daran zweifeln u.a. auch *Adomeit/Mohr*, RdA 2011, 102 (108); *Däubler*, in: Däubler/Bertzbach, NK-AGG, 4. Aufl. 2018, § 1 Rn. 48.

589 BAG, Urt. v. 15.12.2016 – 8 AZR 418/15, BeckRS 2016, 119064. In der Entscheidung ging es um ein Bewerbungsverfahren für eine Stelle als Android Software Entwickler. Die Klägerin ist deutsche Staatsbürgerin mit russischen Wurzeln. Im Rahmen des Bewerbungsverfahrens musste bzw. konnte die Klägerin im Online-Bewerbungsportal Angaben zur Anrede, Alter und zu ihren Deutschkenntnissen machen. Die Beklagte entschied sich für einen männlichen jüngeren Bewerber. Die Klägerin sah hierin eine Diskriminierung und verlangte eine Entschädigung nach dem AGG von der Beklagten.

> „Der Begriff der ethnischen Herkunft [...] hat - wie auch der Begriff der Rasse - auch für Personen zu gelten, die zwar nicht selbst der betreffenden Ethnie angehören, aber gleichwohl aus einem dieser Gründe - Rasse oder ethnische Herkunft - weniger günstig behandelt werden oder in besonderer Weise benachteiligt werden (EuGH 16. Juli 2015 - C-83/14 - [CHEZ Razpredelenie Bulgaria] Rn. 46 mwN, 56).“[590]

Dies verdeutlicht, dass das BAG wohl nicht mehr an seiner Argumentation aus dem Jahr 2010 festhalten wird. Ob letztendlich die assoziierte Diskriminierung auf alle Merkmale und damit auch auf das Merkmal „Geschlecht“ zu erstrecken ist, wird im 5. Kapitel unter A. umfassend untersucht. Festzuhalten bleibt jedoch, dass dem Ergebnis und der Entscheidungsbegründung des 6. Senats vom 22.04.2010 nicht gefolgt werden kann.

2. *Zivilrechtsverkehr*

Für die Anspruchsberechtigung des Nicht-Merkmalsträgers im Rahmen des Zivilrechtsverkehrs ist hingegen die CHEZ Razpredelenie Bulgaria-Entscheidung[591] ausschlaggebend. Hierbei handelt es sich nämlich um eine andere Konstellation der assoziierten Diskriminierung. Es ging um eine Ladeninhaberin, die eine Diskriminierung erfahren hat, weil sich ihr Laden in einem Roma-Viertel befand. Die Ladeninhaberin selbst stand in keinem besonderen Verhältnis zu den Roma, mit denen sie assoziiert wurde. Kern der Entscheidung war somit diesmal eine assoziierte Diskriminierung im Zivilrechtsverkehr und nicht wie im Fall Coleman eine assoziierte Diskriminierung im Beschäftigungsverhältnis.

a) *Kritikpunkt: Pauschaler Verweis auf Systematik und Zielrichtung der Richtlinie*

Der EuGH widmet in seinen Entscheidungsgründen der Frage der assoziierten Diskriminierung im Zivilrechtsverkehr lediglich zehn Randnummern auf nur zwei Seiten. Positiv anzumerken ist, dass der EuGH im Gegensatz zur Coleman-Entscheidung bei der Prüfung des Wortlauts der RL 2000/43/EG auf die verschiedenen Sprachfassungen eingeht und bemerkt, dass der Wortlaut aufgrund der Abweichungen der verschiedenen Sprachfassungen nicht vermag, eine Antwort auf die Frage der Anspruchsberechtigung der Betroffenen im Rahmen der

---

590 BAG, Urt. v. 15.12.2016 – 8 AZR 418/15, Rn. 37, BeckRS 2016, 119064.

591 EuGH, Urt. v. 16.07.2015 – C-83/14, CHEZ Razpredelenie Bulgaria, Celex-Nr. 62014CJ0083.

assoziierten Diskriminierung zu geben.[592] Deshalb argumentiert der EuGH mit der Systematik der Regelungen sowie mit dem Ziel der RL 2000/43/EG und überträgt die Rechtsprechung im Fall Coleman auf den Fall CHEZ Razpredelenie Bulgaria.[593] Hierbei vermisst man leider nähere Ausführungen darüber, weshalb die Rechtsprechung im Fall Coleman auf den vorliegenden Fall übertragen werden kann. Der pauschale Verweis auf die Systematik und die Zielrichtung der RL 2000/43/EG kann eine ausführliche Argumentation nicht ersetzen. Zwar argumentiert der EuGH auch mit dem Wortlaut des 16. Erwägungsgrundes und Art. 3 Abs. 1 der RL 2000/43/EG sowie dem Wortlaut des Art. 19 AEUV.[594] Angesichts des Umstands, dass der EuGH ein paar Randnummern davor dem Wortlaut der Richtlinie nicht viel Wert beigemessen hat, verwundert es umso mehr, dass zum Ende wiederum erneut mit dem Wortlaut argumentiert wird. Ebenso unterlässt es der EuGH, mit dem effet-utile-Grundsatz zu argumentieren, obwohl im Fall Coleman dies der ausschlaggebende Grund für die Bejahung der Anspruchsberechtigung Frau Colemans war.[595] Trotz der dünnen Entscheidungsgründe ist der Erweiterung des Anwendungsbereichs der RL 2000/43/EG auf die Fälle der assoziierten Diskriminierung im Zivilrechtsverkehr grundsätzlich zuzustimmen. Insbesondere können die Ausführungen in der Coleman-Entscheidung zu dem Wortlaut der RL 2000/78/EG, den Erwägungsgründen und dem effet-utile-Grundsatz auch auf die RL 2000/43/EG übertragen werden.[596] Die sich stark ähnelnden Richtlinien verfolgen nämlich beide das Ziel, Diskriminierungen aufgrund eines bestimmten Differenzierungsmerkmals zu verhindern, und sind deshalb sprachlich weit gefasst.[597] Zudem ist eine Differenzierung zwischen den Antidiskriminierungsrichtlinien nicht zielführend, da nicht plausibel dargelegt werden kann, weshalb eine assoziierte Diskriminierung wegen der Behinderung des eigenen Kindes eine Anspruchsberechtigung begründen können soll, jedoch eine assoziierte Diskriminierung wegen der

592 EuGH, Urt. v. 16.07.2015 – C-83/14, CHEZ Razpredelenie Bulgaria, Rn. 52ff., Celex-Nr. 62014CJ0083.

593 EuGH, Urt. v. 16.07.2015 – C-83/14, CHEZ Razpredelenie Bulgaria, Rn. 55ff., Celex-Nr. 62014CJ0083.

594 Vgl. EuGH, Urt. v. 16.07.2015 – C-83/14, CHEZ Razpredelenie Bulgaria, Rn. 57f., Celex-Nr. 62014CJ0083.

595 Vgl. EuGH, Urt. v. 17.07.2008 – C-303/06, Coleman, NZA 2008, 932 (935).

596 Zustimmend Schlussanträge der Generalanwältin Juliane Kokott v. 12.03.2015, C-83/14, Rn. 56, ECLI:EU:C:2015:170.

597 Ähnlich Schlussanträge der Generalanwältin Juliane Kokott v. 12.03.2015, C-83/14, Rn. 56, ECLI:EU:C:2015:170.

ethnischen Herkunft des eigenen Kindes nicht. Für das Vorliegen einer Persönlichkeitsrechtsverletzung ist es im Ergebnis unerheblich, ob eine Mutter wegen der Behinderung oder der ethnischen Herkunft ihres Kindes benachteiligt wird. In beiden Fällen kann nämlich das Persönlichkeitsrecht der Mutter verletzt sein.

b) Kritikpunkt: Verzicht auf Persönlichkeitsrechtsverletzung

Zu beachten ist allerdings, dass durch die Entscheidung der EuGH im Fall CHEZ Razpredelenie Bulgaria der Eindruck vermittelt wird, dass es beim Antidiskriminierungsrecht nicht auf eine Verletzung des Persönlichkeitsrechts ankommt, sondern lediglich ein Verstoß gegen das Gleichheitsverbot genügt.[598] Solch ein Verständnis würde der hier vertretenen dogmatischen Einordnung des Antidiskriminierungsrechts unter das Prinzip des Persönlichkeitsschutzes widersprechen. Auf die Vereinbarkeit mit dem Prinzip des Persönlichkeitsschutzes deuten allerdings einige Stellen in den Entscheidungsgründen hin: Das Gericht erwähnt immer wieder die „beleidigend[e] und stigmatisierend[e]“ Anbringungspraxis der CHEZ RB und schafft hierdurch eine Brücke zum Persönlichkeitsrecht des Benachteiligten.[599] Aus diesem Grund kann nicht pauschal behauptet werden, dass es dem EuGH beim Antidiskriminierungsrecht grundsätzlich nicht auf Persönlichkeitsrechtsverletzungen ankommt. Vielmehr sprechen die Ausführungen auch für einen Persönlichkeitsrechtsbezug, da der EuGH die Anbringungspraxis für persönlichkeitsrechtsverletzend gewertet hat. Ob der EuGH im Fall CHEZ Razpredelenie Bulgaria jedoch richtig entschieden hat und Frau Nikolova ohne ein besonderes Näheverhältnis einen Anspruch zusprechen durfte, wird im 4. Kapitel untersucht.

c) Vereinbarkeit der assoziierten Diskriminierung mit dem deutschen Privatrecht

Auch im Fall der assoziierten Diskriminierung im Zivilrechtsbereich stellt sich die Frage, ob die Einbeziehung der Fallgruppe in den Anwendungsbereich des AGG mit dem deutschen Privatrecht vereinbar ist. Im Zivilrechtsbereich ist die entscheidende Rechtszuweisungsnorm § 19 Abs. 1 AGG. Nach dieser Norm ist

---

598 *Hartmann*, EuZA 2019, 24 (42).

599 EuGH, Urt. v. 16.07.2015 – C-83/14, CHEZ Razpredelenie Bulgaria, Rn. 87, 108, 124, 128, Celex-Nr. 62014CJ0083; der gleichen Meinung sind auch *Hartmann*, EuZA 2019, 24 (42f.); *Lobinger*, AcP 216 (2016), 28 (93) Fn. 224; a.A. *Grünberger*, in: *Illmer*, AcP (216) 2016, 107 (109f.). Vgl. vertieft zur Diskriminierung durch Stigmatisierung und zum Fall CHEZ Razpredelenie Bulgaria *Solanke*, Discrimination as Stigma, S. 78f.

eine Benachteiligung aus Gründen der Rasse oder wegen der ethnischen Herkunft, wegen des Geschlechts, der Religion, einer Behinderung, des Alters oder der sexuellen Identität bei der Begründung, Durchführung und Beendigung zivilrechtlicher Schuldverhältnisse, die typischerweise ohne Ansehen der Person zu vergleichbaren Bedingungen in einer Vielzahl von Fällen zustande kommen (Massengeschäfte) oder bei denen das Ansehen der Person nach der Art des Schuldverhältnisses eine nachrangige Bedeutung hat und die zu vergleichbaren Bedingungen in einer Vielzahl von Fällen zustande kommen oder eine privatrechtliche Versicherung zum Gegenstand haben, unzulässig. Bei einer Verletzung dieses Benachteiligungsverbots steht dem Benachteiligten somit u.a. ein Anspruch auf Schadensersatz und Entschädigung nach § 21 Abs. 2 AGG zu.

Der Wortlaut des § 19 Abs. 1 AGG („aus Gründen der Rasse oder wegen der ethnischen Herkunft" etc.) spricht auch hier für die Einbeziehung der assoziierten Diskriminierung in den Anwendungsbereich des AGG, da er ebenso wie in der RL 2000/43/EG weit gefasst ist. Ferner ist der Regelung der Persönlichkeitsschutzgedanke immanent.[600] § 19 Abs. 1 AGG soll gerade vor Diskriminierung in Massengeschäften und anderen Schuldverhältnissen, bei denen es gerade nicht auf das Ansehen der Person ankommt, schützen. Eine Diskriminierung bei solchen Massengeschäften wegen eines in § 1 AGG genannten Merkmals ist jedoch deshalb besonders kränkend und beleidigend, da es dem Vertragspartner eigentlich nicht auf die Person des Betroffenen ankommen dürfte.[601] Der Betroffene wird aber wegen seiner Person, also seines Soseins, benachteiligt. Dieses Verhalten ist zweifelslos als Verletzung des Persönlichkeitsschutzes einzustufen. Bei einer assoziierten Diskriminierung liegt der Fall nicht anders: Hier wird jemand aufgrund seiner Beziehung zu einer Person, die eines der in § 1 AGG genannten Merkmale aufweist, benachteiligt. Auch hier wird der Betroffene wegen seiner Person anders behandelt, obwohl es bei den Massengeschäften gerade nicht auf das Ansehen der Person ankommt. Durch die besondere Verbindung zum Merkmalsträger empfindet der Nicht-Merkmalsträger das eigentlich für ihn fremde Merkmal wie sein eigenes.[602] Er wird aufgrund des

600 Siehe auch *Hartmann*, in: Herresthal/Kaiser/Stoffels, Staudinger Eckpfeiler, AGG, 7. Aufl. 2020, S. 131, B64, der auch in § 19 AGG eine Konkretisierung „des allgemeinen Persönlichkeitsrechts für bestimmte Bereiche des Zivilrechtsverkehrs" sieht.

601 Ebenfalls *Hartmann*, in: Herresthal/Kaiser/Stoffels, Staudinger Eckpfeiler, AGG, 7. Aufl. 2020, S. 128f., B57.

602 Siehe für das Beschäftigungsverhältnis *Bader*, Arbeitsrechtlicher Diskriminierungsschutz als Privatrecht, S. 271f.

Differenzierungsmerkmals vom Diskriminierenden nicht als potenzieller Vertragspartner gesehen und dadurch in seinem Persönlichkeitsrecht verletzt. Der Diskriminierende rechnet dem betroffenen Nicht-Merkmalsträger das fremde Merkmal zu, wodurch dieser dann wiederum in dessen Augen zum „Repräsentant“[603] des Merkmalsträgers wird. Es ist mithin nicht ersichtlich, weshalb die assoziierte Diskriminierung im Zivilrechtsverkehr nicht vom Schutzbereich des AGG erfasst sein sollte. Insofern ist auch die Erweiterung des personellen Anwendungsbereichs des AGG mit dem Prinzip des Persönlichkeitsschutzes und dem deutschen Privatrecht vereinbar.[604]

Da die Entscheidung äußerst weit geht und auch Personen im Rahmen der assoziierten Diskriminierung einen Anspruch auf Schadensersatz oder Entschädigung zuspricht, die in keinem Verhältnis zu den Merkmalsträgern stehen, bleibt weiterhin zu klären, ob tatsächlich auf ein sog. Näheverhältnis verzichtet werden kann. Dies ist jedoch unabhängig von der grundsätzlichen Frage der Anspruchsberechtigung im Falle einer assoziierten Diskriminierung im Zivilrechtsverkehr in einem separaten Kapitel zu untersuchen.[605] Demnach kann der Entscheidung des EuGH insoweit zugestimmt werden, dass der Schutzbereich der RL 2000/43/EG und damit auch der des AGG die Fälle assoziierter Diskriminierungen erfasst.

d) Wertungen des Art. 21 der Charta der Grundrechte der Europäischen Union

Auch die Wertungen des Art. 21 der EU-GRCharta sprechen für eine Anspruchsberechtigung des Nicht-Merkmalsträgers im Zivilrechtsverkehr.[606] So ist beim Differenzierungsmerkmal Rasse und ethnische Herkunft der Wortlaut ebenfalls offen formuliert. Es heißt auch dort, dass Diskriminierungen insbesondere „wegen [...] der Rasse, der Hautfarbe, der ethnischen oder sozialen Herkunft“ verboten sind. Demzufolge spricht auch Art. 21 der EU-GRCharta nicht gegen die Einbeziehung der assoziierten Diskriminierung in den Anwendungsbereich der RL 2000/43/EG und des AGG.

---

603 Ähnlich für das Beschäftigungsverhältnis *Bader*, Arbeitsrechtlicher Diskriminierungsschutz als Privatrecht, S. 271.

604 In die Richtung auch *Hartmann*, EuZA 2019, 24 (42f.), der in den Entscheidungsgründen des EuGH in der Rechtssache CHEZ Razpredelenie Bulgaria auch eine gewisse „Nähe zum Schutz des Persönlichkeitsrechts“ sieht.

605 Siehe hierzu 4. Kap.

606 Siehe zu Art. 21 EU-GRCharta auch 3. Kap. C. I. 1. g).

Zwar hat der EuGH in der Rechtssache Coleman nicht mit dem Art. 21 der EU-GRCharta argumentiert, da diese zum Zeitpunkt der Entscheidungsfindung noch nicht verbindlicher Teil des Primärrechts war. Allerdings hat der EuGH in der Rechtssache CHEZ Razpredelenie Bulgaria die Möglichkeit wahrgenommen, Art. 21 der EU-GRCharta in seine Entscheidungsbegründung aufzunehmen. So stellt der EuGH fest, dass für eine Einbeziehung des Verbots assoziierter Diskriminierungen in den Schutzbereich der RL 2000/43/EG neben dem Wortlaut des Art. 13 EG (heute Art. 19 AEUV) auch das in Art. 21 der EU-GRCharta „niedergelegte Verbot der Diskriminierung aus Gründen der Rasse oder der ethnischen Herkunft, dessen konkreten Ausdruck die Richtlinie in den von ihr erfassten Bereichen bildet", spreche.[607] Diese Ausführungen zeigen, dass der EuGH den Anwendungsbereich der RL 2000/43/EG weit auslegt und dies unter anderem mit dem in Art. 21 der EU-GRCharta enthaltenen umfassenden Diskriminierungsverbot begründet.

Bereits in den Schlussanträgen hat die Generalanwältin *Kokott* mit Art. 21 der EU-GRCharta argumentiert und zu Beginn ihrer Anträge klargestellt, dass der unionsrechtliche Rahmen des Falles CHEZ Razpredelenie Bulgaria durch Art. 21 der Charta der Grundrechte sowie durch die RL 2000/43/EG bestimmt werde.[608] Ferner hat sie ausgeführt, dass weder Art. 21 der EU-GRCharta noch viele Sprachfassungen der RL 2000/43/EG eine Beschränkung des Gleichbehandlungsgrundsatzes auf Personen vorsehe, „die wegen ‚ihrer' (im Sinne von: ihrer eigenen) Rasse oder ethnischen Herkunft diskriminiert werden".[609] Im Gegenteil: die europäischen Regelungen seien offen und allgemein formuliert und wollten jegliche Diskriminierung wegen der Differenzierungsmerkmale Rasse und ethnischer Herkunft verbieten.[610]

Sodann hat *Kokott* in ihrer Argumentation einen Vergleich zur Rechtssache Coleman gezogen und dabei ebenfalls den Art. 21 der EU-GRCharta berücksichtigt. So sei die Entscheidung in der Rechtssache Coleman ohne Weiteres auf den Fall CHEZ Razpredelenie Bulgaria übertragbar, auch wenn es hier um

607 EuGH, Urt. v. 16.07.2015 – C-83/14, CHEZ Razpredelenie Bulgaria, Rn. 58, Celex-Nr. 62014CJ0083.

608 Schlussanträge der Generalanwältin Juliane Kokott v. 12.03.2015, C-83/14, Rn. 6, E-CLI:EU:C:2015:170.

609 Schlussanträge der Generalanwältin Juliane Kokott v. 12.03.2015, C-83/14, Rn. 53, E-CLI:EU:C:2015:170.

610 Schlussanträge der Generalanwältin Juliane Kokott v. 12.03.2015, C-83/14, Rn. 53, E-CLI:EU:C:2015:170.

zwei unterschiedliche Richtlinien ginge.[611] Die RL 2000/43/EG und RL 2000/78/EG seien „Schwesterrichtlinien“ und beide „Ausdruck des Gleichbehandlungsgrundsatzes“, der wiederum selbst ein tragender Grundsatz des Unionsrechts und in Art. 21 der EU-GRCharta niedergelegt sei.[612] „Mitdiskriminiert“ werde insbesondere die Person, die „in einer engen persönlichen Beziehung zum Träger eines der in Art. 21 der Charta der Grundrechte und in den Antidiskriminierungsrichtlinien genannten Merkmale steh[e]“.[613]

Kokott veranschaulicht folglich, dass der Schutz vor Antidiskriminierung nicht gelöst vom Art. 21 der EU-GRCharta gesehen werden kann und immer als Gleichbehandlungsgrundsatz in die Erwägungen mit einbezogen werden muss. Dieser Begründungslinie ist zuzustimmen, da Art. 21 der EU-GRCharta, wie bereits dargestellt, seit Ende 2009 verbindlicher Teil des Primärrechts und somit bei der Auslegung der Antidiskriminierungsrichtlinien und damit auch bei der Auslegung des AGG zu beachten ist.[614] *Kokott* argumentiert ferner im Rahmen ihrer Ausführungen zur unmittelbaren assoziierten Diskriminierung[615] und mittelbaren assoziierten Diskriminierung[616] mit dem in Art. 21 der EU-GRCharta enthaltenen Grundrecht auf Gleichbehandlung. Auf diese Ausführungen wird später im Rahmen der Reichweite der assoziierten Diskriminierung bei verschiedenen Diskriminierungsformen eingegangen.[617]

3. *Zwischenergebnis*

Im Ergebnis kann festgehalten werden, dass dem Nicht-Merkmalsträger im Rahmen einer assoziierten Diskriminierung sowohl im Beschäftigungsverhältnis als auch im Zivilrechtsverkehr ein Anspruch aus dem AGG zustehen kann,

---

611 Schlussanträge der Generalanwältin Juliane Kokott v. 12.03.2015, C-83/14, Rn. 56, E-CLI:EU:C:2015:170.

612 Schlussanträge der Generalanwältin Juliane Kokott v. 12.03.2015, C-83/14, Rn. 56, E-CLI:EU:C:2015:170.

613 Schlussanträge der Generalanwältin Juliane Kokott v. 12.03.2015, C-83/14, Rn. 57, E-CLI:EU:C:2015:170.

614 Siehe hierzu 3. Kap. C. I. 1. g).

615 Schlussanträge der Generalanwältin Juliane Kokott v. 12.03.2015, C-83/14, Rn. 82, E-CLI:EU:C:2015:170.

616 Schlussanträge der Generalanwältin Juliane Kokott v. 12.03.2015, C-83/14, Rn. 107f., E-CLI:EU:C:2015:170.

617 Siehe 5. Kap. B. I. 2. für die unmittelbare assoziierte Diskriminierung sowie 5. Kap. B. II. 3. für die mittelbare assoziierte Diskriminierung.

weil durch die Benachteiligung eine eigene Persönlichkeitsrechtsverletzung in Betracht kommt.

II. Anspruchsberechtigung des Merkmalsträgers

Zur Anspruchsberechtigung des Merkmalsträgers im Falle einer assoziierten Diskriminierung gibt es derzeit keine Rechtsprechung der europäischen und deutschen Gerichte. Die bisher entschiedenen Fälle hatten immer die Anspruchsberechtigung des Nicht-Merkmalsträgers zum Gegenstand.[618] Ob auch der Merkmalsträger als Dritter einen Anspruch gegen den Diskriminierenden hat, ließen die Gerichte stets offen, da sich die Vorlagefragen bzw. die Klagen nicht hierauf bezogen.

Zur Veranschaulichung des Problems der Anspruchsberechtigung des Merkmalsträgers im Rahmen der assoziierten Diskriminierung dient folgendes Schaubild:

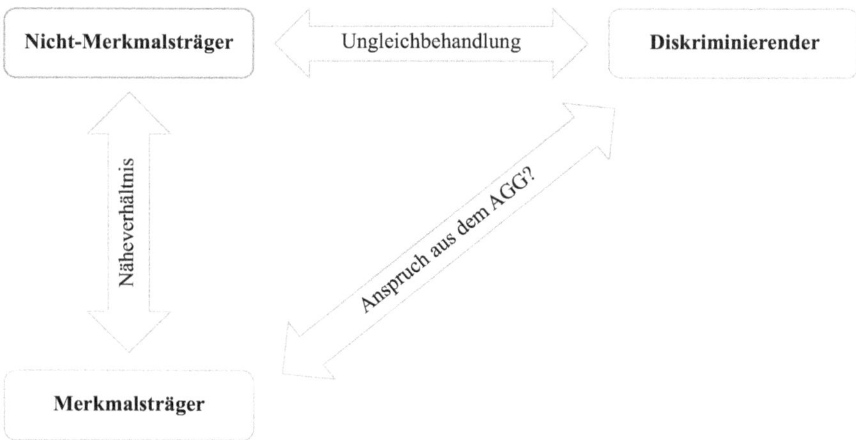

Eine Trennung zwischen Beschäftigungsverhältnis und Zivilrechtsverkehr bei der Beantwortung dieser Frage ist auch hier notwendig, weil die Anspruchsgrundlagen unterschiedliche Rechtszuweisungsnormen enthalten. Diese sind § 7 AGG für das Beschäftigungsverhältnis und § 19 AGG für den Zivilrechtsverkehr.

618 Vgl. EuGH, Urt. v. 17.07.2008 – C-303/06, Coleman, NZA 2008, 932ff.; EuGH, Urt. v. 16.07.2015 – C-83/14, CHEZ Razpredelenie Bulgaria, Celex-Nr. 62014CJ0083; BAG, Urt. v. 22.04.2010 – 6 AZR 966/08, NZA 2010, 947ff.

1. Beschäftigungsverhältnis

Betrachtet man das Beschäftigungsverhältnis, wirkt es umso überraschender, dass der EuGH sich in der Sache Coleman gar nicht zur Anspruchsberechtigung des Kindes als Merkmalsträger geäußert hat, obwohl insbesondere die Schlussanträge des Generalanwalts *Maduro* den Gerichtshof zur Auseinandersetzung mit dieser Frage hätten lenken sollen.[619] *Maduro* führt in seinen Schlussanträgen aus, dass ein direkter Angriff auf einen Merkmalsträger nicht die einzige Art sei, um sie zu diskriminieren.[620] Es gebe hierfür „auch andere, subtilere und weniger offensichtliche Wege".[621] Einer dieser subtileren Wege sei es, einen Merkmalsträger in seiner „Würde und Selbstbestimmung" dadurch zu verletzen, indem eine mit ihm in einer engen Beziehung stehende Person angegriffen werde.[622] Auch vor solchen Diskriminierungen müssten die Antidiskriminierungsrichtlinien schützen, da durch sie ebenfalls Merkmalsträger betroffen seien.[623]

Analysiert man diese Ausführungen *Maduros*, kommt man zu dem Ergebnis, dass der Merkmalsträger in seiner Würde verletzt wird, wenn ein Nicht-Merkmalsträger wegen seiner Person eine Benachteiligung erfährt.[624] Dies hätte zur Folge, dass ein Merkmalsträger grundsätzlich nach dem AGG anspruchsberechtigt wäre, wenn eine ihm nahestehende Person im Beschäftigungsverhältnis aufgrund seiner Person benachteiligt werden würde. Allerdings können im Beschäftigungsverhältnis nur die Beschäftigten i.S.d. § 6 Abs. 1 AGG einen Anspruch nach § 15 AGG geltend machen.[625] Das Gegenteilige würde dem deutschen Privatrechtsverständnis widersprechen, wonach der Rechtsschutz zwingend der Rechtszuweisung folgt.[626] Wie bereits gezeigt wurde, ist die einschlägige Rechtszuweisungsnorm im AGG für Ansprüche im Beschäftigungsverhältnis § 7

619 Schlussanträge des Generalanwalts M. Poiares Maduro v. 31.01.2008, C-303/06, Slg. 2008, I-5603, Rn. 12ff.

620 Schlussanträge des Generalanwalts M. Poiares Maduro v. 31.01.2008, C-303/06, Slg. 2008, I-5603, Rn. 12.

621 Schlussanträge des Generalanwalts M. Poiares Maduro v. 31.01.2008, C-303/06, Slg. 2008, I-5603, Rn. 12.

622 Schlussanträge des Generalanwalts M. Poiares Maduro v. 31.01.2008, C-303/06, Slg. 2008, I-5603, Rn. 12.

623 Schlussanträge des Generalanwalts M. Poiares Maduro v. 31.01.2008, C-303/06, Slg. 2008, I-5603, Rn. 12.

624 Ebenfalls feststellend *Sutschet*, EuZA Bd. 2 (2009), 245 (248).

625 Vgl. zu den Anspruchsvoraussetzungen des § 15 AGG 2. Kap. A. I. und 2. Kap. B. I.

626 Siehe hierzu ausführlich 3. Kap. C. I. 1. f); ebenfalls *Bader*, Arbeitsrechtlicher Diskriminierungsschutz als Privatrecht, S. 268f.

AGG.[627] Danach können nur Beschäftigte nach § 15 AGG anspruchsberechtigt sein. Das schließt somit eine Anspruchsberechtigung des Merkmalsträgers im Falle einer assoziierten Diskriminierung aus, weil dieser nicht selbst im Beschäftigungsverhältnis mit dem Arbeitgeber steht und durch diesen eine Persönlichkeitsrechtsverletzung im Beschäftigungsverhältnis erfährt. Es wäre somit mit dem deutschen Privatrechtsverständnis unvereinbar, dem Merkmalsträger einen AGG-rechtlichen Anspruch zuzusprechen, wenn er nach der Rechtszuweisungsnorm des § 7 AGG nicht anspruchsberechtigt wäre.

Zu Recht wird überwiegend auch in der Literatur die Anspruchsberechtigung des Merkmalsträgers im Falle einer assoziierten Diskriminierung abgelehnt.[628] Dies wird damit begründet, dass nur der Person eine Anspruchsberechtigung zustehe, die von der rechtswidrigen Benachteiligung betroffen sei.[629] Im Beschäftigungsverhältnis werden nur die Beschäftigten i.S.d. § 6 Abs. 1 AGG in ihrem Persönlichkeitsrecht verletzt und sind damit von einer rechtswidrigen Benachteiligung des Arbeitgebers betroffen und eben nicht die Merkmalsträger. Das Beschäftigungsverhältnis hat nämlich nur für die Beschäftigten eine hohe Persönlichkeitsrelevanz.[630] Nur sie können durch das Verhalten des Arbeitgebers im Beschäftigungsverhältnis in ihrem Persönlichkeitsrecht verletzt werden, weil es nicht um die Achtung und freie Entfaltung des Persönlichkeitsrechts außenstehender Dritter geht, sondern um die Achtung und freie Entfaltung des Persönlichkeitsrecht des Beschäftigten. Nach § 15 AGG ist somit nur der Beschäftigte anspruchsberechtigt und gerade keine dritte Person außerhalb des Beschäftigungsverhältnisses. Das bedeutet freilich nicht, dass Merkmalsträgern in solchen Fällen gar keine Ansprüche zustehen. So haben sie die Möglichkeit, Ansprüche außerhalb des AGG – wie z.B. deliktische Ansprüche[631] – gegen den Arbeitgeber geltend zu machen.

Festzuhalten ist mithin, dass im Rahmen der assoziierten Diskriminierung im Beschäftigungsverhältnis eine Anspruchsberechtigung des Merkmalsträgers

---

627 Siehe hierzu 3. Kap. C. I. 1. f).

628 *Krieger*, FD-ArbR 2008, 264802; *Serr*, in: Staudinger AGG, 2020, § 1 Rn. 50; *Bader*, Arbeitsrechtlicher Diskriminierungsschutz als Privatrecht, S. 269; *Bauer/Krieger/Günther*, AGG, 5. Aufl. 2018, § 1 Rn. 59; *Däubler*, in: Däubler/Bertzbach, NK-AGG, 4. Aufl. 2018, § 1 Rn. 110; *Göke*, Der Einzelne im Spannungsfeld von Teleologie und Deontologie, S. 322f.; wohl a.A. ist dagegen *Sutschet*, EuZA Bd. 2 (2009), 245 (249).

629 *Bauer/Krieger/Günther*, AGG, 5. Aufl. 2018, § 1 Rn. 59; *Krieger*, FD-ArbR 2008, 264802; *Serr*, in: Staudinger AGG, 2020, § 1 Rn. 50.

630 Vgl. hierzu 3. Kap. C. I. 1. f).

631 Ebenfalls *Bader*, Arbeitsrechtlicher Diskriminierungsschutz als Privatrecht, S. 269.

regelmäßig nicht vorliegen wird, weil der Merkmalsträger kein Beschäftigter des benachteiligenden Arbeitgebers ist und deshalb auch nicht durch diesen in seinem Persönlichkeitsrecht verletzt wird.

2. *Zivilrechtsverkehr*

Auch im Zivilrechtsverkehr schweigt die Rechtsprechung weiterhin, wenn es um die Frage der Anspruchsberechtigung des Merkmalsträgers bei einer assoziierten Diskriminierung im Zivilrechtsverkehr geht.[632]

Anders als Generalanwalt *Maduro*[633] prüft die Generalanwältin *Kokott* in ihren Schlussanträgen nicht umfassend die Anspruchsberechtigung des Merkmalsträgers, sondern spricht lediglich von einer „stigmatisierenden Wirkung" der „pauschalen und kollektiven Maßnahme", die die Roma diskriminiere.[634] Sie geht demnach grundsätzlich von der Möglichkeit einer Anspruchsberechtigung des Merkmalsträgers bei einer assoziierten Diskriminierung im Zivilrechtsverkehr aus. Dies wird auch in dem von *Kokott* dargestellten Beispiel[635] deutlich. Sie beschreibt eine Situation, in der sechs Personen als Gruppe in einem Restaurant gemeinsam essen wollen und allen der Zutritt ins Lokal aufgrund der Hautfarbe einer Person aus der Gruppe verwehrt wird. Dieser diskriminierende Vorfall sei „nicht nur als Diskriminierung der einen, primär betroffenen Person anzusehen", sondern benachteilige auch die anderen fünf Personen.[636] Hier verdeutlicht *Kokott*, dass die eine Person, die wegen ihrer Hautfarbe nicht in das Restaurant darf, unmittelbar wegen ihrer ethnischen Herkunft diskriminiert wird. Sie kann sich somit auf § 21 AGG berufen, da sie selbst auch eine rechtswidrige Ungleichbehandlung erfährt.

Der persönliche Anwendungsbereich des § 21 AGG ist mithin weiter als der Anwendungsbereich für das Beschäftigungsverhältnis nach § 15 AGG. Auf § 21 AGG kann sich nämlich nicht nur eine begrenzte Personengruppe (wie bei § 15

---

632 EuGH, Urt. v. 16.07.2015 – C-83/14, CHEZ Razpredelenie Bulgaria, Celex-Nr. 62014CJ0083.

633 Schlussanträge des Generalanwalts M. Poiares Maduro v. 31.01.2008, C-303/06, Slg. 2008, I-5603, Rn. 12ff.

634 Schlussanträge der Generalanwältin Juliane Kokott v. 12.03.2015, C-83/14, Rn. 60, ECLI:EU:C:2015:170.

635 Vgl. für das vollständige Beispiel die Schlussanträge der Generalanwältin Juliane Kokott v. 12.03.2015, C-83/14, Nr. 59, ECLI:EU:C:2015:170.

636 Schlussanträge der Generalanwältin Juliane Kokott v. 12.03.2015, C-83/14, Rn. 59, ECLI:EU:C:2015:170.

AGG die Beschäftigten) sondern jedes Diskriminierungsopfer berufen.[637] Ausschlaggebend ist demnach, ob dem Merkmalsträger eine eigene Benachteiligung widerfährt.

Auch in anderen Fällen kommt man zu demselben Ergebnis. Stellt man sich z.B. den Fall vor, dass ein Ehepaar eine Wohnung mieten möchte und nur wegen des Kopftuchs der Ehefrau abgelehnt wird, steht grundsätzlich auch der Ehefrau ein Anspruch nach dem AGG zu. Hier wird nämlich auch direkt der Ehefrau mit dem Kopftuch der Abschluss eines Mietvertrages verwehrt, sodass sie sich nach § 21 AGG auf Ansprüche gegen den Diskriminierenden berufen kann.

Betrachtet man jedoch den Fall, dass nur der Ehemann der Vertragspartner des Mietvertrages hätte sein sollen und er die Zusage nur deshalb nicht bekommt, weil seine Ehefrau ein Kopftuch trägt, oder etwa eine Mutter mit ihrem behinderten Kind eine Wohnung mieten möchte und ihr das aufgrund der Behinderung ihres Kindes verwehrt wird, sieht die Beantwortung dieser Frage anders aus. Die Ehefrau oder das Kind hätten selbst nämlich keinen Mietvertrag unterschrieben. Nicht ihnen als Merkmalsträger wird der Abschluss eines Vertrages verweigert, sondern ihren Angehörigen. Rechtlich gesehen dürfte den Merkmalsträgern somit kein Anspruch nach § 21 AGG im Falle einer assoziierten Diskriminierung zustehen, wenn sie nicht selbst Opfer der Benachteiligung sind, da – wie bereits festgestellt wurde – der Rechtsschutz regelmäßig der Rechtszuweisung folgt.[638] Fraglich ist jedoch, ob dies aus antidiskriminierungsrechtlicher Perspektive auch so gewollt sein kann, denn die Persönlichkeitsrechtsverletzung des Merkmalsträgers ist nicht deshalb geringer, weil nicht er, sondern ein naher Angehöriger einen Vertrag abschließen möchte. In solch einer Dreier-Konstellation stellt sich mithin die Frage, ob dem Merkmalsträger auch hier ein vertraglicher Anspruch auf Schadensersatz oder Entschädigung nach dem AGG zustehen sollte.[639]

Im Zivilrecht wird einem Dritten, der nicht selbst Vertragspartner ist, im Rahmen des Vertrags mit Schutzwirkung zugunsten Dritter (i.F. „VSD“) ein vertraglicher Schadensersatzanspruch zugesprochen, wenn der Dritte besonders schutzwürdig ist und einen Schaden erleidet.[640] Dies ist z.B. bei einer Mieterin,

---

637 Vgl. zum Anwendungsbereich des § 15 AGG und § 21 AGG 2. Kap.

638 Siehe zu § 19 AGG als Rechtszuweisungsnorm 3. Kap. C. I. 2. c).

639 Siehe zur vertraglichen Natur der AGG-Ansprüche 2. Kap. C.

640 Siehe ausführlich zum Vertrag mit Schutzwirkung zugunsten Dritter *Grüneberg*, in: Palandt, BGB, 80. Aufl. 2021, § 328 Rn. 13ff.; *Gottwald*, in: MüKo BGB, Band 3,8. Aufl. 2019, § 328 Rn. 166ff.; *Stürner*, in: PWW, BGB, 16. Aufl. 2021, Vor §§ 328-335 Rn. 5ff.

die mit ihrem Kind in der Mietwohnung wohnt, welches aufgrund der Mietsache einen Schaden erleidet, der Fall.[641]

Zur Veranschaulichung der Drei-Personen-Konstellation im Rahmen eines VSD soll folgendes Schaubild dienen:

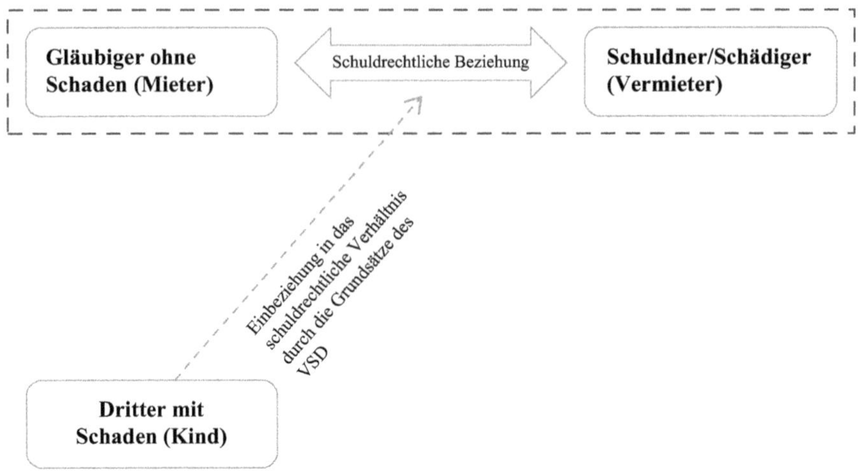

Dieses Kind hätte grundsätzlich nur deliktische Ansprüche gegen den Vermieter, weil dieser kein Vertragspartner des Kindes ist. Deliktische Ansprüche sind jedoch im Vergleich zu vertraglichen Ansprüchen in ihrer Stärke und Durchsetzbarkeit schwächer, weil im Deliktsrecht z.B. die Exkulpationsmöglichkeit des § 831 Abs. 1 Satz 2 BGB besteht und das Vertragsrecht z.B. eine Beweiserleichterung für den Gläubiger in § 280 Abs. 1 Satz 2 BGB vorsieht sowie das Vermögen umfassender schützt.[642] Aus diesem Grund werden regelmäßig vertragliche Ansprüche für vorteilhafter erachtet. Um solchen Drei-Personen-Konstellationen gerecht zu werden, wurde das Konstrukt des VSD geschaffen. Sobald die Voraussetzungen vorliegen, wird das Kind in den Schutzbereich des Vertragsverhältnisses einbezogen und könnte schuldrechtliche Schadensersatzansprüche gegen den Vermieter geltend machen. Dabei ist der Kreis der geschützten Dritten jedoch restriktiv zu halten, um eine uferlose Ausdehnung

641 Siehe z.B. *Grüneberg*, in: Palandt, BGB, 80. Aufl. 2021, § 328 Rn. 28; vgl. für zahlreiche Beispiele von VSD-Fällen *Gottwald*, in: MüKo BGB, Band 3, 8. Aufl. 2019, § 328 Rn. 210ff. und Rn. 237ff. speziell für Mietverhältnisse.

642 *Zenner*, NJW 2009, 1030; *Grüneberg*, in: Palandt, BGB, 80. Aufl. 2021, § 328 Rn. 13.

des Schutzbereichs zu verhindern.[643] Bei einem Anspruch nach den Grundsätzen des VSD müssen deshalb neben den allgemeinen Voraussetzungen eines Schadensersatzanspruchs (wie z.B. bei § 280 Abs. 1 BGB: Schuldverhältnis, Pflichtverletzung, Vertretenmüssen und Schaden)[644] auch folgende vier Voraussetzungen vorliegen: Leistungsnähe, Gläubigernähe, Erkennbarkeit für den Schuldner und Schutzbedürftigkeit.[645] Unter Leistungsnähe versteht man, dass der Dritte bestimmungsgemäß mit der Leistung des Schuldners in Berührung kommt und den Gefahren der Leistung genauso ausgesetzt ist wie der Gläubiger.[646] Die Gläubigernähe liegt vor, wenn der Gläubiger entweder für das „Wohl und Wehe" des Dritten verantwortlich ist oder wenn der Gläubiger an der Einbeziehung des Dritten in den vertraglichen Schutzbereich ein berechtigtes Interesse hat und die Einbeziehung des Dritten von der Auslegung des Vertrags noch umfasst ist.[647] Ferner muss die Leistungsnähe und das Gläubigerinteresse für den Schuldner subjektiv erkennbar sein, das bedeutet, dass das Haftungsrisiko für den Schuldner „übersehbar, kalkulierbar und ggf. versicherbar"[648] sein muss.[649] Zuletzt darf für die Schutzbedürftigkeit dem Dritten kein eigener inhaltsgleicher Schadensersatzanspruch zustehen.[650] Die VSD-Grundsätze sind nicht nur in einem bestehenden Vertragsverhältnis anwendbar, sondern auch während eines Vertragsanbahnungsverhältnisses, wobei im letzteren Fall bei der Anwendung der VSD-Grundsätze besondere Zurückhaltung geboten sein kann, um eine extensive Anwendung dieser Konstruktion zu vermeiden.[651]

Die beschriebenen VSD-Grundsätze können auch auf Fälle der assoziierten Diskriminierung übertragen werden, da AGG-Ansprüche ihrer Natur nach eher vertragliche Ansprüche sind.[652] Die Übertragbarkeit der VSD-Grundsätze lässt sich z.B. anhand des Falles der Mutter eines behinderten Kindes, die an einer

---

643 *Gottwald*, in: MüKo BGB, Band 3, 8. Aufl. 2019, § 328 Rn. 182.

644 Vgl. zu den Anspruchsvoraussetzungen und Rechtsfolgen des Schadensersatzanspruchs nach § 280 Abs. 1 BGB z.B. *Stadler*, in: Jauernig, BGB, 18. Aufl. 2021, § 280 Rn. 7ff.

645 *Grüneberg*, in: Palandt, BGB, 80. Aufl. 2021, § 328 Rn. 17ff.

646 *Grüneberg*, in: Palandt, BGB, 80. Aufl. 2021, § 328 Rn. 17.

647 *Grüneberg*, in: Palandt, BGB, 80. Aufl. 2021, § 328 Rn. 17a.

648 *Gottwald*, in: MüKo BGB, Band 3, 8. Aufl. 2019, § 328 Rn. 190.

649 *Grüneberg*, in: Palandt, BGB, 80. Aufl. 2021, § 328 Rn. 18.

650 *Grüneberg*, in: Palandt, BGB, 80. Aufl. 2021, § 328 Rn. 18; *Gottwald*, in: MüKo BGB, Band 3, 8. Aufl. 2019, § 328 Rn. 191.

651 BGH, Urt. v. 28.01.1976 – VIII ZR 246/74, NJW 1976, 712 (713).

652 Vgl. hierzu 2. Kap. C.

Mietwohnung Interesse hat und nur wegen der Behinderung ihres Kindes abgelehnt wird, gut darstellen. Eine Leistungsnähe besteht im Rahmen eines Mietverhältnisses auch beim eigenen Kind, da es ebenfalls bestimmungsgemäß mit der Leistung, nämlich dem Mietobjekt, in Berührung gekommen wäre. Auch die Gläubigernähe liegt vor, weil die Mutter für das Wohl und Wehe ihres Kindes verantwortlich ist und an der Einbeziehung ihres Kindes in den vertraglichen Schutzbereich ein berechtigtes Interesse hat. Leistungs- und Gläubigernähe wären auch für den potentiellen Vermieter subjektiv erkennbar gewesen. Da dem Kind kein eigener inhaltsgleicher Schadensersatzanspruch zusteht, wäre auch die Schutzbedürftigkeit gegeben.

Allerdings kommt eine Übertragung des Rechtsgedankens des VSD auf die assoziierte Diskriminierung im Zivilrechtsverkehr nur für wenige Konstellationen in Betracht. Nicht alle Fälle einer assoziierten Diskriminierung können auch einen Anspruch des Merkmalsträgers begründen. Ausschlaggebend ist insbesondere die Leistungsnähe. Wenn z.B. ein Busfahrer im öffentlichen Nahverkehr einen weiblichen Fahrgast nicht mitnimmt, weil sie vorher von ihrem Mann verabschiedet wurde, der einen Dastar[653] der Sikhs trägt, stünde dem Ehemann des Fahrgasts kein Anspruch aus dem AGG zu, obwohl eine verbotene assoziierte Diskriminierung der Ehefrau geben wäre. Selbst wenn auch das Persönlichkeitsrecht des Ehemanns verletzt wäre, weil seine Ehefrau aufgrund seiner Religion nicht befördert wurde, wäre er selbst nie mit der Leistung, also der Beförderung im Bus, bestimmungsgemäß in Berührung gekommen. In diesem Fall würde also die Leistungsnähe fehlen. Deshalb ist eine pauschale Bejahung des AGG-Anspruchs eines Merkmalsträgers im Zivilrechtsbereich auch nicht durch Heranziehung der VSD-Grundsätze möglich. Es kommt vielmehr auf den Einzelfall an und ob die strengen Voraussetzungen des VSD auch in dieser speziellen Konstellation der assoziierten Diskriminierung vorliegen. Die Gläubigernähe wird im Gegensatz zur Leistungsnähe regelmäßig bei den Fällen der assoziierten Diskriminierung anzunehmen sein, da der Nicht-Merkmalsträger und Merkmalsträger für einen Fall der assoziierten Diskriminierung in einem besonderen Näheverhältnis stehen müssen.[654]

Im Rahmen des Zivilrechtsverkehrs kommt es demnach für die Anspruchsberechtigung des Merkmalsträgers vor allem darauf an, ob er selbst eine Benachteiligung erlebt und ihm deshalb nach der Rechtszuweisungsnorm des § 19

---

653 Der Dastar soll das ungeschnittene Haar der Sikhs aus religiösen Gründen verdecken und ähnelt einem Turban.

654 Siehe ausführlich zum Näheverhältnis 4. Kap.

AGG ein eigener Schadensersatz- oder Entschädigungsanspruch nach § 21 AGG zusteht. In bestimmten Einzelfällen kann zudem durch die Heranziehung der VSD-Grundsätze eine Anspruchsberechtigung des Merkmalsträgers vorliegen.

III. Ergebnis

Im Ergebnis ist somit festzuhalten, dass im Rahmen der assoziierten Diskriminierung bei einer integritätsschützenden Deutung des AGG grundsätzlich der Nicht-Merkmalsträger anspruchsberechtigt ist, da er einen Nachteil erleidet und dadurch in seinem Persönlichkeitsrecht verletzt wird. Bei der Prüfung der Anspruchsberechtigung des Merkmalsträgers ist zwischen dem Beschäftigungsverhältnis und dem Zivilrechtsverkehr zu unterscheiden. Im Beschäftigungsverhältnis steht dem Merkmalsträger bei einer assoziierten Diskriminierung regelmäßig kein eigener Anspruch aus dem AGG gegen den Arbeitgeber zu, weil nur Beschäftigte i.S.d. § 6 Abs. 1 AGG von der Rechtszuweisungsnorm erfasst werden und der Merkmalsträger selbst nicht in einem Beschäftigungsverhältnis zum Arbeitgeber steht. Im Zivilrechtsbereich kann dem Merkmalsträger hingegen in bestimmen Fällen ein eigener Anspruch aus dem AGG zustehen. Dies ist der Fall, wenn der Merkmalsträger entweder selbst eine Benachteiligung erfährt und dadurch in seinem Persönlichkeitsrecht verletzt wird oder ausnahmsweise durch die Heranziehung der VSD-Grundsätze in den Schutzbereich des Vertragsverhältnisses zwischen Nicht-Merkmalsträger und Benachteiligenden einbezogen werden kann.

D. Fazit

Die Untersuchung des Problems der Anspruchsberechtigung hat gezeigt, dass für eine Anspruchsberechtigung die Rechtsverletzung in Form der Persönlichkeitsrechtsverletzung und das Vorhandensein einer Rechtszuweisungsnorm ausschlaggebend sind, weil das Recht auf Gleichbehandlung dem Schutz des Persönlichkeitsrechts dient. Demnach müssen die Anspruchsberechtigten durch die Ungleichbehandlung in ihrem Persönlichkeitsrecht verletzt worden sein.

Grundsätzlich kann der Nicht-Merkmalsträger durch eine assoziierte Diskriminierung in seinem Persönlichkeitsrecht verletzt werden und aufgrund der Rechtszuweisungsnorm des § 7 AGG im Beschäftigungsbereich und § 19 AGG im Zivilrechtsbereich einen Schadensersatz- oder Entschädigungsanspruch gem. § 15 AGG oder § 21 AGG gegen den Benachteiligenden geltend machen. Dieses Ergebnis wird sowohl durch die Rechtsprechung des EuGH in der Rechtssache Coleman und CHEZ Razpredelenie Bulgaria als auch durch die Schlussanträge der Generalanwälte *Maduro* und *Kokott* gestützt. Im für die Persönlichkeitsentfaltung so wichtigen Beschäftigungsverhältnis kann ein Nicht-Merkmalsträger im Rahmen einer assoziierten Diskriminierung in seinem eigenen Persönlichkeitsrecht verletzt werden, weil er das für ihn fremde Merkmal durch eine besondere Verbindung zum Merkmalsträger als ein eigenes empfinden und sich dadurch emotional als Merkmalsträger fühlen kann. Im Zivilrechtsverkehr wird der Nicht-Merkmalsträger im Rahmen einer assoziierten Diskriminierung nur aufgrund seiner Beziehung zu einem Merkmalsträger und damit wegen seiner Person nicht als potenzieller Vertragspartner gesehen, obwohl es bei Massengeschäften gerade nicht auf das Ansehen der Person ankommt. Auch im Zivilrechtsverkehr kann der Nicht-Merkmalsträger somit durch eine assoziierte Diskriminierung in seinem eigenen Persönlichkeitsrecht verletzt werden.

Die Arbeit hat zudem gezeigt, dass die grundsätzliche Anerkennung der Anspruchsberechtigung des Nicht-Merkmalsträgers mit dem deutschen Privatrecht vereinbar ist. Vor allem die Regelungen des AGG und dort insbesondere auch die Anerkennung der sog. Putativdiskriminierung nach § 7 Abs. 1 Hs. 2 AGG, welche mit den Fällen der assoziierten Diskriminierung vergleichbar ist, verdeutlichen, dass der persönliche Schutzbereich des AGG extensiv auszulegen ist. Für dieses Ergebnis spricht auch das umfassende Diskriminierungsverbot des Art. 21 der EU-GRCharta, welches ein Grundrecht auf Gleichbehandlung enthält und verbindlicher Teil des Primärrechts ist.

Bei der Frage der Anspruchsberechtigung des Merkmalsträgers im Rahmen einer assoziierten Diskriminierung ist ebenfalls zwischen dem Beschäftigungsverhältnis und dem Zivilrechtsbereich zu differenzieren: Im Beschäftigungsbereich ist der Merkmalsträger nicht anspruchsberechtigt, weil er regelmäßig kein Beschäftigter i.S.d. § 6 Abs. 1 AGG ist. Im Zivilrechtsverkehr wurde ein Vergleich zu den VSD-Fällen gezogen. Die Untersuchung hat gezeigt, dass eine Übertragung der VSD-Grundsätze im Einzelfall einen Anspruch des Merkmalsträgers begründen kann. Ferner kann im Zivilrechtsbereich eine Anspruchsberechtigung auch dann angenommen werden, wenn der Merkmalsträger ebenfalls eine Benachteiligung und damit eine Persönlichkeitsrechtsverletzung erfährt. Er kann sich dann durch die Rechtszuweisungsnorm des § 19 AGG auf Ansprüche aus § 21 AGG berufen.

4. Kapitel Näheverhältnis im Rahmen der assoziierten Diskriminierung

Neben der Anspruchsberechtigung ist ein weiteres Problem der assoziierten Diskriminierung das sog. Näheverhältnis. Mit dem Näheverhältnis wird die Verbindung zwischen dem Nicht-Merkmalsträger und dem Merkmalsträger bezeichnet. Sowohl die Erforderlichkeit als auch die konkrete Ausgestaltung des Näheverhältnisses sind bisher ungeklärt.

A. Erforderlichkeit eines Näheverhältnisses

Der These folgend, dass eine Anspruchsberechtigung eine Persönlichkeitsrechtsverletzung voraussetzt, ist Ausgangspunkt der Bearbeitung dieser Problematik, dass für einen Anspruch im Rahmen einer assoziierten Diskriminierung nicht auf ein Näheverhältnis verzichtet werden kann. Andernfalls ist eine Persönlichkeitsrechtsverletzung schwerlich zu begründen.

I. Rechtsprechung

Betrachtet man die Entscheidungsgründe des EuGH im Fall Coleman[655], entsteht eine gewisse Diskrepanz zwischen der Begründung und dem Tenor der Entscheidung.[656] Zum einen argumentiert der EuGH mit dem weiten Anwendungsbereich der Richtlinie und begründet unter anderem damit die Anspruchsberechtigung Frau Colemans, weshalb der Eindruck entsteht, dass es eben nicht auf ein bestimmtes Näheverhältnis ankommen kann, sondern nur auf das Vorliegen eines Differenzierungsmerkmals bei einem Dritten.[657] Der Betroffene müsse lediglich nur „wegen" einer Behinderung diskriminiert worden sein.[658] Von einem besonderen Näheverhältnis ist dabei nicht die Rede. Zum anderen enthält der Tenor aber folgenden Wortlaut:

---

655 EuGH, Urt. v. 17.07.2008 – C-303/06, Coleman, NZA 2008, 932ff.

656 Ähnlich *Schnabel*, Diskriminierungsschutz ohne Grenzen?, S. 287.

657 Vgl. hierzu EuGH, Urt. v. 17.07.2008 – C-303/06, Coleman, NZA 2008, 932 (934f.); ebenso kritisch *Sutschet*, EuZA Bd. 2 (2009), 245 (252).

658 EuGH, Urt. v. 17.07.2008 – C-303/06, Coleman, NZA 2008, 932 (935); siehe ebenfalls *Sutschet*, EuZA Bd. 2 (2009), 245 (252).

> „Die Richtlinie 2000/78/EG des Rates vom 27. November 2000 zur Festlegung eines allgemeinen Rahmens für die Verwirklichung der Gleichbehandlung in Beschäftigung und Beruf und insbesondere ihre Art. 1 und 2 Abs. 1 und 2 Buchst. a sind dahin auszulegen, dass das dort vorgesehene Verbot der unmittelbaren Diskriminierung nicht auf Personen beschränkt ist, die selbst behindert sind. Erfährt ein Arbeitnehmer, der nicht selbst behindert ist, durch einen Arbeitgeber eine weniger günstige Behandlung, als ein anderer Arbeitnehmer in einer vergleichbaren Situation erfährt, erfahren hat oder erfahren würde, und ist nachgewiesen, dass *die Benachteiligung des Arbeitnehmers wegen der Behinderung seines Kindes erfolgt ist, für das er im Wesentlichen die Pflegeleistungen erbringt, deren es bedarf,* so verstößt eine solche Behandlung gegen das Verbot der unmittelbaren Diskriminierung in Art. 2 Abs. 2 Buchst. a der Richtlinie 2000/78.“[659]

Dies erweckt wiederum den Anschein, dass eine Art von Näheverhältnis doch erforderlich ist, um sich auf eine assoziierte Diskriminierung berufen zu können.[660] Denn wieso sollte der EuGH sonst in seinem Tenor von „der Behinderung seines Kindes“ sprechen? In den Entscheidungsgründen lässt der EuGH allerdings nähere Erklärungen zu der Mutter-Kind-Beziehung und zur Bedeutung der Erbringung der Pflegeleistungen vermissen.

Die Schlussanträge des Generalanwalts *Maduro* deuten hingegen auf das Erfordernis eines Näheverhältnisses hin. *Maduro* führt hierzu Folgendes aus:

> „Ein Weg, die Würde und Selbstbestimmung von Menschen, die zu einer bestimmten Gruppe gehören, zu untergraben, ist es, nicht sie selbst, sondern Dritte anzugreifen, die mit ihnen *eng verbunden* sind und selbst nicht in die Gruppe fallen.“[661]

Wie diese „enge Verbindung“ ausgestaltet sein soll, hat jedoch auch *Maduro* nicht näher erläutert.

Es bleibt somit im Fall Coleman die Frage offen, ob überhaupt ein Näheverhältnis zwischen dem Diskriminierten und dem Merkmalsträger erforderlich ist.[662]

Zuletzt neigte der EuGH mit seiner Rechtsprechung im Fall CHEZ Razpredelenie Bulgaria[663] jedoch dazu, völlig auf ein Näheverhältnis im Rahmen der

659 EuGH, Urt. v. 17.07.2008 – C-303/06, Coleman, NZA 2008, 932 – Hervorhebung durch die Verfasserin.

660 Ähnlich *Sutschet*, EuZA Bd. 2 (2009), 245 (252).

661 Schlussanträge des Generalanwalts M. Poiares Maduro v. 31.01.2008, C-303/06, Slg. 2008, I-5603, Rn. 12 – Hervorhebung durch die Verfasserin.

662 Derselben Ansicht ist auch *Sutschet*, EuZA Bd. 2 (2009), 245 (252).

663 EuGH, Urt. v. 16.07.2015 – C-83/14, CHEZ Razpredelenie Bulgaria, Rn. 51ff., Celex-Nr. 62014CJ0083.

assoziierten Diskriminierung zu verzichten. Vielmehr scheint „jede kollaterale Mitbetroffenheit“ auszureichen.[664]

Insbesondere die Schlussanträge der Generalanwältin *Kokott* vom 12.03.2015[665] unterstützen diese Feststellung. So ist nach *Kokott* in erster Linie „mitdiskriminiert“, wer in einer „engen persönlichen Beziehung“ zum Merkmalsträger stehe, so wie es sich im Fall Coleman um eine Arbeitnehmerin und ihr Kind gehandelt habe.[666] Jedoch sei das Bestehen einer solchen persönlichen Bindung durchaus nicht der einzige potenzielle Anknüpfungspunkt, um „mitdiskriminiert“ zu werden.[667] Der „mitdiskriminierende Charakter“ der Maßnahme könne gerade auch dieser selbst innewohnen: Dies sei dann der Fall, wenn die Maßnahme wegen ihres „pauschalen und kollektiven Charakters“ dazu geeignet sei, nicht nur die Merkmalsträger, sondern auch als „Kollateralschaden“ andere Personen zu treffen.[668] In *Kokotts* Beispiel, in dem eine Gruppe im Restaurant aufgrund der Hautfarbe eines Gruppenmitglieds abgewiesen wird, benachteilige der Restaurantinhaber alle aus demselben rassistischen Motiv.[669] Dabei mache es „keinen wesentlichen Unterschied, ob es sich um Mitglieder einer Familie, eine Gruppe von Freunden oder um Geschäftsleute“[670] handle, die sich das erste Mal träfen.

Aufgrund *Kokotts* Beispiel drängt sich die Frage auf, wie der Fall zu entscheiden wäre, wenn der Kellner nur dem Merkmalsträger den Zutritt ins Restaurant verweigert hätte, der Rest der Gruppe jedoch hätte hineingehen dürfen. Könnte sich dann jemand aus der Gruppe auch auf eine assoziierte Diskriminierung berufen, wenn er sich freiwillig (z.B. aus moralischen Gründen) dazu entschieden hätte, ebenfalls nicht in dem Restaurant zu essen? Das Ergebnis dürfte in

664 *Lobinger*, Entwicklung, Stand und Perspektiven des europäischen Antidiskriminierungsrechts, S. 23.

665 Schlussanträge der Generalanwältin Juliane Kokott v. 12.03.2015, C-83/14, Rn. 52ff., ECLI:EU:C:2015:170.

666 Schlussanträge der Generalanwältin Juliane Kokott v. 12.03.2015, C-83/14, Rn. 57, ECLI:EU:C:2015:170.

667 Siehe die Schlussanträge der Generalanwältin Juliane Kokott v. 12.03.2015, C-83/14, Rn. 58, ECLI:EU:C:2015:170.

668 Schlussanträge der Generalanwältin Juliane Kokott v. 12.03.2015, C-83/14, Rn. 58, ECLI:EU:C:2015:170.

669 Siehe hierzu bereits unter 3. Kap. C. II. 2. sowie die Schlussanträge der Generalanwältin Juliane Kokott v. 12.03.2015, C-83/14, Rn. 59, ECLI:EU:C:2015:170.

670 Schlussanträge der Generalanwältin Juliane Kokott v. 12.03.2015, C-83/14, Rn. 59, ECLI:EU:C:2015:170.

dieser Fallkonstellation an sich nicht anders lauten als im Fall, dass der gesamten Gruppe aufgrund einer Person der Einlass in das Restaurant verwehrt wird. Die Persönlichkeitsrechtsverletzung kann in beiden Fällen vorliegen und könnte gegebenenfalls sogar durch die offensichtliche Abgrenzung des Merkmalsträgers von dem Rest der Gruppe noch stärker sein. Deshalb ist im Einzelfall besonders auf die Schwere der Persönlichkeitsrechtsverletzung zu achten. Um jedem Einzelfall gerecht werden zu können, kann die jeweilige Schwere der Persönlichkeitsrechtsverletzung im Rahmen der Rechtsfolge z.B. durch eine abgestufte Entschädigung berücksichtigt werden.[671]

Kokotts Argumentation zeigt wiederum auch, dass sie nicht völlig auf das Erfordernis einer Persönlichkeitsrechtsverletzung beim Benachteiligten verzichten kann und somit auch auf die Person des Betroffenen schaut, da sie bei der stigmatisierenden Wirkung der kollektiven Maßnahmen auch auf deren entwürdigenden Charakter für die betroffenen Nicht-Merkmalsträger abstellt.[672]

Letztlich lässt sich der EuGH trotz der klaren Erläuterungen *Kokotts* in seinen Entscheidungsgründen nicht weiter auf das Erfordernis eines bestimmten Näheverhältnisses ein und bejaht lediglich die Anspruchsberechtigung Frau Nikolovas aufgrund einer assoziierten Diskriminierung wegen der ethnischen Herkunft. In den Erläuterungen begründet der EuGH seine Entscheidung unter anderem mit dem Wortlaut, Zweck und der Systematik der Richtlinie und betont, dass der

671 Für eine abgestufte Entschädigung in solch einer Konstellation hat sich bereits das österreichische Zivilgericht entschieden. In der Rechtssache ging es um eine Gruppe von Freunden, die in einen Club gehen wollten. Zunächst kam ein Teil der Gruppe in den Club. Denjenigen, die einen erkennbaren Migrationshintergrund hatten, wurde jedoch der Zutritt verweigert, weil es sich bei diesen Personen laut Türsteher um „Leute" handle, „die zu Problemen führen". Den anderen Freunden wurde jedoch der Zutritt gewährt. Die Freunde beschwerten sich gegen diese diskriminierende Türpolitik und klagten gegen den Clubinhaber vor dem Landesgericht für Zivilrechtssachen Wien wegen einer (assoziierten) Diskriminierung. Siehe hierzu LG für ZRS Wien, Urt. v. 10.12.2015 – 36 R 292/15f, https://www.klagsverband.at/klav/wp-content/uploads/2008/06/Urteil-ZRS36R292_15f_anonym.pdf (letzter Abruf: 09.09.2021). *Heimann*, Diskriminierung aufgrund eines Näheverhältnisses, Humboldt Law Clinic, Blogbeitrag vom 04.02.2016, http://grundundmenschenrechtsblog.de/diskriminierung-aufgrund-eines-naeheverhaeltnis/ (letzter Abruf: 09.09.2021), setzt sich ebenfalls mit dieser Rechtsprechung auseinander. Näheres zu der Rechtssache 4. Kap. C. und 6. Kap.

672 Schlussanträge der Generalanwältin Juliane Kokott v. 12.03.2015, C-83/14, Rn. 60, ECLI:EU:C:2015:170; kritisch hierzu auch *Lobinger*, Entwicklung, Stand und Perspektiven des europäischen Antidiskriminierungsrechts, S. 23.

Anwendungsbereich der RL 2000/43/EG „nicht eng definiert werden" dürfe.[673] Deshalb genüge es für eine berücksichtigungsfähige Diskriminierung, wenn sich jemand gegen eine benachteiligende Praxis wehre, die in einem überwiegend von einer ethnischen Gruppe bewohnten Bezirk unterschiedslos angewandt werde, obwohl die Person selbst nicht der ethnischen Gruppe angehöre.[674] Es kommt nach der EuGH-Rechtsprechung also nur darauf an, dass die in Frage stehende diskriminierende Praxis eine abgrenzbare Gruppe, hier alle Personen des Stadtteils Gizdova Mahala, unterschiedslos benachteilige. Von einem bestimmten Näheverhältnis ist dabei nicht die Rede.

Auch das BAG äußert sich in seiner Entscheidung vom 22.04.2010[675] nicht eindeutig zum Erfordernis eines besonderen Näheverhältnisses. Dies lag jedoch daran, dass das BAG bereits eine unmittelbare assoziierte Diskriminierung wegen des Geschlechts nicht für möglich hielt, da nach seiner Auffassung die Rechtsprechung des EuGH im Fall Coleman nicht auf die RL 2006/54/EG übertragen werden könne.[676]

II. Literatur

In der Literatur wird die Frage, ob eine assoziierte Diskriminierung ein besonderes Näheverhältnis voraussetzt, nur vereinzelt diskutiert und nicht selten lediglich als Problem aufgerissen, ohne konkret einen Lösungsansatz vorzuschlagen oder sich zu positionieren.[677] Es lassen sich dennoch drei Strömungen erkennen:

---

673 EuGH, Urt. v. 16.07.2015 – C-83/14, CHEZ Razpredelenie Bulgaria, Rn. 51ff., Celex-Nr. 62014CJ0083.

674 EuGH, Urt. v. 16.07.2015 – C-83/14, CHEZ Razpredelenie Bulgaria, Rn. 60, Celex-Nr. 62014CJ0083.

675 BAG, Urt. v. 22.04.2010 – 6 AZR 966/08, NZA 2010, 947ff.

676 BAG, Urt. v. 22.04.2010 – 6 AZR 966/08, NZA 2010, 947 (949).

677 So z.B. bei *Göke*, Der Einzelne im Spannungsfeld von Teleologie und Deontologie, S. 390; *Benecke*, in: BeckOGK Zivilrecht, Stand: 01.06.2021, § 7 AGG Rn. 10; *Leder*, EWiR 2008, 603 (604), der bloß feststellt, dass die Rechtsprechung des EuGH im Fall Coleman eine Beschränkung der assoziierten Diskriminierung auf Angehörige vermissen lasse und nach dem EuGH wohl kein besonderes Näheverhältnis erforderlich sei, sondern jedwede Verbindung mit einem Merkmalsträger genüge. Eine eigene Positionierung auf Seitens *Leders* fehlt jedoch. *Schnabel* nimmt jedoch an, dass *Leder* gegen das Erfordernis eines Näheverhältnisses ist, vgl. *Schnabel*, Diskriminierungsschutz ohne Grenzen?, S. 291.

1. Näheverhältnis erforderlich

Bisher sprach sich der überwiegende Teil der Literatur für das Erfordernis eines Näheverhältnisses aus.[678] So begründet *Bader* das Erfordernis einer „qualifizierten Verbindung" und somit eines Näheverhältnisses zwischen dem Betroffenen und Merkmalsträger damit, dass gerade durch dieses besondere Näheverhältnis der Betroffene das Merkmal wie „sein eigenes" empfinde und ihm die Benachteiligung aus diesem Grunde ebenso treffe, wie wenn er selbst das Merkmal hätte.[679] Ohne solch ein Näheverhältnis könne dies nicht angenommen werden[680]. Auch spricht sich *Krimphove* für das Erfordernis eines Näheverhältnisses aus und stellt klar, dass der Nicht-Merkmalsträger nur solange den Diskriminierungsschutz genieße, solange er in einer „besonders engen Lebensbeziehung" zum Merkmalsträger stehe.[681]

---

678 *Hartmann*, in: Herresthal/Kaiser/Stoffels, Staudinger Eckpfeiler, AGG, 7. Aufl. 2020, S. 108, B12; *Lobinger*, Entwicklung, Stand und Perspektiven des europäischen Antidiskriminierungsrechts, S. 22f.; *Melot de Beauregard*, RIW 2009, 18 (21); *Bader*, Arbeitsrechtlicher Diskriminierungsschutz als Privatrecht, S. 272; *Bayreuther*, NZA 2008, 986 (987); *Adomeit/Mohr*, AGG, 2. Aufl. 2011, § 3 Rn. 65; *Tolmein*, jurisPR-ArbR 37/2008 Anm. 1; *Däubler*, in: Däubler/Bertzbach, NK-AGG, 4. Aufl. 2018, § 1 Rn. 111; *Treber*, in: KR, 12. Aufl. 2019, § 3 AGG Rn. 9; *Mohr*, in: Franzen/Gallner/Oetker, Kommentar zum europäischen Arbeitsrecht, 3. Aufl. 2020, Art. 2 RL 2000/78/EG Rn. 31; *Horcher*, in: Hau/Poseck, BeckOK BGB, 59. Ed., Stand: 01.08.2021, § 1 AGG Rn. 9 und § 3 Rn. 14; *Thüsing*, in: MüKo BGB, Band 1, 9. Aufl. 2021, § 7 AGG Rn. 6; *Gottardi*, Stellungnahme des Rechtsausschusses für den Ausschuss für bürgerliche Freiheiten, Justiz und Inneres vom 11.02.2009, Änderungsantrag 28, http://www.europarl.europa.eu/sides/getDoc.do?pubRef=-//EP//TEXT+REPORT+A6-2009-0149+0+DOC+XML+V0//DE (letzter Abruf: 09.09.2021); *Krimphove*, EuR 2009, 330 (341); wohl auch *Birnbaum*, AuA 2010, 314 (315); *Guttenberg*, Schutz vor Diskriminierung im Beschäftigungsverhältnis in Großbritannien, S. 223, spricht sich für ein gewisses Näheverhältnis im britischen Antidiskriminierungsrecht aus. Dieses Näheverhältnis müsse nicht dauerhaft sein und könne sowohl bei Verwandten und Lebenspartnern als auch bei Betreuern oder Freunden vorliegen; a.A. *Nebe*, DVfR, Forum A, Diskussionsbeitrag Nr. 1/2011, S. 1 (5); *Sutschet*, EuZA Bd. 2 (2009), 245 (252), wonach gerade der Wortlaut der Richtlinien sowie auch der effet-utile-Grundsatz für einen weiten Anwendungsbereich sprächen und es deshalb nicht auf eine Qualifikation der Beziehung ankomme.

679 *Bader*, Arbeitsrechtlicher Diskriminierungsschutz als Privatrecht, S. 272.

680 *Bader*, Arbeitsrechtlicher Diskriminierungsschutz als Privatrecht, S. 272.

681 *Krimphove*, EuR 2009, 330 (341).

Hartmann und *Lobinger* begründen das Erfordernis eines Näheverhältnisses mit der Zielrichtung des Antidiskriminierungsrechts, nämlich vor Persönlichkeitsrechtsverletzungen des von der Benachteiligung Betroffenen zu schützen.[682] Aus diesem Grund sei ein Näheverhältnis zwischen dem Benachteiligten und dem Merkmalsträger „unverzichtbar" und stelle deshalb eine „entscheidende Voraussetzung" für einen Anspruch dar.[683] Ferner begründet *Lobinger* das Erfordernis eines besonderen Näheverhältnisses folgendermaßen:

> „Denn schon für das zurechnende Element im Benachteiligungsverhalten bedarf es eines Anknüpfungspunktes im Verhältnis von Benachteiligtem und Merkmalsträger. Vor allem aber kann auch nur dann in der Person des Benachteiligten ein Herabsetzungseffekt, der seinem Wesen und seiner Qualität nach der Persönlichkeitsrechtsverletzung bei originärer Merkmalsträgerschaft entspricht, entstehen, wenn sich der Benachteiligte mit dem dritten Merkmalsträger in der Sozialsphäre gleichsam als eine Einheit sieht, wenn er ihn m.a.W. also im gesellschaftlichen Umfeld als Teil seiner eigenen personalen Identität begreift".[684]

Die von *Gottardi* verfasste Stellungnahme des Rechtsausschusses für den Ausschuss für bürgerliche Freiheiten, Justiz und Inneres vom 11.02.2009 zu dem Vorschlag für eine Richtlinie des Rates zur Anwendung des Grundsatzes der Gleichbehandlung ungeachtet der Religion oder der Weltanschauung, einer Behinderung des Alters oder der sexuellen Ausrichtung enthält Änderungsanträge, die die Aufnahme der assoziierten Diskriminierung in den Richtlinientext und eine dazugehörige Definition vorsehen.[685] Dort heißt es im Änderungsantrag 28:

> „[Es], liegt [eine] Diskriminierung durch Assoziation vor, wenn eine Person negative Auswirkungen zu spüren bekommt, weil sie in *direkter Beziehung* zu Personen mit einer bestimmten Religion oder Weltanschauung, einer bestimmten Behinderung, eines bestimmten Alters oder mit einer bestimmten sexuellen Ausrichtung steht. Die Diskriminierung durch Assoziation betrifft auch Personen, die *gefühlsmäßige Bindungen* zu Personen mit einer bestimmten Religion oder Weltanschauung, einer bestimmten

---

682 *Hartmann*, in: Herresthal/Kaiser/Stoffels, Staudinger Eckpfeiler, AGG, 7. Aufl. 2020, S. 108, B12; *Lobinger*, Entwicklung, Stand und Perspektiven des europäischen Antidiskriminierungsrechts, S. 22.

683 *Lobinger*, Entwicklung, Stand und Perspektiven des europäischen Antidiskriminierungsrechts, S. 22.

684 *Lobinger*, Entwicklung, Stand und Perspektiven des europäischen Antidiskriminierungsrechts, S. 22.

685 *Gottardi*, Stellungnahme des Rechtsausschusses für den Ausschuss für bürgerliche Freiheiten, Justiz und Inneres vom 11.02.2009, Änderungsantrag 24ff.

> Behinderung, eines bestimmten Alters oder mit einer bestimmten sexuellen Ausrichtung haben, oder von denen angenommen wird, dass sie sie haben – die aber nicht notwendigerweise mit diesen Personen zusammenleben und unabhängig von der rechtlichen Formalisierung im Rahmen einer ehelichen Verbindung oder der Elternschaft."[686]

Demzufolge ist auch nach *Gottardi* grundsätzlich ein bestimmtes Näheverhältnis erforderlich, um einen Anspruch wegen assoziierter Diskriminierung geltend machen zu können.

Thüsing hingegen beabsichtigt mit dem Erfordernis eines Näheverhältnisses den Diskriminierungsschutz auf einen bestimmten Personenkreis einzuschränken und dadurch einer Missbrauchsgefahr entgegenzuwirken.[687]

2. *Näheverhältnis irrelevant*

Es gibt jedoch auch Stimmen in der Literatur, die sich gegen eine Restriktion des Anwendungsbereichs der Antidiskriminierungsrichtlinien und damit des AGG aussprechen und das Erfordernis eines Näheverhältnisses ablehnen.[688]

Nach *Lindner* ist ein Näheverhältnis nicht für den Diskriminierungsschutz ausschlaggebend, da es nur darauf ankomme, dass das Merkmal bei irgendeiner Person vorhanden sei oder zumindest als Kriterium einen Bezug zur diskriminierten Person habe.[689]

Auch *Sutschet* spricht sich gegen das Erfordernis eines Näheverhältnisses aus.[690] Er begründet diese Schlussfolgerung insbesondere mit den Entscheidungsgründen des EuGH in der Rechtssache Coleman.[691] So sei dies die

---

686 *Gottardi*, Stellungnahme des Rechtsausschusses für den Ausschuss für bürgerliche Freiheiten, Justiz und Inneres vom 11.02.2009, Änderungsantrag 28 – Hervorhebung durch die Verfasserin.

687 *Thüsing*, in: MüKo BGB, Band 1, 9. Aufl. 2021, § 7 AGG Rn. 6.

688 *Lindner*, NJW 2008, 2750 (2751f.); *Nebe*, DVfR, Forum A, Diskussionsbeitrag Nr. 1/2011, S. 1 (5); *Sutschet*, EuZA Bd. 2 (2009), 245 (252f.); *Rosendahl*, DVfR, Forum B, Diskussionsbeitrag Nr. 12/2011, S. 1 (7); *Schnabel*, Diskriminierungsschutz ohne Grenzen?, S. 299ff.; *Braun*, in: D/H/S/W, Arbeitsrecht, 4. Aufl. 2017, § 3 AGG Rn. 8; *Baumgärtner*, in: BeckOGK Zivilrecht, Stand: 01.06.2021, § 3 AGG Rn. 159; in diese Richtung tendiert wohl auch *Schiek*, in: Schiek, AGG, § 3 Rn. 14.

689 *Lindner*, NJW 2008, 2750 (2751f.); ähnlich auch *Braun*, in: D/H/S/W, Arbeitsrecht, 4. Aufl. 2017, § 3 AGG Rn. 8.

690 *Sutschet*, EuZA Bd. 2 (2009), 245 (253).

691 *Sutschet*, EuZA Bd. 2 (2009), 245 (252), der seine ablehnende Ansicht zudem mit diversen englischen Entscheidungen zu „associative discrimination" begründet (S. 253f.).

schlüssige Konsequenz, wenn man den Wortlaut sowie Schutzzweck der Antidiskriminierungsrichtlinien und den effet-utile-Grundsatz als maßgebend betrachtet.[692] Der Wortlaut lasse eine Einschränkung des geschützten Personenkreises auf nahestehende Personen nicht zu, weil eine Schlechterbehandlung unabhängig von der Beziehung des Benachteiligten zum Dritten vorliegen könne.[693] Beim Schutzzweck werde gerade nicht auf eine bestimmte Kategorie von Personen abgestellt und die praktische Wirksamkeit sei desto größer, je mehr von dem Diskriminierungsschutz erfasst seien.[694]

Ähnlich wie *Sutschet* argumentiert auch *Schnabel* und begründet ihre ablehnende Haltung gegenüber dem Erfordernis eines Näheverhältnisses ebenfalls mit den Antidiskriminierungsrichtlinien selbst: So spreche sowohl der offen formulierte Wortlaut als auch der Zweck der RL 2000/78/EG, nämlich vor jeglicher Diskriminierung aufgrund eines Differenzierungsmerkmals zu schützen, ebenso wie der effet-utile-Grundsatz gegen eine Einschränkung des persönlichen Anwendungsbereichs bei assoziierten Diskriminierungen.[695] Ferner sei ein bestimmtes Näheverhältnis schwer umzusetzen, da bereits beim Angehörigenbegriff die Frage aufkomme, welche Angehörigen noch vom Schutzbereich erfasst seien und welche nicht.[696] Die Bildung von Personengruppen oder Regelbeispielen lehnt sie hierbei kategorisch ab, da Personengruppen und Regelbeispiele zu beliebigen Ergebnissen führten und dadurch viele Unsicherheiten mit sich bringen könnten.[697] Für solch ein nicht nachvollziehbares Ergebnis führt *Schnabel* folgendes Beispiel[698] an: Wenn einer Person aufgrund ihres ausländischen Aussehens kein Zutritt in eine Bar gewährt werde, liege grundsätzlich eine unmittelbare Benachteiligung vor. Freunde des Merkmalsträgers, denen ebenfalls aus diesem Grund der Zutritt verweigert werde, erlitten in diesem Fall eine assoziierte Diskriminierung. Wenn nun ein unbekannter Dritter hinzutrete, sich mit dem Merkmalsträger solidarisiere und deshalb auch keinen Zutritt in die Bar bekomme, würde, wenn eine Nähebeziehung erforderlich sei, keine assoziierte

692 *Sutschet*, EuZA Bd. 2 (2009), 245 (252).
693 *Sutschet*, EuZA Bd. 2 (2009), 245 (252f.).
694 *Sutschet*, EuZA Bd. 2 (2009), 245 (253).
695 *Schnabel*, Diskriminierungsschutz ohne Grenzen?, S. 299ff.
696 *Schnabel*, Diskriminierungsschutz ohne Grenzen?, S. 300ff.
697 *Schnabel*, Diskriminierungsschutz ohne Grenzen?, S. 302.
698 *Schnabel*, Diskriminierungsschutz ohne Grenzen?, S. 301, wobei *Schnabel* insbesondere Bezug auf die österreichischen Antidiskriminierungsregelungen Bezug nimmt, nach denen „flüchtige Bekanntschaften“ eigentlich nicht für ein besonderes Näheverhältnis genügen.

Diskriminierung vorliegen. Nach *Schnabel* genügen im Ergebnis auch völlig fremde Personen als Merkmalsträger für eine assoziierte Diskriminierung.[699] *Schnabel* stellt jedoch auch fest, dass es sich in den Fällen der assoziierten Diskriminierung regelmäßig um Personen handeln werde, die tatsächlich mit dem Nicht-Merkmalsträger in Kontakt stehen, weshalb oft ein sog. „tatsächliches Näheverhältnis" gegeben sei.[700]

Rosendahl spricht sich gegen „die zwingende Voraussetzung einer besonderen Nähebeziehung" aus, da ansonsten ein umfassender Diskriminierungsschutz, wie ihn die Rechtsprechung des EuGH verlange, nicht garantiert werden könne.[701]

Welti betrachtet die assoziierte Diskriminierung insbesondere unter sozialen Aspekten und vertritt die Auffassung, dass es im Rahmen der Nähebeziehung „weniger auf die rechtliche Nähebeziehung ankomme(n), sondern auf den durch die Benachteiligung vermittelten Zusammenhang".[702] Deshalb könne eine Großmutter oder ein Cousin in einer vergleichbaren Situation wie Frau Coleman ebenso durch eine assoziierte Diskriminierung betroffen sein, wie Frau Coleman selbst.[703] Auch hier scheint mithin kein besonderes Näheverhältnis erforderlich zu sein.

Reich, der sich grundsätzlich gegen eine Einbeziehung der assoziierten Diskriminierung in den Anwendungsbereich der RL 2000/78/EG positioniert hat, fordert hingegen, falls man die Fallgruppe anerkenne, keine bestimmte Verbindung zwischen dem Merkmalsträger und Nicht-Merkmalsträger, da die streitgegenständliche Richtlinie keine Anhaltspunkte für eine Grenzziehung hergebe, stattdessen sei wohl jede Verbindung ausreichend.[704] Erst auf Rechtsfolgenebene könne die Art der Verbindung Berücksichtigung finden.[705]

Grünberger wiederum lässt die Frage der Erforderlichkeit des Näheverhältnisses im Rahmen der assoziierten Diskriminierung offen, wobei eine Tendenz erkennbar ist, dass auch er auf ein besonderes Näheverhältnis verzichtet.[706] Dies wird insbesondere durch folgenden Satz deutlich: „Damit schützt das

699 *Schnabel*, Diskriminierungsschutz ohne Grenzen?, S. 303f.

700 *Schnabel*, Diskriminierungsschutz ohne Grenzen?, S. 304.

701 *Rosendahl*, DVfR, Forum B, Diskussionsbeitrag Nr. 12/2011, S. 1 (7).

702 *Welti*, ZESAR 2009, 148 (149).

703 *Welti*, ZESAR 2009, 148 (149).

704 *Reich*, EuZW 2008, 132 (133).

705 *Reich*, EuZW 2008, 132 (133); ebenfalls für eine Beachtung der Verbindungsart bei der Bemessung des immateriellen Schadens *Bayreuther*, NZA 2008, 986 (987).

706 *Grünberger*, Personale Gleichheit, S. 622f.

Nichtdiskriminierungsrecht die Freiheit aller Personen, sich mit den Merkmalsträgern zu assoziieren, ohne aufgrund deren Eigenschaft soziale Nachteile erleiden zu müssen."[707] Diese Aussage deutet auf ein weites Verständnis des Anwendungsbereichs des AGG hin.

Baumgärtner befürwortet *Grünbergers* „gleichheitsrechtliche(n) Konzeption" und lehnt deshalb die Erforderlichkeit eines Näheverhältnisses ab.[708] Dabei argumentiert er mit der Rechtsprechung des EuGH in der Rechtssache CHEZ Razpredelenie Bulgaria[709] und behauptet, dass im Rahmen der assoziierten Diskriminierung der Nicht-Merkmalsträger deshalb schützwürdig sei, weil er sich dazu entscheide, „sich mit dem Merkmalsträger zu assoziieren" und dadurch „zum Agenten des Nichtdiskriminierungsgrundsatzes" werde.[710] Das Gesetz dürfe diesen „Agenten" im Falle einer assoziierten Diskriminierung nicht schutzlos stellen.[711] Deshalb habe jede Person, die durch eine diskriminierende „Maßnahme mit kollektivem Charakter" benachteiligt werde, „ein subjektives Recht auf Unterlassung und Beseitigung dieser Maßnahme".[712]

3. Nur subjektives Näheverhältnis erforderlich

Krieger wiederum vertritt eine weitere Auffassung: Zwar sei eine enge Verbindung keine Voraussetzung für einen Anspruch im Rahmen der assoziierten Diskriminierung, jedoch müsse aus der Sicht des Benachteiligenden, also subjektiv, eine Art Verbindung zwischen dem benachteiligten Nicht-Merkmalsträger und dem Dritten als Merkmalsträger vorhanden sein.[713] Diese Verbindung müsse allerdings nicht tatsächlich, also objektiv vorliegen; es genüge vielmehr eine rein subjektive Verbindung.[714] Damit lehnt *Krieger* das Vorhandensein eines

---

707 *Grünberger*, Personale Gleichheit, S. 623.

708 *Baumgärtner*, in: BeckOGK Zivilrecht, Stand: 01.06.2021, § 3 AGG Rn. 160.

709 EuGH, Urt. v. 16.07.2015 – C-83/14, CHEZ Razpredelenie Bulgaria, Celex-Nr. 62014CJ0083.

710 *Baumgärtner*, in: BeckOGK Zivilrecht, Stand: 01.06.2021, § 3 AGG Rn. 160.

711 *Baumgärtner*, in: BeckOGK Zivilrecht, Stand: 01.06.2021, § 3 AGG Rn. 160.

712 *Baumgärtner*, in: BeckOGK Zivilrecht, Stand: 01.06.2021, § 3 AGG Rn. 160.

713 *Krieger*, FD-ArbR 2008, 264802.

714 *Krieger*, FD-ArbR 2008, 264802; in eine ähnliche Richtung gehend auch *Gottardi*, Stellungnahme des Rechtsausschusses für den Ausschuss für bürgerliche Freiheiten, Justiz und Inneres vom 11.02.2009, Änderungsantrag 28, die eine assoziierte Diskriminierung auch dann bejahen möchte, wenn der Benachteiligende annimmt, dass ein Nicht-Merkmalsträger gefühlsmäßige Bindungen zu einem Merkmalsträger hat und ihn deshalb benachteiligt.

objektiven Näheverhältnisses als Tatbestandsvoraussetzung ab, schafft jedoch mit dem subjektiven Näheverhältnis eine neue Tatbestandsvoraussetzung.

III. Stellungnahme

Insbesondere ist im Rahmen des AGG zu beachten, dass seine Zielrichtung der Schutz des Persönlichkeitsrechts ist.[715] Wäre ein genereller Verzicht auf das Näheverhältnis möglich, wäre dies mit dieser Zielrichtung des AGG nicht vereinbar. Da ein Anspruch grundsätzlich eine Rechtsverletzung (hier die Verletzung des Persönlichkeitsrechts) und eine Rechtszuweisungsnorm (hier die §§ 7, 19 AGG) voraussetzt und die Rechtszuweisungsnormen eine ungerechtfertigte Benachteiligung fordern, die wiederum bei Persönlichkeitsrechtsverletzungen aufgrund eines verpönten Merkmals vorliegen, muss eine besondere Verbindung zwischen Nicht-Merkmalsträger und Merkmalsträger gegeben sein.[716] Der Nicht-Merkmalsträger kann nur in seinem Persönlichkeitsrecht verletzt und in seiner Würde herabgesetzt werden, wenn er das Merkmal als sein eigenes empfindet und mithin in den Wirkungskreis des Merkmals einbezogen wird.[717] Solch ein Bezug zu der eigenen Persönlichkeit wird wohl kaum bei völlig fremden Personen anzunehmen sein. Zwar ist es möglich, dass sich jemand – wie im Beispielsfall von *Schnabel*[718] – für einen Merkmalsträger einsetzt, obwohl er ihn nicht kennt, und dadurch einen Nachteil erleidet, jedoch bedeutet diese moralische Solidarisierung nicht, dass das Persönlichkeitsrecht des Helfenden verletzt wird. Nicht jede Benachteiligung ist vom Diskriminierungsschutz des AGG erfasst.[719] Somit muss für eine AGG-relevante Benachteiligung, die gegebenenfalls einen Anspruch begründet, zwischen Benachteiligungen ohne Persönlichkeitsrelevanz und Benachteiligungen mit einer Persönlichkeitsrelevanz unterschieden werden. Der Nicht-Merkmalsträger muss sich mit dem Merkmalsträger so eng verbunden fühlen, dass er das Differenzierungsmerkmal auch als ein Teil seiner

---

715 Siehe zum Prinzip des Persönlichkeitsschutzes 1. Kap. A. I. sowie 1. Kap. B. IV.

716 Siehe zur Rechtszuweisung u.a. 3. Kap. C. I. 1. f) sowie 3. Kap. C. I. 2. c).

717 Ebenfalls *Bader*, Arbeitsrechtlicher Diskriminierungsschutz als Privatrecht, S. 272; *Lobinger*, Entwicklung, Stand und Perspektiven des europäischen Antidiskriminierungsrechts, S. 22.

718 *Schnabel*, Diskriminierungsschutz ohne Grenzen?, S. 301

719 Nach *Serr*, in: Staudinger AGG, 2020, Einl zum AGG Rn. 24, ist eine Benachteiligung im Arbeitsverhältnis sogar weiterhin möglich. Das AGG mache die Entscheidungen des Arbeitgebers allerdings kontrollfähiger. Ähnlich auch *Thüsing*, Arbeitsrechtlicher Diskriminierungsschutz, 2. Aufl. 2013, Rn. 72.

Identität wahrnimmt oder sich zumindest mit dem Merkmal so identifiziert, dass er sich in den gesellschaftlichen Wirkungskreis des Differenzierungsmerkmals mit einbezogen fühlt.[720] Es kommt demzufolge bei der assoziierten Diskriminierung im Einzelfall immer auf den Nicht-Merkmalsträger an, da für einen Anspruch aus dem AGG seine Persönlichkeitsrechtsverletzung relevant ist.

Betrachtet man die EuGH-Rechtsprechung in der Rechtssache Coleman[721] ist die Entscheidung unter dem Gesichtspunkt des Persönlichkeitsschutzes richtig. Zwar lässt der EuGH – wie bereits dargestellt – nähere Ausführungen zu dem Erfordernis eines Näheverhältnisses vermissen, allerdings waren genau solche Ausführungen in dem konkreten Fall auch nicht erforderlich, da bereits durch die Mutter-Kind-Beziehung eine besonders enge Verbindung bestand.[722] Im Rahmen dieser Mutter-Kind-Beziehung ist auch die Annahme, dass die Mutter die Behinderung ihres Kindes als eigene Behinderung empfindet, nicht fernliegend. Somit war im konkreten Fall eine Persönlichkeitsrechtsverletzung der Mutter und damit auch eine Anspruchsberechtigung gegeben. Dieses Ergebnis wird auch durch die Schlussanträge *Maduros*[723] gestützt. Er argumentiert – wie dargestellt – in seinen Schlussanträgen vor allem damit, dass die Merkmalsträger auch dann in ihrer Würde und Selbstbestimmung verletzt sein können, wenn nicht sie, aber dafür eine mit ihnen eng verbundene Person angegriffen wird und stellt somit im Rahmen der assoziierten Diskriminierung auf ein besonderes Näheverhältnis ab.

Anders liegen die Dinge hingegen bei der Rechtssache CHEZ Razpredelenie Bulgaria[724]. Hier ist keine besondere Verbindung zwischen Frau Nikolova und den im Stadtteil Gizdova Mahala lebenden Roma ersichtlich, da sich Frau Nikolova nach ihren eigenen Erläuterungen vor dem EuGH weder als Roma definiert habe noch als Roma anzusehen sei und klarstellt, dass sie selbst bulgarischer Abstimmung sei. Daraus lässt sich schließen, dass in dieser Rechtssache nicht von einem engen Näheverhältnis ausgegangen werden kann.[725] Vielmehr scheint jede noch so zufällige Verbindung – wie der Ort ihres

720 Ähnlich *Lobinger*, Entwicklung, Stand und Perspektiven des europäischen Antidiskriminierungsrechts, S. 22.

721 EuGH, Urt. v. 17.07.2008 – C-303/06, Coleman, NZA 2008, 932ff.

722 Zustimmend auch *Schnabel*, Diskriminierungsschutz ohne Grenzen?, S. 287.

723 Schlussanträge des Generalanwalts M. Poiares Maduro v. 31.01.2008, C-303/06, Slg. 2008, I-5603.

724 EuGH, Urt. v. 16.07.2015 – C-83/14, CHEZ Razpredelenie Bulgaria, Celex-Nr. 62014CJ0083.

725 Ähnlich *Schlachter*, in: ErfK, 21. Aufl. 2021, § 1 AGG Rn. 17.

Lebensmittelgeschäfts – auszureichen.[726] Deshalb hat der EuGH den persönlichen Anwendungsbereich der RL 2000/43/EG als eröffnet angesehen. Der Entscheidung des EuGH kann allerdings diesbezüglich nicht gefolgt werden, wenn man für einen Anspruch nach den Antidiskriminierungsrichtlinien oder dem AGG eine Verletzung des Persönlichkeitsrechts fordert. Der EuGH hat lediglich pauschal die Anspruchsberechtigung Frau Nikolovas bejaht, obwohl hier im Einzelfall keine Herabsetzung der Würde Frau Nikolovas oder aber eine Persönlichkeitsrechtsverletzung ersichtlich war. Sie hat keinerlei Bezug zu den in dem Stadtteil lebenden Roma. Lediglich ihr Lebensmittelgeschäft befindet sich in dem Bezirk. Diese Art von Verbindung genügt jedoch nicht, um das Merkmal der ethnischen Herkunft als ein eigenes zu empfinden, wie sie selbst durch ihre Erläuterung, sie definiere sich nicht als Roma, bekräftigt hat. Auch wurde nicht hinreichend dargelegt, weshalb Frau Nikolova durch den „beleidigenden und stigmatisierenden Charakter" der Anbringungspraxis in ihrem Persönlichkeitsrecht verletzt worden sein soll. Aus diesem Grund sind eine Persönlichkeitsrechtsverletzung und somit auch eine Rechtszuweisung abzulehnen. Der Entscheidung des EuGH in der Rechtssache CHEZ Razpredelenie Bulgaria kann somit nur insoweit zugestimmt werden, dass die Fallgruppe der assoziierten Diskriminierung auch auf die RL 2000/43/EG zu erstrecken ist. Im Hinblick auf die Bejahung der Anspruchsberechtigung Frau Nikolovas kann dem EuGH hingegen nicht gefolgt werden. Der Gerichtshof hätte vielmehr konkret im Einzelfall auf das Erfordernis eines besonderen Näheverhältnisses eingehen und näher begründen müssen, weshalb im vorliegenden Fall eine relevante Ungleichbehandlung durch die Anbringungspraxis vorliegt. Aus demselben Grund sind auch die Ausführungen *Kokotts*[727] abzulehnen. *Kokott* erörterte in ihrem oben dargestellten Beispiel gerade nicht, weshalb es keinen Unterschied mache, ob die Gruppe, der keinen Zutritt ins Restaurant gewährt wurde, aus Familienmitgliedern, Freunden oder nur aus sich fremden Geschäftsleuten bestehe. Es kann kaum von einer Persönlichkeitsrechtsverletzung fremder Geschäftsleute gesprochen werden, wenn einer von ihnen aufgrund seiner ethnischen Herkunft benachteiligt wird. Die fremden Geschäftsleute werden in diesem Fall sicherlich empört sein und die Ungleichbehandlung als moralisch nicht tragbar sehen,

---

726 Siehe auch die Kritik von *Lobinger*, Entwicklung, Stand und Perspektiven des europäischen Antidiskriminierungsrechts, S. 23, der in diesem Fall von einer „kollaterale(n) Mitbetroffenheit" spricht.

727 Schlussanträge der Generalanwältin Juliane Kokott v. 12.03.2015, C-83/14, ECLI:EU:C:2015:170.

ob sie sich jedoch auch dadurch in ihrer eigenen Würde herabgesetzt und in ihrem Persönlichkeitsrecht verletzt fühlen, mag zu bezweifeln sein, weil sie sich wohl kaum mit dem Merkmal identifizieren und eben nicht als Repräsentant des Merkmalsträgers betrachten werden. Selbst *Kokott* kann am Ende nicht völlig auf eine Persönlichkeitsrechtsverletzung verzichten, weil sie im Rahmen der stigmatisierenden Wirkung der Kollektivmaßnahme dennoch auf dessen entwürdigenden Charakter für den Nicht-Merkmalsträger abstellt.[728]

Krieger, der mit der subjektiven Verbindung einen Mittelweg wählt, positioniert sich weder eindeutig gegen noch für eine Einschränkung des Anwendungsbereichs des Antidiskriminierungsschutzes. Zwar argumentiert *Krieger* damit, dass die Antidiskriminierungsrichtlinien keine Einschränkung enthalten und lehnt deshalb ein objektives Näheverhältnis ab. Andererseits stellt er gleichzeitig selbst ein neues Tatbestandsmerkmal auf – das sog. subjektive Näheverhältnis. Dabei nimmt *Krieger* in Bezug auf die assoziierte Diskriminierung eine andere Perspektive ein, wenn er auf den Benachteiligenden und nicht auf den Nicht-Merkmalsträger abstellt. Für einen Anspruch muss jedoch der Nicht-Merkmalsträger in seinem Persönlichkeitsrecht verletzt worden sein, sodass es beim Näheverhältnis auf seine Sicht ankommt und eben nicht auf die Sicht des Benachteiligenden. Im Ergebnis ist sowohl *Kriegers* Lösungsansatz als auch der derjenigen, die ein Näheverhältnis für irrelevant halten, abzulehnen, da beide mit der Zielsetzung des AGG nicht in Einklang zu bringen sind. Zwar kann nicht geleugnet werden, dass insbesondere *Sutschets*[729] und *Schnabels*[730] Argumentation an sich nachvollziehbar und plausibel scheint, weil der Wortlaut der Antidiskriminierungsrichtlinien weit gefasst ist und ihm grundsätzlich keine Einschränkung des Anwendungsbereichs entnommen werden kann. Auch unter effet-utile-Gesichtspunkten leuchtet ihre Ansicht ein. Nichtsdestotrotz spricht Folgendes für das Erfordernis eines Näheverhältnisses: Ein völliger Verzicht auf das Näheverhältnis birgt die Gefahr, dass der Antidiskriminierungsschutz bei assoziierten Diskriminierungen uferlos und konturlos wird, weil dann jeder, der im Rahmen einer assoziierten Diskriminierung eine Benachteiligung erfährt und die restlichen Anspruchsvoraussetzungen erfüllt, bereits durch die bloße Existenz eines selbst fremden Merkmalsträgers einen Anspruch aus dem AGG gegen

728 Schlussanträge der Generalanwältin Juliane Kokott v. 12.03.2015, C-83/14, Rn. 60, ECLI:EU:C:2015:170; ebenfalls kritisch *Lobinger*, Entwicklung, Stand und Perspektiven des europäischen Antidiskriminierungsrechts, S. 23.

729 *Sutschet*, EuZA Bd. 2 (2009), 245 (252f.).

730 *Schnabel*, Diskriminierungsschutz ohne Grenzen?, S. 299ff.

den Benachteiligenden haben könnte. Dies wäre aber die logische Konsequenz, wenn man etwa *Lindners, Grünbergers* oder *Baumgärtners* Ansicht folgen würde. Es würde demnach genügen, dass z.B. ein Kinogast als Nicht-Merkmalsträger sich für einen fremden behinderten Kinogast einsetzt, weil der Kinobetreiber diesem den Zutritt ins Kino verwehrt. Wenn der Nicht-Merkmalsträger daraufhin selbst nicht in den Kinosaal dürfte, stünde ihm bei einem so weiten Verständnis ein Anspruch aus dem AGG zu, obwohl der Nicht-Merkmalsträger den behinderten Kinogast bisher nicht kannte. Eine Persönlichkeitsrechtsverletzung des Nicht-Merkmalsträgers ist bei fremden Merkmalsträgern jedoch schwierig zu begründen. So kann kaum angenommen werden, dass in dem Kino-Beispiel der Nicht-Merkmalsträger die Behinderung des anderen Gastes als eigene Behinderung empfindet. Ein weiteres Beispiel für ein nicht nachvollziehbares Ergebnis wäre es, wenn es für einen AGG-Anspruch genügen würde, dass ein homophober Arbeitgeber eine heterosexuelle Arbeitnehmerin deshalb benachteiligt, weil diese sich zufällig mit einem fremden lesbischen Paar freundlich unterhalten hat. Wieso hier die Arbeitnehmerin in ihrem Persönlichkeitsrecht verletzt sein soll, ist schwierig zu erklären, weil sie das fremde Merkmal wohl nicht als eigenes empfinden wird. Es wäre demnach nicht stringent, zunächst eine Persönlichkeitsrechtsverletzung für eine Diskriminierung vorauszusetzen und im Nachhinein auf ein Näheverhältnis als Tatbestandsvoraussetzung zu verzichten. Das Ablehnen des Erfordernisses eines Näheverhältnisses ist mit dem Grundgedanken des Prinzips des Persönlichkeitsschutzes deshalb unvereinbar, da der Betroffene regelmäßig bei einer assoziierten Diskriminierung das fremde Merkmal als „sein eigens“[731] empfinden muss, damit die Ungleichbehandlung als Persönlichkeitsrechtsverletzung zu qualifizieren ist.[732] Ohne ein Näheverhältnis zu dem Merkmalsträger wäre dies jedoch nicht möglich.

Auch *Schnabels* Argumente, dass die Umsetzung eines bestimmten Näheverhältnisses schwierig sei und auf die Bildung von Personengruppen und Regelbeispielen verzichtet werden müsse, da ansonsten nicht nachvollziehbare Ergebnisse entstünden, sind nicht schlüssig. Das Aufstellen von Personengruppen, Regelbeispielen oder anderen Kriterien für ein besonderes Näheverhältnis soll gerade Klarheit schaffen und der Praxis erleichtern, diese Sonderfälle der Diskriminierung richtig einzuordnen. Dem deutschen Rechtssystem und den deutschen Gesetzen ist die Bildung von Regelbeispielen gerade nicht fremd.

731 *Bader*, Arbeitsrechtlicher Diskriminierungsschutz als Privatrecht, S. 271.

732 A.A. ist weiterhin *Baumgärtner*, in: BeckOGK Zivilrecht, Stand: 01.06.2021, § 3 AGG Rn. 160.

Betrachtet man z.B. die Vorschriften des StGB, und dort insbesondere §§ 240 Abs. 4, 243, 263 Abs. 3 StGB, fällt auf, dass Regelbeispiele der Rechtsprechung im Rahmen ihrer Entscheidungsfindung, hier in der Strafzumessung, als Leitfaden dienen können. Dadurch sind die Entscheidungen der Gerichte aber nicht – wie *Schnabel* behauptet – mit vielen Unsicherheiten behaftet. Auch das Beispiel, das sie für ein solches, nicht nachvollziehbares Ergebnis anführt, überzeugt nicht. Nach *Schnabel* müsste in ihrem Beispiel der Person, die sich beim Einlass in eine Bar für eine fremde ausländische Person einsetzt und dadurch nicht in die Bar gelassen wird, ein Anspruch wegen assoziierter Diskriminierung zustehen. Dieses Ergebnis ist nicht einleuchtend. Der Nicht-Merkmalsträger ist in *Schnabels* Beispiel eben nicht in seinem Persönlichkeitsrecht wegen der ethnischen Herkunft des fremden Merkmalsträgers verletzt worden. Dies liegt daran, dass der Nicht-Merkmalsträger – wie bereits dargelegt wurde – nur in seinem Persönlichkeitsrecht verletzt sein kann, wenn er in einem Näheverhältnis zum Merkmalsträger steht. Nur so kann er das für ihn fremde Merkmal der ethnischen Herkunft als sein eigenes empfinden und in den Wirkungskreis des Merkmals einbezogen werden. In *Schnabels* Beispiel kann aber kein besonderes Näheverhältnis angenommen werden, da es sich hier um eine völlig fremde Person handelt. Der Nicht-Merkmalsträger hat sich zwar solidarisch für den Merkmalsträger eingesetzt und sich sehr wahrscheinlich über die Türpolitik der Bar aufgeregt, jedoch hat dies mit der Frage einer Anspruchsberechtigung nach den Antidiskriminierungsrichtlinien oder dem AGG wenig zu tun. Diese schützen benachteiligte Personen vor Persönlichkeitsrechtsverletzungen. Die Regelungen gewähren aber nicht einen Schutz vor jeglichen Ungleichbehandlungen und sanktionieren diese auch nicht immer. Es sind mithin auch Fälle von Ungleichbehandlungen denkbar, die nicht unter den Anwendungsbereich des AGG fallen, weil sie keine Persönlichkeitsrelevanz haben. Letztendlich muss sich *Schnabel* selbst eingestehen, dass regelmäßig zumindest ein tatsächliches Näheverhältnis gegeben sein wird.[733]

Aus diesen Gründen sind auch *Rosendahls* und *Reichs* Ansichten abzulehnen, weil das Erfordernis eines Näheverhältnisses – wie dargestellt – gerade nicht bedeutet, dass der Diskriminierungsschutz der Antidiskriminierungsrichtlinien dadurch verringert wird. Es werden gerade die relevanten Fälle von Persönlichkeitsrechtsverletzungen erfasst. *Reichs* Vorschlag, die Art der Verbindung auf Rechtsfolgenebene zu beachten, spielt letztendlich keine Rolle für die Frage des Erfordernisses eines Näheverhältnisses. Selbst wenn – wie hier – ein

733 Siehe zu *Schnabels* Ansicht 4. Kap. A. II. 2.

Näheverhältnis für erforderlich gehalten wird, kann auch in diesem Fall die Art der Verbindung im Rahmen der Rechtsfolgenebene und dort insbesondere für die Bemessung der Entschädigung Berücksichtigung finden. Ebenfalls abzulehnen ist *Weltis* Vorschlag, auf den durch die Benachteiligung vermittelten Zusammenhang als Anspruchsvoraussetzung abzustellen, da nicht ersichtlich ist, worauf es bei diesem besonderen Zusammenhang ankommen soll und worin der Unterschied zu einem besonderen Näheverhältnis liegt. Eine Klarstellung dieses besonderen Zusammenhangs lassen die Ausführungen *Weltis* vermissen.

Folglich ist es mit der integritätsschützenden Zielrichtung des AGG und der Antidiskriminierungsrichtlinien unvereinbar, auf ein bestimmtes Näheverhältnis zwischen Nicht-Merkmalsträger und Merkmalsträger zu verzichten. Der Diskriminierungsschutz kann somit nicht auf Fälle erstreckt werden, in denen ein Nicht-Merkmalsträger ohne jeglichen Bezug zum fremden Merkmalsträger benachteiligt wird. Es ist vielmehr im Einzelfall zu prüfen, ob eine Benachteiligung durch ein bestimmtes Näheverhältnis wirklich zu einer Persönlichkeitsrechtsverletzung des Nicht-Merkmalsträgers geführt hat oder nicht.

IV. Ergebnis

Somit lässt sich festhalten, dass auf ein Näheverhältnis nicht verzichtet werden kann, da eine Anspruchsberechtigung aus dem AGG eine Persönlichkeitsrechtsverletzung voraussetzt. Ohne ein Näheverhältnis läge ein Widerspruch zu der Zielrichtung des AGG vor. Eine Persönlichkeitsrechtsverletzung ohne jegliche Verbindung zwischen dem Merkmalsträger und dem Nicht-Merkmalsträger wäre dann schwerlich zu begründen.

B. Anforderungen an das Näheverhältnis

Im Anschluss an die Feststellung, dass der Tatbestand einer assoziierten Diskriminierung grundsätzlich eines Näheverhältnisses bedarf, stellt sich nunmehr die Frage, welche Anforderungen an das Näheverhältnis im Rahmen der assoziierten Diskriminierung zu stellen sind und wie das Näheverhältnis ausgestaltet sein muss. Die zentrale Frage ist hierbei, ob es sich bei dem Näheverhältnis um ein familiäres Verhältnis handeln muss oder ob auch eine andere Intensität bzw. Art von persönlicher Beziehung (wie z.B. eine Freundschaft oder Bekanntschaft) oder eine situativ bedingte Beziehung (wie z.B. das Sich-Einsetzen für jemanden) für ein relevantes Näheverhältnis genügt.

Bei einem integritätsschützenden Verständnis des AGG dürfte für ein Näheverhältnis wohl keine familiäre Beziehung erforderlich sein. Es müsste vielmehr eine emotionale Verbindung zu einem konkreten Merkmalsträger vorliegen. Durch diese emotionale Verbindung wäre es denkbar, dass der Nicht-Merkmalsträger und Merkmalsträger eine Art „Schicksalsgemeinschaft" bilden, wodurch der Nicht-Merkmalsträger dasselbe Schicksal trägt wie ein Merkmalsträger. Dadurch könnte eine Persönlichkeitsrechtsverletzung des Nicht-Merkmalsträgers angenommen werden.

I. Entwicklung in der Rechtsprechung

Sowohl in der Coleman-Entscheidung als auch im Fall CHEZ Razpredelenie Bulgaria ließ der EuGH eine klare Auseinandersetzung mit der Frage der Ausgestaltung und Eingrenzung des Näheverhältnisses vermissen. Dies verwundert jedoch nicht, da bereits eine Erörterung zur Frage nach dem Erfordernis eines Näheverhältnisses fehlte. Vielmehr zeigte der EuGH zuletzt in seiner Entscheidung im Fall CHEZ Razpredelenie Bulgaria eine Tendenz dazu, völlig auf ein Näheverhältnis zu verzichten.[734] Aus diesem Grund können den Entscheidungen des EuGH zu den Anforderungen an das Näheverhältnis im Rahmen der assoziierten Diskriminierung keine Anhaltspunkte entnommen werden.

Betrachtet man die Schlussanträge des Generalanwalts *Maduro*, fällt auf, dass seine Ausführungen auch keine Anhaltspunkte für die Ausgestaltung des Näheverhältnisses enthalten: Teilweise spricht er von einer „engen" Verbindung, teilweise nur von „einer Verbindung".[735]

Folglich kann festgehalten werden, dass weder den Schlussanträgen *Maduros* noch den einschlägigen Entscheidungen des EuGH Hinweise für die Anforderungen an das Näheverhältnis bei assoziierten Diskriminierungen entnommen werden können. Zur selben Schlussfolgerung kommt man auch bei der Rechtsprechung des BAG, weil der 6. Senat in seinen Entscheidungsgründen in keiner Randnummer auf ein Näheverhältnis eingegangen ist.[736]

II. Literatur

In der Literatur herrscht unter den Befürwortern eines Näheverhältnisses keine Einigkeit darüber, welche Anforderungen an ein Näheverhältnis zu stellen sind.

---

734 Siehe hierzu u.a. 4. Kap. A. I.

735 Schlussanträge des Generalanwalts M. Poiares Maduro v. 31.01.2008, C-303/06, Slg. 2008, I-5603, Rn. 1, 6, 13, 14, 22, 25.

736 BAG, Urt. v. 22.04.2010 – 6 AZR 966/08, NZA 2010, 947ff.

Vielmehr führte das Bestreben, das Näheverhältnis zu konkretisieren, zu zahlreichen Lösungen.

Im Wesentlichen lassen sich drei Strömungen unterscheiden:

1. *Enge (familiäre) Beziehung*

Zum einen vertreten einige Stimmen in der Literatur, dass für ein Näheverhältnis eine enge und dadurch oft familiäre Beziehung erforderlich sei[737], wobei jeweils mannigfaltige Eingrenzungen dieser besonderen Beziehung erfolgten.

Nach *Däubler* z.B. sind Angehörige des Arbeitnehmers ebenso erfasst wie andere mit ihm verbundene Personen, wie Pflegekinder, Lebenspartner und in den Haushalt aufgenommene Verwandte.[738] Ähnlicher Ansicht ist auch *Tolmein*, nach dem für ein Näheverhältnis neben Angehörigen auch solche Personen in Betracht kommen, die auf andere Weise eng mit dem Merkmalsträger verbunden sind.[739] *Bayreuther* und *Adomeit/Mohr* hingegen nehmen eine enge Bindung nur bei Kindern, (anerkannten) Lebenspartnern, Geschwistern sowie Eltern an, wobei nach *Bayreuther* bereits die Bindung zur Großmutter oder einem Cousin wohl nicht ausreiche.[740] *Adomeit/Mohr* verlangen aufgrund des Rechtsstaatsprinzips und des Gebots der Rechtssicherheit eine restriktive Auslegung des besonderen Näheverhältnisses und stellen klar, dass der Nicht-Merkmalsträger konkret im Einzelfall nachweisen müsse, dass er zum Merkmalsträger in einer Nähebeziehung stehe, da § 22 AGG nicht gelte und Verwandte sich erfahrungsgemäß nicht immer nahestünden.[741] Eindeutig ablehnend äußern sich die beiden indessen gegen rein freundschaftliche Beziehungen zwischen Merkmalsträger

---

737 So z.B. *Däubler*, in: Däubler/Bertzbach, NK-AGG, 4. Aufl. 2018, § 1 Rn. 111; *Bayreuther*, NZA 2008, 986 (987); *Melot de Beauregard*, RIW 2009, 18 (21); *Adomeit/Mohr*, AGG, 2. Aufl. 2011, § 3 Rn. 65; *Schlachter*, RdA 2010, 104 (108f.); *Ernst/Braunroth/Wascher*, in: E/B/F/W, AGG, 2. Aufl. 2013, § 3 Rn. 3; *Lobinger*, Entwicklung, Stand und Perspektiven des europäischen Antidiskriminierungsrechts, S. 22; *Tolmein*, jurisPR-ArbR 37/2008 Anm. 1; wohl auch *Thüsing*, in: MüKo BGB, Band 1, 9. Aufl. 2021, § 7 AGG Rn. 6, der einen bloß fernen Zusammenhang zwischen Merkmalsträger und Nicht-Merkmalsträger für nicht ausreichend hält und eine pauschalisierende Herangehensweise ablehnt.

738 *Däubler*, in: Däubler/Bertzbach, NK-AGG, 4. Aufl. 2018, § 1 Rn. 111.

739 *Tolmein*, jurisPR-ArbR 37/2008 Anm. 1.

740 *Bayreuther*, NZA 2008, 986 (987); *Adomeit/Mohr*, AGG, 2. Aufl. 2011, § 3 Rn. 65; ebenso *Ernst/Braunroth/Wascher*, in: E/B/F/W, AGG, 2. Aufl. 2013, § 3 Rn. 3, die auf ein Verwandtschaftsverhältnis 1. Grades abstellen.

741 *Adomeit/Mohr*, AGG, 2. Aufl. 2011, § 3 Rn. 65.

und Nicht-Merkmalsträger und halten diese Art von Beziehung stets für diskriminierungsrechtlich irrelevant.[742] *Melot de Beauregard*[743] und *Schlachter*[744] betonen, dass es eine mit der Mutter-Kind-Beziehung ähnliche Verbindung sein müsse, die eine Betreuungsbedürftigkeit und Unterstützungspflicht begründe. In dieselbe Richtung geht *Krimphoves* Ansicht: Es müsse eine besonders enge Lebensbeziehung vorliegen, was insbesondere bei Betreuungsleistungen gegeben sei.[745] In welchen anderen Fällen jedoch eine solche besonders enge Lebensbeziehung vorliegen kann, erläutert *Krimphove* nicht.[746] *Braunroth/Franke* verlangen eine Verwandtschaft ersten Grades.[747] Hingegen stellt *Treber* bei der familiären Beziehung auf die rechtliche Verfestigung der Beziehung ab.[748] Dies sei neben dem Kind auch bei Ehegatten oder Lebenspartnern anzunehmen.[749] *Birnbaum* scheint eine enge Verbindung zwischen Nicht-Merkmalsträger und Merkmalsträger dann anzunehmen, wenn es sich um Familie (wie Ehegatten und Kinder), Lebenspartner aber auch Freunde handelt.[750] *Lobinger* bejaht ein Näheverhältnis regelmäßig bei einer Eltern-Kind-Beziehung und bei Ehepartnern, Lebenspartnern oder unehelichen Lebensgemeinschaften.[751] Bei entfernten familiären Beziehungen wie bei Geschwistern und Cousins müsse hingegen im Einzelfall geschaut werden, ob ein hinreichendes Näheverhältnis angenommen werden könne.[752] Eine Grenze sei jedoch dann zu ziehen, wenn es um die Fälle gehe, in denen sich jemand für eine bestimmte Merkmalsgruppe (politisch) engagiere, wie z.B. jemand, der selbst heterosexuell sei und sich für die Rechte von Homosexuellen einsetze.[753] Hier werde der Benachteiligte nämlich nicht mit dem Merkmal assoziiert, also bemakelt, sondern aufgrund seiner Sympathie und

742 *Adomeit/Mohr*, AGG, 2. Aufl. 2011, § 3 Rn. 65.

743 *Melot de Beauregard*, RIW 2009, 18 (21).

744 *Schlachter*, RdA 2010, 104 (109).

745 *Krimphove*, EuR 2009, 330 (341).

746 Ebenfalls kritisch *Schnabel*, Diskriminierungsschutz ohne Grenzen?, S. 288.

747 *Braunroth/Franke*, NJ 2014, 187 (193).

748 *Treber*, in: KR, 12. Aufl. 2019, § 3 AGG Rn. 9.

749 *Treber*, in: KR, 12. Aufl. 2019, § 3 AGG Rn. 9.

750 *Birnbaum*, AuA 2010, 314 (315).

751 *Lobinger*, Entwicklung, Stand und Perspektiven des europäischen Antidiskriminierungsrechts, S. 22.

752 *Lobinger*, Entwicklung, Stand und Perspektiven des europäischen Antidiskriminierungsrechts, S. 22; a.A. *Bayreuther*, NZA 2008, 986 (987).

753 *Lobinger*, Entwicklung, Stand und Perspektiven des europäischen Antidiskriminierungsrechts, S. 23.

seines Einsatzes für die Merkmalsträger benachteiligt.[754] Es handle sich somit nicht um eine „Sippenhaftung" nach Art der assoziierten Diskriminierung.[755] Allerdings stellt *Lobinger* für diese Fälle auch fest, dass sie zwar nicht unter die europäischen Antidiskriminierungsrichtlinien fallen, jedoch das Diskriminierungsverbot nach Art. 21 der EU-GRCharta einschlägig sein könne, da es sich um eine „Benachteiligung wegen einer bestimmten politischen Ansicht" handeln könne.[756]

2. Persönliches und emotionales Verhältnis

Zum anderen wird u.a. von *Bader* vertreten, dass im Rahmen des Näheverhältnisses ein persönliches und emotionales Verhältnis erforderlich sei und es nicht auf ein sog. „familiäres Band" ankomme.[757] Zwar sei ein solches „familiäres Band" ein starkes Indiz für eine eigene Betroffenheit, es könne jedoch auch eine solche Betroffenheit vorliegen, wenn keine familiäre Verbindung bestehe.[758] Da ein „familiäres Band" auch unter Angehörigen fehlen könne, komme es vielmehr darauf an, ob der Betroffene als „Repräsentant" bezüglich eines Merkmalsträgers oder einer Gruppe von Merkmalsträgern eine „hinreichend(e) emotionale Beziehung" habe und sich deshalb so mit dem Merkmal identifiziere, dass er es als eigenes Merkmal empfinde.[759] *Bader* untersucht auch, ob der Benachteiligte eine Verbindung zu einem „konkreten Merkmalsträger" haben müsse oder ob ein reines „Engagement für die Gruppe der Merkmalsträger" genüge.[760] Er kommt schließlich bei reinen Engagements zu dem Ergebnis, dass regelmäßig auch in diesen Fällen eine qualifizierte Verbindung zur Gruppe bestehen und damit das Merkmal als eigenes empfunden werden könne.[761]

---

754 *Lobinger*, Entwicklung, Stand und Perspektiven des europäischen Antidiskriminierungsrechts, S. 23.

755 *Lobinger*, Entwicklung, Stand und Perspektiven des europäischen Antidiskriminierungsrechts, S. 23.

756 *Lobinger*, Entwicklung, Stand und Perspektiven des europäischen Antidiskriminierungsrechts, S. 23.

757 *Bader*, Arbeitsrechtlicher Diskriminierungsschutz als Privatrecht, S. 272.

758 *Bader*, Arbeitsrechtlicher Diskriminierungsschutz als Privatrecht, S. 272.

759 *Bader*, Arbeitsrechtlicher Diskriminierungsschutz als Privatrecht, S. 272, wonach auch ein allgemeines Engagement für eine Gruppe von Merkmalsträgern – wie z.B. das Engagement für Homosexuelle durch einen heterosexuellen Arbeitnehmer – für ein emotionales Verhältnis ausreichen könne.

760 *Bader*, Arbeitsrechtlicher Diskriminierungsschutz als Privatrecht, S. 272.

761 *Bader*, Arbeitsrechtlicher Diskriminierungsschutz als Privatrecht, S. 272.

3. *Direkte oder gefühlsmäßige Beziehung*

Ferner wird von *Gottardi* in ihrer Stellungnahme vom 11.02.2009 zu dem Vorschlag für eine Richtlinie des Rates zur Anwendung des Grundsatzes der Gleichbehandlung ungeachtet der Religion oder der Weltanschauung, einer Behinderung des Alters oder der sexuellen Ausrichtung eine Art Kombination der beiden ersten Richtungen vertreten.[762] So sei erforderlich, dass der Nicht-Merkmalsträger zum Merkmalsträger eine „direkte Beziehung" habe, jedoch genüge auch nur eine „gefühlsmäßige" Bindung zu dem Merkmalsträger.[763] Nicht erforderlich sei hierbei, dass der Nicht-Merkmalsträger mit dem Merkmalsträger zusammenlebe oder eine rechtliche Formalisierung in Form der Ehe oder Elternschaft vorliege.[764] Der Unterschied zu *Baders* Ansicht liegt insbesondere darin, dass *Gottardi* eine direkte oder gefühlsmäßige Beziehung zu einem konkreten Merkmalsträger voraussetzt und *Bader* auch ein reines Engagement für eine Gruppe von Merkmalsträgern für ein Näheverhältnis für ausreichend hält.

III. Stellungnahme

Mit Blick auf die vorgeschlagenen Lösungswege wird deutlich, dass die Autoren bemüht sind, das Näheverhältnis hinreichend mit Personengruppen einzuschränken, damit es Rechtsanwendern vereinfacht wird, mit dieser besonderen Diskriminierungskonstellation umzugehen. Jedoch schaffen die Autoren leider durch zahlreiche Vorschläge ein großes Repertoire an Lösungsvorschlägen, das zu mehr Unsicherheit statt Klarheit führt.

Die Zugehörigkeit zu einer bestimmten Gruppe von Menschen – wie z.B. Kinder, Eltern, Ehegatten und Geschwistern oder allgemein zur Verwandtschaft ersten Grades[765] – reicht grundsätzlich nicht aus, um pauschal eine integritätsverletzende Handlung des Diskriminierenden anzunehmen. Selbstverständlich wird in der Regel bei einem Angehörigenverhältnis eine besondere Nähe

---

762 *Gottardi*, Stellungnahme des Rechtsausschusses für den Ausschuss für bürgerliche Freiheiten, Justiz und Inneres vom 11.02.2009, Änderungsantrag 28.

763 *Gottardi*, Stellungnahme des Rechtsausschusses für den Ausschuss für bürgerliche Freiheiten, Justiz und Inneres vom 11.02.2009, Änderungsantrag 28.

764 *Gottardi*, Stellungnahme des Rechtsausschusses für den Ausschuss für bürgerliche Freiheiten, Justiz und Inneres vom 11.02.2009, Änderungsantrag 28.

765 So aber u.a. *Däubler*, in: Däubler/Bertzbach, NK-AGG, 4. Aufl. 2018, § 1 Rn. 111; *Braunroth/Franke*, NJ 2014, 187 (193); *Bayreuther*, NZA 2008, 986 (987); *Adomeit/Mohr*, AGG, 2. Aufl. 2011, § 3 Rn. 65; *Ernst/Braunroth/Wascher*, in: E/B/F/W, AGG, 2. Aufl. 2013, § 3 Rn. 3.

zu bejahen sein, jedoch muss dies für jeden Einzelfall separat geprüft werden. So ist etwa *Bayreuthers*[766] Einschränkung des Näheverhältnisses nicht einleuchtend, da sich nicht erklären lässt, weshalb ein besonderes Näheverhältnis bei Großeltern und Cousins grundsätzlich nicht vorliegen soll. Gerade in Familien, in denen sich die Großeltern um die Enkelkinder gekümmert haben und diese mit ihnen deshalb besonders eng verbunden sind, lässt sich nicht erklären, weshalb kein relevanter Fall der assoziierten Diskriminierung vorliegen soll, wenn z.B. das Enkelkind und dessen behinderte Großmutter in ein Lokal wollen und wegen der Behinderung (und/oder des Alters) der Großmutter beiden kein Zutritt gewährt wird. Auch hier wird das Enkelkind mit der Behinderung der Großmutter assoziiert. Ein Unterschied zum Coleman Fall ist dann nicht ersichtlich. Dasselbe gilt auch für das Verhältnis von Cousins und Cousinen, da auch diese sehr eng miteinander aufwachsen können und eine Benachteiligung z.B. wegen der Homosexualität des Cousins auch selbst als integritätsverletzend empfinden können. Leider erläutern *Adomeit/Mohr*[767] nicht, weshalb freundschaftliche Beziehungen nie für ein relevantes Näheverhältnis genügen sollen. Denn auch unter Freunden kann ein sehr enges und vertrautes Verhältnis bestehen, in dem sich die Freunde sogar als Geschwister betrachten.[768] Weshalb dann jemand keinen Anspruch aufgrund einer assoziierten Diskriminierung haben soll, wenn er und ein Freund nicht in einen Club kommen, weil der Freund etwa offensichtlich einen Migrationshintergrund[769] oder eine Behinderung hat, leuchtet nicht ein. Denn auch in diesem Fall kann der Freund das Merkmal seines engen Freundes als eigenes empfinden und in seinem Persönlichkeitsrecht verletzt werden. Hierdurch wird der Begriff des Näheverhältnisses auch nicht, wie *Adomeit/Mohr*[770] behaupten, zu extensiv ausgelegt und dadurch das Rechtsstaatsprinzip und das Gebot der Rechtssicherheit verletzt. Denn auch mit der hier vertretenen Ansicht, dass es für ein relevantes Näheverhältnis auf eine emotionale Verbindung zu einem konkreten Merkmalsträger ankommt, ist die Auslegung weiterhin restriktiver Natur, weil dadurch nicht jegliche Verbindung vom

---

766 *Bayreuther*, NZA 2008, 986 (987).

767 *Adomeit/Mohr*, AGG, 2. Aufl. 2011, § 3 Rn. 65.

768 Ähnlich *Birnbaum*, AuA 2010, 314 (315), die auch „Freunde" in den Schutzbereich der assoziierten Diskriminierung miteinbezieht.

769 Dieser Fall hat die österreichischen Gerichte bereits beschäftigt. Vgl. hierzu das LG für ZRS Wien, Urt. v. 10.12.2015 – 36 R 292/15f, https://www.klagsverband.at/klav/wp-content/uploads/2008/06/Urteil-ZRS36R292_15f_anonym.pdf (letzter Abruf: 09.09.2021).

770 *Adomeit/Mohr*, AGG, 2. Aufl. 2011, § 3 Rn. 65.

Schutzbereich erfasst wird. Durch die Konkretisierung des Begriffs kann auch dem Gebot der Rechtssicherheit hinreichend Rechnung getragen werden, weil durch sie eine Auslegungshilfe für die Rechtspraxis geschaffen wird, durch die zumindest ein rechtlicher Leitfaden entstehen kann.[771]

Abzulehnen sind ferner auch die Meinungen von *Melot de Beauregard*[772], *Schlachter*[773] und *Krimphove*[774], die auf eine Betreuungsbedürftigkeit, Unterstützungspflicht oder Betreuungsleistung abstellen. Für solch eine restriktive Auslegung des Näheverhältnisses gibt es weder in den Antidiskriminierungsrichtlinien noch im AGG Indizien. Vielmehr sprechen der Wortlaut der Richtlinien und des AGG sowie das Telos für eine extensivere Auslegung des Begriffs. Aus diesen Gründen kann auch eine rechtliche Verfestigung des Näheverhältnisses, wie *Treber*[775] es verlangt, diskriminierungsrechtlich nicht von Relevanz sein.

Lobinger[776] ist insoweit zuzustimmen, dass er im Rahmen des Näheverhältnisses eine Einzelfallprüfung für sinnvoll erachtet. Ebenfalls kann seinen Ausführungen zum reinen Engagement gefolgt werden, weil in diesen Fällen nicht angenommen werden kann, dass sich der Nicht-Merkmalsträger mit dem Merkmal des Dritten identifiziert und es als eigenes empfindet. Wie *Lobinger* richtig feststellt, wird der Nicht-Merkmalsträger in diesen Fällen eben nicht „bemakelt“ und mit dem Merkmal assoziiert.[777] Er ist damit kein Repräsentant des Merkmals und erleidet somit keine diskriminierungsrechtlich beachtliche Persönlichkeitsrechtsverletzung. *Lobingers* Aussage, dass das Engagement jedoch unter den Diskriminierungsschutz des Art. 21 der EU-GRCharta als Diskriminierung wegen der politischen Ansicht fallen könne, ist jedoch fraglich. Art. 21 Abs. 1 der EU-GRCharta verbietet neben zahlreichen anderen Differenzierungsmerkmalen auch Diskriminierungen wegen der politischen oder sonstigen Anschauung.[778] Im Rahmen von politischen und sonstigen Anschauungen wird sowohl

771 Siehe hierzu ausführlich 4. Kap. C.

772 *Melot de Beauregard*, RIW 2009, 18 (21).

773 *Schlachter*, RdA 2010, 104 (109).

774 *Krimphove*, EuR 2009, 330 (341).

775 *Treber*, in: KR, 12. Aufl. 2019, § 3 AGG Rn. 9.

776 *Lobinger*, Entwicklung, Stand und Perspektiven des europäischen Antidiskriminierungsrechts, S. 22.

777 *Lobinger*, Entwicklung, Stand und Perspektiven des europäischen Antidiskriminierungsrechts, S. 23.

778 Nach Art. 21 Abs. 1 der EU-GRCharta sind Diskriminierungen insbesondere wegen des Geschlechts, der Rasse, der Hautfarbe, der ethnischen oder sozialen Herkunft, der genetischen Merkmale, der Sprache, der Religion oder der Weltanschauung, der politischen oder sonstigen Anschauung, der Zugehörigkeit zu einer nationalen Minderheit,

das Haben und Äußern der subjektiven Ansicht als auch das Nichthaben oder Nichtäußern dieser Ansicht geschützt.[779] Ein Engagement für eine Gruppe von Merkmalsträgern, wie z.B. für die LGBTIQ*[780]-Community oder für Flüchtlinge, könnte demnach nach *Lobinger* eine politische oder sonstige Anschauung i.S.d. Art. 21 der EU-GRCharta darstellen, die wiederum Grundlage einer Diskriminierung i.S.d. EU-GRCharta sein könnte. Hierfür müsste jedoch Art. 21 Abs. 1 der EU-GRCharta eine unmittelbare Drittwirkung zwischen Privaten zukommen. Ob Art. 21 Abs. 1 der EU-GRCharta eine unmittelbare Drittwirkung hat, ist jedoch sehr umstritten.[781] Insbesondere hat die Entscheidung des EuGH im Fall Egenberger[782] die Diskussion über die unmittelbare Drittwirkung des Art. 21 Abs. 1 der EU-GRCharta erneut entfacht.[783] In seinen Entscheidungsgründen erläuterte der EuGH, dass das Diskriminierungsverbot in Art. 21 Abs. 1 der EU-GRCharta „als allgemeiner Grundsatz des Unionsrechts zwingenden Charakter" habe.[784] Dieses Dsikriminierungsverbot „verleih[e] für sich allein dem Einzelnen ein Recht, das er in einem Rechtsstreit, der einen vom Unionsrecht erfassten Bereich betrifft, als solches geltend machen" könne.[785] So unterscheide sich Art. 21 der EU-GRCharta „in seiner Bindungswirkung grundsätzlich nicht von den verschiedenen Bestimmungen der Gründungsverträge, die verschiedene Formen der Diskriminierung auch dann verbieten, wenn sie

---

des Vermögens, der Geburt, einer Behinderung, des Alters oder der sexuellen Ausrichtung verboten.

779 *Mohr*, in: Franzen/Gallner/Oetker, Kommentar zum europäischen Arbeitsrecht, 3. Aufl. 2020, § 21 GRC Rn. 71.

780 Die Abkürzung „LGBTIQ*" ist eine international gängige Bezeichnung für Lesben, Schwule, Bisexuelle, Trans* und Inter* sowie Queer (Lesbian, Gay, Bisexual, Trans*, Inter* and Queer). Es gibt hierbei zahlreiche Varianten, u.a. LGBTQ, LGBTQ+, LGBTQ*, LGBTQIA* oder LGBTQ2S+.

781 Eine unmittelbare Drittwirkung der Grundrechte zwischen Privaten bejaht z.B. *Jarass*, Charta der Grundrechte der EU, 4. Aufl. 2021, Art. 21 Rn. 4. Dagegen lehnen eine unmittelbare Drittwirkung z.B. *Hölscheidt*, in: Meyer/Hölscheidt, Charta der Grundrechte der EU, 5. Aufl. 2019, Art. 21 GRCh Rn. 34 und *Mohr*, in: Franzen/Gallner/Oetker, Kommentar zum europäischen Arbeitsrecht, 3. Aufl. 2020, Art. 21 GRCh Rn. 119 ab.

782 EuGH Urt. v. 17.04.2018 – C-414/16, Egenberger, NZA 2018, 569.

783 Siehe z.B. *Kainer*, NZA 2018, 894; *Hartmann*, EuZA 2019, 24 (36ff.).

784 EuGH Urt. v. 17.04.2018 – C-414/16, Egenberger, Rn. 76, NZA 2018, 569 (573).

785 EuGH Urt. v. 17.04.2018 – C-414/16, Egenberger, Rn. 76, NZA 2018, 569 (573). Im Fall Egenberger ging es um eine Benachteiligung einer Bewerberin wegen ihrer Konfession im Rahmen eines Stellenbesetzungsverfahrens eines kirchlichen Arbeitgebers.

aus Verträgen zwischen Privatpersonen resultieren".[786] Diese Rechtsprechung des EuGH wurde von einem Teil der Literatur so gedeutet, dass der EuGH von einer unmittelbaren Drittwirkung des Art. 21 der EU-GRCharta zwischen Privaten ausgeht.[787] Dennoch bestehen weiterhin Bedenken gegen eine unmittelbare Drittwirkung von Art. 21 Abs. 1 der EU-GRCharta. Zum einen würde ein solches allgemeines Diskriminierungsverbot mit der ebenfalls im Unionsrecht geltenden Privatautonomie konfligieren, weil dort den Grundrechten nur eine mittelbare Drittwirkung als objektive Wertentscheidung zukommt.[788] Zudem ist die Wirkung von Richtlinien auch primärrechtlich in Art. 288 AEUV verankert, woran der Primärrechtsrang der EU-GRCharta nichts ändert.[789] Ferner ist Art. 51 Abs. 1 der EU-GRCharta, der den Anwendungsbereich der EU-GRCharta regelt, nicht zu entnehmen, ob die Grundrechte auch unter Privaten eine Bindung entfalten.[790] Insbesondere der Umstand, dass Private Grundrechtsträger der EU-GRCharta sind, könnte gegen eine unmittelbare Drittwirkung der Grundrechte sprechen.[791] Im Ergebnis ist die Frage der unmittelbaren Drittwirkung von Grundrechten zwischen Privatpersonen weiterhin ungeklärt und strittig. Es bleibt abzuwarten, ob der EuGH seine Rechtsprechung zur unmittelbaren Drittwirkung von Grundrechten ausbaut.

Die Ausführungen *Baders*[792] zum Näheverhältnis sind zwar auf dem ersten Blick durchaus einleuchtend und dogmatisch durchdacht, da er auf die Persönlichkeitsrechtsverletzung der diskriminierenden Handlung abstellt und deshalb ein Näheverhältnis zwischen dem Nicht-Merkmalsträger und Merkmalsträger für erforderlich hält. Jedoch kann hier seinen Ausführungen zur Frage, ob eine konkrete Beziehung zwischen den beiden Betroffenen vorliegen muss oder ob

---

786 EuGH Urt. v. 17.04.2018 – C-414/16, Egenberger, Rn. 77, NZA 2018, 569 (573).

787 So z.B. *Jarass*, Charta der Grundrechte der EU, 4. Aufl. 2021, Art. 21 Rn. 4; *Kainer*, NZA 2018, 894 (897); *Hartmann*, EuZA 2019, 24 (36f.); *Mohr*, in: Franzen/Gallner/Oetker, Kommentar zum europäischen Arbeitsrecht, 3. Aufl. 2020, Art. 21 GRCh Rn. 119.

788 *Mohr*, in: Franzen/Gallner/Oetker, Kommentar zum europäischen Arbeitsrecht, 3. Aufl. 2020, Art. 21 GRCh Rn. 119.

789 *Mohr*, in: Franzen/Gallner/Oetker, Kommentar zum europäischen Arbeitsrecht, 3. Aufl. 2020, Art. 21 GRCh Rn. 119; *Hartmann*, EuZA 2019, 24 (37).

790 *Schwerdtfeger*, in: Meyer/Hölscheidt, Charta der Grundrechte der EU, 5. Aufl. 2019, Art. 51 GRCh Rn. 57. Siehe zu Art. 51 der EU-GRCharta auch 3. Kap. C. I. 1. g) aa).

791 *Schwerdtfeger*, in: Meyer/Hölscheidt, Charta der Grundrechte der EU, 5. Aufl. 2019, Art. 51 GRCh Rn. 57.

792 *Bader*, Arbeitsrechtlicher Diskriminierungsschutz als Privatrecht, S. 272.

ein reines Engagement für eine Gruppe von Merkmalsträgern genügt, nicht gefolgt werden. Ob eine Benachteiligung aufgrund des reinen Engagements für eine Merkmalsgruppe für eine Verletzung des Persönlichkeitsrechts des Nicht-Merkmalsträgers genügt, ist sehr zu bezweifeln, da der Nicht-Merkmalsträger das fremde Merkmal regelmäßig nicht als sein eigenes empfinden wird.[793] So hat die Benachteiligung wegen der Behinderung des eigenen Kindes eine ganz andere Persönlichkeitsrelevanz als das reine Engagement für behinderte Kinder. Es herrscht regelmäßig keine so enge Verbindung zu einer Gruppe von Merkmalsträgern, die im Falle einer Benachteiligung eine Persönlichkeitsrechtsverletzung begründen könnte. Diese ist jedoch für den Diskriminierungsschutz nach dem AGG zwingend erforderlich. Aus diesem Grund kann nicht wie nach *Bader* pauschal angenommen werden, dass Nicht-Merkmalsträger auch in diesen Konstellationen das fremde Merkmal wie ein eigenes empfinden werden. Für eine eigene Identifizierung mit solchen Merkmalen wird vielmehr eine konkrete Beziehung zu dem Merkmalsträger erforderlich sein, welche über ein reines Engagement hinausgeht.

Ausgehend von der Annahme, dass für eine Anspruchsberechtigung eine Persönlichkeitsrechtsverletzung vorliegen muss, ist mithin erforderlich, dass der unmittelbar von der diskriminierenden Handlung Betroffene seine eigene Assoziierung mit dem Differenzierungsmerkmal des Merkmalsträgers als integritätsverletzend empfindet. Dies wiederum setzt voraus, dass eine emotionale Verbindung, wie auch *Bader*[794] und *Gottardi*[795] feststellen, vorliegt, die dazu führt, dass der Nicht-Merkmalsträger das fremde Merkmal des Dritten als sein eigenes empfindet oder sich zumindest in den gesellschaftlichen Wirkungskreis des Merkmals einbezogen fühlt. Weshalb eine Verletzung des Persönlichkeitsrechts nur im familiären Bereich möglich sein soll, ist – wie dargestellt – nicht nachvollziehbar, da auch bei anderen Intensitäten von Beziehungen, wie z.B. zwischen engen Freunden, in der Regel ein sehr enges und damit fast familiäres Verhältnis bestehen kann. Das familiäre Verhältnis ist mithin für ein besonderes Näheverhältnis nicht entscheidend und kann lediglich durch sein Vorliegen ein besonderes Näheverhältnis indizieren.[796] Ausschlaggebend ist vielmehr

---

793 Ebenfalls *Lobinger*, Entwicklung, Stand und Perspektiven des europäischen Antidiskriminierungsrechts, S. 23.

794 *Bader*, Arbeitsrechtlicher Diskriminierungsschutz als Privatrecht, S. 272.

795 *Gottardi*, Stellungnahme des Rechtsausschusses für den Ausschuss für bürgerliche Freiheiten, Justiz und Inneres vom 11.02.2009, Änderungsantrag 28.

796 Ebenfalls *Bader*, Arbeitsrechtlicher Diskriminierungsschutz als Privatrecht, S. 272.

eine emotionale Verbindung zwischen Nicht-Merkmalsträger und Merkmalsträger, die auch bei anderen Intensitäten von Beziehungen vorliegen kann.[797] Eine assoziierte Diskriminierung kann demnach sowohl im familiären als auch im außerfamiliären Bereich erfolgen. Auf ein situativ bedingtes Näheverhältnis, wie z.B. das Sich-Einsetzen für einen Freund, kommt es im Ergebnis nicht an, weil bereits im Vorfeld, also vor der Diskriminierungshandlung, eine enge Verbindung zwischen Nicht-Merkmalsträger und Merkmalsträger bestehen muss. Diese kann sich nicht erst durch eine benachteiligende Situation ergeben. Das bedeutet wiederum, dass das Sich-Einsetzen für fremde Personen kein relevantes Näheverhältnis begründen kann.

Da es letztendlich auf die emotionale Verbindung zwischen Nicht-Merkmalsträger und Merkmalsträger ankommt, bilden die beiden im Falle einer Benachteiligung aufgrund des Differenzierungsmerkmals regelmäßig eine Art „Schicksalsgemeinschaft". Der Diskriminierende betrachtet den Nicht-Merkmalsträger und den Merkmalsträger als eine Gemeinschaft und rechnet dem Nicht-Merkmalsträger das fremde Merkmal zu. In den Augen des Diskriminierenden macht es keinen Unterschied, ob der Nicht-Merkmalsträger selbst das Merkmal aufweist oder nicht. Er stellt ihn mit einem Merkmalsträger gleich, weil der Nicht-Merkmalsträger mit einem Merkmalsträger in einem Näheverhältnis steht. Der Nicht-Merkmalsträger wird demnach durch die assoziierte Diskriminierung wie ein Merkmalsträger behandelt und trägt dadurch dasselbe Schicksal wie ein Merkmalsträger. Er erleidet genau wie ein Merkmalsträger nur aufgrund eines Differenzierungsmerkmals Nachteile und damit dasselbe Schicksal. Dadurch wiederum kann der Nicht-Merkmalsträger in seinem Persönlichkeitsrecht verletzt werden.

IV. Ergebnis

Im Ergebnis ist eine pauschale Annahme eines Näheverhältnisses bei bestimmten Personengruppen – wie bei Verwandten – grundsätzlich abzulehnen. Gruppenbildungen können lediglich als Leitfaden bei der Prüfung eines Näheverhältnisses herangezogen werden. Es ist stets eine Einzelfallprüfung vorzunehmen, in der untersucht werden muss, ob ein relevantes Näheverhältnis vorliegt oder nicht. Ausschlaggebend ist, ob der Nicht-Merkmalsträger zu einem konkreten Merkmalsträger eine emotionale Verbindung hat und durch die Benachteiligung

797 *Bader*, Arbeitsrechtlicher Diskriminierungsschutz als Privatrecht, S. 272, spricht von einer „emotionalen Beziehung".

in seinem Persönlichkeitsrecht verletzt wird. Dabei hängt das Vorliegen einer solchen emotionalen Verbindung immer vom Einzelfall ab. Sie kann sowohl im familiären als auch im außerfamiliären Bereich gegeben sein. Auf eine situativ bedingte Beziehung zu einer Person kommt es für ein Näheverhältnis jedoch nicht an, da bereits vor der benachteiligenden Situation eine emotionale Verbindung zu dieser Person existieren muss.

Nicht-Merkmalsträger und Merkmalsträger bilden durch ihre emotionale Verbindung und dem Differenzierungsmerkmal eine Art „Schicksalsgemeinschaft". Das Schicksal besteht darin, dass der Nicht-Merkmalsträger wie ein Merkmalsträger behandelt wird, weil ihm das fremde Merkmal zugerechnet wird und er dadurch dieselben Nachteile (also dasselbe Schicksal) erleidet wie ein Merkmalsträger. Er empfindet deshalb das fremde Merkmal als sein eigenes. Somit kann erst durch die emotionale Verbindung zwischen Nicht-Merkmalsträger und Merkmalsträger das Persönlichkeitsrecht des Nicht-Merkmalsträgers durch eine assoziierte Diskriminierung verletzt werden.

C. Konkretisierung des Begriffs Näheverhältnis

Um eine rechtssicherere Lösung für die Fallgruppe der assoziierten Diskriminierung zu ermöglichen, ist eine Konkretisierung des Begriffs Näheverhältnis notwendig.

Exemplarisch könnte hier das Österreichische Gleichbehandlungsgesetz (GlBG) herangezogen werden, da es die assoziierte Diskriminierung an verschiedenen Stellen gesetzlich regelt.[798] Das GlBG kann hierbei als Inspiration für die Formulierung des Begriffs Näheverhältnis unabhängig von dessen dogmatischer Einordnung dienen, da das GlBG wie auch das AGG die Richtlinien der Europäischen Union sowie die Rechtsprechung des EuGH umsetzt.[799] Somit kann für die Formulierung des Näheverhältnisses ein Blick in das österreichische

798 Bundesgesetz über die Gleichbehandlung (Gleichbehandlungsgesetz - GlBG) vom 23.06.2004, Österreichisches BGBl. I Nr. 66/2004; siehe auch ausführlich zu den Vorschriften des GlBG 6. Kap. A. Siehe zudem auch *Heimann*, Diskriminierung aufgrund eines Näheverhältnisses, Humboldt Law Clinic, Blogbeitrag vom 04.02.2016.

799 Siehe für die Erläuterungen zum GlBG die Regierungsvorlage Nr. 938 der Beilagen XXIV.GP, S. 5f., https://www.parlament.gv.at/PAKT/VHG/XXIV/I/I_00938/fname_197155.pdf (letzter Abruf: 09.09.2021). Im Gegensatz zum AGG gab es in der österreichischen rechtswissenschaftlichen Literatur bei der Umsetzung der Antidiskriminierungsrichtlinien durch das GlBG keine intensive dogmatische Diskussion, vgl. *Rebhan*, ZfA 2006, 347 (348f.).

Antidiskriminierungsrecht hilfreich sein. In § 32 Abs. 4 GlBG ist beispielsweise geregelt, dass eine Diskriminierung auch dann vorliegt, wenn eine Person auf Grund ihres Naheverhältnisses zu einer Person wegen deren Geschlechts oder deren ethnischer Zugehörigkeit diskriminiert wird. Zwar enthält der Gesetzestext selbst keine eigene Definition des Näheverhältnisses, jedoch können das Urteil des Landesgerichts für Zivilrechtssachen Wien vom 10.12.2015, Az.: 36 R 292/15f sowie die Regierungsvorlage zum GlBG herangezogen werden.[800] In dem Urteil ging es um folgenden Sachverhalt[801]:

Die Kläger, eine Gruppe aus acht befreundeten Personen, wollten gemeinsam in Wien einen Club besuchen. Zwei der acht Personen, die keinen erkennbaren Migrationshintergrund hatten, wurde zunächst Einlass in den Club gewährt. Drei von ihnen, die einen erkennbaren Migrationshintergrund hatten, wurde jedoch der Einlass in den Club mit der Begründung verwehrt, es handle sich bei ihnen um „Leute, die zu Problemen führen“. Die restlichen drei, die ebenfalls keinen erkennbaren Migrationshintergrund hatten, hätten den Club aber ohne Begleitung der drei Freunde mit Migrationshintergrund noch betreten dürfen. Nach einer Diskussion über die Türpolitik wurde auch den Freunden ohne erkennbaren Migrationshintergrund der Wiedereintritt in den Club verweigert.

Aufgrund des Vorfalls legte der „Klageverband zur Durchsetzung der Rechte von Diskriminierungsopfern“ für die gesamte Gruppe eine Verbandsklage gegen den Clubbetreiber beim Bezirksgericht Josefstadt ein, welches der Klage stattgab. Daraufhin legte die beklagte Partei Berufung gegen das erstinstanzliche Urteil ein. Das Landesgericht für Zivilrechtssachen Wien wies die Berufung ab.

Den zwei Personen, die in dem Club waren, wurde jeweils 375,- EUR, den drei Personen, denen aufgrund ihres Migrationshintergrunds der Einlass verwehrt wurde, wurde jeweils 600,- EUR und den drei restlichen Personen jeweils 350,- EUR als Entschädigung zugesprochen. Die drei Personen mit erkennbarem Migrationshintergrund hätten hierbei eine unmittelbare Diskriminierung

---

800 LG für ZRS Wien, Urt. v. 10.12.2015 – 36 R 292/15f, https://www.klagsverband.at/klav/wp-content/uploads/2008/06/Urteil-ZRS36R292_15f_anonym.pdf (letzter Abruf: 09.09.2021); Regierungsvorlage (zum GlBG) Nr. 938 der Beilagen XXIV.GP, https://www.parlament.gv.at/PAKT/VHG/XXIV/I/I_00938/fname_197155.pdf (letzter Abruf: 09.09.2021). Mit der Rechtsprechung befasst sich auch *Heimann*, Diskriminierung aufgrund eines Näheverhältnisses, Humboldt Law Clinic, Blogbeitrag vom 04.02.2016.

801 LG für ZRS Wien, Urt. v. 10.12.2015 – 36 R 292/15f, https://www.klagsverband.at/klav/wp-content/uploads/2008/06/Urteil-ZRS36R292_15f_anonym.pdf (letzter Abruf: 09.09.2021).

nach § 32 Abs. 1 GlBG erlitten. Die restlichen Personen ohne erkennbarem Migrationshintergrund seien hingegen Opfer einer „indirekten Diskriminierung durch Assoziation“ nach § 32 Abs. 4 GlBG geworden. Eine „Diskriminierung durch Assoziation“ sei typischerweise in einem Drei-Personen-Verhältnis gegeben. Dieses bestehe zwischen dem Diskriminierenden, Diskriminierten und dem Merkmalsträger.

Da das Gesetz keine Ausführungen zu dem Begriff des „Naheverhältnisses“ enthält, hat sich das Gericht bei der Auslegung des Begriffs „Naheverhältnis“ insbesondere an der Regierungsvorlage zum GlBG orientiert und die Freundschaft zwischen den Diskriminierten für ein Näheverhältnis ausreichen lassen.[802] Die Erläuterungen in der Regierungsvorlage enthalten folgende umfassende Ausführungen zum Begriff des „Naheverhältnisses“:

> „Der Begriff Naheverhältnis geht über familiäre Beziehungen hinaus und erfasst auch ein auf persönlicher Freundschaft und Schutzbefohlenheit basierendes Naheverhältnis. Das Naheverhältnis bezieht sich nicht nur auf bestehende rechtliche Verpflichtungen (z.B. Fürsorgepflicht der Eltern für ihr Kind oder zwischen Ehegatten) sondern auch auf allgemein verständliche soziale und moralische Beistandspflichten. Erfasst sind demnach Angehörige, Lebenspartner/innen und Freund/inn/en, aber auch z.B. das Verhältnis zwischen Lehrer/in und Schüler/in. Bei Arbeitskolleg/inn/en ist nicht von Vorneherein von einem persönlichen Naheverhältnis auszugehen. Hier ist im konkreten Einzelfall zu prüfen, ob ein persönliches Naheverhältnis vorliegt. Flüchtige Bekanntschaften fallen nicht in den Schutzbereich der Bestimmung.“[803]

Die Regierungsvorlage enthält ferner folgende Erläuterungen:

> „Eine Diskriminierung liegt daher auch dann vor, wenn eine Person zwar Zugang zu Gütern und Dienstleistungen erhalten würde, der Person, zu der ein persönliches Naheverhältnis besteht, dies jedoch auf Grund eines im Gleichbehandlungsgesetz angeführten Merkmals verweigert wird (z.B. Verweigerung des Zuganges zu einem Lokal auf Grund der ethnischen Zugehörigkeit), sodass auch die Person, die das Merkmal selbst nicht aufweist, an der Inanspruchnahme der Dienstleistung gehindert ist. Wenn z.B. eine Schüler/innengruppe mit einem/einer Lehrer/in eine Aufführung besucht und einem Kind der Zugang wegen seiner ethnischen Zugehörigkeit verweigert wird, so sind

---

802 Erläuterungen zum GlBG die Regierungsvorlage Nr. 938 der Beilagen XXIV.GP, https://www.parlament.gv.at/PAKT/VHG/XXIV/I/I_00938/fname_197155.pdf (letzter Abruf: 09.09.2021).

803 Erläuterungen zum GlBG, Regierungsvorlage Nr. 938 der Beilagen XXIV.GP, S. 6, https://www.parlament.gv.at/PAKT/VHG/XXIV/I/I_00938/fname_197155.pdf (letzter Abruf: 09.09.2021); zustimmend *Windisch-Graetz*, in: ZellKomm, Band 1, 3. Aufl. 2018, § 5 GlBG Rn. 11.

sowohl der/die Lehrer/in, der/die ja zur Aufsicht über alle Schüler/innen verpflichtet ist, als auch die Mitschüler/innen gehindert, die Aufführung zu besuchen und damit diskriminiert. Wegen der familiären oder sozialen Pflichten kann eben die Person die Leistung, die der zu ihr in einem Naheverhältnis stehenden Person verweigert wird, ebenfalls nicht in Anspruch nehmen. Aus der Notwendigkeit der Erfüllung dieser Pflichten leitet sich die Diskriminierung ab.

Der Schutz vor Diskriminierung erstreckt sich auf unmittelbare oder mittelbare Diskriminierung oder (sexuelle) Belästigung. Im Bereich der Diskriminierung auf Grund des Geschlechts ist z.B. eine Diskriminierung auf Grund eines Naheverhältnisses zu einer Transgenderperson als Fallgestaltung denkbar."[804]

Die Erläuterungen in der Regierungsvorlage erleichterten hierbei dem Gericht, den unbestimmten Begriff „Naheverhältnis" auszulegen. Durch die Rechtsprechung gelingt es in Österreich, für die Bevölkerung klare Grenzen einer Diskriminierung in der Öffentlichkeit aufzuzeigen und sie so zu sensibilisieren.[805] Der Bevölkerung wird verdeutlicht, dass nicht nur der Merkmalsträger, sondern auch ihm nahestehende Personen nicht aufgrund eines verpönten Differenzierungsmerkmals diskriminiert werden dürfen.[806]

Inspiriert vom österreichischen Antidiskriminierungsrecht könnte mithin für das AGG in Deutschland z.B. im Rahmen einer Gesetzesänderung[807] in die Gesetzesbegründung eine Konkretisierung des Näheverhältnisses aufgenommen werden. Diese könnte folgendermaßen formuliert sein.

Ein für die assoziierte Diskriminierung erforderliches Näheverhältnis kann durch eine familiäre oder anderweitig emotionale Verbindung vorliegen. So kann ein Näheverhältnis zwischen Angehörigen, Lebenspartnern/innen, Freunden/innen aber auch Arbeitskollegen/innen gegeben sein. Eine rechtliche Verfestigung der Verbindung ist nicht erforderlich. Ausschlaggebend ist vielmehr, dass eine emotionale Verbindung zwischen dem Nicht-Merkmalsträger und Merkmalsträger besteht, die z.B. durch eine Fürsorgepflicht, soziale oder moralische Beistandspflicht sowie anderweitige emotionale Verbindung entstehen kann. Durch das Merkmal müssen der Nicht-Merkmalsträger und Merkmalsträger eine Art „Schicksalsgemeinschaft"

804 Erläuterungen zum GlBG, Regierungsvorlage Nr. 938 der Beilagen XXIV.GP, S. 6, https://www.parlament.gv.at/PAKT/VHG/XXIV/I/I_00938/fname_197155.pdf (letzter Abruf: 09.09.2021).

805 Ebenfalls *Heimann*, Diskriminierung aufgrund eines Näheverhältnisses, Humboldt Law Clinic, Blogbeitrag vom 04.02.2016.

806 *Heimann*, Diskriminierung aufgrund eines Näheverhältnisses, Humboldt Law Clinic, Blogbeitrag vom 04.02.2016.

807 Siehe zum Gesetzesänderungsvorschlag sowie ausführlich zum GlBG 6. Kap.

bilden, sodass sich der Nicht-Merkmalsträger in den gesellschaftlichen Wirkungsbereich des Merkmals einbezogen fühlt und dasselbe Schicksal wie der Merkmalsträger erleidet. Eine familiäre Beziehung kann lediglich als Indiz für ein solches Näheverhältnis dienen. Erforderlich ist stets eine Einzelfallprüfung des Näheverhältnisses. Zufällige oder flüchtige Bekanntschaften fallen allerdings nicht unter den Begriff des Näheverhältnisses i.S.d. AGG.

D. Darlegungs- und Beweislast

Die Darlegungs- und Beweislast für das Vorliegen eines Näheverhältnisses trägt grundsätzlich der Nicht-Merkmalsträger als Anspruchsteller.[808] Dabei kann er sich nicht auf § 22 AGG berufen, der eine modifizierte Regelung zur Beweislastverteilung im Streitfall vorsieht.[809] Nach dieser Vorschrift genügt es, wenn eine Partei Indizien beweist, die eine Benachteiligung wegen eines in § 1 AGG genannten Grundes vermuten lassen. Die andere Partei trägt dann wiederum die Beweislast dafür, dass kein Verstoß gegen das AGG vorgelegen hat. § 22 AGG kommt hier deshalb nicht zur Anwendung, weil die Vorschrift nur hinsichtlich der Kausalität zwischen Ungleichbehandlung und einem Differenzierungsmerkmal des § 1 AGG eine Begünstigung vorsieht,[810] jedoch nicht für das Vorliegen der anderen Anspruchsvoraussetzungen wie das Näheverhältnis. Mithin obliegt es im Rahmen der assoziierten Diskriminierung dem Nicht-Merkmalsträger, im konkreten Einzelfall das Näheverhältnis genau dazulegen und zu beweisen. Vorstellbar wäre z.B. ein Nachweis durch den Zeugenbeweis (§§ 373ff. ZPO).

E. Fazit

Festzuhalten bleibt, dass ein Näheverhältnis bei der Fallgruppe der assoziierten Diskriminierung erforderlich ist. Erst durch ein besonderes Näheverhältnis gelingt es, eine Verletzung des Persönlichkeitsrechts des Nicht-Merkmalsträgers zu begründen. Die Persönlichkeitsrechtsverletzung ist für die Rechtszuweisung im Rahmen der assoziierten Diskriminierung unerlässlich. Das Näheverhältnis muss nicht zwingend ein familiäres Verhältnis sein. Ausschlaggebend

---

808 *Adomeit/Mohr*, AGG, 2. Aufl. 2011, § 3 Rn. 65.

809 Die modifizierte Beweislastverteilung des § 22 AGG erfasst nur die Beweislast und nicht die Darlegungslast, die sich wiederum nach den allgemeinen prozessualen Regeln richtet, vgl. etwa *Thüsing*, in: MüKo BGB, Band 1, 9. Aufl. 2021, § 22 AGG Rn. 4.

810 *Thüsing*, in: MüKo BGB, Band 1, 9. Aufl. 2021, § 22 AGG Rn. 6.

ist vielmehr die emotionale Verbindung zwischen Nicht-Merkmalsträger und Merkmalsträger. Es ist demnach für jeden Einzelfall zu prüfen, ob eine emotionale Bindung vorliegt. Dabei kann ein familiäres Verhältnis ein Indiz dafür sein, jedoch kann solch ein Verhältnis z.B. auch bei Freunden oder Arbeitskollegen vorliegen. Die Beziehung muss emotional so eng sein, dass der Nicht-Merkmalsträger das Merkmal des Merkmalsträgers als ein eigenes empfindet und sich in den gesellschaftlichen Wirkungsbereich des Merkmals einbezogen fühlt. Durch das Merkmal und die emotionale Verbindung bilden der Nicht-Merkmalsträger und Merkmalsträger eine Art „Schicksalsgemeinschaft". Damit eine so enge emotionale Verbindung entstehen kann, muss es sich beim Dritten um einen konkreten Merkmalsträger handeln. Das reine Engagement für eine Gruppe von Merkmalsträgern genügt regelmäßig nicht, um einen Bezug zum eigenen Persönlichkeitsrecht zu begründen. Auch kann kein besonderes Näheverhältnis bei völlig fremden Personen oder zufälligen Bekanntschaften vorliegen.

5. Kapitel Reichweite der assoziierten Diskriminierung

Das letzte große Problemfeld der assoziierten Diskriminierung beschäftigt sich mit der Reichweite dieser, insbesondere im Hinblick auf die verschiedenen Differenzierungsmerkmale und Diskriminierungsformen des AGG.

A. Reichweite hinsichtlich der Differenzierungsmerkmale i.S.d. § 1 AGG

Bisher ungeklärt ist zunächst die Reichweite der assoziierten Diskriminierung im Hinblick auf die verschiedenen Merkmale des § 1 AGG. Die zwei Entscheidungen des EuGH befassten sich bisher nur mit den Merkmalen Behinderung sowie Rasse und ethnische Herkunft.[811] Aus diesem Grund stellt sich die Frage, ob die Fallgruppe der assoziierten Diskriminierung auch auf die anderen Merkmale des § 1 AGG, wie z.B. das Geschlecht oder das Alter, Anwendung findet oder ob der Anwendungsbereich nur auf bestimmte Merkmale beschränkt ist. Bei der Beantwortung dieser Frage kommt es aufgrund der integritätsschützenden Zielrichtung des AGG darauf an, ob bei allen Merkmalen des § 1 AGG im Rahmen einer assoziierten Diskriminierung eine Persönlichkeitsrechtsverletzung in Betracht kommt oder nur bei bestimmten Merkmalen eine Persönlichkeitsrechtsverletzung möglich ist. Deshalb sollen die nachfolgenden Ausführungen einen groben Überblick zum Inhalt der verschiedenen Differenzierungsmerkmale des § 1 AGG geben.

I. Differenzierungsmerkmale des § 1 AGG

§ 1 AGG schützt vor Benachteiligungen aus Gründen der Rasse oder wegen der ethnischen Herkunft, des Geschlechts, der Religion oder Weltanschauung, einer Behinderung, des Alters oder der sexuellen Identität. Das Gesetz enthält demnach einen Katalog von acht Differenzierungsmerkmalen, definiert die einzelnen Begriffe jedoch nicht.

811 EuGH, Urt. v. 17.07.2008 – C-303/06, Coleman, NZA 2008, 932ff.; EuGH, Urt. v. 16.07.2015 – C-83/14, CHEZ Razpredelenie Bulgaria, Celex-Nr. 62014CJ0083.

1. Rasse oder ethnische Herkunft

Aufgrund der fehlenden Definition der Merkmale Rasse und ethnische Herkunft fällt es der Praxis teilweise schwer, die beiden Merkmale klar voneinander abzugrenzen.[812] Nach der Gesetzesbegründung zum AGG beruht der Begriff Rasse auf der RL 2000/43/EG und Art. 19 AEUV und verfolgt das Ziel, umfassend vor ethnisch motivierten Diskriminierungen zu schützen.[813] Dabei ist sowohl dem deutschen Gesetzgeber als auch der Europäischen Union bewusst, dass die Verwendung des Begriffs Rasse problematisch ist.[814] Dennoch haben sich beide entschieden, den Begriff aufzunehmen, „weil ‚Rasse' den sprachlichen Anknüpfungspunkt zu dem Begriff des ‚Rassismus' bildet und die hiermit verbundene Signalwirkung – nämlich die konsequente Bekämpfung rassistischer Tendenzen – genutzt werden soll".[815] Der deutsche Gesetzgeber hat bewusst nicht die in Art. 3 Abs. 3 GG enthaltene Formulierung *„wegen seiner Rasse"*, sondern den in Art. 19 AEUV enthaltenen Wortlaut *„aus Gründen der Rasse"* verwendet, um zu verdeutlichen, dass nicht das AGG von der Existenz verschiedener menschlicher Rassen ausgehe, sondern der Diskriminierende dies annehme.[816]

Beim Versuch, den Begriff Rasse zu definieren, greifen viele Stimmen in der Literatur auf die Definition der Rassendiskriminierung in dem Internationalen Übereinkommen zur Beseitigung jeder Form von Rassendiskriminierung vom 07.03.1966 zurück.[817] Darin wird die Rassendiskriminierung als „jede auf der

812 Dies wird in einigen Entscheidungen des EuGH deutlich, in der die Richter nicht eindeutig zwischen den Merkmalen differenzieren und regelmäßig eine Benachteiligung wegen der Rasse oder der ethnischen Herkunft i.S.d. Art. 2 Abs. 2 Buchst. a der RL 2000/43/EG annehmen, wie z.B. in EuGH, Urt. v. 10.07.2008 – C-54/07, Feryn, NZA 2008, 929 (930f.); siehe ebenfalls *Adomeit/Mohr*, AGG, 2. Aufl. 2011, § 1 Rn. 40.

813 BT-Drs. 16/1780, S. 30.

814 BT-Drs. 16/1780, S. 30f.; Erwägungsgrund 6 der RL 2000/43/EG, Abl. EG 2000, L 180, S. 22. Deshalb distanzieren sich sowohl der europäische als auch der deutsche Gesetzgeber von Theorien, die versuchen, das Vorhandensein verschiedener Rassen zu belegen.

815 BT-Drs. 16/1780, S. 31.

816 BT-Drs. 16/1780, S. 31. Es handelt sich beim Merkmal Rasse somit nicht um ein „tatsächliches Merkmal", weil es nach dem europäischen und deutschen Rechtsverständnis keine verschiedenen menschlichen Rassen gibt, vgl. *Adomeit/Mohr*, AGG, 2. Aufl. 2011, § 1 Rn. 44. Deshalb will z.B. *Hartmann*, in: Herresthal/Kaiser/Stoffels, Staudinger Eckpfeiler, AGG, 7. Aufl. 2020, S. 106, B10 stets auf die Ethnie abstellen.

817 *Adomeit/Mohr*, AGG, 2. Aufl. 2011, § 1 Rn. 47; *Thüsing*, in: MüKo BGB, Band 1, 9. Aufl. 2021, § 1 AGG Rn. 16; *Schlachter*, in: ErfK, 21. Aufl. 2021, § 1 AGG Rn. 4;

Rasse, der Hautfarbe, der Abstammung, dem nationalen Ursprung oder dem Volkstum beruhende Unterscheidung, Ausschließung, Beschränkung oder Bevorzugung" definiert, „die zum Ziel oder zur Folge hat, daß dadurch ein gleichberechtigtes Anerkennen, Genießen oder Ausüben von Menschenrechten und Grundfreiheiten im politischen, wirtschaftlichen, sozialen, kulturellen oder jedem sonstigen Bereich des öffentlichen Lebens vereitelt oder beeinträchtigt wird".[818] Daraus wird geschlossen, dass sich der Begriff Rasse auf lebenslängliche und vererbliche äußerliche körperliche Merkmale wie Hautfarbe, Physiognomie (z.B. Augen-, Nasen- und Lippenform) oder Körperbau, aber auch bestimmte Haarstrukturen, bezieht.[819] Da es nach dem Verständnis des Gesetzgebers und Richtliniengebers keine menschlichen Rassen gibt, liegt eine Benachteiligung aus Gründen der Rasse folglich dann vor, sobald der Diskriminierende rassistisch motiviert handelt, seine Beweggründe also auf rassistischen Theorien und Begründungsansätzen beruhen.[820] Ausschlaggebend ist somit die Motivation des Diskriminierenden.[821]

Genau wie das Merkmal Rasse ist auch das Merkmal ethnische Herkunft weit zu verstehen und europarechtlich auszulegen.[822] In Anlehnung an das Internationale Übereinkommen zur Beseitigung jeder Form von Rassendiskriminierung vom 07.03.1966 soll die ethnische Herkunft nach dem Willen des Gesetzgebers auch die dort genannten Kriterien wie Rasse, Hautfarbe, Abstammung und nationaler Ursprung oder Volkstum umfassen.[823] Vom Begriff nicht

---

Treber, in: KR, 12. Aufl. 2019, § 1 AGG Rn. 18; *Schnabel*, Diskriminierungsschutz ohne Grenzen?, S. 122.

818 BGBl. II 1969, S. 961 (964).

819 *Annuß*, BB 2006, 1629 (1630); *Däubler*, in: Däubler/Bertzbach, NK-AGG, 4. Aufl. 2018, § 1 Rn. 25; *v. Steinau-Steinrück/Schneider*, in: B/D/D/H, Gesamtes Arbeitsrecht, § 1 Rn. 7; *Horcher*, in: Hau/Poseck, BeckOK BGB, 59. Ed., Stand: 01.08.2021, § 1 AGG Rn. 12.

820 *Bauer/Krieger/Günther*, AGG, 5. Aufl. 2018, § 1 AGG Rn. 16; ähnlich auch *Adomeit/Mohr*, AGG, 2. Aufl. 2011, § 1 Rn. 45; *Däubler*, in: Däubler/Bertzbach, NK-AGG, 4. Aufl. 2018, § 1 Rn. 24; *Braun*, in: D/H/S/W, Arbeitsrecht, 4. Aufl. 2017, § 1 AGG Rn. 4; a.A. *Roloff*, in: Rolfs/Giesen/Kreikebohm/Meßling/Udsching, BeckOK Arbeitsrecht, 60. Ed., Stand: 01.06.2021, § 1 AGG Rn. 2, wonach es nicht auf eine zusätzliche rassistische Motivation ankomme. Vielmehr bestimme sich die Benachteiligung aus Gründen der Rasse subjektiv aus Sicht des Benachteiligenden.

821 *Adomeit/Mohr*, AGG, 2. Aufl. 2011, § 1 Rn. 48; ähnlich *Horcher*, in: Hau/Poseck, BeckOK BGB, 59. Ed., Stand: 01.08.2021, § 1 AGG Rn. 13.

822 BT-Drs. 16/1780, S. 31.

823 BT-Drs. 16/1780, S. 31; BGBl. II 1969, S. 961 (964).

erfasst ist hingegen die Staatsangehörigkeit.[824] Sie kann nur in Verbindung mit anderen Indizien, wie z.B. einer gemeinsamen Religion oder Sprache, zu einer Benachteiligung aufgrund der Rasse oder ethnischen Herkunft führen.[825] Das Merkmal ethische Herkunft ist nach überwiegender Ansicht in der Literatur der Oberbegriff für das Merkmal Rasse.[826] Der Gedanke hinter dem Begriff ethnische Herkunft beruht nach dem EuGH und dem BAG darauf, „dass gesellschaftliche Gruppen insbesondere durch eine Gemeinsamkeit der Staatsangehörigkeit, Religion, Sprache, kulturelle und traditionelle Herkunft und Lebensumgebung gekennzeichnet sind".[827] Dabei beruht die ethnische Herkunft nur auf einem Bündel von objektiven und subjektiven Indizien.[828] Der Unterschied zwischen den Begriffen Rasse und ethnische Herkunft liegt darin, dass es beim Merkmal Rasse um vermeintlich vererbliche Merkmale einer Person geht und beim Merkmal ethnische Herkunft um die Verbindung einer Person zu einer gesellschaftlichen Gruppe durch z.B. eine gemeinsame Sprache, Religion, Kultur und/ oder Tradition.[829] Festzuhalten bleibt mithin, dass folgende Merkmale für die

---

824 BAG, Urt. v. 23.11.2017 – 8 AZR 372/16, Rn. 37, NZA-RR 2018, 287 (290f.); *Czerny*, NZA-RR 2018, 393 (398); *Bauer/Krieger/Günther*, AGG, 5. Aufl. 2018, § 1 AGG Rn. 18; *Horcher*, in: Hau/Poseck, BeckOK BGB, 59. Ed., Stand: 01.08.2021, § 1 AGG Rn. 23.

825 BAG, Urt. v. 23.11.2017 – 8 AZR 372/16, Rn. 37, NZA-RR 2018, 287 (290f.); *Roloff*, in: Rolfs/Giesen/Kreikebohm/Udsching, 57. Ed., Stand: 01.09.2020, § 1 AGG Rn. 4; nach *Braun*, in: D/H/S/W, Arbeitsrecht, 4. Aufl. 2017, § 1 AGG Rn. 6, liegt ein solcher Fall vor, wenn ein Arbeitgeber keine „Türken" einstelle. Hier richte sich die Benachteiligung nicht gegen die Staatsangehörigkeit, sondern gegen die Zugehörigkeit zu einem anderen Staatsvolk und damit zu einer anderen ethnischen Herkunft. Auf diese Art und Weise bewerten auch *Ernst/Braunroth/Wascher*, in: E/B/F/W, AGG, 2. Aufl. 2013, § 1 Rn. 4 und *Thüsing*, in: MüKo BGB, Band 1, 9. Aufl. 2021, § 1 AGG Rn. 21 diesen Fall. Siehe ebenfalls *Czerny*, NZA-RR 2018, 393 (398).

826 *Bauer/Krieger/Günther*, AGG, 5. Aufl. 2018, § 1 AGG Rn. 19; *Adomeit/Mohr*, AGG, 2. Aufl. 2011, § 1 Rn. 49; a.A. *Roloff*, in: Rolfs/Giesen/Kreikebohm/Meßling/Udsching, BeckOK Arbeitsrecht, 60. Ed., Stand: 01.06.2021, § 1 AGG Rn. 3.

827 EuGH, Urt. v. 16.07.2015 – C-83/14, CHEZ Razpredelenie Bulgaria, Rn. 46, Celex-Nr. 62014CJ0083; ähnlich auch BAG, Urt. v. 21.06.2012 – 8 AZR 364/11, NZA 2012, 1345 (1347); *Horcher*, in: Hau/Poseck, BeckOK BGB, 59. Ed., Stand: 01.08.2021, § 1 AGG Rn. 15.

828 EuGH, Urt. v. 06.04.2017 – C-668/15, Jyske Finans, NJW 2017, 3139; *Horcher*, in: Hau/Poseck, BeckOK BGB, 59. Ed., Stand: 01.08.2021, § 1 AGG Rn. 15; *Roloff*, in: Rolfs/Giesen/Kreikebohm/Meßling/Udsching, BeckOK Arbeitsrecht, 60. Ed., Stand: 01.06.2021, § 1 AGG Rn. 4.

829 Ähnlich *Adomeit/Mohr*, AGG, 2. Aufl. 2011, § 1 Rn. 49; *v. Steinau-Steinrück/Schneider*, in: B/D/D/H, Gesamtes Arbeitsrecht, § 1 Rn. 8.

Existenz einer ethnischen Herkunft sprechen: eine gemeinsame Sprache, Religion oder regionale Herkunft sowie eine gemeinsame Geschichte, Kultur, Tradition und/oder bestimmte familiäre und soziale Bräuche und Sitten.[830]

Eine ethnische Gruppe stellen in Deutschland etwa die Dänen, Friesen, Sinti und Roma sowie Sorben und Russlanddeutsche dar, wobei hingegen umstritten ist, ob bei einer Differenzierung innerhalb Deutschlands, z.B. zwischen Ost- und Westdeutschen oder nach Bundesländern, eine eigene Ethnie betroffen ist.[831] Im Rahmen der ethnischen Herkunft werden ferner Fälle sprachbezogener Benachteiligungen, wie z.B. das Erfordernis bestimmter Deutschkenntnisse (Muttersprache) als Einstellungsvoraussetzung, oder Fälle herkunftsbezogener Benachteiligungen, wie z.B. das Abstellen auf den Migrationshintergrund oder auf das Geburtsland, streitig diskutiert.[832]

2. *Geschlecht*

Das Merkmal Geschlecht bezieht sich auf die objektive (biologische) Zuordnung einer Person zum männlichen oder weiblichen, aber auch zum dritten (bzw. zwischengeschlechtlichen) Geschlecht, wenn eine Person weder dem männlichen noch dem weiblichen Geschlecht zugeordnet werden kann.[833] Es geht demnach

---

830 *Braun*, in: D/H/S/W, Arbeitsrecht, 4. Aufl. 2017, § 1 AGG Rn. 5; *Däubler*, in: Däubler/Bertzbach, NK-AGG, 4. Aufl. 2018, § 1 Rn. 30; *Hartmann*, in: Herresthal/Kaiser/Stoffels, Staudinger Eckpfeiler, AGG, 7. Aufl. 2020, S. 106, B10; *Schlachter*, in: ErfK, 21. Aufl. 2021, § 1 AGG Rn. 4a; *Adomeit/Mohr*, AGG, 2. Aufl. 2011, § 1 Rn. 51; *Schnabel*, Diskriminierungsschutz ohne Grenzen?, S. 123; *Czerny*, NZA-RR 2018, 393 (398).

831 Hierzu ausführlich *Ernst/Braunroth/Wascher*, in: E/B/F/W, AGG, 2. Aufl. 2013, § 1 Rn. 5f.; *Thüsing*, in: MüKo BGB, Band 1, 9. Aufl. 2021, § 1 AGG Rn. 21; *derselbe*, Arbeitsrechtlicher Diskriminierungsschutz, 2. Aufl. 2013, Rn. 181; *Horcher*, in: Hau/Poseck, BeckOK BGB, 59. Ed., Stand: 01.08.2021, § 1 AGG Rn. 21; *Adomeit/Mohr*, AGG, 2. Aufl. 2011, § 1 Rn. 59; *Schnabel*, Diskriminierungsschutz ohne Grenzen?, S. 124; *Bauer/Krieger/Günther*, AGG, 5. Aufl. 2018, § 1 AGG Rn. 23; *Däubler*, in: Däubler/Bertzbach, NK-AGG, 4. Aufl. 2018, § 1 Rn. 38ff.

832 Siehe zu diesen Problemfällen *Horcher*, in: Hau/Poseck, BeckOK BGB, 59. Ed., Stand: 01.08.2021, § 1 AGG Rn. 16ff.; *Hartmann*, in: Herresthal/Kaiser/Stoffels, Staudinger Eckpfeiler, AGG, 7. Aufl. 2020, S. 106, B10; *Däubler*, in: Däubler/Bertzbach, NK-AGG, 4. Aufl. 2018, § 1 Rn. 38ff.

833 *Bauer/Krieger/Günther*, AGG, 5. Aufl. 2018, § 1 AGG Rn. 25; *Annuß*, BB 2006, 1629 (1630); *Schnabel*, Diskriminierungsschutz ohne Grenzen?, S. 125; *Adomeit/Mohr*, AGG, 2. Aufl. 2011, § 1 Rn. 73; *Roloff*, in: Rolfs/Giesen/Kreikebohm/Meßling/Udsching, BeckOK Arbeitsrecht, 60. Ed., Stand: 01.06.2021, § 1 AGG Rn. 5; *Schlachter*,

um die „objektive Geschlechtlichkeit" einer Person.[834] Der Begriff ist jedoch von der sexuellen Ausrichtung zu trennen, die wiederum von dem Begriff der sexuellen Identität in § 1 AGG erfasst wird.[835] Nicht vom Merkmal Geschlecht erfasst sind die Art und Weise der Ausübung der Geschlechtlichkeit.[836] Das AGG schützt demnach nicht das Sexualleben von Personen.[837]

Umstritten ist, ob Transsexuelle unter den Begriff Geschlecht oder sexuelle Identität im Rahmen des § 1 AGG fallen. Es wird von einem Teil der Literatur sowie dem Gesetzgeber vertreten, dass Transsexualität unter den Begriff sexuelle Identität fällt.[838] Aus unionsrechtlicher Sicht wird hingegen vom EuGH und einem Teil der Literatur vertreten, dass die Fälle von Transsexualität unter das Merkmal Geschlecht gefasst werden müssen.[839] Andere Stimmen in der Literatur differenzieren bei Transsexualität wiederum danach, ob die Benachteiligung vor oder nach der Geschlechtsumwandlung erfolgt sei: Vorher sei das Merkmal sexuelle Identität und nachher das Merkmal Geschlecht einschlägig.[840] Das BAG hat sich hingegen nicht eindeutig entschieden und in seiner Entscheidung vom 17.12.2015 klargestellt, dass bei unionskonformer Auslegung die Transsexualität zu beiden Merkmalen zugeordnet werden könne.[841] Letztendlich hat die Abgrenzung in der Praxis keine allzu große Bedeutung, da sie entweder durch

---

in: ErfK, 21. Aufl. 2021, § 1 AGG Rn. 6; vgl. zum Thema „drittes Geschlecht" auch *Körlings*, NZA 2018, 282.

834 *Bauer/Krieger/Günther*, AGG, 5. Aufl. 2018, § 1 AGG Rn. 25.

835 *Adomeit/Mohr*, AGG, 2. Aufl. 2011, § 1 Rn. 73; *Roloff*, in: Rolfs/Giesen/Kreikebohm/Meßling/Udsching, BeckOK Arbeitsrecht, 60. Ed., Stand: 01.06.2021, § 1 AGG Rn. 5; *Schlachter*, in: ErfK, 21. Aufl. 2021, § 1 AGG Rn. 14.

836 *Bauer/Krieger/Günther*, AGG, 5. Aufl. 2018, § 1 AGG Rn. 25.

837 *Bauer/Krieger/Günther*, AGG, 5. Aufl. 2018, § 1 AGG Rn. 25.

838 BT-Drs. 16/1780, S. 31; *Bauer/Krieger/Günther*, AGG, 5. Aufl. 2018, § 1 AGG Rn. 25; *Serr*, in: Staudinger AGG, 2020, § 1 Rn. 20.

839 EuGH, Urt. v. 30.04.1996 – C-13/94, NZA 1996, 695; *v. Steinau-Steinrück/Schneider*, in: B/D/D/H, Gesamtes Arbeitsrecht, § 1 Rn. 12; *Annuß*, BB 2006, 1629 (1630); *Braun*, in: D/H/S/W, Arbeitsrecht, 4. Aufl. 2017, § 1 AGG Rn. 7; *Thüsing*, in: MüKo BGB, Band 1, 9. Aufl. 2021, § 1 AGG Rn. 22; *derselbe*, NZA-Sonderbeilage zu Heft 22/2004, 3 (10); *derselbe*, Arbeitsrechtlicher Diskriminierungsschutz, 2. Aufl. 2013, Rn. 182; *Däubler*, in: Däubler/Bertzbach, NK-AGG, 4. Aufl. 2018, § 1 Rn. 51; *Schnabel*, Diskriminierungsschutz ohne Grenzen?, S. 125.

840 *Adomeit/Mohr*, AGG, 2. Aufl. 2011, § 1 Rn. 76.

841 BAG, Urt. v. 17.12.2015 – 8 AZR 421/14, NZA 2016, 888 (891); ähnlich *Treber*, in: KR, 12. Aufl. 2019, § 1 AGG Rn. 22.

das Merkmal Geschlecht oder das Merkmal sexuelle Identität vom Schutzbereich des AGG erfasst wird.[842]

3. *Religion oder Weltanschauung*

Nach § 1 AGG sollen ferner Benachteiligungen aufgrund der Religion oder Weltanschauung verhindert oder beseitigt werden. Die Abgrenzung beider Begriffe erweist sich als schwierig,[843] allerdings wird sie überwiegend für nicht erforderlich gehalten, weil beide Begriffe nebeneinander rechtlich gleichwertig seien.[844] Nichtsdestotrotz ist eine Abgrenzung der von § 1 AGG geschützten Weltanschauung zu nicht geschützten Ansichten aus dem politischen und gesellschaftlichen Bereich nötig.[845] Eine Benachteiligung wegen der Religion ist sowohl im Beschäftigungsbereich als auch im Zivilrechtsverkehr verboten. Vor Benachteiligungen wegen der Weltanschauung wird hingegen nur im

842 Ebenfalls *Bauer/Krieger/Günther*, AGG, 5. Aufl. 2018, § 1 AGG Rn. 25. Allerdings ist zu beachten, dass die Abgrenzung in bestimmten Fällen bei der Rechtfertigung einer Ungleichbehandlung eine Rolle spielen kann, wie z.B. nach § 20 Abs. 2 Satz 2 AGG bei privatrechtlichen Versicherungsverträgen, vgl. *Ernst/Braunroth/Wascher*, in: E/B/F/W, AGG, 2. Aufl. 2013, § 1 Rn. 11.

843 Ähnlich *Thüsing*, in: MüKo BGB, Band 1, 9. Aufl. 2021, § 1 AGG Rn. 24ff.; *Schnabel*, Diskriminierungsschutz ohne Grenzen?, S. 126.

844 BVerwG, Urt. v. 27.03.1992 – 7 C 21/90, NJW 1992, 2496 (2497); *v. Steinau-Steinrück/Schneider*, in: B/D/D/H, Gesamtes Arbeitsrecht, § 1 Rn. 9; *Bauer/Krieger/Günther*, AGG, 5. Aufl. 2018, § 1 AGG Rn. 28; *Horcher*, in: Hau/Poseck, BeckOK BGB, 59. Ed., Stand: 01.08.2021, § 1 AGG Rn. 41; nur für den Beschäftigungsbereich auch *Schnabel*, Diskriminierungsschutz ohne Grenzen?, S. 128; kritisch hingegen *Hartmann*, in: Herresthal/Kaiser/Stoffels, Staudinger Eckpfeiler, AGG, 7. Aufl. 2020, S. 107, B10, da sich der zivilrechtliche Diskriminierungsschutz des § 19 Abs. 1 AGG nur auf die Religion beziehe.

845 *Adomeit/Mohr*, AGG, 2. Aufl. 2011, § 1 Rn. 90; *Horcher*, in: Hau/Poseck, BeckOK BGB, 59. Ed., Stand: 01.08.2021, § 1 AGG Rn. 42. Umstritten ist hierbei, ob der sachliche Anwendungsbereich der Weltanschauung extensiv (nach europäischen Maßstäben) oder restriktiv (nach deutschen Maßstäben) auszulegen ist, vgl. hierzu ausführlich *v. Steinau-Steinrück/Schneider*, in: B/D/D/H, Gesamtes Arbeitsrecht, § 1 Rn. 11; für ein enges Verständnis sind u.a. *Adomeit/Mohr*, AGG, 2. Aufl. 2011, § 1 Rn. 106f.; *Thüsing*, in: MüKo BGB, Band 1, 9. Aufl. 2021, § 1 AGG Rn. 36 und *Bauer/Krieger/Günther*, AGG, 5. Aufl. 2018, § 1 AGG Rn. 30; für ein weites Verständnis sind hingegen z.B. *Braun*, in: D/H/S/W, Arbeitsrecht, 4. Aufl. 2017, § 1 AGG Rn. 13 und *Däubler*, in: Däubler/Bertzbach, NK-AGG, 4. Aufl. 2018, § 1 Rn. 65ff.

Beschäftigungsbereich geschützt,[846] damit sich Personen mit rechtsextremen Gedankengut nicht auf zivilrechtliche Diskriminierungsverbote wie § 19 Abs. 1 AGG berufen können.[847]

Der Begriff der Religion wird weder in der RL 2000/78/EG, auf der das AGG unter anderem beruht, noch in der Gesetzesbegründung zum AGG definiert.[848] Bei der Auslegung des Begriffs müssen neben Art. 4 GG auch europäische Maßstäbe wie etwa Art. 10 und Art. 21 der EU-GRCharta und Art. 9 EMRK herangezogen werden.[849]

Als Religion wird der Glaube an eine transzendente Wirklichkeit verstanden, also eine umfassende und den Menschen überschreitende, sinnerfüllte Wirklichkeit, die einen überweltlichen Bezug hat.[850] Es handelt sich damit um „eine mit der Person des Menschen verbundene Gewißheit über bestimmte Aussagen zum Weltganzen sowie zur Herkunft und zum Ziel des menschlichen Lebens“[851].[852] Es wird sowohl das sog. „forum internum“[853], also der innere Bereich einer Person und damit der Umstand, überhaupt eine Überzeugung zu haben, als auch das sog. „forum externum“[854], also der externe Bereich einer Person, in der er seine Überzeugung kund tut, praktiziert und nach ihr entsprechend handelt, geschützt.[855] Ebenfalls wird nicht nur die positive Religionsfreiheit, sondern

846 *Hartmann*, in: Herresthal/Kaiser/Stoffels, Staudinger Eckpfeiler, AGG, 7. Aufl. 2020, S. 107, B10.

847 BT-Drs. 16/2022, S. 13; vgl. auch *Adomeit/Mohr*, AGG, 2. Aufl. 2011, § 1 Rn. 108.

848 Ebenfalls *Braun*, in: D/H/S/W, Arbeitsrecht, 4. Aufl. 2017, § 1 AGG Rn. 10.

849 *Bauer/Krieger/Günther*, AGG, 5. Aufl. 2018, § 1 AGG Rn. 27; *Horcher*, in: Hau/Poseck, BeckOK BGB, 59. Ed., Stand: 01.08.2021, § 1 AGG Rn. 38.

850 BAG, Beschl. v. 22.03.1995 – 5 AZB 21/94, NZA 1995, 823 (827); *Hartmann*, in: Herresthal/Kaiser/Stoffels, Staudinger Eckpfeiler, AGG, 7. Aufl. 2020, S. 107, B10; *Adomeit/Mohr*, AGG, 2. Aufl. 2011, § 1 Rn. 91; *Bauer/Krieger/Günther*, AGG, 5. Aufl. 2018, § 1 AGG Rn. 29; *Roloff*, in: Rolfs/Giesen/Kreikebohm/Meßling/Udsching, BeckOK Arbeitsrecht, 60. Ed., Stand: 01.06.2021, § 1 AGG Rn. 6.

851 BAG, Beschl. v. 22.03.1995 – 5 AZB 21/94, NZA 1995, 823 (827).

852 *v. Steinau-Steinrück/Schneider*, in: B/D/D/H, Gesamtes Arbeitsrecht, § 1 Rn. 9; *Schlachter*, in: ErfK, 21. Aufl. 2021, § 1 AGG Rn. 7.

853 *Roloff*, in: Rolfs/Giesen/Kreikebohm/Meßling/Udsching, BeckOK Arbeitsrecht, 60. Ed., Stand: 01.06.2021, § 1 AGG Rn. 6.

854 *Roloff*, in: Rolfs/Giesen/Kreikebohm/Meßling/Udsching, BeckOK Arbeitsrecht, 60. Ed., Stand: 01.06.2021, § 1 AGG Rn. 6.

855 EuGH, Urt. v. 14.03.2017 – C-157/15, Samira Achbita, Centrum voor gelijkheid van kansen en voor racismebestrijding/G4S Secure Solutions NV, NZA 2017, 373 (374) zu Art. 1 der RL 2000/78/EG; *Annuß*, BB 2006, 1629 (1631); differenzierend *Adomeit/Mohr*, AGG, 2. Aufl. 2011, § 1 Rn. 92.

auch die negative Religionsfreiheit geschützt, also die Freiheit, keine Religion zu haben oder auszuüben.[856] Um als Religionsgemeinschaft anerkannt zu werden, ist es erforderlich, dass eine Religion oder Religionsgemeinschaft tatsächlich nach ihrem geistigen Gehalt und dem äußeren Erscheinungsbild vorliegt – reine Behauptungen genügen hierfür nicht.[857] Im Rahmen von Benachteiligungen wegen der Religion gehören z.B. das Tragen religiöser Symbole wie das Kopftuch oder aber auch Vereinigungen wie Scientology zu den problematischen Fällen.[858]

Die Weltanschauung wird wie die Religion abstrakt als eine mit der Person verbundene Gewissheit verstanden, die sich auf konkrete Aussagen zum Weltganzen und zur Herkunft sowie zum Ziel des menschlichen Lebens bezieht.[859] Sie stellt auf innerweltliche Wirklichkeiten ab und beschränkt sich damit auf immanente Bezüge.[860] Unter innerweltliche, immanente Wirklichkeiten fallen gedankliche Systeme, die das Geschehen in der Welt so werten, dass sie sich dabei weder auf einen Gott, das Jenseits oder sonst eine Transzendenz beziehen.[861]

---

856 *Horcher*, in: Hau/Poseck, BeckOK BGB, 59. Ed., Stand: 01.08.2021, § 1 AGG Rn. 40.

857 BVerfG, Beschl. v. 05.02.1991 – 2 BvR 263/86, NJW 1991, 2623 (2624); *Horcher*, in: Hau/Poseck, BeckOK BGB, 59. Ed., Stand: 01.08.2021, § 1 AGG Rn. 37; *v. Steinau-Steinrück/Schneider*, in: B/D/D/H, Gesamtes Arbeitsrecht, § 1 Rn. 9.

858 Siehe ausführlich zu den einzelnen Problemfällen *Horcher*, in: Hau/Poseck, BeckOK BGB, 59. Ed., Stand: 01.08.2021, § 1 AGG Rn. 43ff.; *Bauer/Krieger/Günther*, AGG, 5. Aufl. 2018, § 1 AGG Rn. 33ff.; *Adomeit/Mohr*, AGG, 2. Aufl. 2011, § 1 Rn. 94ff.

859 BAG, Beschl. v. 22.03.1995 – 5 AZB 21/94, NZA 1995, 823 (827); *v. Steinau-Steinrück/Schneider*, in: B/D/D/H, Gesamtes Arbeitsrecht, § 1 Rn. 9; *Bauer/Krieger/Günther*, AGG, 5. Aufl. 2018, § 1 AGG Rn. 28; kritisch ist hingegen *Däubler*, in: Däubler/Bertzbach, NK-AGG, 4. Aufl. 2018, § 1 Rn. 65ff., der eine rein nationale Auslegung des Begriff Weltanschauung anhand deutschen Rechts ablehnt und seine Ansicht u.a. mit einem detaillierten Vergleich der Richtlinientexte in anderen Sprachfassungen begründet.

860 BAG, Beschl. v. 22.03.1995 – 5 AZB 21/94, NZA 1995, 823 (827); *Hartmann*, in: Herresthal/Kaiser/Stoffels, Staudinger Eckpfeiler, AGG, 7. Aufl. 2020, S. 107, B10; *Roloff*, in: Rolfs/Giesen/Kreikebohm/ Meßling/Udsching, BeckOK Arbeitsrecht, 60. Ed., Stand: 01.06.2021, § 1 AGG Rn. 6.

861 *Horcher*, in: Hau/Poseck, BeckOK BGB, 59. Ed., Stand: 01.08.2021, § 1 AGG Rn. 41; *Bauer/Krieger/Günther*, AGG, 5. Aufl. 2018, § 1 AGG Rn. 30; *Adomeit/Mohr*, AGG, 2. Aufl. 2011, § 1 Rn. 104; *v. Steinau-Steinrück/Schneider*, in: B/D/D/H, Gesamtes Arbeitsrecht, § 1 Rn. 9; *Schnabel*, Diskriminierungsschutz ohne Grenzen?, S. 129; ähnlich *Thüsing*, in: MüKo BGB, Band 1, 9. Aufl. 2021, § 1 AGG Rn. 36; für ein weites Verständnis des Begriffs Weltanschauung ist hingegen *Braun*, in: D/H/S/W, Arbeitsrecht, 4. Aufl. 2017, § 1 AGG Rn. 13, die „nicht nur umfassende, die Welt insgesamt erklärende Ansichten, sondern auch solche Überzeugungen, die sich nur auf

4. *Behinderung*

Auch das Merkmal „Behinderung" des § 1 AGG führt zu Subsumtionsschwierigkeiten, da weder die RL 2000/78/EG noch das AGG eine Definition aufweisen.

Der EuGH hat einen unionsrechtlichen Behindertenbegriff herausgearbeitet, wonach eine Behinderung i.S.d. Art. 1 der RL 2000/78/EG dann vorliegt, wenn eine Einschränkung von Fähigkeiten gegeben ist, die u.a. „auf langfristige physische, geistige oder psychische Beeinträchtigungen zurückzuführen ist, die den Betreffenden in Wechselwirkung mit verschiedenen Barrieren an der vollen und wirksamen Teilhabe am Berufsleben unter Gleichstellung mit den übrigen Arbeitnehmern hindern können".[862]

Das BAG hat unter Beachtung des Willens des deutschen Gesetzgebers seinen Entscheidungen hingegen einen nationalen Behindertenbegriff zugrunde gelegt:

> „Eine Behinderung iSd § 1 AGG liegt unter Berücksichtigung des maßgeblichen supranationalen Rechts vor, wenn die körperliche Funktion, geistige Fähigkeit oder seelische Gesundheit eines Menschen langfristig eingeschränkt ist und dadurch – in Wechselwirkung mit verschiedenen sozialen Kontextfaktoren (Barrieren) – seine Teilhabe an der Gesellschaft, wozu auch die Teilhabe am Berufsleben gehört, substanziell beeinträchtigt sein kann."[863]

Dabei merkt das BAG an, dass sich der unionsrechtliche Behindertenbegriff und der deutsche Behindertenbegriff zwar angenähert haben, aber dennoch weiterhin Unterschiede aufweisen: So beschränke der EuGH den Behindertenbegriff in Bezug auf den Anwendungsbereich nur auf die Teilhabe am Berufsleben, der deutsche Begriff stelle dagegen auf die gesellschaftliche Teilhabe ab.[864] Zudem gelte nach dem deutschen Begriff eine Dauer der Beeinträchtigung von wahrscheinlich länger als sechs Monaten als langfristig, wobei nach dem unionsrechtlichen Begriff die Langfristigkeit der Beeinträchtigung vom Einzelfall abhinge und durch die nationalen Gerichte geprüft werden müsse.[865] Ferner

---

Teilbereiche des Lebens beziehen" durch § 1 AGG schützen möchte. Ebenfalls kritisch *Däubler*, in: Däubler/Bertzbach, NK-AGG, 4. Aufl. 2018, § 1 Rn. 65ff.

862 EuGH, Urt. v. 11.09.2019 – C-397/18, Nobel Plastiques Ibérica, NZA 2019, 1634 (1635f.); EuGH, Urt. v. 11.04.2013 – C-335/11, C-337/11, Ring, Skouboe Werge, NZA 2013, 553 (555); ähnlich EuGH, Urt. v. 11.07.2006 – C-13/05, Chacón Navas, NZA 2006, 839 (840).

863 BAG, Urt. v. 19.12.2013 – 6 AZR 190/12, NZA 2014, 372 (379). Siehe zum Willen des Gesetzgebers BT-Drs. 16/1780, S. 31.

864 BAG, Urt. v. 19.12.2013 – 6 AZR 190/12, NZA 2014, 372 (379).

865 BAG, Urt. v. 19.12.2013 – 6 AZR 190/12, NZA 2014, 372 (379).

stelle der deutsche Behindertenbegriff auf altersuntypische Zustände ab und sei dadurch enger als der unionsrechtliche Behindertenbegriff.[866] Auch müsse nach dem deutschen Verständnis eine Beeinträchtigung der Teilhabe eingetreten sein, beim unionsrechtlichen Begriff genüge allein die Möglichkeit, dass eine solche Beeinträchtigung eintreten könne.[867] Da die europäischen Richtlinien nur Mindestanforderungen aufstellen, hat sich das BAG dazu entschieden, dass für den Behindertenbegriff i.S.d. § 1 AGG der nationale Begriff dann maßgeblich ist, soweit der nationale Begriff weiter geht und damit günstiger ist.[868] Soweit jedoch der deutsche Begriff hinter dem unionsrechtlichen Begriff zurückbleibt, soll der unionsrechtliche Behindertenbegriff maßgeblich sein.[869] Der spezielle Lösungsweg des BAG stößt in der Literatur teilweise auf Zuspruch[870], da dadurch Lücken im Schutzbereich vermieden werden könnten, und teilweise auf Kritik[871], die im Rahmen des § 1 AGG nur auf einen eigenständigen, am unionsrechtlich orientierten Behindertenbegriff abstellen möchte.

Welcher Behindertenbegriff für das zivilrechtliche Diskriminierngsverbot nach § 19 Abs. 1 AGG gilt, ist bisher rechtlich ungeklärt.[872] In der Literatur wird bei § 19 Abs. 1 AGG u.a. eine Orientierung am nationalen Behindertenbegriff vorgeschlagen: eine Behinderung sei anzunehmen, wenn die „körperliche Funktion, geistige Fähigkeit oder seelische Gesundheit“ einer Person „mit hoher Wahrscheinlichkeit länger als sechs Monate von dem für das Lebensalter typischen Zustand“ abweicht „und daher ihre Teilhabe am Leben in der Gesellschaft beeinträchtigt ist“.[873]

---

866 BAG, Urt. v. 19.12.2013 – 6 AZR 190/12, NZA 2014, 372 (379).

867 BAG, Urt. v. 19.12.2013 – 6 AZR 190/12, NZA 2014, 372 (379).

868 BAG, Urt. v. 19.12.2013 – 6 AZR 190/12, NZA 2014, 372 (379).

869 BAG, Urt. v. 19.12.2013 – 6 AZR 190/12, NZA 2014, 372 (379).

870 *Hartmann*, in: Herresthal/Kaiser/Stoffels, Staudinger Eckpfeiler, AGG, 7. Aufl. 2020, S. 107, B10; *Serr*, in: Staudinger AGG, 2020, § 1 Rn. 31; *Lingscheid*, NZA 2015, 147 (149); *Horcher*, in: Hau/Poseck, BeckOK BGB, 59. Ed., Stand: 01.08.2021, § 1 AGG Rn. 58; *Schlachter*, in: ErfK, 21. Aufl. 2021, § 1 AGG Rn. 9; zustimmend für den arbeitsrechtlichen Diskriminierungsschutz *Thüsing*, in: MüKo BGB, Band 1, 9. Aufl. 2021, § 1 AGG Rn. 47; vor der BAG Entscheidung gingen bereits *Adomeit/Mohr*, AGG, 2. Aufl. 2011, § 1 Rn. 132, in dieselbe Richtung.

871 *Bauer/Krieger/Günther*, AGG, 5. Aufl. 2018, § 1 AGG Rn. 41aff.; *Roloff*, in: Rolfs/Giesen/Kreikebohm/Meßling/Udsching, BeckOK Arbeitsrecht, 60. Ed., Stand: 01.06.2021, § 1 AGG Rn. 7.

872 *Thüsing*, in: MüKo BGB, Band 1, 9. Aufl. 2021, § 1 AGG Rn. 47.

873 *Wendtland*, in: Hau/Poseck, BeckOK BGB, 59. Ed., Stand: 01.08.2021, § 19 AGG Rn. 41; ähnlich auch *Adomeit/Mohr*, AGG, 2. Aufl. 2011, § 1 Rn. 138, die eine

Problematisch ist insbesondere die Abgrenzung der Behinderung von der Krankheit, da diese grundsätzlich nicht unter § 1 AGG fällt.[874] Allerdings kann nach dem EuGH eine Krankheit zu einer Behinderung werden, wenn die Krankheit „eine Einschränkung mit sich bringt, die insbesondere auf physische, geistige oder psychische Beeinträchtigungen zurückzuführen ist, die in Wechselwirkung mit verschiedenen Barrieren den Betreffenden an der vollen und wirksamen Teilhabe am Berufsleben, gleichberechtigt mit den anderen Arbeitnehmern, hindern können".[875] Zudem muss die Einschränkung von langer Dauer sein.[876] Hier ist vor allem die Einordnung von Suchtkrankheiten wie Drogen- und Alkoholabhängigkeit unter den Behindertenbegriff schwierig.[877]

5. *Alter*

Das Differenzierungsmerkmal Alter in § 1 AGG meint das Lebensalter und schützt demnach vor ungerechtfertigten Benachteiligungen aufgrund des konkreten biologischen Lebensalters.[878] Dabei ist nicht nur das Alter in Form des

---

Behinderung dann annehmen, „wenn es sich um eine Einschränkung handelt, die insbesondere auf physische, geistige oder psychische Beeinträchtigungen zurückzuführen ist und die ein Hindernis für die Teilhabe des Betreffenden im jeweils in Rede stehenden Lebensbereich (wie im Arbeitsrecht ‚am Arbeitsleben') bildet."

874 Ausführlich mit weiteren Einzelfällen *Bauer/Krieger/Günther*, AGG, 5. Aufl. 2018, § 1 AGG Rn. 44.

875 EuGH, Urt. v. 11.04.2013 – C-335/11, C-337/11, Ring, Skouboe Werge, NZA 2013, 553 (555).

876 EuGH, Urt. v. 11.04.2013 – C-335/11, C-337/11, Ring, Skouboe Werge, NZA 2013, 553 (555). Bei lediglich vorübergehenden Zuständen (Fieber, Husten, Schnupfen und Zahnschmerzen) ist keine Behinderung anzunehmen, vgl. *Adomeit/Mohr*, AGG, 2. Aufl. 2011, § 1 Rn. 135; *v. Steinau-Steinrück/Schneider*, in: B/D/D/H, Gesamtes Arbeitsrecht, § 1 Rn. 14.

877 Für die Subsumption der Suchtkrankheiten unter den Behindertenbegriff z.B. *Bauer/Krieger/Günther*, AGG, 5. Aufl. 2018, § 1 AGG Rn. 44; *v. Steinau-Steinrück/Schneider*, in: B/D/D/H, Gesamtes Arbeitsrecht, § 1 Rn. 14; *Adomeit/Mohr*, AGG, 2. Aufl. 2011, § 1 Rn. 137; a.A. *Thüsing*, in: MüKo BGB, Band 1, 9. Aufl. 2021, § 1 AGG Rn. 51.

878 BT-Drs. 16/1780, S. 31; siehe ausführlich zum Merkmal „Alter" auch die Ausführungen von *Adomeit/Mohr*, AGG, 2. Aufl. 2011, § 1 Rn. 139ff.; siehe ferner *Thüsing*, in: MüKo BGB, Band 1, 9. Aufl. 2021, § 1 AGG Rn. 52; *derselbe*, NZA-Sonderbeilage zu Heft 22/2004, 3 (12); kritisch bzgl. der Definition des Gesetzgebers ist hingegen *Roloff*, in: Rolfs/Giesen/Kreikebohm/Meßling/Udsching, BeckOK Arbeitsrecht, 60. Ed., Stand: 01.06.2021, § 1 AGG Rn. 8, der stattdessen die folgende Definition vorschlägt: „Das Merkmal ‚Alter' erfasst jede Benachteiligung aufgrund eines höheren oder geringeren Lebensalters.".

fortgeschrittenen Lebensalters vom Schutzbereich des AGG erfasst, sondern jedes Lebensalter, also auch das Alter jüngerer Personen.[879] Die Gesetzesbegründung zum AGG stellt klar, dass zwar regelmäßig überwiegend ältere Menschen von Altersdiskriminierungen betroffen sein werden, jedoch sollen alle Altersgruppen vom Schutzbereich erfasst sein.[880]

Besonders ist beim Merkmal Alter, dass es ein dynamisches Merkmal ist und jeder während seines Lebens die verschiedenen Altersstufen wechselt.[881] Im Beschäftigungsbereich sind diverse Situationen denkbar, in denen Arbeitnehmer aufgrund ihres jungen Alters benachteiligt werden, wie z.B. bei der Höhe ihres Urlaubsanspruchs, in der Sozialauswahl, bei Entgeltgruppen oder bei der Bestimmung der Kündigungsfristen wie es früher bei § 622 Abs. 2 Satz 2 BGB der Fall war.[882] Ältere Arbeitnehmer können etwa durch die Festlegung eines Höchstalters im Rahmen von Einstellungen oder durch Altersgrenzen beim Erreichen des gesetzlichen Rentenalters benachteiligt werden.[883]

6. *Sexuelle Identität*

Unter sexuelle Identität wird die „Präferenz bei der Wahl eines Sexualpartners“[884] bezeichnet.[885] Darunter fallen sowohl Heterosexualität als auch Homosexualität

879 *Annuß*, BB 2006, 1629 (1631); *Hartmann*, in: Herresthal/Kaiser/Stoffels, Staudinger Eckpfeiler, AGG, 7. Aufl. 2020, S. 107, B10; *Schnabel*, Diskriminierungsschutz ohne Grenzen?, S. 135; *Schlachter*, in: ErfK, 21. Aufl. 2021, § 1 AGG Rn. 12; *Horcher*, in: Hau/Poseck, BeckOK BGB, 59. Ed., Stand: 01.08.2021, § 1 AGG Rn. 64; *Thüsing*, in: MüKo BGB, Band 1, 9. Aufl. 2021, § 1 AGG Rn. 52.

880 BT-Drs. 16/1780, S. 31; *Bauer/Krieger/Günther*, AGG, 5. Aufl. 2018, § 1 AGG Rn. 45f.

881 *v. Steinau-Steinrück/Schneider*, in: B/D/D/H, Gesamtes Arbeitsrecht, § 1 Rn. 15.

882 Vgl. zu den Beispielen *v. Steinau-Steinrück/Schneider*, in: B/D/D/H, Gesamtes Arbeitsrecht, § 1 Rn. 15; *Däubler*, in: Däubler/Bertzbach, NK-AGG, 4. Aufl. 2018, § 1 Rn. 96; *Schnabel*, Diskriminierungsschutz ohne Grenzen?, S. 136.

883 *v. Steinau-Steinrück/Schneider*, in: B/D/D/H, Gesamtes Arbeitsrecht, § 1 Rn. 15; weitere Beispiele bei *Schlachter*, in: ErfK, 21. Aufl. 2021, § 1 AGG Rn. 12.

884 *Thüsing*, in: MüKo BGB, Band 1, 9. Aufl. 2021, § 1 AGG Rn. 55.

885 Siehe für vertiefte Auseinandersetzungen mit dem Differenzierungsmerkmal „sexuelle Identität“ *Adomeit/Mohr*, AGG, 2. Aufl. 2011, § 1 Rn. 157ff., die sich insbesondere mit dem Hauptproblem der Benachteiligung homosexueller Menschen (Rn. 166ff.) und der Benachteiligung transsexueller Menschen (Rn. 174f.) beschäftigen und dabei auch ein Augenmerk auf die besonderen Probleme bei Regelungen und Leistungen gelegt haben, die an Eheschließungen knüpfen, wie z.B. bei der Hinterbliebenenversorgung.

sowie Bisexualität.[886] Ob die Transsexualität unter die sexuelle Identität oder doch unter das Differenzierungsmerkmal Geschlecht fällt, ist – wie bereits beim Differenzierungsmerkmal Geschlecht dargestellt wurde – umstritten.[887] Des Weiteren ist im Rahmen dieses Differenzierungsmerkmals strittig, ob die sexuelle Identität auch die Art und Weise der Ausübung einer sexuellen Neigung, also das sexuelle Verhalten, schützt. So wird teilweise vertreten, dass die Ausübung der Sexualität, also eine bestimmte Vorliebe, nicht vom Schutzbereich des AGG erfasst wird.[888] Andere wiederum wollen auch sexuelle Verhalten und Praktiken unter den Schutzbereich des AGG fassen, soweit sie nicht strafbar sind.[889] Zwar sind der Wortlaut der RL 2000/78/EG und des § 1 AGG weit gefasst und können somit auch das sexuelle Verhalten erfassen, jedoch können sexuelles Verhalten und sexuelle Praktiken nicht mit einer sexuellen Ausrichtung einer Person gleichgesetzt werden.[890] Die Vorschriften wollen zwingend persönlich empfundene sexuelle Ausrichtungen und Neigungen einer Person schützen und nicht die Art und Weise der Ausübung ihres Sexuallebens.[891]

Ferner schützt das AGG nicht vor Benachteiligungen wegen einer krankhaften sexuellen Ausrichtung bzw. anormalen sexuellen Neigung, die mit der Menschenwürde und der verfassungsmäßigen Ordnung nicht zu vereinbaren sind, wie z.B. Pädophilie.[892]

---

886 *Thüsing*, in: MüKo BGB, Band 1, 9. Aufl. 2021, § 1 AGG Rn. 55; BT-Drs. 16/1780, S. 31; *Horcher*, in: Hau/Poseck, BeckOK BGB, 59. Ed., Stand: 01.08.2021, § 1 AGG Rn. 27.

887 Siehe zu diesem Streit 5. Kap. A. I. 2.

888 *Horcher*, in: Hau/Poseck, BeckOK BGB, 59. Ed., Stand: 01.08.2021, § 1 AGG Rn. 27; *Bauer/Krieger/Günther*, AGG, 5. Aufl. 2018, § 1 AGG Rn. 53; *Adomeit/Mohr*, AGG, 2. Aufl. 2011, § 1 Rn. 164; wohl auch *Thüsing*, in: MüKo BGB, Band 1, 9. Aufl. 2021, § 1 AGG Rn. 56.

889 *Braun*, in: D/H/S/W, Arbeitsrecht, 4. Aufl. 2017, § 1 AGG Rn. 16; *Roloff*, in: Rolfs/Giesen/Kreikebohm/Meßling/Udsching, BeckOK Arbeitsrecht, 60. Ed., Stand: 01.06.2021, § 1 AGG Rn. 9; *Däubler*, in: Däubler/Bertzbach, NK-AGG, 4. Aufl. 2018, § 1 Rn. 104f.; wohl auch; *v. Steinau-Steinrück/Schneider*, in: B/D/D/H, Gesamtes Arbeitsrecht, § 1 Rn. 17.

890 Ebenfalls *Thüsing*, in: MüKo BGB, Band 1, 9. Aufl. 2021, § 1 AGG Rn. 56.

891 Zustimmend *Horcher*, in: Hau/Poseck, BeckOK BGB, 59. Ed., Stand: 01.08.2021, § 1 AGG Rn. 27.

892 *Horcher*, in: Hau/Poseck, BeckOK BGB, 59. Ed., Stand: 01.08.2021, § 1 AGG Rn. 27; *Roloff*, in: Rolfs/Giesen/Kreikebohm/Meßling/Udsching, BeckOK Arbeitsrecht, 60. Ed., Stand: 01.06.2021, § 1 AGG Rn. 9; *Bauer/Krieger/Günther*, AGG, 5. Aufl. 2018, § 1 AGG Rn. 52; *Lingemann*, in: PWW, BGB, 16. Aufl. 2021, § 1 AGG Rn. 10; *v. Steinau-Steinrück/Schneider*, in: B/D/D/H, Gesamtes Arbeitsrecht, § 1 Rn. 17; *Adomeit/Mohr*, AGG, 2. Aufl. 2011, § 1 Rn. 165.

7. *Andere Differenzierungsmerkmale*

Die Aufzählung der Differenzierungsmerkmale in § 1 AGG ist abschließend, sodass Benachteiligungen aus anderen Gründen – wie z.B. wegen Rauchens, der Staatsangehörigkeit, der politischen Anschauung, des äußeren Erscheinungsbilds, wegen Kinderreichtums, der sozialen Herkunft oder gewerkschaftlichen Betätigung, des Körpergewichts, Vorstrafen und Krankheiten –[893] grundsätzlich nicht nach dem AGG verboten sind.[894] Begründet wird dies mit den Antidiskriminierungsrichtlinien und Art. 19 AEUV, die die Grundlage für das AGG seien und ebenfalls nur einen auf bestimmte Merkmale begrenzten Diskriminierungsschutz vorsehen.[895] Deshalb sei das AGG nicht der Analogie fähig.[896] Nur wenn ein Merkmal in einem untrennbaren Zusammenhang mit einem in § 1 AGG aufgezählten Merkmal steht, kann eine Benachteiligung i.S.d. AGG vorliegen.[897] Dies wäre z.B. bei einer Benachteiligung wegen der Hautfarbe der Fall, da die

---

893 Vgl. zu den möglichen anderen Differenzierungsmerkmalen *Adomeit/Mohr*, AGG, 2. Aufl. 2011, § 1 Rn. 4; *Horcher*, in: Hau/Poseck, BeckOK BGB, 59. Ed., Stand: 01.08.2021, § 1 AGG Rn. 2; *Braun*, in: D/H/S/W, Arbeitsrecht, 4. Aufl. 2017, § 1 AGG Rn. 1; *Roloff*, in: Rolfs/Giesen/Kreikebohm/Meßling/Udsching, BeckOK Arbeitsrecht, 60. Ed., Stand: 01.06.2021, § 1 AGG Rn. 10; *Thüsing*, in: MüKo BGB, Band 1, 9. Aufl. 2021, § 1 AGG Rn. 60ff. Siehe auch zu bestimmten Einzelfällen *Bauer/Krieger/Günther*, AGG, 5. Aufl. 2018, § 1 AGG Rn. 57, die im Rahmen des AGG prüfen, ob bei einem Merkmal ein untrennbarer Zusammenhang mit einer der in § 1 AGG genannten Differenzierungsmerkmale besteht.

894 *Hartmann*, in: Herresthal/Kaiser/Stoffels, Staudinger Eckpfeiler, AGG, 7. Aufl. 2020, S. 106, B9; *Serr*, in: Staudinger AGG, 2020, § 1 Rn. 4 sowie Rn. 45; *Schlachter*, in: ErfK, 21. Aufl. 2021, § 1 AGG Rn. 16; *Adomeit/Mohr*, AGG, 2. Aufl. 2011, § 1 Rn. 3; *Horcher*, in: Hau/Poseck, BeckOK BGB, 59. Ed., Stand: 01.08.2021, § 1 AGG Rn. 2; *Thüsing*, in: MüKo BGB, Band 1, 9. Aufl. 2021, § 1 AGG Rn. 59; *Ernst/Braunroth/Wascher*, in: E/B/F/W, AGG, 2. Aufl. 2013, § 1 Rn. 2; *Däubler*, in: Däubler/Bertzbach, NK-AGG, 4. Aufl. 2018, § 1 Rn. 6; *Braun*, in: D/H/S/W, Arbeitsrecht, 4. Aufl. 2017, § 1 AGG Rn. 1; *Bauer/Krieger/Günther*, AGG, 5. Aufl. 2018, § 1 AGG Rn. 54; *Schnabel*, Diskriminierungsschutz ohne Grenzen?, S. 141f.

895 *Schlachter*, in: ErfK, 21. Aufl. 2021, § 1 AGG Rn. 16; *Ernst/Braunroth/Wascher*, in: E/B/F/W, AGG, 2. Aufl. 2013, § 1 Rn. 2; ähnlich auch *Thüsing*, in: MüKo BGB, Band 1, 9. Aufl. 2021, § 1 AGG Rn. 59ff.

896 *Schlachter*, in: ErfK, 21. Aufl. 2021, § 1 AGG Rn. 16; *Adomeit/Mohr*, AGG, 2. Aufl. 2011, § 1 Rn. 4; ähnlich *Däubler*, in: Däubler/Bertzbach, NK-AGG, 4. Aufl. 2018, § 1 Rn. 8.

897 *Serr*, in: Staudinger AGG, 2020, § 1 Rn. 46; *Bauer/Krieger/Günther*, AGG, 5. Aufl. 2018, § 1 AGG Rn. 56f.; *Adomeit/Mohr*, AGG, 2. Aufl. 2011, § 1 Rn. 3.

Hautfarbe in einem untrennbaren Zusammenhang mit der ethnischen Herkunft steht.[898] Die Beschränkung auf einen bestimmten Katalog von Merkmalen konfligiert unter dogmatischen Gesichtspunkten auch nicht mit dem Prinzip des Persönlichkeitsschutzes, da eine gesetzliche Beschränkung auf bestimmte Merkmale unvermeidbar, aber auch verfassungsrechtlich nicht zu monieren ist, weil die Auswahl im AGG durch historische Erfahrungen sachlich begründet werden kann.[899] Eine Benachteiligung aufgrund anderer Merkmale kann jedoch wegen anderen Rechtsnormen und richterrechtlichen Grundsätzen unzulässig sein.[900] Insbesondere sind hierbei Art. 14 EMRK und Art. 21 der EU-GRCharta sowie Art. 3 GG zu nennen.[901]

II. Entwicklung in der Rechtsprechung

1. *Rechtsprechung des EuGH*

Die bisherige Rechtsprechung des EuGH zur assoziierten Diskriminierung in den Fällen Coleman[902] und CHEZ Razpredelenie Bulgaria[903] behandelte die Differenzierungsmerkmale „Behinderung" sowie „Rasse und ethnische Herkunft". Die Entscheidungsgründe im Fall Coleman lassen eine Tendenz des EuGH zur Ausweitung des Anwendungsbereichs auf alle Merkmale der Antidiskriminierungsrichtlinien erkennen, da der Gleichbehandlungsgrundsatz nicht für eine bestimmte Personenkategorie gelte, „sondern in Bezug auf die in ihrem Art. 1 genannten Gründe"[904].[905] Diese Argumentation ließ im Jahr 2008 den Schluss zu, dass die assoziierte Diskriminierung nicht nur für das Merkmal der Behinderung begrenzt werden dürfe, sondern auch für die anderen Merkmale gelten

---

898 *Bauer/Krieger/Günther*, AGG, 5. Aufl. 2018, § 1 AGG Rn. 56; *Serr*, in: Staudinger AGG, 2020, § 1 Rn. 46.

899 *Hartmann*, in: Herresthal/Kaiser/Stoffels, Staudinger Eckpfeiler, AGG, 7. Aufl. 2020, S. 106, B9; vgl. zu diesem Problem auch *Bader*, Arbeitsrechtlicher Diskriminierungsschutz als Privatrecht, S. 155ff.

900 *Braun*, in: D/H/S/W, Arbeitsrecht, 4. Aufl. 2017, § 1 AGG Rn. 1.

901 *Braun*, in: D/H/S/W, Arbeitsrecht, 4. Aufl. 2017, § 1 AGG Rn. 1; vgl. zum Anwendungsbereich und insbesondere zur Drittwirkung des Art. 21 der EU-GRCharta 3. Kap. C. I. 1. g) sowie 4. Kap. B. III.

902 EuGH, Urt. v. 17.07.2008 – C-303/06, Coleman, NZA 2008, 932ff.

903 EuGH, Urt. v. 16.07.2015 – C-83/14, CHEZ Razpredelenie Bulgaria, Celex-Nr. 62014CJ0083.

904 EuGH, Urt. v. 17.07.2008 – C-303/06, Coleman, Rn. 38, NZA 2008, 932 (934).

905 *Sutschet*, EuZA Bd. 2 (2009), 245 (249).

müsse.[906] Im Fall CHEZ Razpredelenie Bulgaria erweiterte dann der EuGH 2015 den Anwendungsbereich der assoziierten Diskriminierung auf die Merkmale Rasse und ethnische Herkunft, wodurch die Annahme im Jahr 2008 bestätigt wurde.

2. *Rechtsprechung des BAG*

Anders sieht es hingegen in der Rechtsprechung des BAG aus. Der 6. Senat des BAG hatte sich in seinem Urteil vom 22.04.2010 gegen eine Ausweitung des Diskriminierungsschutzes bei assoziierten Diskriminierungen aufgrund des Geschlechts ausgesprochen, da die Rechtsprechung des EuGH im Fall Coleman auf den vorliegenden Sachverhalt nicht angewandt werden könne.[907] Es ginge nicht um eine assoziierte Diskriminierung wegen der Behinderung und damit nicht um die Auslegung der RL 2000/78/EG, sondern um die Auslegung der RL 2006/54/EG.[908] Dabei argumentierte das BAG wie auch der EuGH im Fall Coleman mit dem Wortlaut der einschlägigen Richtlinie und stellte fest, dass die RL 2006/54/EG doch einen Personenbezug voraussetze. Der Wortlaut spreche von einer „weniger günstigen Behandlung ‚einer Person aufgrund *ihres* Geschlechts'".[909] Aus diesem Grund könne eine assoziierte Diskriminierung wegen des Geschlechts nicht in den Schutzbereich des § 7 Abs. 1 AGG i.V.m. § 1 AGG fallen.[910]

Ein Urteil des 8. Senats des BAG aus dem Jahr 2016[911] lässt jedoch eine Änderung der bisherigen Rechtsprechung des BAG vermuten. So hatte der 8. Senat in seinem Urteil vom 15.12.2016 zwar keinen Fall der assoziierten Diskriminierung zu entscheiden, jedoch zitierte er in einem AGG-rechtlichen Kontext die Rechtsprechung des EuGH im Fall CHEZ Razpredelenie Bulgaria. Er stellte fest, dass die Begriffe Rasse und ethnische Herkunft „auch für Personen zu gelten [haben], die zwar nicht selbst der betreffenden Ethnie angehören, aber gleichwohl aus einem dieser Gründe – Rasse oder ethnische Herkunft – weniger günstig behandelt werden oder in besonderer Weise benachteiligt werden".[912] Dadurch entsteht

---

906 *Sutschet*, EuZA Bd. 2 (2009), 245 (249); *Schnabel*, Diskriminierungsschutz ohne Grenzen?, S. 265.
907 BAG, Urt. v. 22.04.2010 – 6 AZR 966/08, NZA 2010, 947 (949f.).
908 BAG, Urt. v. 22.04.2010 – 6 AZR 966/08, NZA 2010, 947 (949).
909 BAG, Urt. v. 22.04.2010 – 6 AZR 966/08, NZA 2010, 947 (949) – Hervorhebung durch die Verfasserin.
910 BAG, Urt. v. 22.04.2010 – 6 AZR 966/08, NZA 2010, 947 (949).
911 BAG, Urt. v. 15.12.2016 – 8 AZR 418/15, BeckRS 2016, 119064.
912 BAG, Urt. v. 15.12.2016 – 8 AZR 418/15, Rn. 37, BeckRS 2016, 119064.

der Eindruck, dass das BAG sehr wohl eine assoziierte Diskriminierung auch für andere als die in der RL 2000/78/EG enthaltenen Merkmale für möglich hält.

III. Tendenzen der Literatur

Die Stimmen in der Literatur, die die Fallgruppe der assoziierten Diskriminierung diskutieren, beschäftigen sich nur mäßig mit der Reichweite dieser Fallgruppe.[913] Bei denen, die sich mit dieser Frage auseinandersetzen, sind jedoch zwei Strömungen erkennbar.

1. Alle Merkmale des § 1 AGG erfasst

Nach einem überwiegenden Teil der Stimmen in der Literatur muss die assoziierte Diskriminierung bei allen Differenzierungsmerkmalen greifen, da die Argumentation des EuGH in der Coleman-Entscheidung auf alle Merkmale des § 1 AGG übertragbar sei.[914]

Sutschet[915] differenziert hingegen zwischen den verschiedenen Richtlinien. So spreche zwar der Wortlaut der verschiedenen Antidiskriminierungsrichtlinien dafür, nur bei der RL 2000/78/EG („wegen eines der in Artikel 1 genannten

---

913 Ebenfalls *Schnabel*, Diskriminierungsschutz ohne Grenzen?, S. 284.

914 *Treber*, in: KR, 12. Aufl. 2019, § 3 AGG Rn. 9; *Lobinger*, Entwicklung, Stand und Perspektiven des europäischen Antidiskriminierungsrechts, S. 20f.; *Bader*, Arbeitsrechtlicher Diskriminierungsschutz als Privatrecht, S. 268; *Bayreuther*, NZA 2008, 986 (987); *Nollert-Borasio/Perreng*, AGG Basiskommentar, 3. Aufl. 2011, § 3 Rn. 3a; *Welti*, ZESAR 2009, 148 (150f.); *Leder*, EWiR 2008, 603 (604); *Lingscheid*, BB 2008, 1963 (1964); *Nebe*, DVfR, Forum A, Diskussionsbeitrag Nr. 1/2011, S. 1 (5); *Schlachter*, RdA 2010, 104 (108f.); *Sutschet*, EuZA Bd. 2 (2009), 245 (249ff.); *Wendtland*, in: G/W, AGG, § 2 Rn. 61; *Tolmein*, jurisPR-ArbR 37/2008 Anm. 1; *Schnabel*, Diskriminierungsschutz ohne Grenzen?, S. 284f.; siehe auch *Rosendahl*, DVfR, Forum B, Diskussionsbeitrag Nr. 12/2011, S. 1 (7); *Birnbaum*, AuA 2010, 314 (315); *Baumgärtner*, in: BeckOGK Zivilrecht, Stand: 01.06.2021, § 3 AGG Rn. 156ff.; wohl auch *Adomeit/Mohr*, RdA 2011, 102 (108); eine a.A. für das britische Antidiskriminierungsrecht hat dagegen *Guttenberg*, Schutz vor Diskriminierung im Beschäftigungsverhältnis in Großbritannien, S. 226ff., wonach der Schutz vor einer assoziierten Diskriminierung nicht auf alle Merkmale zu erstrecken sei. Vgl. zur assoziierten Diskriminierung im britischen Antidiskriminierungsrecht auch *Honeyball*, Web JCLI 2007, Iss. 4, der sich bereits vor der Entscheidung des EuGH im Fall Coleman mit dieser Fallgruppe auseinandergesetzt hat und wohl eher für einen weiten Anwendungsbereich der assoziierten Diskriminierung plädiert.

915 *Sutschet*, EuZA Bd. 2 (2009), 245 (249ff.).

Gründe") eine assoziierte Diskriminierung unter den Schutzbereich zu fassen und bei der RL 2000/43/EG („aufgrund ihrer Rasse oder ethnischen Herkunft") sowie bei der RL 2006/54/EG („aufgrund ihres Geschlechts") eine assoziierte Diskriminierung abzulehnen.[916] Das europäische Antidiskriminierungsrecht sei jedoch aufgrund der unterschiedlichen Richtlinien sprachlich nicht einheitlich und stelle deshalb ein „Stolperwerk" dar.[917] Man könne aus diesem Grund nicht lediglich auf den Wortlaut abstellen.[918] Zudem sei die Wortlautargumentation nicht mit dem umfassenden Schutzzweck der Antidiskriminierungsrichtlinien und dem effet-utile-Grundsatz vereinbar.[919] Betrachte man z.B. den Zweck aller Antidiskriminierungsrichtlinien, umfassend vor Diskriminierungen aufgrund eines Differenzierungsmerkmals zu schützen, sei die logische Schlussfolgerung, den Diskriminierungsschutz auf alle Merkmale zu erstrecken.[920] Ebenfalls gehe die durch den EuGH vorgenommene Interpretation des Art. 13 EGV in diese Richtung.[921] Aus diesen Gründen ist für *Sutschet* eine Erstreckung der Reichweite der assoziierten Diskriminierung auf alle Differenzierungsmerkmale der Antidiskriminierungsrichtlinien und damit auch auf das deutsche AGG vorzugwürdig.[922]

Schnabel differenziert ebenfalls zwischen den RL 2000/78/EG, 2000/43/EG und 2006/54/EG und stellt dabei wie *Sutschet* fest, dass zwar die Wortlaute der arbeitsrechtlichen Antidiskriminierungsrichtlinien voneinander abweichen, da die RL 2000/43/EG und RL 2006/54/EG im Gegensatz zur RL 2000/78/EG eine Personenidentität zwischen dem Merkmalsträger und Benachteiligten verlangen.[923] Nichtsdestotrotz können nach *Schnabel* die Grundsätze der Coleman-Entscheidung auch auf die anderen Differenzierungsmerkmale dieser Richtlinien erstreckt werden und somit assoziierte Diskriminierungen wegen der Rasse, der ethnischen Herkunft, der Religion, der Weltanschauung, der Behinderung, der sexuellen Identität, des Alters oder des Geschlechts verboten sein.[924] Sie begründet ihre Ansicht insbesondere damit, dass die Erweiterung des Schutzes vor einer assoziierten Diskriminierung auf alle Merkmale aufgrund der teleologischen Auslegung der Richtlinien erforderlich

---

916 *Sutschet*, EuZA Bd. 2 (2009), 245 (249f.).
917 *Sutschet*, EuZA Bd. 2 (2009), 245 (250).
918 *Sutschet*, EuZA Bd. 2 (2009), 245 (250f.).
919 *Sutschet*, EuZA Bd. 2 (2009), 245 (250f.).
920 *Sutschet*, EuZA Bd. 2 (2009), 245 (250f.).
921 *Sutschet*, EuZA Bd. 2 (2009), 245 (251).
922 *Sutschet*, EuZA Bd. 2 (2009), 245 (250f.; 256).
923 *Schnabel*, Diskriminierungsschutz ohne Grenzen?, S. 257ff., 284f.
924 *Schnabel*, Diskriminierungsschutz ohne Grenzen?, S. 257ff.

sei, weil es bei allen Merkmalen zu einer Verletzung der Menschenwürde, des Persönlichkeitsrechts und des Gleichheitsanspruchs des Merkmalsträgers kommen könne.[925] Zusätzlich spreche für eine Einbeziehung der Merkmale der RL 2000/43/EG und RL 2006/54/EG der Grundsatz, dass alle Merkmale gleichrangig seien und der europäische Antidiskriminierungsschutz einen einheitlichen und zusammenhängenden Schutz vor Diskriminierungen bezwecke.[926]

Hervorzuheben sind auch die Ausführungen *Lobingers*, der einen „rigorose[n] Ausschluss“[927] der assoziierten Diskriminierung für bestimmte Merkmale aufgrund des reinen Wortlauts der Antidiskriminierungsrichtlinien nicht teilt. Ein Beispiel für eine assoziierte Diskriminierung wegen des Geschlechts stelle eine „Starthilfe“ des Arbeitgebers für Arbeitnehmer dar, die diese bei der Geburt ihres Kindes erhalten sollen und die nach dem Geschlecht der neugeborenen Kinder differenziere (für Jungen 2000,- EUR und für Mädchen 1500,- EUR).[928] Als Beispiel für eine Diskriminierung wegen der Rasse und ethnischen Herkunft sei hingegen die Ablehnung eines weißen Bewerbers wegen der dunklen Hautfarbe seiner Frau zu nennen.[929] Diese Beispielsfälle sollen nach *Lobinger* verdeutlichen, dass auch Fälle von assoziierten Diskriminierungen mit anderen Merkmalen denkbar sind, die im Ergebnis keine wesentlichen Unterschiede zum Coleman-Fall aufweisen. Dennoch mahnt *Lobinger* davor, durch die Fallgruppe der assoziierten Diskriminierung neue, gesetzlich nicht erfasste Differenzierungsmerkmale zu schaffen:

> „Insbesondere beim Merkmal ‚Geschlecht‘ wäre diese Schwelle etwa dann überschritten, wenn man die Benachteiligung eines männlichen Bewerbers oder Arbeitnehmers wegen der Schwangerschaft seiner Frau – der Arbeitgeber rechnet damit, dass der ersichtlich modern denkende Bewerber bald Elternzeit in Anspruch nehmen wird – als Diskriminierung aufgrund des Geschlechts betrachten wollte. Denn hier weist die

---

925 *Schnabel*, Diskriminierungsschutz ohne Grenzen?, S. 259ff. Hier ist jedoch *Schnabel* entgegenzuhalten, dass es im Rahmen der assoziierten Diskriminierung auf eine Persönlichkeitsrechtsverletzung des Nicht-Merkmalsträgers ankommt. *Schnabel* fokussiert sich jedoch immer auf die Verletzung der Menschenwürde, des Persönlichkeitsrechts sowie des Gleichheitsanspruchs des Merkmalsträgers.

926 *Schnabel*, Diskriminierungsschutz ohne Grenzen?, S. 265ff.

927 *Lobinger*, Entwicklung, Stand und Perspektiven des europäischen Antidiskriminierungsrechts, S. 20.

928 *Lobinger*, Entwicklung, Stand und Perspektiven des europäischen Antidiskriminierungsrechts, S. 20f.

929 *Lobinger*, Entwicklung, Stand und Perspektiven des europäischen Antidiskriminierungsrechts, S. 20f.

benachteiligende Verhaltensweise regelmäßig keinen spezifischen Bezug mehr zu dem in Frage stehenden verpönten Merkmal auf. Vielmehr knüpft sie, wenn sie eher rational und nicht ausschließlich durch Vorurteile und überkommene Rollenverständnisse motiviert ist, an einen beide Geschlechter gleichermaßen betreffenden Umstand an: die (künftige) Elternschaft und die damit verbundene Erziehungsverantwortung. Dieses Merkmal ist von den Richtlinien aber gerade nicht erfasst. Und es darf deshalb diese Grundwertung auch nicht kurzerhand über die Figur der assoziierten Diskriminierung ausgehebelt werden."[930]

Auch *Bader* kann verschiedene Ergebnisse bei verschiedenen Merkmalen nicht nachvollziehen und stellt klar, dass den Richtliniengebern eine bewusste Differenzierung durch die sprachlichen Unterschiede in den Richtlinientexten nicht unterstellt werden könne.[931] Insbesondere sei nicht nachvollziehbar, weshalb beim Merkmal Geschlecht, welches eines der ältesten und wichtigsten Differenzierungsmerkmale sei, eine assoziierte Diskriminierung zulässig und bei den Merkmalen Alter und Weltanschauung eine assoziierte Diskriminierung hingegen verboten sein solle.[932]

Bayreuther bejaht auch die Erweiterung der Coleman-Entscheidung auf alle in den Richtlinien erwähnten Differenzierungsmerkmale und stellt dabei fest, dass dieser „Drittbezug" dann wiederum unmittelbar auf das AGG durchschlage, da § 3 Abs. 1 AGG sich unproblematisch richtlinienkonform auslegen lasse.[933] Zudem seien die befürchteten zahlreichen Missbräuche des AGG bei einem so großen Anwendungsbereich bislang ausgeblieben, sodass dies keinen Anlass zur Sorge gebe.[934]

2. *Differenzierende Ansicht*

Braunroth/Franke und *Wocken* wiederum unterscheiden zwischen den Differenzierungsmerkmalen des § 1 AGG und wollen, ohne eingehend zu begründen, die assoziierte Diskriminierung nur auf den Anwendungsbereich der RL 2000/78/EG, also die Religion oder Weltanschauung, die Behinderung, das Alter und die sexuelle Ausrichtung, sowie auf den Anwendungsbereich der RL 2000/43/EG,

930 *Lobinger*, Entwicklung, Stand und Perspektiven des europäischen Antidiskriminierungsrechts, S. 20f.
931 *Bader*, Arbeitsrechtlicher Diskriminierungsschutz als Privatrecht, S. 268.
932 *Bader*, Arbeitsrechtlicher Diskriminierungsschutz als Privatrecht, S. 268.
933 *Bayreuther*, NZA 2008, 986 (987).
934 *Bayreuther*, NZA 2008, 986 (987).

demnach die Rasse oder ethnische Herkunft, übertragen.[935] Daraus lässt sich schlussfolgern, dass sie die assoziierte Diskriminierung beim Differenzierungsmerkmal Geschlecht ablehnen.

Melot de Beauregard hingegen will die assoziierte Diskriminierung nur für das Merkmal der Behinderung anwenden und nicht auf andere Differenzierungsmerkmale ausweiten, weil die Besonderheiten des Merkmals der Behinderung, also die physische Hilfsbedürftigkeit, der erhöhte Förderbedarf und die Schutzbedürftigkeit, dessen Sonderrolle unterstreichen; diese Sonderrolle könne jedoch nicht auf andere Merkmale übertragen werden.[936]

IV. Stellungnahme

Persönlichkeitsrechtsverletzungen sind bei assoziierten Diskriminierungen grundsätzlich sowohl im Beschäftigungsbereich als auch im Zivilrechtsbereich möglich.[937] Für die Persönlichkeitsrelevanz der Benachteiligung ist es jedoch unerheblich, ob die assoziierte Diskriminierung aus Gründen einer Behinderung oder wegen der ethnischen Herkunft oder aber wegen eines anderen verbotenen Differenzierungsmerkmals erfolgt, da jede Benachteiligung aufgrund eines Merkmals i.S.d. § 1 AGG dazu geeignet ist, den Benachteiligten in seiner Integrität zu verletzen.[938] So kann eine Benachteiligung einer Arbeitnehmerin wegen der sexuellen Identität oder des Geschlechts ihres Kindes genauso ihr Persönlichkeitsrecht verletzen wie bei einer Behinderung ihres Kindes. Es ist nicht plausibel, weshalb die assoziierte Diskriminierung auf bestimmte Merkmale begrenzt werden sollte, vor allem wenn man beachtet, dass alle Merkmale des § 1 AGG gleichrangig sind.[939] Demnach verbietet sich eine qualitative Abstufung der Merkmale.

---

935 *Braunroth/Franke*, NJ 2014, 187 (193); *Wocken*, Sozialrecht aktuell 2009, 12 (13); siehe auch *Guttenberg*, Schutz vor Diskriminierung im Beschäftigungsverhältnis in Großbritannien, S. 226f., die sich für eine Einschränkung der assoziierten Diskriminierung in britischen Antidiskriminierungsrecht und gegen eine Ausweitung auf die Merkmale Ehe und Lebenspartnerschaft sowie Schwangerschaft und Mutterschaft ausspricht; *Göke*, Der Einzelne im Spannungsfeld von Teleologie und Deontologie, S. 390f. positioniert sich zwar nicht eindeutig, hat jedoch „begründete Zweifel" bei einer assoziierten Diskriminierung wegen des „Alters".

936 *Melot de Beauregard*, RIW 2009, 18 (21).

937 Vgl. 3. Kap. C.

938 Zustimmend *Schnabel*, Diskriminierungsschutz ohne Grenzen?, S. 259ff.

939 Ähnlich auch *Schnabel*, Diskriminierungsschutz ohne Grenzen?, S. 267 zu den Merkmalen in den europäischen Antidiskriminierungsrichtlinien.

Eine Ablehnung des Verbots assoziierter Diskriminierungen wegen des Geschlechts – so wie durch das BAG im Jahr 2010[940] – kommt nicht in Betracht, da bei der Auslegung der europäischen Antidiskriminierungsrichtlinien nicht ausschließlich der Wortlaut der Richtlinien maßgeblich ist, sondern auch andere Auslegungsmethoden, wie die Historie, Systematik und das Telos herangezogen werden müssen. Zwar enthält der Wortlaut des Art. 2 Abs. 1 lit. b der RL 2006/54/EG die Formulierung „wegen ihres Geschlechts", was für einen Personenbezug spricht. Jedoch muss auch im Rahmen des § 7 Abs. 1 AGG i.V.m. § 1 AGG und auch § 3 Abs. 1 und 2 AGG beachtet werden, dass es in diesen Normen eben keinen konkreten Personenbezug aufgrund des Wortlauts gibt. So heißt es z.B. in § 1 AGG, dass das Gesetz vor „Benachteiligungen aus Gründen [...] des Geschlechts" schützt, und § 7 Abs. 1 AGG sowie § 3 Abs. 1 und 2 AGG sprechen von Benachteiligungen „wegen eines in § 1 genannten Grundes". Auch würde es dem Ziel des AGG widersprechen, wenn eine assoziierte Diskriminierung nur für einen Teil der Differenzierungsmerkmale einschlägig wäre, da das Gesetz versucht, alle vier europäischen Antidiskriminierungsrichtlinien in einem Gesetz zu vereinen und dadurch einen stimmigen Schutz vor Diskriminierungen zu ermöglichen.[941] Gerade das Merkmal Geschlecht hatte schon vor dem AGG als eines der ältesten und wichtigsten Merkmale eine wichtige Rolle im arbeitsrechtlichen Diskriminierungsschutz.[942] Bei einer assoziierten Diskriminierung wegen des Geschlechts kann das Persönlichkeitsrecht des Benachteiligten ebenfalls verletzt werden. So ist das Persönlichkeitsrecht der Arbeitnehmer in *Lobingers*[943] Beispiel, in dem der Arbeitgeber eine Starthilfe gewährt und dabei nach dem Geschlecht der neugeborenen Kinder differenziert, nicht weniger persönlichkeitsrechtsverletzend als eine Differenzierung nach der ethnischen Herkunft der Kinder. Deshalb ist ein pauschaler Ausschluss des Merkmals Geschlecht aus dem Schutzbereich des AGG im Falle einer assoziierten Diskriminierung insbesondere nicht mit der integritätsschützenden Zielrichtung des AGG zu vereinbaren. Aus diesen Gründen ist der Schutzumfang des AGG im Rahmen der assoziierten Diskriminierung nicht auf bestimmte Merkmale zu begrenzen.

---

940 BAG, Urt. v. 22.04.2010 – 6 AZR 966/08, NZA 2010, 947 (949f.).

941 BT-Drs. 16/1780, S. 2.

942 Vgl. zum damaligen Reformbedürfnis in Deutschland die Gesetzesbegründung in BT-Drs. 16/1780, S. 21f.; siehe ebenfalls *Bader*, Arbeitsrechtlicher Diskriminierungsschutz als Privatrecht, S. 268.

943 *Lobinger*, Entwicklung, Stand und Perspektiven des europäischen Antidiskriminierungsrechts, S. 20f.

Des Weiteren kann nicht nur aufgrund der Sonderstellung des Merkmals Behinderung und eines bei diesem Merkmal existierenden erhöhten Betreuungsbedarfs im Umkehrschluss die assoziierte Diskriminierung wegen anderer Differenzierungsmerkmale ausgeschlossen werden.[944] Selbst bei Berücksichtigung einer etwaigen Sonderstellung des Merkmals Behinderung, ist zu beachten, dass auch bei den anderen Merkmalen ebenfalls eine Sonderstellung je nach Einzelfall vorliegen kann. Betrachtet man etwa das Merkmal Alter, können sich auch hier besondere Fürsorgepflichten ergeben, weil z.B. ein Arbeitnehmer sich um seine alten Eltern kümmert und dadurch Nachteile im Beruf erleidet. Aus diesem Grund stellt richtigerweise auch *Schnabel* fest, dass sich „altersbedingte Einschränkungen der körperlichen und geistigen Fähigkeiten" häufig kaum von Behinderungen unterscheiden.[945]

Insgesamt weist der Wortlaut des AGG in den §§ 1, 3, 7 und 19 AGG keinen Personenbezug und auch keine Differenzierung zwischen den Merkmalen auf. § 1 AGG spricht von „Benachteiligungen aus Gründen der Rasse oder wegen der ethnischen Herkunft, des Geschlechts, der Religion oder Weltanschauung, einer Behinderung, des Alters oder der sexuellen Identität" und auch § 3 Abs. 1 und 2 AGG enthalten mit der Formulierung „wegen eines in § 1 genannten Grundes" einen offenen Wortlaut. Selbst die Benachteiligungsverbote in § 7 Abs. 1 AGG („wegen eines in § 1 genannten Grundes") und § 19 Abs. 1 AGG („Eine Benachteiligung aus Gründen der Rasse" usw.) verdeutlichen, dass es im AGG nicht auf eine Personenidentität zwischen dem Anspruchsinhaber und Merkmalsträger ankommt und es auch keine Unterscheidung zwischen den Merkmalen gibt. Alle sind rechtlich gleichwertig und wiegen genauso schwer. Auch das Telos unterstreicht dieses Ergebnis. So soll – wie bereits dargestellt – ein stimmiger und einheitlicher Schutz vor Diskriminierungen geschaffen werden. Wenn jedoch jede Diskriminierung aufgrund eines in § 1 AGG genannten Merkmals dazu im Stande ist, den Benachteiligten in seinem Persönlichkeitsrecht zu verletzen und genau hiervor geschützt werden soll, wäre es widersprüchlich, eine assoziierte Diskriminierung wegen der Behinderung oder der Rasse und ethnischen Herkunft zu verbieten und eine assoziierte Diskriminierung wegen der anderen Merkmale nicht unter ein Verbot zu stellen. Es kommt in jedem Einzelfall darauf an, ob durch das Verhalten des Benachteiligenden eine Persönlichkeitsrechtsverletzung beim Anspruchsteller eingetreten und ob diese rechtswidrig ist. Dabei ist es irrelevant, welches der acht Merkmale betroffen ist, da grundsätzlich jedes

---

944 So aber *Melot de Beauregard*, RIW 2009, 18 (21).

945 *Schnabel*, Diskriminierungsschutz ohne Grenzen?, S. 284f.

einzelne Merkmal des § 1 AGG dazu gleich geeignet ist, das Persönlichkeitsrecht des Betroffenen zu verletzen. Es gibt keine Anhaltspunkte im AGG oder in der Gesetzesbegründung zu einer Abstufung der Merkmale. Demzufolge ist eine rechtswidrige assoziierte Diskriminierung bei allen in § 1 AGG enthaltenen Merkmalen verboten.

V. Ergebnis

Sowohl der Wortlaut des AGG als auch der Zweck des Gesetzes, vor Persönlichkeitsrechtsverletzungen zu schützen, sowie auch der Wille des Gesetzgebers, einen einheitlichen und stimmigen Schutz vor diesen Diskriminierungen zu ermöglichen, sprechen gegen eine Differenzierung zwischen den Merkmalen im Rahmen der assoziierten Diskriminierung. Die Rechtsprechung des EuGH zu den Merkmalen Behinderung sowie Rasse und ethnische Herkunft ist vielmehr auf alle Merkmale in den RL 2000/43/EG, 2000/78/EG, 2004/113/EG und 2006/54/EG und damit auch auf das AGG durch eine richtlinienkonforme Auslegung zu erstrecken. Folglich ist eine rechtswidrige assoziierte Diskriminierung aufgrund aller Merkmale des § 1 AGG verboten.

B. Reichweite hinsichtlich der Diskriminierungsformen

Wie bereits dargestellt wurde, ist die Fallgruppe der assoziierten Diskriminierung grundsätzlich anzuerkennen und in den Schutzbereich des AGG aufzunehmen. Eine weitere und bisher ungeklärte Rechtsfrage ist jedoch die der Reichweite der assoziierten Diskriminierung im Hinblick auf die verschiedenen Diskriminierungsformen des § 3 AGG. Insgesamt fünf Formen von Diskriminierungen sind in § 3 AGG legaldefiniert. Diese sind die unmittelbare Benachteiligung in Abs. 1, die mittelbare Benachteiligung in Abs. 2, die Belästigung in Abs. 3, die sexuelle Belästigung in Abs. 4 sowie die Anweisung zur Benachteiligung in Abs. 5 der Norm. Der Gesetzgeber hat sich bei den Definitionen sehr eng an die Richtlinienvorgaben gehalten,[946] sich jedoch bewusst gegen den Begriff „Diskriminierung“ und für den Begriff „Benachteiligung“ entschieden, da Benachteiligungen in bestimmten Fällen gerechtfertigt und damit zulässig sein könnten, Diskriminierungen jedoch stets sozial verwerflich seien.[947] Demzufolge kann eine

---

946 *Hartmann*, in: Herresthal/Kaiser/Stoffels, Staudinger Eckpfeiler, AGG, 7. Aufl. 2020, S. 108f., B13; *Kamanabrou*, RdA 2006, 321 (324); *Adomeit/Mohr*, AGG, 2. Aufl. 2011, § 3 Rn. 6; *Thüsing*, in: MüKo BGB, Band 1, 9. Aufl. 2021, § 3 AGG Rn. 1.

947 BT-Drs. 16/1780, S. 30; vgl. auch *Serr*, in: Staudinger AGG, 2020, § 1 Rn. 5.

Diskriminierung nach dem AGG dann angenommen werden, wenn eine nicht gerechtfertigte Benachteiligung vorliegt.[948]

I. Unmittelbare Benachteiligung

1. Begriff

Die unmittelbare Benachteiligung ist in § 3 Abs. 1 AGG geregelt. Nach Satz 1 liegt eine unmittelbare Benachteiligung dann vor, wenn eine Person wegen eines in § 1 genannten Grundes eine weniger günstige Behandlung erfährt, als eine andere Person in einer vergleichbaren Situation erfährt, erfahren hat oder erfahren würde. Satz 2 stellt zudem für bestimmte Fälle klar, dass eine unmittelbare Benachteiligung wegen des Geschlechts auch im Falle einer ungünstigeren Behandlung einer Frau wegen Schwangerschaft oder Mutterschaft vorliegen kann.[949] Unter einer Behandlung wird jedes menschliche Verhalten in Form des Tuns oder Unterlassens verstanden, wie beispielsweise Vereinbarungen oder Maßnahmen.[950]

Im Rahmen der unmittelbaren Benachteiligung muss die abweichende Behandlung ungünstiger sein, also eine Zurücksetzung des Betroffenen gegenüber einer anderen Person darstellen.[951] Die Benachteiligung muss dabei wertend bestimmt werden, wobei ein objektiver Vergleichsmaßstab anzulegen ist.[952] Dieser Vergleichsmaßstab wird wiederum durch „die gegenwärtige, vergangene oder hypothetische Behandlung einer anderen Person“[953] gebildet, wobei

---

948 *v. Steinau-Steinrück/Schneider*, in: in: B/D/D/H, Gesamtes Arbeitsrecht, § 3 AGG Rn. 2; *Adomeit/Mohr*, AGG, 2. Aufl. 2011, § 3 Rn. 2.

949 Vgl. zu der Frage nach dem Rechtscharakter des § 3 Abs. 1 Satz 2 AGG *Hartmann*, in: Herresthal/Kaiser/Stoffels, Staudinger Eckpfeiler, AGG, 7. Aufl. 2020, S. 109, B15.

950 *Schnabel*, Diskriminierungsschutz ohne Grenzen?, S. 144; *Braun*, in: D/H/S/W, Arbeitsrecht, 4. Aufl. 2017, § 3 AGG Rn. 5; *Roloff*, in: Rolfs/Giesen/Kreikebohm/Meßling/Udsching, BeckOK Arbeitsrecht, 60. Ed., Stand: 01.06.2021, § 3 AGG Rn. 2; *Schrader/Schubert*, in: Däubler/Bertzbach, NK-AGG, 4. Aufl. 2018, § 3 Rn. 35; *Schlachter*, in: ErfK, 21. Aufl. 2021, § 3 AGG Rn. 2.

951 *Bauer/Krieger/Günther*, AGG, 5. Aufl. 2018, § 3 Rn. 7; teilweise a.A. *Roloff*, in: Rolfs/Giesen/Kreikebohm/Meßling/Udsching, BeckOK Arbeitsrecht, 60. Ed., Stand: 01.06.2021, § 3 AGG Rn. 3, wonach der Nachteil jedoch nicht zwingend eine Zurücksetzung darstellen müsse.

952 BAG, Urt. v. 21.06.2012 – 8 AZR 364/11, Rn. 26, NZA 2012, 1345 (1347); *Bauer/Krieger/Günther*, AGG, 5. Aufl. 2018, § 3 Rn. 8; *Horcher*, in: Hau/Poseck, BeckOK BGB, 59. Ed., Stand: 01.08.2021, § 3 AGG Rn. 3.

953 *Hartmann*, in: Herresthal/Kaiser/Stoffels, Staudinger Eckpfeiler, AGG, 7. Aufl. 2020, S. 109, B14.

regelmäßig eine bestimmte Prüfungsreihenfolge bzw. ein Rangverhältnis in § 3 Abs. 1 AGG zu beachten ist: Zunächst ist zu schauen, ob eine tatsächliche, aktuelle Vergleichsperson vorhanden ist („erfährt"), dann erst, ob eine in der Vergangenheit vorhandene Vergleichsperson existiert hat („erfahren hat") und zuletzt, ob eine hypothetische Vergleichsperson ersichtlich ist („erfahren würde").[954] Die Vergleichsperson darf nicht das Differenzierungsmerkmal besitzen, auf das sich die Benachteiligung bezieht.[955] Ausschlaggebend ist somit, dass eine Person in einer vergleichbaren Situation besser behandelt wird als der Benachteiligte.[956]

Damit eine rechtlich relevante weniger günstige Benachteiligung vorliegt, ist es erforderlich, dass überhaupt ein Nachteil objektiv festgestellt werden kann; es reicht daher nicht aus, wenn der Nachteil bloß in der Zukunft einzutreten droht.[957] Eine andere Ansichtsweise würde auch mit der dogmatischen Einordnung des AGG konfligieren, da die alleinige Gefährdung des Persönlichkeitsrechts nicht für eine Rechtsverletzung ausreicht.[958]

Die weniger günstige Behandlung muss wegen eines in § 1 AGG genannten Differenzierungsmerkmals erfolgen, also unmittelbar an ein verbotenes Differenzierungsmerkmal anknüpfen. Somit ist eine kausale Verbindung zwischen der weniger günstigen Behandlung und dem unzulässigen Differenzierungsmerkmal erforderlich.[959] Eine subjektive Komponente, wie eine Benachteiligungsabsicht oder ein Verschulden, ist indessen nach überwiegender Ansicht keine Voraussetzung, da die notwendige Verbindung zwischen der Gesinnung

---

954 *Bader*, Arbeitsrechtlicher Diskriminierungsschutz als Privatrecht, S. 303f.

955 *Bauer/Krieger/Günther*, AGG, 5. Aufl. 2018, § 3 Rn. 11.

956 *Bauer/Krieger/Günther*, AGG, 5. Aufl. 2018, § 3 Rn. 11.

957 *Horcher*, in: Hau/Poseck, BeckOK BGB, 59. Ed., Stand: 01.08.2021, § 3 AGG Rn. 7, 10; *v. Steinau-Steinrück/Schneider*, in: B/D/D/H, Gesamtes Arbeitsrecht, § 3 AGG Rn. 5; *Wisskirchen*, DB 2006, 1491; *Roloff*, in: Rolfs/Giesen/Kreikebohm/Meßling/Udsching, BeckOK Arbeitsrecht, 60. Ed., Stand: 01.06.2021, § 3 AGG Rn. 6; *Schnabel*, Diskriminierungsschutz ohne Grenzen?, S. 146f.; *Thüsing*, in: MüKo BGB, Band 1, 9. Aufl. 2021, § 3 AGG Rn. 11; *derselbe*, Arbeitsrechtlicher Diskriminierungsschutz, 2. Aufl. 2013, Rn. 231ff.; *Rupp*, RdA 2009, 307; a.A. BT-Drs. 16/1780, 32 und *Schrader/Schubert*, in: Däubler/Bertzbach, NK-AGG, 4. Aufl. 2018, § 3 Rn. 33, die wohl eine „hinreichend konkrete Gefahr" auch für ausreichend halten.

958 Ebenfalls *Bader*, Arbeitsrechtlicher Diskriminierungsschutz als Privatrecht, S. 304.

959 *Roloff*, in: Rolfs/Giesen/Kreikebohm/Meßling/Udsching, BeckOK Arbeitsrecht, 60. Ed., Stand: 01.06.2021, § 3 AGG Rn. 12; siehe auch die Ausführungen von *Rebhan/Kietaibl*, RW Heft 4 2010, 373 (376f.) bzgl. der Antidiskriminierungsrichtlinien.

und der Ungleichbehandlung bereits durch die Kausalität erreicht werde.[960] Diese Kausalität wird auch dann bejaht, wenn die verbotene Unterscheidung zu einem Motivbündel gehört.[961] Es genügt nämlich nach der Rechtsprechung des BAG, wenn das verbotene Differenzierungsmerkmal die Entscheidung beeinflusst habe, also mitursächlich gewesen sei.[962] Nicht erforderlich ist hingegen, dass das Differenzierungsmerkmal tatsächlich vorliegt; es ist bereits ausreichend, wenn der Benachteiligende von der Existenz des Merkmals ausgeht (vgl. § 7 Abs. 1 Satz 2 AGG).[963]

Unmittelbare Benachteiligungen können im Arbeitsrecht nach §§ 5, 8 bis 10 AGG und im Zivilrechtsverkehr nach §§ 5, 20 AGG gerechtfertigt sein.

Nach § 22 AGG gilt im Rahmen der unmittelbaren Benachteiligung eine abgestufte Darlegungs- und Beweislast: Wenn der Anspruchsteller Indizien beweist, die eine unmittelbare Benachteiligung wegen eines in § 1 AGG genannten Differenzierungsmerkmals vermuten lassen, hat der Anspruchsgegner zu beweisen, dass er nicht gegen das AGG verstoßen hat.[964] Der Anspruchsteller muss, um seiner Darlegungslast zu genügen, Indizien vortragen, „die mit überwiegender Wahrscheinlichkeit darauf schließen lassen, dass eine Benachteiligung wegen eines der in § 1 AGG genannten Gründe erfolgt ist".[965] Sobald hinreichende Indizien vorgetragen wurden und eine Benachteiligung vermutet wird, obliegt es dem Anspruchsgegner darzulegen und im Vollbeweis zu beweisen, dass die Vorschriften des AGG nicht verletzt wurden.[966]

Für den Anspruchssteller ist das Beweismaß nach § 22 AGG hinsichtlich der Kausalität mithin abgesenkt, sodass er für das Vorliegen der anderen

---

960 *v. Steinau-Steinrück/Schneider*, in: B/D/D/H, Gesamtes Arbeitsrecht, § 3 AGG Rn. 3; *Thüsing*, in: MüKo BGB, Band 1, 9. Aufl. 2021, § 3 AGG Rn. 8; siehe auch ausführlich zu dem Streit *Bader*, Arbeitsrechtlicher Diskriminierungsschutz als Privatrecht, S. 309f.; differenzierend *Serr*, in: Staudinger AGG, 2020, § 3 Rn. 19f., der keine Absicht voraussetzt, jedoch auch eine „generelle Unkenntnis" vom Differenzierungsmerkmal für eine Benachteiligung nicht genügen lässt. Vielmehr sei ein „motivationsbezogener Ansatz" heranzuziehen. A.A. *Adomeit/Mohr*, AGG, 2. Aufl. 2011, § 3 Rn. 50ff.

961 *Hartmann*, in: Herresthal/Kaiser/Stoffels, Staudinger Eckpfeiler, AGG, 7. Aufl. 2020, S. 109, B14; *v. Steinau-Steinrück/Schneider*, in: B/D/D/H, Gesamtes Arbeitsrecht, § 3 AGG Rn. 4; *Thüsing*, in: MüKo BGB, Band 1, 9. Aufl. 2021, § 3 AGG Rn. 8.

962 BAG, Urt. v. 26.06.2014 – 8 AZR 547/13, NJOZ 2015, 1065 (1067f.).

963 *Rupp*, RdA 2009, 307; *Schnabel*, Diskriminierungsschutz ohne Grenzen?, S. 145.

964 *Horcher*, in: Hau/Poseck, BeckOK BGB, 59. Ed., Stand: 01.08.2021, § 3 AGG Rn. 31ff.

965 BAG, Urt. v. 23.11.2017 – 8 AZR 604/16, Rn. 23, NZA 2018, 584 (586).

966 *Horcher*, in: Hau/Poseck, BeckOK BGB, 59. Ed., Stand: 01.08.2021, § 3 AGG Rn. 32.

Tatbestandsmerkmale dann wiederum den Vollbeweis trägt.[967] Der Anspruchsgegner muss hingegen die fehlende Kausalität oder das Vorliegen von Rechtfertigungsgründen im Vollbeweis beweisen.[968]

2. *Unmittelbare assoziierte Diskriminierung*

Eine unmittelbare assoziierte Diskriminierung liegt immer dann vor, wenn der Benachteiligende einen Nicht-Merkmalsträger wegen seiner Beziehung zu einem Merkmalsträger benachteiligt und die Benachteiligung direkt mit einem verbotenen Differenzierungsmerkmal verknüpft ist.[969]

Eine solche unmittelbare assoziierte Diskriminierung lag insbesondere im Fall Coleman[970] vor, da der Arbeitgeber sein Verhalten direkt an das Differenzierungsmerkmal, also an die Behinderung des Kindes, anknüpfte. Wie bereits dargestellt wurde, entschied der EuGH völlig zu Recht, dass auch eine unmittelbare assoziierte Diskriminierung vom Schutzbereich der RL 2000/78/EG erfasst ist.[971]

Der Entscheidung des EuGH in der Rechtssache CHEZ Razpredelenie Bulgaria[972] kann, wie bereits erörtert wurde, nur teilweise gefolgt werden. Richtig ist die Erweiterung des Schutzbereiches der RL 2000/43/EG auf assoziierte Diskriminierungen, da auch bei den Merkmalen Rasse und ethnische Herkunft eine Persönlichkeitsrechtsverletzung des Nicht-Merkmalsträgers vorliegen kann, wenn er wegen der Rasse oder ethnischen Herkunft eines ihm nahestehenden Merkmalsträgers eine Benachteiligung erfährt.[973] Auch den Ausführungen des EuGH zur unmittelbaren Diskriminierung[974] kann im Grunde gefolgt werden. Die Tatsache, dass die CHEZ RB die Stromzähler nur in einem Stadtteil in Dupnitsa, einem überwiegend von Roma bewohnten Viertel, besonders hoch angebracht hat, deutet darauf hin, dass die Entscheidung auf ethnischen Gründen beruht.

---

967 *Roloff*, in: Rolfs/Giesen/Kreikebohm/Meßling/Udsching, BeckOK Arbeitsrecht, 60. Ed., Stand: 01.06.2021, § 3 AGG Rn. 12; *Horcher*, in: Hau/Poseck, BeckOK BGB, 59. Ed., Stand: 01.08.2021, § 3 AGG Rn. 33.

968 *Horcher*, in: Hau/Poseck, BeckOK BGB, 59. Ed., Stand: 01.08.2021, § 3 AGG Rn. 36.

969 Siehe für Beispielsfälle *Däubler*, in: Däubler/Bertzbach, NK-AGG, 4. Aufl. 2018, § 1 Rn. 109.

970 EuGH, Urt. v. 17.07.2008 – C-303/06, Coleman, NZA 2008, 932ff.

971 Siehe hierzu 3. Kap.

972 EuGH, Urt. v. 16.07.2015 – C-83/14, CHEZ Razpredelenie Bulgaria, Celex-Nr. 62014CJ0083.

973 Vgl. hierzu 3. Kap. C. I. 2.

974 Vgl. dazu 3.Kap. A. I. 3. c).

Selbstverständlich können auch andere Gründe – wie z.B. die hohe Gefahr von illegalen Stromentnahmen – dazu beigetragen haben, diese Praxis einzuführen, jedoch genügt es für eine unmittelbare Benachteiligung, wenn im Rahmen eines Motivbündels das verbotene Differenzierungsmerkmal die Entscheidung beeinflusst hat, also mitursächlich war.[975] Nichtsdestotrotz lag meines Erachtens keine unmittelbare assoziierte Diskriminierung Frau Nikolovas vor, da sie in keinem besonderen Näheverhältnis zu den Roma stand. Wie bereits dargelegt, ging der EuGH im Hinblick auf das Erfordernis eines Näheverhältnisses bei seiner Entscheidung zu weit, da er bereits den Umstand, dass Frau Nikolova ihr Geschäft in dem betroffenen Stadtteil hatte, für eine Anspruchsberechtigung ausreichen ließ.[976] Ein Näheverhältnis ist allerdings bei der Fallgruppe der assoziierten Diskriminierung stets erforderlich. Erst durch ein besonderes Näheverhältnis gelingt es, eine Verletzung des Persönlichkeitsrechts des Nicht-Merkmalsträgers zu begründen.[977]

Das BAG lehnte in seiner Entscheidung vom 22.04.2010 bereits dem Grunde nach eine unmittelbare assoziierte Diskriminierung wegen des Geschlechts ab, da die EuGH Rechtsprechung im Fall Coleman zur RL 2000/78/EG nicht auf die RL 2006/54/EG übertragbar sei.[978] Im Umkehrschluss kann jedoch festgestellt werden, dass das BAG zumindest eine unmittelbare assoziierte Diskriminierung aufgrund eines der Merkmale der RL 2000/78/EG für möglich hält.

Im Ergebnis ist vor allem die Coleman-Entscheidung des EuGH für die Fallgruppe der unmittelbaren assoziierten Diskriminierung von großer Bedeutung. Wie bereits dargelegt wurde, ist die EuGH-Rechtsprechung auf das deutsche Antidiskriminierungsrecht, also das AGG, übertragbar und mit dem dogmatischen Charakter des AGG vereinbar.[979] So ist der Wortlaut der §§ 1, 3 Abs. 1, 7 und 19 AGG wie in den Antidiskriminierungsrichtlinien sehr weit gefasst und lässt ebenfalls keinen konkreten Personenbezug oder eine Beschränkung

975 BAG, Urt. v. 26.06.2014 – 8 AZR 547/13, NJOZ 2015, 1065 (1067f.).

976 EuGH, Urt. v. 16.07.2015 – C-83/14, CHEZ Razpredelenie Bulgaria, Rn. 51ff., Celex-Nr. 62014CJ0083.

977 Vgl. hierzu 4. Kap. A.

978 BAG, Urt. v. 22.04.2010 – 6 AZR 966/08, NZA 2010, 947 (949).

979 Vgl. 3. Kap. C. I. 1.; nach *Guttenberg*, Schutz vor Diskriminierung im Beschäftigungsverhältnis in Großbritannien, S. 222, sind nach dem Coleman-Entscheidung im britischen Antidiskriminierungsrecht nur unmittelbare assoziierte Diskriminierungen erfasst.

auf nur Zwei-Personen-Verhältnisse erkennen.[980] Zudem kann im Rahmen der unmittelbaren assoziierten Diskriminierung eine eigene Persönlichkeitsrechtsverletzung des Nicht-Merkmalsträgers vorliegen.[981] Demnach ist das AGG richtlinienkonform auszulegen und das Verbot unmittelbarer assoziierter Diskriminierungen in den Schutzbereich des AGG aufzunehmen.[982]

3. Zwischenergebnis

Es kann mithin festgehalten werden, dass in den Anwendungsbereich des AGG der Schutz vor unmittelbaren assoziierten Diskriminierungen fällt.

II. Mittelbare Benachteiligung

Schwieriger ist die Bewertung dieser Rechtsfrage dagegen im Fall einer mittelbaren assoziierten Diskriminierung, da bereits die Diskriminierungsform der mittelbaren Benachteiligung zahlreiche Probleme aufwirft.[983] Diese Probleme sind insbesondere auf die Unstimmigkeiten hinsichtlich der dogmatischen Zielrichtung des Antidiskriminierungsrechts zurückzuführen, da hiervon abhängt, ob der Schutz vor mittelbaren Benachteiligungen eher restriktiver oder extensiver Natur ist.[984] Ein Schutz vor mittelbaren assoziierten Diskriminierungen wäre bei einer integritätsschützenden Zielrichtung des AGG nur denkbar, wenn auch in diesen Fällen eine Persönlichkeitsrechtsverletzung in Betracht kommt.[985]

1. Begriff

Eine mittelbare Benachteiligung wird nach § 3 Abs. 2 AGG angenommen, wenn dem Anschein nach neutrale Vorschriften, Kriterien oder Verfahren Personen wegen eines in § 1 AGG genannten Differenzierungsmerkmals gegenüber

---

980 Vgl. hierzu 3. Kap. C. I. 1 und 3. Kap. C. I. 2. *Wank*, NZA-Sonderbeilage zu Heft 22/2004, 16 (21) lehnte bereits vor der Coleman-Entscheidung eine unmittelbare assoziierte Diskriminierung ab. Es könne nur eine mittelbare assoziierte Diskriminierung vorliegen, vgl. hierzu auch 3. Kap. B. I.

981 Siehe hierzu 3. Kap. C. I. 1. f) sowie 3. Kap. C. I. 2. c).

982 Ebenfalls *Schnabel*, Diskriminierungsschutz ohne Grenzen?, S. 326ff., die im Rahmen der richtlinienkonformen Auslegung auch den Aspekt des Vertrauensschutzes prüft.

983 Vgl. zur mittelbaren Benachteiligung und den Problemfällen *Hartmann*, in: Herresthal/Kaiser/Stoffels, Staudinger Eckpfeiler, AGG, 7. Aufl. 2020, S. 110ff., B17ff.

984 *Hartmann*, in: Herresthal/Kaiser/Stoffels, Staudinger Eckpfeiler, AGG, 7. Aufl. 2020, S. 110ff., B18.

985 Siehe hierzu ausführlich 5. Kap. B. II. 3. c).

anderen Personen in besonderer Weise benachteiligen können, es sei denn, die betreffenden Vorschriften, Kriterien oder Verfahren sind durch ein rechtmäßiges Ziel sachlich gerechtfertigt und die Mittel sind zur Erreichung dieses Ziels angemessen und erforderlich.

§ 3 Abs. 2 AGG verdeutlicht, dass eine mittelbare Benachteiligung bei (kollektivrechtlichen) Vereinbarungen und bei einseitigen Entscheidungen vorliegen kann.[986] Wichtig ist, dass die Handlung dem Anschein nach neutral ist, also keinen Anknüpfungspunkt zu einem Differenzierungsmerkmal des § 1 AGG besitzt.[987] Sobald nämlich eine Verbindung zu einem Differenzierungsmerkmal des § 1 AGG vorliegt, ist die vorrangige unmittelbare Benachteiligung einschlägig.[988] Die unmittelbare und mittelbare Benachteiligung unterscheiden sich folglich dadurch, dass die unmittelbare Benachteiligung einen konkreten Bezug zu einem verbotenen Differenzierungsmerkmal aufweist und die mittelbare Benachteiligung nicht.[989] Eine Differenzierung zwischen der unmittelbaren und mittelbaren Benachteiligung ist wichtig, weil eine mittelbare Benachteiligung leichter zu rechtfertigen ist.[990] Die Rechtfertigung ist bei der mittelbaren Benachteiligung zudem bereits Teil des Tatbestandes.[991] Eine unmittelbare Benachteiligung kann hingegen mit Ausnahme des § 5 AGG nur nach den strengen Voraussetzungen der §§ 8-10 AGG und § 20 AGG gerechtfertigt werden.[992] Bei der mittelbaren Benachteiligung kommt es, wenn sie durch ein rechtmäßiges Ziel sachlich gerechtfertigt und die Mittel zur Erreichung dieses Ziels

---

986 *Bauer/Krieger/Günther*, AGG, 5. Aufl. 2018, § 3 Rn. 21.

987 *Adomeit/Mohr*, AGG, 2. Aufl. 2011, § 3 Rn. 129; *Bauer/Krieger/Günther*, AGG, 5. Aufl. 2018, § 3 Rn. 22.

988 *Bauer/Krieger/Günther*, AGG, 5. Aufl. 2018, § 3 Rn. 22f.

989 *Bauer/Krieger/Günther*, AGG, 5. Aufl. 2018, § 3 Rn. 22; *Adomeit/Mohr*, AGG, 2. Aufl. 2011, § 3 Rn. 129.

990 Bei der mittelbaren Benachteiligung genügt bereits ein rechtmäßiges Ziel und die Verhältnismäßigkeit zur Rechtfertigung der Ungleichbehandlung. So z.B. *v. Steinau-Steinrück/Schneider*, in: B/D/D/H, Gesamtes Arbeitsrecht, § 3 AGG Rn. 7; *Bauer/Krieger/Günther*, AGG, 5. Aufl. 2018, § 3 Rn. 23; ähnlich *Adomeit/Mohr*, AGG, 2. Aufl. 2011, § 3 Rn. 159.

991 BT-Drs. 16/1780, S. 33; *Hartmann*, in: Herresthal/Kaiser/Stoffels, Staudinger Eckpfeiler, AGG, 7. Aufl. 2020, S. 110, B17; *Roloff*, in: Rolfs/Giesen/Kreikebohm/Meßling/Udsching, BeckOK Arbeitsrecht, 60. Ed., Stand: 01.06.2021, § 3 AGG Rn. 18.

992 *Bauer/Krieger/Günther*, AGG, 5. Aufl. 2018, § 3 Rn. 23.

angemessen und erforderlich sind, regelmäßig auf die weiteren speziellen Rechtfertigungsgründe der §§ 5, 8-10 AGG sowie § 20 AGG nicht mehr an.[993]

Typische Fälle für mittelbare Benachteiligungen sind z.B. Benachteiligungen wegen des Geschlechts bei Teilzeitbeschäftigten oder Benachteiligungen wegen des Alters bei Berücksichtigung der Betriebszugehörigkeit.[994]

Bereits die Frage nach dem Zweck der mittelbaren Benachteiligung führt vor Augen, dass eine klare dogmatische Einordnung des AGG wichtig ist. Hiervon hängt u.a. ab, ob der Anwendungsbereich des Verbots der mittelbaren Benachteiligung extensiv oder restriktiv zu verstehen ist.[995] Dies hat wiederum eine Auswirkung darauf, ob das Verbot mittelbarer assoziierter Diskriminierungen vom Schutzbereich des AGG umfasst ist. Nach einer Ansicht, die sich auch überwiegend für das Prinzip des Persönlichkeitsrechts ausgesprochen hat, dient die mittelbare Benachteiligung als sog. „Hilfsinstrument"[996] insbesondere dazu, das Verbot der unmittelbaren Benachteiligung durchzusetzen und damit eine Umgehung des Diskriminierungsschutzes durch das Vorschieben von scheinbar neutralen Kriterien bzw. Differenzierungen zu verhindern.[997] Begründet wird diese Ansicht vor allem mit dem Wortlaut des § 3 Abs. 2 AGG, der von „dem

---

993 BT-Drs. 16/1780, S. 33; *v. Steinau-Steinrück/Schneider*, in: B/D/D/H, Gesamtes Arbeitsrecht, § 3 AGG Rn. 13; *Ernst/Braunroth/Wascher*, in: E/B/F/W, AGG, 2. Aufl. 2013, § 3 Rn. 8; ähnlich *Schnabel*, Diskriminierungsschutz ohne Grenzen?, S. 157; *Wisskirchen*, DB 2006, 1492.

994 *Roloff*, in: Rolfs/Giesen/Kreikebohm/Meßling/Udsching, BeckOK Arbeitsrecht, 60. Ed., Stand: 01.06.2021, § 3 AGG Rn. 17; vgl. auch für weitere Beispiele *Bauer/Krieger/Günther*, AGG, 5. Aufl. 2018, § 3 Rn 38.

995 *Hartmann*, in: Herresthal/Kaiser/Stoffels, Staudinger Eckpfeiler, AGG, 7. Aufl. 2020, S. 110f., B18.

996 *Thüsing*, in: MüKo BGB, Band 1, 9. Aufl. 2021, § 3 AGG Rn. 24.

997 *Lobinger*, AcP 216 (2016), 28 (94f.); *Hartmann*, in: Herresthal/Kaiser/Stoffels, Staudinger Eckpfeiler, AGG, 7. Aufl. 2020, S. 110f., B18; *Bauer/Krieger/Günther*, AGG, 5. Aufl. 2018, § 3 Rn. 20; *v. Steinau-Steinrück/Schneider*, in: B/D/D/H, Gesamtes Arbeitsrecht, § 3 AGG Rn. 7; *Thüsing*, in: MüKo BGB, Band 1, 9. Aufl. 2021, § 3 AGG Rn. 24; *derselbe*, NZA-Sonderbeilage zu Heft 22/2004, 3 (6); *derselbe*, Arbeitsrechtlicher Diskriminierungsschutz, 2. Aufl. 2013, Rn. 246; *Schnabel*, Diskriminierungsschutz ohne Grenzen?, S. 154; bereits vor dem AGG auch schon *Wiedermann/Thüsing*, NZA 2002, 1234 (1236); siehe auch *Adomeit/Mohr*, AGG, 2. Aufl. 2011, § 3 Rn. 114, 127, die zwar der Ansicht sind, dass die mittelbare Benachteiligung auch Fälle erfasse, die keine unmittelbare Benachteiligung darstellen, sich letztlich trotzdem dafür aussprechen, dass die mittelbare Benachteiligung nur eine „Beweiserleichterung" für das Vorliegen einer unmittelbaren Diskriminierung sei.

Anschein nach neutrale[n]" Kriterien spreche, sowie mit der Systematik, da die mittelbare Benachteiligung bewusst mit der unmittelbaren Benachteiligung und der Belästigung gleichwertig erfasst sei.[998] Aber auch die Tatsache, dass die fehlende Rechtfertigung ein negatives Tatbestandsmerkmal darstelle und grundsätzlich jeder legale Zweck – außer eben die Benachteiligung wegen eines verbotenen Differenzierungsmerkmals – als sachlicher Grund genüge, spreche für diese Ansicht.[999] Die mittelbare Benachteiligung stelle deshalb nur ein reines Umgehungsverbot dar.[1000] *Lobinger* als Vertreter dieser Ansicht fordert jedoch zusätzlich „eine konkrete merkmalsspezifische Tendenz" des benachteiligenden Verhaltens, da sonst das Risiko bestehe, dass neue Differenzierungsmerkmale geschaffen werden würden, die das AGG so nicht vorgesehen habe.[1001] Zur Veranschaulichung seiner Meinung führt *Lobinger* ein Beispiel mit Alleinerziehenden an. So könne nicht per se bei jeder Benachteiligung von Alleinerziehenden, die bekanntlich überwiegend aus Frauen bestünden, von einer verbotenen mittelbaren Benachteiligung ausgegangen werden.[1002] Vielmehr sei erforderlich, dass der Arbeitgeber tatsächlich wegen des Geschlechts der alleinerziehenden Frauen benachteilige.[1003] Fehle es an einem Bezug zum Geschlecht, sei keine merkmalsspezifische Tendenz erkennbar und damit auch keine verbotene mittelbare Benachteiligung gegeben.[1004] Andernfalls würde hier vor Benachteiligungen wegen des Merkmals „alleinerziehend" geschützt werden, was nicht gewollt sei.[1005]

---

998 *Lobinger*, AcP 216 (2016), 28 (95).

999 *Lobinger*, AcP 216 (2016), 28 (95).

1000 *Hartmann*, in: Herresthal/Kaiser/Stoffels, Staudinger Eckpfeiler, AGG, 7. Aufl. 2020, S. 110f., B18; *Lobinger*, AcP 216 (2016), 28 (95); *derselbe*, Entwicklung, Stand und Perspektiven des europäischen Antidiskriminierungsrechts, S. 42f.

1001 *Lobinger*, AcP 216 (2016), 28 (95); *derselbe*, Entwicklung, Stand und Perspektiven des europäischen Antidiskriminierungsrechts, S. 43.

1002 *Lobinger*, Entwicklung, Stand und Perspektiven des europäischen Antidiskriminierungsrechts, S. 43.

1003 *Lobinger*, Entwicklung, Stand und Perspektiven des europäischen Antidiskriminierungsrechts, S. 43.

1004 *Lobinger*, Entwicklung, Stand und Perspektiven des europäischen Antidiskriminierungsrechts, S. 43.

1005 *Lobinger*, Entwicklung, Stand und Perspektiven des europäischen Antidiskriminierungsrechts, S. 43.

Von anderen wird hingegen die Ansicht vertreten, dass die mittelbare Benachteiligung ein Verbot mit selbständigem Gerechtigkeitsgehalt sei[1006] und der Erweiterung des Verbotskatalogs des § 1 AGG diene, da die mittelbare Benachteiligung die Voraussetzungen festlege, unter welchen ein an sich erlaubtes Differenzierungsmerkmal zu einem verbotenen Differenzierungsmerkmal werde.[1007] *Grünberger* argumentiert als Vertreter dieser Ansicht wie folgt:

> „Damit reagiert das Recht auf Folgeerscheinungen sozio-ökonomischer Ungleichheiten, für die die Gesellschaft subsidiär verantwortlich ist, weil sich – anders als bei der präferenzbedingten Diskriminierung – kein unmittelbar Verantwortlicher benennen lässt. Wird ein Einzelner zur Beseitigung dieser Folgen in Anspruch genommen, ist diese ungleiche Behandlung mit der mittelbaren (politischen, nicht persönlichen) Verantwortung zu rechtfertigen, die er als Mitglied der Gesellschaft für die Veränderung von veränderbaren Zuständen hat. Bei mittelbaren Diskriminierungen ist diese Verantwortlichkeit gegeben, weil der Handelnde mit seinem Verhalten zur Perpetuierung eines Zustandes beiträgt, der aufgrund einer getroffenen politischen Entscheidung geändert werden soll. Sie wird aufgrund der tatbestandlichen Rechtfertigungsmöglichkeit zugleich aber wieder beschränkt, weil ihm nicht die Verantwortung für die systemische Diskriminierung in der Gesellschaft insgesamt aufgebürdet wird."[1008]

Nur die erstgenannte Ansicht berücksichtigt die integritätsschützende Zielrichtung des AGG. Insbesondere lässt sich gegen *Grünbergers* Ansicht einwenden, dass die Rechtswidrigkeitsprüfung des § 3 Abs. 2 AGG eine Verhältnismäßigkeitsprüfung beinhaltet, die gerade für den integritätsschützenden Charakter des AGG spricht. Dadurch werden die kontroversen Interessen (Persönlichkeitsrecht des Betroffenen und Interessen des Benachteiligenden) gegeneinander abgewogen.[1009] Zudem stellt eine Haftung des Benachteiligenden für allgemeine gesellschaftliche Nachteile eine verfassungsrechtlich zu beanstandende Einstandspflicht des Benachteiligenden (i.E. vergleichbar mit einer Sippenhaft) dar. Er würde nur aufgrund der Tatsache, dass er Teil der für den Nachteil verantwortlichen Gesellschaft ist, in Haftung genommen werden.[1010]

1006 Siehe z.B. *Rebhan/Kietaibl*, RW Heft 4 2010, 373ff.; *Mohr*, Schutz vor Diskriminierungen im Europäischen Arbeitsrecht, S. 280ff., der dieses Problem im Hinblick auf die europäischen Antidiskriminierungsrichtlinien bespricht. *Mohr* verwendet hierbei den Begriff des „eigenständigen Rechtsinstitut(s)", S. 282.

1007 *Grünberger*, Personale Gleichheit, S. 657ff.

1008 *Grünberger*, Personale Gleichheit, S. 661.

1009 *Hartmann*, in: Herresthal/Kaiser/Stoffels, Staudinger Eckpfeiler, AGG, 7. Aufl. 2020, S. 111, B18.

1010 Ähnlich *Adomeit/Mohr*, AGG, 2. Aufl. 2011, § 3 Rn. 127.

Im Rahmen der erstgenannten Auffassung ist *Lobingers* Forderung nach einer merkmalsspezifischen Tendenz des benachteiligenden Verhaltens zuzustimmen.[1011] Wie bereits dargelegt wurde, ist Sinn und Zweck des AGG, Benachteiligungen wegen eines der in § 1 AGG genannten Differenzierungsmerkmale zu verbieten und vor Persönlichkeitsrechtsverletzungen zu schützen.[1012] Die Differenzierungsmerkmale des § 1 AGG sind jedoch abschließend.[1013] Deshalb dürfen nicht durch das Verbot der mittelbaren Benachteiligung weitere Differenzierungsmerkmale geschaffen werden, vor denen das AGG gar nicht schützen möchte.[1014] Das AGG verbietet nicht jegliche Ungleichbehandlungen, sondern nur solche aufgrund eines in § 1 AGG genannten Differenzierungsmerkmals. Das Verhalten des Benachteiligenden muss somit eine merkmalsspezifische Tendenz aufweisen, also einen Bezug zu den in § 1 AGG genannten Merkmalen haben, um eine verbotene mittelbare Benachteiligung und damit zu berücksichtigende Persönlichkeitsrechtsverletzung darstellen zu können.

2. *Voraussetzungen*

Unter Berücksichtigung der hier vertretenen dogmatischen Einordnung der mittelbaren Benachteiligung als Umgehungsverbot müssen im Rahmen der Prüfung des § 3 Abs. 2 AGG zunächst neutrale Vorschriften, Kriterien oder Verfahren vorliegen. Diese dürfen also nicht unmittelbar an eines der Differenzierungsmerkmale des § 1 AGG anknüpfen.[1015] Als Beispiel hierfür kann die Anknüpfung an die Berufserfahrung oder die Betriebszugehörigkeit genannt werden.[1016]

In einem zweiten Schritt sind dann Vergleichsgruppen zu bilden: Dabei ist eine Gegenüberstellung zwischen denjenigen Personen, die durch die Regelung belastet werden, und denjenigen Personen, die durch die Regelung begünstigt oder nicht belastet werden, vorzunehmen.[1017]

1011 *Lobinger*, AcP 216 (2016), 28 (95); *derselbe*, Entwicklung, Stand und Perspektiven des europäischen Antidiskriminierungsrechts, S. 43.

1012 Siehe zur integritätsschützenden Zielrichtung des AGG 1. Kap. B. IV.

1013 Vgl. hierzu 5. Kap. A. I. 7.

1014 Ebenfalls *Lobinger*, AcP 216 (2016), 28 (95).

1015 *v. Steinau-Steinrück/Schneider*, in: B/D/D/H, Gesamtes Arbeitsrecht, § 3 AGG Rn. 9.

1016 *v. Steinau-Steinrück/Schneider*, in: B/D/D/H, Gesamtes Arbeitsrecht, § 3 AGG Rn. 9.

1017 BAG, Urt. v. 27.01.2011 – 6 AZR 526/09, NZA 2011, 1361 (1363f.); BAG, Urt. v. 22.04.2010 – 6 AZR 966/08, NZA 2010, 947 (950); *Bauer/Krieger/Günther*, AGG, 5. Aufl. 2018, § 3 Rn. 24; *Roloff*, in: Rolfs/Giesen/Kreikebohm/Meßling/Udsching, BeckOK Arbeitsrecht, 60. Ed., Stand: 01.06.2021, § 3 AGG Rn. 17; *v. Steinau-Steinrück/Schneider*, in: B/D/D/H, Gesamtes Arbeitsrecht, § 3 AGG Rn. 10; *Thüsing*,

Ob eine bestimmte Personengruppe besonders betroffen ist, kann sich insbesondere durch einen Nachweis ergeben, aus dem hervorgeht, dass eine Personengruppe zahlenmäßig stärker durch die Regelung belastet wird.[1018] Die besondere zahlenmäßige Betroffenheit kann etwa durch einen statistischen Vergleich festgestellt werden, jedoch ist ein statistischer Nachweis nach überwiegender Ansicht in der Rechtsprechung und Literatur keine zwingende Voraussetzung für das Vorliegen einer mittelbaren Benachteiligung.[1019] Das BAG begründet seine Auffassung insbesondere damit, dass nur diese Auslegung des § 3 Abs. 2 AGG dem effet-utile-Grundsatz gerecht werde.[1020]

Demnach kommt es darauf an, dass das fragliche Differenzierungsmerkmal bei einer wertenden und typisierenden Betrachtung in der Lage ist, die Personen, die ein Differenzierungsmerkmal nach § 1 AGG besitzen, zahlenmäßig wesentlich stärker zu belasten.[1021] Umstritten ist, ob auch eine besondere Intensität der Beeinträchtigung bereits eine mittelbare Benachteiligung begründen kann. So sprechen sich z.B. *Bauer/Krieger/Günther* und auch *Serr* für die Berücksichtigung der besonderen Intensität der Beeinträchtigung aus, stellen jedoch klar, dass dann ein statistischer Nachweis nicht geführt werden könne, sondern eine typisierende Betrachtung erforderlich sei.[1022] *Lingemann* hingegen vertritt die Ansicht, dass eine besondere Intensität der Beeinträchtigung allein, also ohne

---

in: MüKo BGB, Band 1, 9. Aufl. 2021, § 3 AGG Rn. 35; *Schlachter*, in: ErfK, 21. Aufl. 2021, § 3 AGG Rn. 10f; ausführlich *Adomeit/Mohr*, AGG, 2. Aufl. 2011, § 3 Rn. 131ff.

1018 *Hartmann*, in: Herresthal/Kaiser/Stoffels, Staudinger Eckpfeiler, AGG, 7. Aufl. 2020, S. 110, B17; *Thüsing*, NZA-Sonderbeilage zu Heft 22/2004, 3 (7).

1019 BAG, Urt. v. 27.01.2011 – 6 AZR 526/09, NZA 2011, 1361 (1363); BAG, Urt. v. 22.04.2010 – 6 AZR 966/08, NZA 2010, 947 (949f.); *Bauer/Krieger/Günther*, AGG, 5. Aufl. 2018, § 3 Rn. 25ff.; *Braun*, in: D/H/S/W, Arbeitsrecht, 4. Aufl. 2017, § 3 AGG Rn. 11; *Schrader/Schubert*, in: Däubler/Bertzbach, NK-AGG, 4. Aufl. 2018, § 3 Rn. 60; *Wisskirchen*, DB 2006, 1491; *Thüsing*, in: MüKo BGB, Band 1, 9. Aufl. 2021, § 3 AGG Rn. 31f.; *derselbe*, NZA-Sonderbeilage zu Heft 22/2004, 3 (7); *Bader*, Arbeitsrechtlicher Diskriminierungsschutz als Privatrecht, S. 305f.; kritisch hingegen *v. Steinau-Steinrück/Schneider*, in: B/D/D/H, Gesamtes Arbeitsrecht, § 3 AGG Rn. 10; *Lingemann*, in: PWW, BGB, 16. Aufl. 2021, § 3 AGG Rn. 13.

1020 BAG, Urt. v. 27.01.2011 – 6 AZR 526/09, NZA 2011, 1361 (1363).

1021 *Bauer/Krieger/Günther*, AGG, 5. Aufl. 2018, § 3 Rn. 26a; ebenfalls *Horcher*, in: Hau/Poseck, BeckOK BGB, 59. Ed., Stand: 01.08.2021, § 3 AGG Rn. 47; ähnlich *Bader*, Arbeitsrechtlicher Diskriminierungsschutz als Privatrecht, S. 306.

1022 *Bauer/Krieger/Günther*, AGG, 5. Aufl. 2018, § 3 Rn. 27f.; *Serr*, in: Staudinger AGG, 2020, § 3 Rn. 31.

einen statistischen Nachweis, nicht für eine mittelbare Benachteiligung ausreichen könne.[1023]

Auch bei der mittelbaren Benachteiligung genügt wie bei der unmittelbaren Benachteiligung eine bloß abstrakte Gefährdungslage nicht: Vielmehr ist eine konkrete Betroffenheit des Benachteiligten bzw. eine tatsächliche Benachteiligung erforderlich.[1024] Dies ist auch mit der dogmatischen Grundkonzeption des AGG in Form des Persönlichkeitsschutzes vereinbar, da bei einer rein abstrakten Gefahr noch nicht von einer Rechtsverletzung ausgegangen werden kann.[1025]

Ferner ist – wie bei der unmittelbaren Benachteiligung – zwischen der benachteiligenden Behandlung und einem Differenzierungsmerkmal des § 1 AGG ein Kausalzusammenhang erforderlich.[1026] Ebenfalls muss das Differenzierungsmerkmal nicht allein das wesentliche Motiv für das Verhalten des Benachteiligenden sein – vielmehr genügt bereits eine Mitursächlichkeit des Merkmals für die Handlung des Benachteiligenden.[1027]

1023 *Lingemann*, in: PWW, BGB, 16. Aufl. 2021, § 3 AGG Rn. 13.

1024 *Thüsing*, in: MüKo BGB, Band 1, 9. Aufl. 2021, § 3 AGG Rn. 44; *derselbe*, Arbeitsrechtlicher Diskriminierungsschutz, 2. Aufl. 2013, Rn. 261; *Roloff*, in: Rolfs/Giesen/Kreikebohm/Meßling/Udsching, BeckOK Arbeitsrecht, 60. Ed., Stand: 01.06.2021, § 3 AGG Rn. 17; jedoch lässt die überwiegende a.A. aufgrund der Gesetzesbegründung eine „hinreichend konkrete Gefahr“ ausreichen: so u.a. BT-Drs. 16/1780, S. 33; *Meinel/Heyn/Herms*, AGG, 2. Aufl. 2010, § 3 Rn. 19; *Horcher*, in: Hau/Poseck, BeckOK BGB, 59. Ed., Stand: 01.08.2021, § 3 AGG Rn. 48; *v. Steinau-Steinrück/Schneider*, in: B/D/D/H, Gesamtes Arbeitsrecht, § 3 AGG Rn. 11; *Schrader/Schubert*, in: Däubler/Bertzbach, NK-AGG, 4. Aufl. 2018, § 3 Rn. 65; *Bauer/Krieger/Günther*, AGG, 5. Aufl. 2018, § 3 Rn. 26; wohl auch *Lingemann*, in: PWW, BGB, 16. Aufl. 2021, § 3 AGG Rn. 13; nach *Wendeling-Schröder*, in Wendeling-Schröder/Stein, AGG, § 3 Rn. 25 und *Wisskirchen*, DB 2006, 1491 ist durch die Formulierung „Benachteiligen können“ bereits ein hypothetischer Vergleich ausreichend.

1025 Siehe bereits hierzu im Rahmen der unmittelbaren Benachteiligung 5. Kap. B. I. 1.

1026 *Thüsing*, in: MüKo BGB, Band 1, 9. Aufl. 2021, § 3 AGG Rn. 39; *Bader*, Arbeitsrechtlicher Diskriminierungsschutz als Privatrecht, S. 306ff.; nach *Adomeit/Mohr*, AGG, 2. Aufl. 2011, § 3 Rn. 115 ist „eine inhaltlich nachgewiesene Kausalitäts- und Motivbeziehung zwischen Benachteiligung und geschütztem Merkmal“ bei der mittelbaren Benachteiligung nicht erforderlich, da es nur auf einen „Zurechnungszusammenhang“ ankomme, der dann die Kausalität und das Motiv indiziere; vgl. auch zum Problem der Kausalität bei der mittelbaren Diskriminierung *Rebhan/Kietaibl*, RW Heft 4 2010, 373ff.

1027 *Thüsing*, in: MüKo BGB, Band 1, 9. Aufl. 2021, § 3 AGG Rn. 39.

Ein subjektives Element wie z.B. eine Benachteiligungsabsicht wird auch im Rahmen der mittelbaren Benachteiligung überwiegend für nicht erforderlich gehalten und nicht als Tatbestandsvoraussetzung gesehen.[1028]

Da die mittelbare Benachteiligung – wie bereits oben festgestellt wurde – ein Umgehungsverbot darstellt, ist jedoch erforderlich, dass das benachteiligende Verhalten des Benachteiligenden einen Bezug zu einem in § 1 AGG genannten Merkmal hat, also eine merkmalsspezifische Tendenz der Benachteiligung gegeben ist.[1029]

Anspruchsberechtigt ist grundsätzlich jeder, der der benachteiligten Personengruppe angehört.[1030] Problematisch ist im Rahmen der mittelbaren Benachteiligung allerdings, ob auch Personen sich auf das Benachteiligungsverbot stützen können, wenn sie eine Minderheit innerhalb der benachteiligten Gruppe darstellen. Das betrifft z.B. alleinerziehende Väter, die sich gegen eine benachteiligende Regelung zur Teilzeitarbeit richten möchten und gerade nicht zu der Gruppe von Frauen gehören, die statistisch weitaus mehr von solchen Regelungen betroffen sind.[1031] Bei einer privatrechtskonformen Deutung des AGG kann in dieser Konstellation dem alleinerziehenden Vater jedoch kein Anspruch aus dem AGG zustehen, da es bereits an einer erforderlichen Rechtsverletzung aufgrund eines verbotenen Differenzierungsmerkmals fehlt.[1032] Es steht dem im Beispiel erwähnten alleinerziehenden Vater somit aus Kausalitätsgründen kein Anspruch wegen einer mittelbaren Benachteiligung zu, da er nicht wegen „seines“ Geschlechts benachteiligt wird.[1033] Dieses Problem ist jedoch von dem der

---

1028 *Horcher*, in: Hau/Poseck, BeckOK BGB, 59. Ed., Stand: 01.08.2021, § 3 AGG Rn. 47; *Bauer/Krieger/Günther*, AGG, 5. Aufl. 2018, § 3 Rn. 29; *v. Steinau-Steinrück/Schneider*, in: B/D/D/H, Gesamtes Arbeitsrecht, § 3 AGG Rn. 7; *Schrader/Schubert*, in: Däubler/Bertzbach, NK-AGG, 4. Aufl. 2018, § 3 Rn. 80ff.; *Serr*, in: Staudinger AGG, 2020, § 3 Rn. 26; *Bader*, Arbeitsrechtlicher Diskriminierungsschutz als Privatrecht, S. 309f.; differenzierend *Adomeit/Mohr*, AGG, 2. Aufl. 2011, § 3 Rn. 154.

1029 Siehe oben unter 5. Kap. B. II. 1.

1030 *Bauer/Krieger/Günther*, AGG, 5. Aufl. 2018, § 3 Rn. 30.

1031 *Hartmann*, in: Herresthal/Kaiser/Stoffels, Staudinger Eckpfeiler, AGG, 7. Aufl. 2020, S. 112, B20.

1032 Ebenfalls *Hartmann*, in: Herresthal/Kaiser/Stoffels, Staudinger Eckpfeiler, AGG, 7. Aufl. 2020, S. 112, B20; *Bader*, Arbeitsrechtlicher Diskriminierungsschutz als Privatrecht, S. 263ff.; hingegen verneint *Thüsing*, in: MüKo BGB, Band 1, 9. Aufl. 2021, § 15 AGG Rn. 6, den Anspruch des alleinerziehenden Vaters erst aufgrund des fehlenden immateriellen Schadens.

1033 *Bader*, Arbeitsrechtlicher Diskriminierungsschutz als Privatrecht, S. 263ff.

assoziierten Diskriminierung zu unterscheiden. Zwar ist auch hier die Konstellation vergleichbar, weil beide Betroffenen nicht wegen ihres eigenen Merkmals benachteiligt werden. Allerdings besteht im Fall des alleinerziehenden Vaters insbesondere kein Näheverhältnis zu den alleinerziehenden Frauen.[1034] Wie bereits erläutert wurde, kann im Rahmen einer assoziierten Diskriminierung nicht auf ein Näheverhältnis verzichtet werden.[1035] Ohne ein Näheverhältnis würde ein Widerspruch zu der Zielrichtung des AGG vorliegen. Somit unterscheidet sich dieser spezielle Fall von der assoziierten Diskriminierung und hat für die mittelbare assoziierte Diskriminierung keine Relevanz.

Als dritter Prüfungsschritt ist dann im Tatbestand das Fehlen der Rechtfertigung zu prüfen.[1036] Bei der mittelbaren Benachteiligung ist nämlich nach § 3 Abs. 2 AGG erforderlich, dass sie nicht durch ein rechtmäßiges Ziel sachlich gerechtfertigt und das Mittel zur Erreichung dieses Ziels nicht angemessen und erforderlich ist. Ein Ziel ist dann rechtmäßig, wenn es nach objektiven Maßstäben zu billigen ist und selbst ein nicht diskriminierendes und legales Ziel darstellt.[1037] Für die Verhältnismäßigkeitsprüfung kommt es hingegen darauf an, dass das Mittel für die Erreichung des Ziels grundsätzlich geeignet ist (Geeignetheitsprüfung) und es kein milderes, gleich effektives Mittel zur Erreichung des Ziels gibt (Erforderlichkeitsprüfung) sowie, dass das eingesetzte Mittel zur Verfolgung des Ziels angemessen ist, also nicht außer Verhältnis steht (Angemessenheitsprüfung).[1038] Diese Verhältnismäßigkeitsprüfung verdeutlicht, dass auch das Verbot der mittelbaren Benachteiligung dem Schutz des Persönlichkeitsrechts dient, weil insbesondere durch die in der Verhältnismäßigkeitsprüfung vorzunehmende Interessenabwägung die Verletzung des Persönlichkeitsrechts

---

1034 *Bader*, Arbeitsrechtlicher Diskriminierungsschutz als Privatrecht, S. 270, der weitere Unterschiede zwischen den beiden Konstellationen aufzählt.

1035 Siehe für das Erfordernis eines Näheverhältnisses 4. Kap. A.

1036 *v. Steinau-Steinrück/Schneider*, in: B/D/D/H, Gesamtes Arbeitsrecht, § 3 AGG Rn. 12.

1037 *Horcher*, in: Hau/Poseck, BeckOK BGB, 59. Ed., Stand: 01.08.2021, § 3 AGG Rn. 50; *Bauer/Krieger/Günther*, AGG, 5. Aufl. 2018, § 3 Rn. 32; ähnlich *Adomeit/Mohr*, AGG, 2. Aufl. 2011, § 3 Rn. 168.

1038 *Schrader/Schubert*, in: Däubler/Bertzbach, NK-AGG, 4. Aufl. 2018, § 3 Rn. 75; *Roloff*, in: Rolfs/Giesen/Kreikebohm/Meßling/Udsching, BeckOK Arbeitsrecht, 60. Ed., Stand: 01.06.2021, § 3 AGG Rn. 21; *Bauer/Krieger/Günther*, AGG, 5. Aufl. 2018, § 3 Rn. 34f. für bisher anerkannte sachliche Gründe; *Horcher*, in: Hau/Poseck, BeckOK BGB, 59. Ed., Stand: 01.08.2021, § 3 AGG Rn. 51; vgl. für weitere Aufzählungen von sachlich gerechtfertigten aber auch nicht anerkannten Gründen *Braun*, in: D/H/S/W, Arbeitsrecht, 4. Aufl. 2017, § 3 AGG Rn. 14.

festzustellen ist.[1039] Damit wird auch der dogmatischen Einordnung des AGG Rechnung getragen.

Die Darlegungs- und Beweislast liegt bei der mittelbaren Benachteiligung beim Anspruchssteller, wenn es um die mittelbare Anknüpfung an ein verbotenes Differenzierungsmerkmal i.S.d. § 1 AGG und die dadurch verursachte Schlechterstellung der Personengruppe geht.[1040] Für die Rechtfertigung der mittelbaren Benachteiligung trägt nach überwiegender Ansicht hingegen der Benachteiligende die Darlegungs- und Beweislast.[1041]

3. *Mittelbare assoziierte Diskriminierung*

Aus den soeben aufgezeigten dogmatischen Schwierigkeiten der mittelbaren Benachteiligung nach § 3 Abs. 2 AGG resultiert auch der Streit um die Reichweite der assoziierten Diskriminierung im Hinblick auf die mittelbare Benachteiligung. Bisher ist diese Rechtsfrage ebenfalls ungeklärt und stark umstritten. Bei einem integritätsschützenden Verständnis des AGG müsste auch in bestimmten Fällen eine mittelbare assoziierte Diskriminierung vom Schutzumfang des AGG erfasst sein, soweit eine Persönlichkeitsrechtsverletzung des Betroffenen in Betracht kommt. Erforderlich wäre dann auch bei einer mittelbaren assoziierten Diskriminierung stets ein besonderes Näheverhältnis, da nur hierdurch der Betroffene das fremde Merkmal wie ein eigenes empfinden und dadurch in seinem Persönlichkeitsrecht verletzt werden kann. Ein reiner „Kollateralschaden"[1042] dürfte hingegen nicht für die notwendige Persönlichkeitsrechtsverletzung genügen.

1039 Ebenfalls *Bader*, Arbeitsrechtlicher Diskriminierungsschutz als Privatrecht, S. 152f.

1040 *Schlachter*, in: ErfK, 21. Aufl. 2021, § 3 AGG Rn. 13; *Horcher*, in: Hau/Poseck, BeckOK BGB, 59. Ed., Stand: 01.08.2021, § 3 AGG Rn. 53.

1041 BAG, Urt. v. 15.12.2016 – 8 AZR 454/15, NZA 2017, 715 (719); EuGH, Urt. v. 16.07.2015 – C-83/14, CHEZ Razpredelenie Bulgaria, Rn. 116ff., Celex-Nr. 62014CJ0083; *Schlachter*, in: ErfK, 21. Aufl. 2021, § 3 AGG Rn. 13; *Horcher*, in: Hau/Poseck, BeckOK BGB, 59. Ed., Stand: 01.08.2021, § 3 AGG Rn. 54; *Schrader/Schubert*, in: Däubler/Bertzbach, NK-AGG, 4. Aufl. 2018, § 3 Rn. 83; *Adomeit/Mohr*, AGG, 2. Aufl. 2011, § 3 Rn. 115; *Plum*, in: SSP, AGG, 5. Aufl. 2019, § 3 Rn. 122; a.A. *Armbrüster*, in: Erman, BGB, Band I, 16. Aufl. 2020, § 3 AGG Rn. 16; *Meinel/Heyn/Herms*, AGG, 2. Aufl. 2010, § 3 Rn. 29; ebenfalls kritisch *v. Steinau-Steinrück/Schneider*, in: B/D/D/H, Gesamtes Arbeitsrecht, § 3 AGG Rn. 13; *Wendeling-Schröder*, in Wendeling-Schröder/Stein, AGG, § 3 Rn. 19 will bei Beweisschwierigkeiten der Benachteiligten die Regeln zu Auskunftsansprüchen oder die allgemeinen Regeln zur abgestuften Beweislast anwenden. Differenzierend *Bader*, Arbeitsrechtlicher Diskriminierungsschutz als Privatrecht, S. 153f.

1042 *Bader*, Arbeitsrechtlicher Diskriminierungsschutz als Privatrecht, S. 270.

a) Entwicklung in der Rechtsprechung

aa) Rechtsprechung des EuGH

Im Fall Coleman hat der EuGH keine Ausführungen zur Fallgruppe der mittelbaren assoziierten Diskriminierung gemacht, da die Frage nicht entscheidungserheblich war.[1043] Anders als der EuGH hat sich jedoch der Generalanwalt *Maduro*[1044] in seinen Schlussanträgen mit der mittelbaren Diskriminierung befasst. *Maduro* differenziert zwischen der unmittelbaren und mittelbaren Diskriminierung und stellt hierbei fest, dass das Verbot der unmittelbaren Diskriminierung als ausschließender und das Verbot der mittelbaren Diskriminierung als einschließender Mechanismus wirken.[1045] So zeichne die unmittelbare Diskriminierung aus, dass sie eine Beziehung zu einem bestimmten Differenzierungsmerkmal aufweise und der Diskriminierende aufgrund dieses Merkmals handle oder nicht handle.[1046] Das Differenzierungsmerkmal liege hierbei nicht zufällig vor, sondern sei die „wesentliche Grundlage seiner Überlegungen".[1047] Bei einer unmittelbaren Diskriminierung sollen demnach bestimmte Differenzierungsgründe aus der Motivation des Diskriminierenden verboten und damit ausgeschlossen werden.[1048] Bei der mittelbaren Diskriminierung komme es hingegen eben nicht auf die Motive und Beweggründe des Diskriminierenden an, da „selbst neutrale, harmlose oder in gutem Glauben festgelegte Maßnahmen und Vorgehensweisen ohne jede diskriminierende Absicht [...] erfasst (werden), wenn sie sich auf Menschen mit einem besonderen Merkmal stärker auswirken als auf andere Menschen".[1049] Deshalb gehe mit dem Verbot der mittelbaren Diskriminierung eine Pflicht des Arbeitgebers einher, die Bedürfnisse bestimmter

---

1043 EuGH, Urt. v. 17.07.2008 – C-303/06, Coleman, NZA 2008, 932ff.

1044 Schlussanträge des Generalanwalts M. Poiares Maduro v. 31.01.2008, C-303/06, Slg. 2008, I-5603.

1045 Schlussanträge des Generalanwalts M. Poiares Maduro v. 31.01.2008, C-303/06, Slg. 2008, I-5603, Rn. 19.

1046 Schlussanträge des Generalanwalts M. Poiares Maduro v. 31.01.2008, C-303/06, Slg. 2008, I-5603, Rn.19.

1047 Schlussanträge des Generalanwalts M. Poiares Maduro v. 31.01.2008, C-303/06, Slg. 2008, I-5603, Rn.19.

1048 Schlussanträge des Generalanwalts M. Poiares Maduro v. 31.01.2008, C-303/06, Slg. 2008, I-5603, Rn.19.

1049 Schlussanträge des Generalanwalts M. Poiares Maduro v. 31.01.2008, C-303/06, Slg. 2008, I-5603, Rn.19.

Merkmalsträger zu berücksichtigen und sie einzuschließen.[1050] Am Ende seiner Ausführungen positioniert sich *Maduro* jedoch mangels Entscheidungserheblichkeit nicht eindeutig zur Frage der mittelbaren assoziierten Diskriminierung. Er führt nur aus, dass es die natürliche Konsequenz der unmittelbaren Diskriminierung als ausschließender Mechanismus sei, dass eine assoziierte Diskriminierung von dem Schutzbereich des Verbots der unmittelbaren Diskriminierung umfasst sei.[1051] Ob aber auch eine mittelbare assoziierte Diskriminierung verboten ist, ließ *Maduro* letztendlich offen.

Im Fall CHEZ Razpredelenie Bulgaria hat sich der EuGH hingegen das erste Mal zu einer mittelbaren assoziierten Diskriminierung äußern können, wobei eine ausführliche Auseinandersetzung mit dieser Konstellation ausblieb.[1052] Das Gericht führte aus, dass die streitige Anbringungspraxis der CHEZ RB die Voraussetzungen einer nicht gerechtfertigten mittelbaren Benachteiligung erfüllen könne, wenn das vorlegende Gericht zu dem Entschluss komme, dass keine unmittelbare Diskriminierung gegeben sei.[1053] Die Anbringungspraxis der CHEZ RB sei nämlich eine dem Anschein nach neutrale Praxis, weil sie nur in den Stadtteilen angewandt werde, in dem zahlreiche Manipulationen an Stromzählern und illegale Stromentnahmen stattfänden.[1054] Jedoch treffe die Praxis nur die Stadtteile, in denen im Wesentlichen Bewohner mit Roma-Herkunft wohnten, sodass die Bewohner mit Roma-Herkunft durch die Praxis in besonderer Weise benachteiligt werden könnten.[1055] Der Kern der Benachteiligung liege „in dem beleidigenden und stigmatisierenden Charakter der fraglichen Praxis und der Tatsache, dass es für den Endverbraucher außerordentlich schwierig [sei], seinen Stromzähler abzulesen, um seinen Verbrauch zu überprüfen".[1056]

1050 Schlussanträge des Generalanwalts M. Poiares Maduro v. 31.01.2008, C-303/06, Slg. 2008, I-5603, Rn.19.

1051 Schlussanträge des Generalanwalts M. Poiares Maduro v. 31.01.2008, C-303/06, Slg. 2008, I-5603, Rn.19.

1052 EuGH, Urt. v. 16.07.2015 – C-83/14, CHEZ Razpredelenie Bulgaria, Celex-Nr. 62014CJ0083.

1053 EuGH, Urt. v. 16.07.2015 – C-83/14, CHEZ Razpredelenie Bulgaria, Rn. 105ff., Celex-Nr. 62014CJ0083; zustimmend *Horcher*, in: Hau/Poseck, BeckOK BGB, 59. Ed., Stand: 01.08.2021, § 3 AGG Rn. 59.

1054 EuGH, Urt. v. 16.07.2015 – C-83/14, CHEZ Razpredelenie Bulgaria, Rn. 106, Celex-Nr. 62014CJ0083.

1055 EuGH, Urt. v. 16.07.2015 – C-83/14, CHEZ Razpredelenie Bulgaria, Rn. 107, Celex-Nr. 62014CJ0083.

1056 EuGH, Urt. v. 16.07.2015 – C-83/14, CHEZ Razpredelenie Bulgaria, Rn. 108, Celex-Nr. 62014CJ0083.

Generalanwältin *Kokott* hat sich dagegen in ihren Schlussanträgen ausführlich mit dieser Rechtsfrage auseinandergesetzt und sich für eine Anerkennung der mittelbaren assoziierten Diskriminierung ausgesprochen.[1057] Zum einen gebe es im Vergleich zur unmittelbaren Diskriminierung keine strukturellen Besonderheiten bei der mittelbaren Diskriminierung, die gegen eine Einbeziehung der assoziierten Diskriminierung spreche.[1058] Zum anderen halte sie es für gerecht, die mittelbare assoziierte Diskriminierung wie die unmittelbare assoziierte Diskriminierung gleichermaßen anzuerkennen.[1059] Hierfür führt *Kokott* – insbesondere auch unter Beachtung des Art. 21 der EU-GRCharta – folgendes Beispiel an:

> „Wenn in einem Unternehmen die Kinder männlicher Arbeitnehmer, nicht aber die Kinder weiblicher Arbeitnehmer, Anspruch auf eine bestimmte soziale Vergünstigung haben – etwa auf den Besuch des betriebseigenen Kindergartens –, so liegt eine unmittelbare Diskriminierung aufgrund des Geschlechts der Arbeitnehmer vor. Haben hingegen die Kinder von Vollzeitbeschäftigten, im Gegensatz zu den Kindern von Teilzeitbeschäftigten, Anspruch auf besagte Vergünstigung, so handelt es sich um eine mittelbare Diskriminierung aufgrund des Geschlechts der Arbeitnehmer, sofern die Teilzeitbeschäftigten – wie so häufig – überwiegend Frauen sind, die Vollzeitbeschäftigten hingegen überwiegend Männer. Im einen wie im anderen Fall sind die Kinder der benachteiligten Arbeitnehmergruppe ‚mitdiskriminiert'. Dass es sich im ersteren Fall um eine unmittelbare Diskriminierung, im zweiteren Fall ‚lediglich' um eine mittelbare Diskriminierung aufgrund des Geschlechts der Arbeitnehmer handelt, kann mit Blick auf die Kinder keinen entscheidenden Unterschied machen."[1060]

Im Anschluss an das Beispiel vergleicht *Kokott* die Konstellation auch mit einer Versicherungspraxis, die in bestimmten Stadtteilen pauschal höhere Prämien nehme.[1061] Dadurch liege auch eine mittelbare Diskriminierung i.S.d. Art. 21 der EU-GRCharta vor, wenn in dem betroffenen Stadtteil überwiegend

1057 Schlussanträge der Generalanwältin Juliane Kokott v. 12.03.2015, C-83/14, Rn. 102ff., ECLI:EU:C:2015:170.

1058 Schlussanträge der Generalanwältin Juliane Kokott v. 12.03.2015, C-83/14, Rn. 105, ECLI:EU:C:2015:170.

1059 Schlussanträge der Generalanwältin Juliane Kokott v. 12.03.2015, C-83/14, Rn. 106, ECLI:EU:C:2015:170.

1060 Schlussanträge der Generalanwältin Juliane Kokott v. 12.03.2015, C-83/14, Rn. 107, ECLI:EU:C:2015:170.

1061 Schlussanträge der Generalanwältin Juliane Kokott v. 12.03.2015, C-83/14, Rn. 108, ECLI:EU:C:2015:170.

Personen einer bestimmten ethnischen Herkunft lebten.[1062] Alle Anwohner des Stadtteils, also auch die mit anderer ethnischer Herkunft, würden durch die Praxis der Versicherung „mitdiskriminiert", weil sie ebenfalls die höhere Prämie zahlen müssten.[1063]

Nach *Kokott* werde jedoch den Besonderheiten der mittelbaren assoziierten Diskriminierung vor allem durch die Ziele, die zur Rechtfertigung der mittelbaren Benachteiligung herangezogen werden können, Rechnung getragen, weil diese im Vergleich zur unmittelbaren Benachteiligung zahlreicher und vielfältiger seien.[1064]

bb) Nationale Rechtsprechung

Das BAG hatte sich 2010 das erste Mal mit einer mittelbaren assoziierten Diskriminierung befasst.[1065] In der Rechtssache ging es um einen alleinerziehenden Vater eines Sohnes, der sich gegen § 5 Abs. 2 TVÜ-Länder wehrte, weil er aufgrund des Grundwehrdienstes seines Sohnes einen geringeren Ortszuschlag bekam als zuvor und sich dadurch gegenüber Alleinerziehenden mit Töchtern oder nicht-grundwehrpflichtigen Söhnen benachteiligt fühlte.[1066] Diese hätten den höheren familienbezogenen Ortszuschlag erhalten, wohingegen der Kläger dauerhaft in dem niedrigeren Ortszuschlag bleiben müsse.

Das BAG beschäftigte sich mit der Frage der mittelbaren assoziierten Diskriminierung nur grob. Es lehnte zunächst eine unmittelbare Diskriminierung ab, weil § 5 Abs. 2 TVÜ-Länder nicht direkt zwischen dem Geschlecht der Beschäftigten differenziere. Eine unmittelbare assoziierte Diskriminierung aufgrund des Geschlechts der Kinder hielt das BAG nicht für möglich, weil die Rechtsprechung im Fall Coleman nicht auf die RL 2006/54/EG übertragen werden könne.[1067] Die Frage, ob eine mittelbare assoziierte Diskriminierung (bzw. „mittelbar vermittelte Benachteiligung"[1068]) vom AGG erfasst sei, ließ das BAG

1062 Schlussanträge der Generalanwältin Juliane Kokott v. 12.03.2015, C-83/14, Rn. 108, ECLI:EU:C:2015:170.

1063 Schlussanträge der Generalanwältin Juliane Kokott v. 12.03.2015, C-83/14, Rn. 108, ECLI:EU:C:2015:170.

1064 Schlussanträge der Generalanwältin Juliane Kokott v. 12.03.2015, C-83/14, Rn. 109, ECLI:EU:C:2015:170. *Kokott* spricht hier von einer „mittelbaren Mitdiskriminierung".

1065 BAG, Urt. v. 22.04.2010 – 6 AZR 966/08, NZA 2010, 947ff. und 3. Kap. A. II.

1066 BAG, Urt. v. 22.04.2010 – 6 AZR 966/08, NZA 2010, 947 (948).

1067 Vgl. hierzu ausführlich 3. Kap. A. II. und 5. Kap. A. II. 2.

1068 BAG, Urt. v. 22.04.2010 – 6 AZR 966/08, NZA 2010, 947 (949).

offen, weil der Kläger nicht hinreichend seiner Darlegungspflicht nachgekommen sei.[1069] Dennoch führte das BAG Folgendes aus:

> „Eine mittelbare Diskriminierung von Elternteilen, die ihre Söhne allein erziehen, läge danach allenfalls vor, wenn durch die Berechnung des Vergleichsentgelts nach den individuellen Familienstandsverhältnissen im Oktober 2006 von allen nach § 5 II TVÜ-Länder in den TV-L übergeleiteten Angestellten bei typisierender Betrachtung gerade alleinerziehende Elternteile von Söhnen, die im maßgeblichen Monat Grundwehr- oder Zivildienst leisteten, in besonderer Weise nachteilig betroffen wären. Dies hat der Kl. nicht dargelegt."[1070]

In seinen Entscheidungsgründen stellt der 6. Senat klar, dass § 5 Abs. 2 TVÜ-Länder grundsätzlich alle Beschäftigten gleich stark benachteilige, die zu dem Stichtag den Anspruch auf den höheren familienbezogenen Ortszuschlag verloren hätten und dass dieser Nachteil auch Elternteile von Töchtern und nicht wehrpflichtigen Söhnen treffen könne, weil es auch andere Versagungsgründe als die Erfüllung der Grundwehrpflicht gebe.[1071]

Für die allgemeine Frage der Einbeziehung der mittelbaren assoziierten Diskriminierung in den Schutzbereich des AGG kann der Entscheidung des BAG mithin entnommen werden, dass das Gericht grundsätzlich Konstellationen von mittelbaren assoziierten Diskriminierungen für denkbar hält. Das BAG lehnt nicht pauschal eine mittelbare assoziierte Diskriminierung ab, sondern kann sich sogar bestimmte Fallkonstellationen dieser besonderen Diskriminierungsform vorstellen.

b) Literatur

Die Literatur befasst sich nur vereinzelt mit dem Problem der mittelbaren assoziierten Diskriminierung. Eine herrschende Meinung ist derzeit nicht erkennbar.

aa) Mittelbare assoziierte Diskriminierung vom AGG erfasst

Zum Teil wird vertreten, dass die mittelbare assoziierte Diskriminierung vom Schutzbereich der Richtlinien und damit auch vom AGG erfasst werde.[1072]

Nach *Welti* muss die mittelbare assoziierte Diskriminierung vom Anwendungsbereich des AGG erfasst sein, da die beabsichtigte Gleichstellung der

1069 BAG, Urt. v. 22.04.2010 – 6 AZR 966/08, NZA 2010, 947 (949f.).
1070 BAG, Urt. v. 22.04.2010 – 6 AZR 966/08, NZA 2010, 947 (950).
1071 BAG, Urt. v. 22.04.2010 – 6 AZR 966/08, NZA 2010, 947 (950).
1072 *Welti*, ZESAR 2009, 148 (151); *Nebe*, DVfR, Forum A, Diskussionsbeitrag Nr. 1/2011, S. 1 (5); *Baumgärtner*, in: BeckOGK Zivilrecht, Stand: 01.06.2021, § 3 AGG Rn. 159.

unmittelbaren und mittelbaren Benachteiligung im Wortlaut der Antidiskriminierungsrichtlinien und des § 3 Abs. 2 AGG ernst genommen werden müsse.[1073] Als Beispiel für eine verbotene mittelbare assoziierte Diskriminierung führt *Welti* das Beispiel an, dass einer Arbeitnehmerin, die ein behindertes Kind habe, Sonderzahlungen gekürzt werden, obwohl ihre Fehlzeiten aufgrund der Erkrankung ihres Kindes gesetzlich erlaubt seien (§ 45 Abs. 3-5 SGB V; § 616 BGB).[1074]

Honeyball, der sich mit der assoziierten Diskriminierung im britischen Antidiskriminierungsrecht aufgrund der Rechtssache Coleman beschäftigt hatte, stellt ebenfalls fest, dass sehr wohl Fälle denkbar seien, in denen es zu einer mittelbaren assoziierten Diskriminierung kommen könne.[1075] So führt er wie folgt aus:

> „So far it has been assumed that incidences of discrimination by association will occur as a result of direct discrimination. However, this is not necessarily the case. It is quite possible for it to result from an act of indirect discrimination, although this may of course be much more difficult to recognise. Say, for example, that employer A requires all employees (including B) to work full-time. B is a carer for C, who is disabled. This is clearly an instance of indirect discrimination against B, the requirement being one that he or she is able to comply with but which is more difficult for B (and others in a similar position) to comply with, compared with other employees, as a consequence of C's disability."[1076]

Dass *Honeyball* auch mittelbare assoziierte Diskriminierungen für möglich hält, überrascht nicht, da er grundsätzlich von einem weiten Anwendungsbereich des Antidiskriminierungsrechts ausgeht.[1077] So fasst er auch Anweisungsfälle unter den Begriff der assoziierten Diskriminierung.[1078] In seinen Ausführungen muss er sich jedoch eingestehen, dass es sehr wohl Schwierigkeiten im Rahmen der mittelbaren assoziierten Diskriminierung geben kann. So seien Fälle von mittelbaren assoziierten Diskriminierungen aufgrund einer Behinderung (wie im obigen Beispiel) leicht darzulegen, jedoch gelte dies nicht

---

1073 *Welti*, ZESAR 2009, 148 (151).

1074 *Welti*, ZESAR 2009, 148 (151) mit einem weiteren Beispiel.

1075 *Honeyball*, Web JCLI 2007, Iss. 4. Die Ausführungen sind deshalb interessant, da auch die britischen Antidiskriminierungsvorschriften den europäischen Antidiskriminierungsrichtlinien entsprechen müssen und *Honeyball* aus Anlass der Rechtssache Coleman hierzu Stellung nimmt.

1076 *Honeyball*, Web JCLI 2007, Iss. 4.

1077 *Honeyball*, Web JCLI 2007, Iss. 4.

1078 *Honeyball*, Web JCLI 2007, Iss. 4 sowie zur assoziierten Anweisung 5. Kap. B. IV 2.

so einfach für mittelbare assoziierte Diskriminierungen aufgrund anderer Differenzierungsmerkmale:

> „Having said this, although much discriminatory treatment on grounds of disability may result from such indirect discrimination, it is much more difficult to identify credible examples from other areas of discrimination. […] The difficulty arises, perhaps, because the demands made on a person, leading to an inability to comply with requirements of an employer, are less likely to arise because of (for example) the sexual orientation, sex, or religious belief of another. So, for example, if A discriminates against B because of the sexual orientation of C, it is only likely to impact on B if he or she is the partner of C, and therefore involves direct discrimination against B also."[1079]

Im Ergebnis spricht sich *Honeyball* jedoch trotz dieser Schwierigkeiten für die Einbeziehung der mittelbaren assoziierten Diskriminierung in den Schutzbereich des britischen Antidiskriminierungsrechts aus.

bb) Mittelbare assoziierte Diskriminierung nicht vom AGG erfasst

Andere stehen der Ausweitung der Fallgruppe der assoziierten Diskriminierung auf die mittelbare Diskriminierung dagegen kritisch gegenüber.[1080]

Leder begründet seine ablehnende Haltung damit, dass der Schutz vor mittelbaren assoziierten Diskriminierungen zu einem ausufernden Diskriminierungsschutz führe.[1081] So sei zum Bespiel der Tatbestand einer mittelbaren assoziierten Diskriminierung erfüllt, sobald der Arbeitgeber eine neutrale betriebseinheitliche Kernarbeitszeitregelung treffe und dadurch ein Arbeitnehmer benachteiligt werde, nur weil er seinem behinderten Kind nicht mehr die erforderliche häusliche Pflege zukommen lassen könne.[1082] Solch eine weite Leseart könne weder dem Wortlaut der Norm, der enger als bei der unmittelbaren Benachteiligung sei, noch dem Zweck des Diskriminierungsschutzes entnommen werden.[1083]

Auch *Schnabel* ist im Rahmen des AGG gegen einen Schutz vor mittelbaren assoziierten Diskriminierungen.[1084] Grundsätzlich stehe einer mittelbaren

1079 *Honeyball*, Web JCLI 2007, Iss. 4.

1080 *Leder*, EWiR 2008, 603 (604); *Schnabel*, Diskriminierungsschutz ohne Grenzen?, S. 327f. und S. 304ff.

1081 *Leder*, EWiR 2008, 603 (604).

1082 So das Beispiel von *Leder*, EWiR 2008, 603 (604).

1083 *Leder*, EWiR 2008, 603 (604).

1084 *Schnabel*, Diskriminierungsschutz ohne Grenzen?, S. 327f. und S. 304ff., siehe auch auf S. 230, wo sie bereits bei der Coleman-Entscheidung klarstellt, dass eine mittelbare Benachteiligung voraussetze, dass die Behinderung dem Benachteiligten selbst anhafte.

assoziierten Diskriminierung der Wortlaut des § 3 Abs. 2 AGG – im Gegensatz zum Wortlaut der europäischen Antidiskriminierungsrichtlinien, die eine Possessivformulierung enthielten – nicht entgegen, da diesem nicht entnommen werden könne, dass eine Personenidentität zwischen Nicht-Merkmalsträger und Merkmalsträger zwingend erforderlich sei.[1085] Da die mittelbare assoziierte Diskriminierung nicht von den Antidiskriminierungsrichtlinien erfasst sei, weil sowohl der Wortlaut der Richtlinien als auch die Systematik und das Telos dagegen sprächen, wäre die Anerkennung der mittelbaren assoziierten Diskriminierung eine „überschießende Umsetzung" durch den deutschen Gesetzgeber, was jedoch vorliegend unproblematisch sei, weil dies dem Inhalt der Antidiskriminierungsrichtlinien nicht zuwider laufe und eine Vollharmonisierung durch den europäischen Gesetzgeber nicht vorausgesetzt werde.[1086] Nichtsdestotrotz ist *Schnabel* der Auffassung, dass die Zweifel, die bei den Antidiskriminierungsrichtlinien aufgekommen seien, auch auf das AGG übertragen werden können. Gerade der Sinn und Zweck des Verbots der mittelbaren Benachteiligung als Umgehungsverbot müsse berücksichtigt werden: Durch eine mittelbare assoziierte Diskriminierung drohe keine Gefahr der Umgehung des Verbots einer unmittelbaren Benachteiligung, sondern nur eine starke Beeinträchtigung der „Organisationsfreiheit der Arbeitgeber".[1087]

cc) Fehlende Stellungnahme innerhalb der Literatur

Dagegen gibt es auch Stimmen in der Literatur, die zwar das Problem der mittelbaren assoziierten Diskriminierung sehen, sich hierzu jedoch nicht eindeutig positionieren können oder wollen.[1088]

Eine dieser Stimmen ist *Sutschet*: Einerseits spreche der Wortlaut der Antidiskriminierungsrichtlinien gegen die Fallgruppe der mittelbaren assoziierten Diskriminierung, da die Antidiskriminierungsrichtlinien in den Legaldefinitionen der mittelbaren Benachteiligung immer von „Personen *mit* einer bestimmten Religion oder Weltanschauung, einer bestimmten Behinderung, eines bestimmten Alters oder *mit* einer bestimmten sexuellen Ausrichtung" (RL 2000/78/EG) bzw. von „Personen ‚eines Geschlechts'" (RL 2006/54/EG) oder „Personen, die einer Rasse oder ethnischen Gruppe angehören" (RL 2000/43/EG) reden.[1089]

1085 *Schnabel*, Diskriminierungsschutz ohne Grenzen?, S. 327 und S. 304ff.

1086 *Schnabel*, Diskriminierungsschutz ohne Grenzen?, S. 304ff. sowie 327.

1087 *Schnabel*, Diskriminierungsschutz ohne Grenzen?, S. 328.

1088 So z.B. *Sutschet*, EuZA Bd. 2 (2009), 245 (251f.).

1089 *Sutschet*, EuZA Bd. 2 (2009), 245 (251) – Hervorhebung durch die Verfasserin.

Andererseits könne mit dem Zweck der Antidiskriminierungsrichtlinien, jegliche Diskriminierung wegen eines Merkmals zu verhindern, argumentiert werden, dass eine Begrenzung des Diskriminierungsschutzes auf die unmittelbare Benachteiligung nicht mit diesem Zweck vereinbar sei.[1090] Aus diesen Gründen sei die Lösung des Problems weiterhin völlig offen.[1091]

Ebenfalls relativ offen sind die Erwägungen *Waddingtons*: Sie stellt wie *Sutschet* fest, dass der Wortlaut der Antidiskriminierungsrichtlinien eine mittelbare assoziierte Diskriminierung an sich nicht zulassen, weil sie auf eine Personenidentität zwischen Benachteiligten und Differenzierungsmerkmal abstellen.[1092] Allerdings hält sie auch eine Argumentation für die Einbeziehung der mittelbaren assoziierten Diskriminierung für möglich, weil es dem Sinn und Zweck der Antidiskriminierungsrichtlinien dienen würde.[1093] Letztendlich sieht sie das Problem, hält sich jedoch mit einer klaren Positionierung für die Antidiskriminierungsrichtlinien und auch für das AGG zurück.

Auch *Schlachter* hält sich bei der Frage des Verbots einer mittelbaren assoziierten Diskriminierung zurück und stellt bloß fest, dass zwar die Wortlaute der Antidiskriminierungsrichtlinien ein solches Verbot nicht vorsehen würden, jedoch die Argumentation des EuGH mit dem effet-utile-Grundsatz auch eine andere Wertung zuließe.[1094]

Bader differenziert in seinen Erwägungen nicht explizit zwischen unmittelbaren und mittelbaren assoziierten Diskriminierungen.[1095] Es lässt sich bei *Bader* jedoch eine Tendenz erkennen, die gegen eine Einbeziehung der assoziierten Diskriminierung in die Fälle der mittelbaren Benachteiligung spricht. Grund für diese Schlussfolgerung ist, dass *Bader* in einem Beispiel die Unterschiede zwischen einer assoziierten Diskriminierung und einer mittelbaren Benachteiligung darlegt. Die mittelbare Benachteiligung unterscheide sich dabei von der assoziierten Diskriminierung vor allem dadurch, dass die Benachteiligung den Betroffenen nur beiläufig, also als eine Art „Kollateralschaden", treffe und der Betroffene gerade nicht das Merkmal als sein eigenes empfinde.[1096] Bei der

1090 *Sutschet*, EuZA Bd. 2 (2009), 245 (251f.).
1091 *Sutschet*, EuZA Bd. 2 (2009), 245 (252).
1092 *Waddington*, Europäische Zeitschrift zum Antidiskriminierungsrecht, Ausgabe 5, Juli 2007, S. 13 (15).
1093 *Waddington*, Europäische Zeitschrift zum Antidiskriminierungsrecht, Ausgabe 5, Juli 2007, S. 13 (15).
1094 *Schlachter*, RdA 2010, 104 (109).
1095 *Bader*, Arbeitsrechtlicher Diskriminierungsschutz als Privatrecht, S. 266ff.
1096 *Bader*, Arbeitsrechtlicher Diskriminierungsschutz als Privatrecht, S. 269ff.

assoziieren Diskriminierung sei dies hingegen anders. Dort werde der Betroffene als Repräsentant der Merkmalsträger gesehen, empfinde das Merkmal als sein eigenes und habe eine emotionale Beziehung zu den Merkmalsträgern.[1097]

c) Stellungnahme

Hinsichtlich des Wortlauts der europäischen Antidiskriminierungsrichtlinien kann den Ausführungen von *Sutschet*[1098], *Waddington*[1099], *Schlachter*[1100] und *Schnabel*[1101] zugestimmt werden. Die Legaldefinitionen der mittelbaren Diskriminierung gehen von einer Personenidentität zwischen Anspruchsberechtigten und Merkmalsträger aus.[1102] So ist in Art. 2 der RL 2000/43/EG die Rede von „Personen, die einer Rasse oder ethnischen Gruppe angehören". Art. 2 der RL 2000/78/EG geht ebenfalls in dieselbe Richtung, da auch hier eine Personenidentität vorausgesetzt wird. Die Vorschrift spricht im Rahmen der Definition der mittelbaren Diskriminierung von „Personen mit einer bestimmten Religion oder Weltanschauung, einer bestimmten Behinderung, eines bestimmten Alters oder mit einer bestimmten sexuellen Ausrichtung". Auch Art. 2 der RL 2004/113/EG („Personen, die einem Geschlecht angehören") sowie Art. 2 der RL 2006/54/EG („Personen des einen Geschlechts") unterstreichen diese Schlussfolgerung.

Andererseits weicht der Wortlaut des § 3 Abs. 2 AGG von den Formulierungen der Antidiskriminierungsrichtlinien ab.[1103] Die Norm ist wesentlich offener formuliert. Der deutsche Gesetzgeber spricht in § 3 Abs. 2 AGG lediglich davon, dass eine mittelbare Benachteiligung dann vorliegt, „wenn dem Anschein nach neutrale Vorschriften, Kriterien oder Verfahren Personen *wegen eines in § 1 genannten Grundes* gegenüber anderen Personen in besonderer Weise benachteiligen können"[1104] und hierfür kein sachlicher Rechtfertigungsgrund ersichtlich ist. Somit setzt der Wortlaut des § 3 Abs. 2 AGG bei einer mittelbaren Benachteiligung nicht zwingend voraus, dass eine Personenidentität zwischen Anspruchsberechtigten und Merkmalsträger vorliegt. Selbst wenn man vertritt, dass die

---

1097 *Bader*, Arbeitsrechtlicher Diskriminierungsschutz als Privatrecht, S. 270f.

1098 *Sutschet*, EuZA Bd. 2 (2009), 245 (251).

1099 *Waddington*, Europäische Zeitschrift zum Antidiskriminierungsrecht, Ausgabe 5, Juli 2007, S. 13 (15).

1100 *Schlachter*, RdA 2010, 104 (109).

1101 *Schnabel*, Diskriminierungsschutz ohne Grenzen?, S. 304ff.

1102 Ebenfalls *Waddington*, Europäische Zeitschrift zum Antidiskriminierungsrecht, Ausgabe 5, Juli 2007, S. 13 (15).

1103 Ebenfalls *Schnabel*, Diskriminierungsschutz ohne Grenzen?, S. 327f.

1104 Hervorhebung durch die Verfasserin.

Antidiskriminierungsrichtlinien von ihrem Wortlaut her nur eine unmittelbare assoziierte Diskriminierung erfassen, kann der deutsche Gesetzgeber die Richtlinien überschießend umsetzen, solange dadurch den Richtlinienvorgaben nicht widersprochen wird.[1105]

Betrachtet man hingegen die Zielrichtung des AGG als Konkretisierung des Persönlichkeitsschutzes sowie den oben dargestellten Sinn und Zweck des Verbots der mittelbaren Benachteiligung, nämlich als sog. „Hilfsinstrument"[1106] das Verbot der unmittelbaren Benachteiligung durchzusetzen und damit eine Umgehung des Diskriminierungsschutzes durch das Vorschieben von scheinbar neutralen Kriterien bzw. Differenzierungen zu verhindern, sprechen diese Punkte grundsätzlich eher für einen restriktiven Anwendungsbereich des Diskriminierungsschutzes.[1107] Allerdings sind auch Fälle von mittelbaren assoziierten Diskriminierungen denkbar, die Persönlichkeitsrechtsverletzungen hervorrufen können, wodurch sehr wohl Umgehungen unmittelbarer Benachteiligungen drohen können.[1108] So kann z.B. einem Ehepaar der Zutritt ins Restaurant versagt werden, weil nur Personen ohne Kopfbedeckung ins Restaurant dürfen. Da jedoch die Ehefrau des Mannes Muslima ist und ein Kopftuch trägt, wird der Ehemann an der Tür des Restaurants ebenfalls abgewiesen. Er selbst ist jedoch kein Muslim. Grundsätzlich ist das Kriterium Kopfbedeckung dem Anschein nach neutral, da es auch nichtreligiöse Kopfbedeckungen wie Hüte erfasst. Jedoch ist das Kriterium Kopfbedeckung dazu geeignet, Personen einer bestimmten Glaubensrichtung in besonderer Weise zu benachteiligen. Es macht in diesem Fall von der Persönlichkeitsrechtsverletzung des Ehemannes keinen Unterschied, ob der Restaurantbetreiber ihn nur wegen des „neutralen" Merkmals Kopfbedeckung oder konkret wegen der Religion seiner Frau benachteiligt, weil in beiden Fällen sie als Ehepaar nur wegen des muslimischen Glaubens der Ehefrau abgewiesen werden.

Richtig erscheint hier somit eine differenzierte Betrachtungsweise. Ausschlaggebend muss auch bei der mittelbaren assoziierten Diskriminierung sein, ob ein Näheverhältnis vorliegt oder nicht. Ein reiner „Kollateralschaden" ohne

---

1105 *Nettesheim*, in: Grabitz/Hilf/Nettesheim, Das Recht der Europäischen Union: EUV/AEUV, 72. EL, Stand: Februar 2021, Art. 288 AEUV Rn. 131; *Schnabel*, Diskriminierungsschutz ohne Grenzen?, S. 327f.

1106 *Thüsing*, in: MüKo BGB, Band 1, 9. Aufl. 2021, § 3 AGG Rn. 24.

1107 *Hartmann*, in: Herresthal/Kaiser/Stoffels, Staudinger Eckpfeiler, AGG, 7. Aufl. 2020, S. 110f., B18. Siehe hierzu auch 5. Kap. B. II. 1.

1108 A.A.*Schnabel*, Diskriminierungsschutz ohne Grenzen?, S. 328.

ein Näheverhältnis kann für einen Diskriminierungsschutz nach dem AGG nicht ausreichen, weil in solchen Fällen aufgrund der fehlenden emotionalen Beziehung regelmäßig eine Persönlichkeitsrechtsverletzung nicht angenommen werden kann.[1109] Aus diesem Grund wäre auch eine mittelbare assoziierte Diskriminierung im Fall CHEZ RB des EuGH abzulehnen, weil bereits das Näheverhältnis zwischen Frau Nikolova und den Roma fehlte und deshalb keine Persönlichkeitsrechtsverletzung vorlag.[1110] Es können jedoch auch Fälle von mittelbaren assoziierten Diskriminierungen vorliegen, in denen sehr wohl eine Persönlichkeitsrechtsverletzung in Betracht kommt. So ist neben dem oben genannten Beispiel auch der Fall denkbar, dass ein potentieller Vermieter einem Bewerber für das Mietobjekt absagt, weil er das Mietobjekt nur an Personen mit einer bestimmten Körpergröße vermietet und die Partnerin des Bewerbers klein ist, weil sie thailändische Wurzeln hat. An sich ist die Körpergröße ein neutrales Merkmal, jedoch kann das Merkmal bestimmte ethnische Gruppen wie z.B. Thailänder in besonderer Weise benachteiligen. Ein weiteres Beispiel einer mittelbaren assoziierten Diskriminierung lässt sich auch im Beschäftigungsverhältnis finden. Gewährt der Arbeitgeber seinen Beschäftigten Leistungen, die von Fehlzeiten abhängen, kann solch eine Regelung Arbeitnehmer mit behinderten Kindern wesentlich stärker benachteiligen, weil diese aufgrund der Pflege des behinderten Kindes mehr Fehlzeiten haben könnten.[1111] Wenn die restlichen Voraussetzungen einer mittelbaren Benachteiligung vorliegen und kein sachlicher Grund für die Kriterien und Vorschriften ersichtlich ist, ist auch in solchen Fällen ein Diskriminierungsschutz angebracht. Der Kritik *Leders*[1112], dass bei einer Anerkennung der mittelbaren assoziierten Diskriminierung ein uferloser Diskriminierungsschutz entstehen würde, kann entgegengehalten werden, dass die Sorge nicht berechtigt ist. Zum einen hat sich bereits in den letzten Jahren gezeigt, dass es nicht zu einer Flut von Klagen aufgrund einer assoziierten Diskriminierung gekommen ist. Zum anderen müssen auch alle anderen Voraussetzungen für einen Anspruch nach dem AGG vorliegen, sodass die Hürde weiterhin hoch ist.

1109 Ähnlich *Bader*, Arbeitsrechtlicher Diskriminierungsschutz als Privatrecht, S. 269ff.
1110 Siehe hierzu auch 4. Kap. A. III.
1111 In diese Richtung geht auch das Beispiel von *Welti*, ZESAR 2009, 148 (151).
1112 *Leder*, EWiR 2008, 603 (604).

4. *Zwischenergebnis*

Das AGG schützt vor mittelbaren assoziierten Diskriminierungen, weil auch im Rahmen von mittelbaren assoziierten Diskriminierungen Persönlichkeitsrechtsverletzungen möglich sind. Ausschlaggebend ist jedoch auch hier, dass ein Näheverhältnis zwischen Nicht-Merkmalsträger und Merkmalsträger vorliegt, da nur so der Nicht-Merkmalsträger das für ihn fremde Merkmal wie sein eigenes empfinden und in seinem Persönlichkeitsrecht verletzt werden kann. Deshalb reicht ein reiner Kollateralschaden ohne ein Näheverhältnis nicht für einen Diskriminierungsschutz nach dem AGG.

III. (Sexuelle) Belästigung

Die Belästigung und sexuelle Belästigung sind in § 3 Abs. 3 und 4 AGG geregelt.

1. *Begriff*

Unter eine Belästigung fallen nach § 3 Abs. 3 AGG unerwünschte Verhaltensweisen, die mit einem in § 1 AGG genannten Grund in Zusammenhang stehen und bezwecken oder bewirken, dass die Würde der betreffenden Person verletzt und ein von Einschüchterungen, Anfeindungen, Erniedrigungen, Entwürdigungen oder Beleidigungen gekennzeichnetes Umfeld geschaffen wird.

Die sexuelle Belästigung ist dagegen in § 3 Abs. 4 AGG legaldefiniert. Danach liegt eine sexuelle Belästigung dann vor, wenn ein unerwünschtes, sexuell bestimmtes Verhalten, wozu auch unerwünschte sexuelle Handlungen und Aufforderungen zu diesen, sexuell bestimmte körperliche Berührungen, Bemerkungen sexuellen Inhalts sowie unerwünschtes Zeigen und sichtbares Anbringen von pornographischen Darstellungen gehören, bezweckt oder bewirkt, dass die Würde der betreffenden Person verletzt wird, insbesondere wenn ein von Einschüchterungen, Anfeindungen, Erniedrigungen, Entwürdigungen oder Beleidigungen gekennzeichnetes Umfeld geschaffen wird.

Die Belästigung nach § 3 Abs. 3 AGG gilt sowohl im Beschäftigungsverhältnis (§§ 6ff. AGG) als auch im allgemeinen Zivilrechtsverkehr (§§ 19ff. AGG).[1113] Vor einer sexuellen Belästigung hingegen schützt das AGG nur im Rahmen des Beschäftigungsverhältnisses.[1114]

1113 Vgl. zum sachlichen Anwendungsbereich *Adomeit/Mohr*, AGG, 2. Aufl. 2011, § 3 Rn. 223; siehe auch *Schrader/Schubert*, in: Däubler/Bertzbach, NK-AGG, 4. Aufl. 2018, § 3 Rn. 84.

1114 *Adomeit/Mohr*, AGG, 2. Aufl. 2011, § 3 Rn. 253.

Die bereits aufgezeigten Schwierigkeiten im Rahmen der dogmatischen Einordnung des AGG wirken sich auch auf die Diskriminierungsform der (sexuellen) Belästigung aus.[1115] So wird teilweise vertreten, dass die Belästigung als Gleichheitsproblem betrachtet werden müsse und deshalb einen gleichbehandlungsrechtlichen Charakter aufweise.[1116] Nach dieser Ansicht sollen die Belästigungstatbestände verhindern, dass aufgrund verbotener Differenzierungsmerkmale soziale Hierarchien in der Gesellschaft gebildet werden, durch die erst eine Belästigung erfolgen könne.[1117] Vorzugswürdig ist dagegen – bei einer wie hier vertretenen integritätsschützenden Sichtweise –, die Regelungen zur (sexuellen) Belästigung dogmatisch dem Integritätsschutz zuzuordnen: Die Belästigungstatbestände unterstreichen vielmehr den dogmatischen Charakter des AGG als Konkretisierung des Persönlichkeitsrechts, weil sie auf die Würde und das Persönlichkeitsrecht des Betroffenen abstellen.[1118]

Der wesentliche Unterschied zur Benachteiligung i.S.d. § 3 Abs. 1 und 2 AGG liegt darin, dass bei einer (sexuellen) Belästigung kein Vergleich zu anderen erforderlich ist, da bei einer (sexuellen) Belästigung gerade keine Ungleichbehandlung vorliegen muss.[1119] Vielmehr liegt bei der (sexuellen) Belästigung das Unrecht bereits in der Handlung selbst, sodass sie ohne eine Vergleichsgruppe festgestellt werden kann.[1120]

1115 Siehe zu diesem dogmatischen Problem auch *Hartmann*, in: Herresthal/Kaiser/Stoffels, Staudinger Eckpfeiler, AGG, 7. Aufl. 2020, S. 112, B21f.

1116 *Grünberger*, Personale Gleichheit, S. 666ff.

1117 *Grünberger*, Personale Gleichheit, S. 666ff.; siehe zur Kritik an *Grünbergers* Auffassung auch *Lobinger*, AcP 216 (2016), 28 (90) Fn. 219.

1118 Ebenfalls *Lobinger*, AcP 216 (2016), 28 (90); *Schnabel*, Diskriminierungsschutz ohne Grenzen?, S. 157; *Adomeit/Mohr*, AGG, 2. Aufl. 2011, § 3 Rn. 211; *Bader*, Arbeitsrechtlicher Diskriminierungsschutz als Privatrecht, S. 303. Siehe auch *Thüsing*, ZfA 2001, 397 (411ff.) und *derselbe*, in: MüKo BGB, Band 1, 9. Aufl. 2021, § 3 AGG Rn. 56ff., der die Diskriminierungsverbote grundsätzlich auf das Gleichbehandlungsgebot stützt und deshalb den Schutz vor (sexuellen) Belästigungen durch das europäische Antidiskriminierungsrecht als „recht neu“ und „systemwidrig“ bezeichnet.

1119 *Adomeit/Mohr*, AGG, 2. Aufl. 2011, § 3 Rn. 211 und 231; *Bauer/Krieger/Günther*, AGG, 5. Aufl. 2018, § 3 Rn. 39, die aus diesem Grund den Tatbestand der (sexuellen) Belästigung im Vergleich zu den anderen Diskriminierungsverboten als systemwidrig bezeichnen; ebenfalls kritisch *Braun*, in: D/H/S/W, Arbeitsrecht, 4. Aufl. 2017, § 3 AGG Rn. 16 und *Thüsing*, in: MüKo BGB, Band 1, 9. Aufl. 2021, § 3 AGG Rn. 57.

1120 *Roloff*, in: Rolfs/Giesen/Kreikebohm/Meßling/Udsching, BeckOK Arbeitsrecht, 60. Ed., Stand: 01.06.2021, § 3 AGG Rn. 30.

2. Voraussetzungen der Belästigung

Zunächst ist eine unerwünschte Verhaltensweise des Belästigenden erforderlich, die mit einem in § 1 AGG genannten Differenzierungsmerkmal im Zusammenhang steht. Unter den Begriff der unerwünschten Verhaltensweise fallen alle bewussten Lebensäußerungen, wie z.B. „das Berühren, Ansprechen, sonstige Äußerungen, Gesten, Blicke“[1121] etc.[1122] Die Verhaltensweisen können verbaler oder nonverbaler Art sein.[1123] Dabei ist es unerheblich, ob die Belästigung durch ein vorsätzliches Verhalten der verantwortlichen Person erfolgt ist.[1124] Erforderlich ist hingegen, dass sich die Verhaltensweise gegen ein konkretes Individuum richtet, also konkret-individuell ist.[1125] Der Betroffene muss die Unerwünschtheit des Verhaltens nicht eindeutig kommuniziert haben; ausreichend ist vielmehr, dass der Belästigende aus Sicht eines objektiven Beobachters hätte erkennen müssen, dass sein Verhalten von dem Betroffenen nicht toleriert wird.[1126] Die unerwünschte Verhaltensweise muss mit einem nach § 1 AGG verbotenem Differenzierungsmerkmal zusammenhängen, das heißt mit anderen Worten „wegen“ eines Merkmals erfolgen.[1127] Die Belästigung muss jedoch nicht unmittelbar aufgrund der Differenzierungsmerkmale erfolgen; auch ein mittelbarer Zusammenhang zwischen der unerwünschten Verhaltensweise und einem Differenzierungsmerkmal i.S.d. § 1 AGG kann genügen.[1128]

1121 *Adomeit/Mohr*, AGG, 2. Aufl. 2011, § 3 Rn. 225.

1122 *Schnabel*, Diskriminierungsschutz ohne Grenzen?, S. 158; *Roloff*, in: Rolfs/Giesen/Kreikebohm/Meßling/Udsching, BeckOK Arbeitsrecht, 60. Ed., Stand: 01.06.2021, § 3 AGG Rn. 30; vgl. für weitere Beispiele auch *Schlachter*, in: ErfK, 21. Aufl. 2021, § 3 AGG Rn. 16 und *Ernst/Braunroth/Wascher*, in: E/B/F/W, AGG, 2. Aufl. 2013, § 3 Rn. 15.

1123 BT-Drs. 16/1780, S. 33; *Adomeit/Mohr*, AGG, 2. Aufl. 2011, § 3 Rn. 225; *v. Steinau-Steinrück/Schneider*, in: B/D/D/H, Gesamtes Arbeitsrecht, § 3 AGG Rn. 16; *Ernst/Braunroth/Wascher*, in: E/B/F/W, AGG, 2. Aufl. 2013, § 3 Abs. 15.

1124 *Roloff*, in: Rolfs/Giesen/Kreikebohm/Meßling/Udsching, BeckOK Arbeitsrecht, 60. Ed., Stand: 01.06.2021, § 3 AGG Rn. 30.

1125 *Adomeit/Mohr*, AGG, 2. Aufl. 2011, § 3 Rn. 225.

1126 BT-Drs. 16/1780, S. 33; *Bauer/Krieger/Günther*, AGG, 5. Aufl. 2018, § 3 Rn. 41f.; *Braun*, in: D/H/S/W, Arbeitsrecht, 4. Aufl. 2017, § 3 AGG Rn. 18; *Schlachter*, in: ErfK, 21. Aufl. 2021, § 3 AGG Rn. 16.

1127 *Adomeit/Mohr*, AGG, 2. Aufl. 2011, § 3 Rn. 228.

1128 *Thüsing*, in: MüKo BGB, Band 1, 9. Aufl. 2021, § 3 AGG Rn. 67; *Braun*, in: D/H/S/W, Arbeitsrecht, 4. Aufl. 2017, § 3 AGG Rn. 19.

Ferner muss die Verhaltensweise bezwecken oder bewirken, dass die Würde des Betroffenen verletzt wird, da § 3 Abs. 3 AGG das allgemeine Persönlichkeitsrecht und damit auch die Würde des Einzelnen schützt.[1129] Aus diesem Grund genügt ein geringfügiger Eingriff für eine Belästigung regelmäßig nicht aus.[1130] Andererseits ist auch nicht erforderlich, dass das Verhalten die Qualität einer Menschenwürdeverletzung i.S.d. Art. 1 GG hat.[1131] Es kommt für die Verletzung des Persönlichkeitsrechts darauf an, dass das Verhalten eine bestimmte Erheblichkeit aufweist und damit eine Geringfügigkeitsschwelle überschreitet.[1132] Die Würde einer Person ist dann verletzt, wenn ihr Selbstverständnis beeinträchtigt ist.[1133]

Des Weiteren ist die Schaffung eines feindlichen Umfelds durch die unerwünschte Verhaltensweise als weiteres Tatbestandsmerkmal erforderlich und muss kumulativ zur Würdeverletzung vorliegen.[1134] Das Umfeld muss nach § 3 Abs. 3 AGG insbesondere durch Einschüchterung, Anfeindung, Erniedrigung, Entwürdigung oder Beleidigung gekennzeichnet sein. Ein Umfeld ist jedoch nur dann durch feindliche Verhaltensweisen gekennzeichnet, wenn sie für das konkrete Arbeitsverhältnis prägend, also für den Beschäftigungsbereich typisch und charakteristisch sind.[1135] Da ein Umfeld grundsätzlich eine Art systematisches Verhalten des Belästigenden voraussetzt, muss in der Regel das Verhalten von gewisser Dauer sein, sodass einmalige Handlungen regelmäßig ausscheiden.[1136]

1129 *Adomeit/Mohr*, AGG, 2. Aufl. 2011, § 3 Rn. 231.

1130 BT-Drs. 16/1780, S. 33; *Bauer/Krieger/Günther*, AGG, 5. Aufl. 2018, § 3 Rn. 43; *v. Steinau-Steinrück/Schneider*, in: B/D/D/H, Gesamtes Arbeitsrecht, § 3 AGG Rn. 17.

1131 BT-Drs. 16/1780, S. 33; *Adomeit/Mohr*, AGG, 2. Aufl. 2011, § 3 Rn. 231; *Bauer/Krieger/Günther*, AGG, 5. Aufl. 2018, § 3 Rn. 43; *Ernst/Braunroth/Wascher*, in: E/B/F/W, AGG, 2. Aufl. 2013, § 3 Rn. 16.

1132 *Adomeit/Mohr*, AGG, 2. Aufl. 2011, § 3 Rn. 231; *Schnabel*, Diskriminierungsschutz ohne Grenzen?, S. 158.

1133 *Roloff*, in: Rolfs/Giesen/Kreikebohm/Meßling/Udsching, BeckOK Arbeitsrecht, 60. Ed., Stand: 01.06.2021, § 3 AGG Rn. 30; *Schlachter*, in: ErfK, 21. Aufl. 2021, § 3 AGG Rn. 17.

1134 *Horcher*, in: Hau/Poseck, BeckOK BGB, 59. Ed., Stand: 01.08.2021, § 3 AGG Rn. 66; *Adomeit/Mohr*, AGG, 2. Aufl. 2011, § 3 Rn. 233.

1135 *Schlachter*, in: ErfK, 21. Aufl. 2021, § 3 AGG Rn. 19; *Lingemann*, in: PWW, BGB, 16. Aufl. 2021, § 3 AGG Rn. 36; a.A. *Schrader/Schubert*, in: Däubler/Bertzbach, NK-AGG, 4. Aufl. 2018, § 3 Rn. 86, die sich für eine „punktuelle“ Betrachtungsweise beim Arbeitsverhältnis aussprechen.

1136 BAG, Urt. v. 24.09.2009 – 8 AZR 705/08, NZA 2010, 387 (390); *Bauer/Krieger/Günther*, AGG, 5. Aufl. 2018, § 3 Rn. 45; *Roloff*, in: Rolfs/Giesen/Kreikebohm/Meßling/Udsching, BeckOK Arbeitsrecht, 60. Ed., Stand: 01.06.2021, § 3 AGG Rn. 30; *Horcher*,

Es ist jedoch nicht ausgeschlossen, dass durch eine einmalige besonders schwerwiegende Handlung auch ein feindliches Umfeld entstehen kann.[1137] Die Prüfung des feindlichen Umfelds hat letztlich durch eine wertende Gesamtschau zu erfolgen.[1138]

Insbesondere kann auch das sog. Mobbing unter den Belästigungsbegriff fallen, wobei der Begriff des Mobbings weiter geht als der Belästigungsbegriff, weil er keinen Bezug zu den in § 1 AGG genannten Merkmalen fordert.[1139]

Die Belästigung nach § 3 Abs. 3 AGG schützt somit gegen zwei Formen der Belästigung: Zum einen sind Würdeverletzungen verboten, die subjektiv vom Belästigenden bezweckt sind, zum anderen sind aber auch solche Würdeverletzungen verboten, die zwar ohne Vorsatz erfolgen, jedoch objektiv eingetreten sind.[1140] Maßgebend ist demnach entweder der Eintritt des Erfolgs oder die Absicht.[1141]

Im Beschäftigungsbereich kann eine Belästigung durch den Arbeitgeber, aber auch durch andere Arbeitnehmer oder Kunden erfolgen.[1142] Im Zivilrechtsbereich ist ein Rückgriff auf den Belästigungstatbestand nach § 3 Abs. 3 AGG regelmäßig nicht erforderlich, da das unerwünschte Verhalten bereits eine vertragliche Nebenpflichtverletzung nach § 241 Abs. 2 BGB darstellt, weil der Belästigende keine Rücksicht auf die Rechte, Rechtsgüter und Interessen des Belästigten nimmt und dadurch seine vertraglichen Pflichten verletzt.[1143]

---

in: Hau/Poseck, BeckOK BGB, 59. Ed., Stand: 01.08.2021, § 3 AGG Rn. 66; *Thüsing*, NZA-Sonderbeilage zu Heft 22/2004, 3 (7).

1137 BAG, Urt. v. 24.09.2009 – 8 AZR 705/08, NZA 2010, 387 (390); *Adomeit/Mohr*, AGG, 2. Aufl. 2011, § 3 Rn. 233; *Roloff*, in: Rolfs/Giesen/Kreikebohm/Meßling/Udsching, BeckOK Arbeitsrecht, 60. Ed., Stand: 01.06.2021, § 3 AGG Rn. 30; *v. Steinau-Steinrück/Schneider*, in: B/D/D/H, Gesamtes Arbeitsrecht, § 3 AGG Rn. 18; *Ernst/Braunroth/Wascher*, in: E/B/F/W, AGG, 2. Aufl. 2013, § 3 Rn. 17.

1138 BAG, Urt. v. 24.09.2009 – 8 AZR 705/08, NZA 2010, 387 (390); *Bauer/Krieger/Günther*, AGG, 5. Aufl. 2018, § 3 Rn. 45a; *Roloff*, in: Rolfs/Giesen/Kreikebohm/Meßling/Udsching, BeckOK Arbeitsrecht, 60. Ed., Stand: 01.06.2021, § 3 AGG Rn. 30.

1139 *Horcher*, in: Hau/Poseck, BeckOK BGB, 59. Ed., Stand: 01.08.2021, § 3 AGG Rn. 68f.; ähnlich *Schrader/Schubert*, in: Däubler/Bertzbach, NK-AGG, 4. Aufl. 2018, § 3 Rn. 91.

1140 BT-Drs. 16/1780, S. 33; *Bauer/Krieger/Günther*, AGG, 5. Aufl. 2018, § 3 Rn. 44; *v. Steinau-Steinrück/Schneider*, in: B/D/D/H, Gesamtes Arbeitsrecht, § 3 AGG Rn. 19.

1141 *Roloff*, in: Rolfs/Giesen/Kreikebohm/Meßling/Udsching, BeckOK Arbeitsrecht, 60. Ed., Stand: 01.06.2021, § 3 AGG Rn. 30.

1142 *v. Steinau-Steinrück/Schneider*, in: B/D/D/H, Gesamtes Arbeitsrecht, § 3 AGG Rn. 15; *Schrader/Schubert*, in: Däubler/Bertzbach, NK-AGG, 4. Aufl. 2018, § 3 Rn. 94.

1143 *Schrader/Schubert*, in: Däubler/Bertzbach, NK-AGG, 4. Aufl. 2018, § 3 Rn. 92.

3. *Voraussetzungen der sexuellen Belästigung*

Die sexuelle Belästigung stellt einen Spezialfall der normalen Belästigung dar.[1144] Auch hier wird die dogmatische Schutzrichtung des AGG als Konkretisierung des Persönlichkeitsrechts deutlich. Schutzgut der Norm ist das allgemeine Persönlichkeitsrecht in Form der sexuellen Selbstbestimmung.[1145]

Sie setzt zunächst einen Zusammenhang zum Beschäftigungsverhältnis (§ 2 Abs. 1 Nr. 1 bis 4 AGG) voraus.[1146] Das bedeutet, dass die unerwünschte sexuell bestimmte Verhaltensweise entweder während der Arbeitszeit erfolgen muss oder, wenn sie außerhalb der Arbeitszeit erfolgt, zumindest einen betrieblichen Bezug haben muss.[1147]

Ferner ist ein unerwünschtes sexuell bestimmtes Verhalten erforderlich. Das Tatbestandsmerkmal des unerwünschten Verhaltens entspricht dem Merkmal der unerwünschten Verhaltensweise der Belästigung nach § 3 Abs. 3 AGG.[1148] Im Gegensatz zur normalen Belästigung muss bei § 3 Abs. 4 AGG das Verhalten sexuell bestimmt sein, also einen sexuellen Bezug aufweisen.[1149] Die Norm zählt beispielhaft Verhaltensweisen auf, die eine sexuelle Belästigung begründen können.[1150] Auch hier kommt es auf die Sichtweise eines objektiven Beobachters an.[1151]

Eine besondere und vor allem neuere Form der sexuellen Belästigung ist das „Stalking". Hierunter versteht man eine fortlaufende Verfolgung einer Person durch Anrufe, bedrohliche Textnachrichten oder Nachrichten auf dem

---

1144 *Schnabel*, Diskriminierungsschutz ohne Grenzen?, S. 159; *Adomeit/Mohr*, AGG, 2. Aufl. 2011, § 3 Rn. 252.

1145 BAG, Urt. v. 29.06.2017 – 2 AZR 302/16, Rn. 18, NZA 2017, 1121 (1122); *Horcher*, in: Hau/Poseck, BeckOK BGB, 59. Ed., Stand: 01.08.2021, § 3 AGG Rn. 71.

1146 *Bauer/Krieger/Günther*, AGG, 5. Aufl. 2018, § 3 Rn. 50.

1147 *Bauer/Krieger/Günther*, AGG, 5. Aufl. 2018, § 3 Rn. 50 mit zahlreichen Beispielen für einen „betrieblichen Bezug".

1148 *Bauer/Krieger/Günther*, AGG, 5. Aufl. 2018, § 3 Rn. 52.

1149 *Adomeit/Mohr*, AGG, 2. Aufl. 2011, § 3 Rn. 245; ähnlich *Ernst/Braunroth/Wascher*, in: E/B/F/W, AGG, 2. Aufl. 2013, § 3 Rn. 19.

1150 Siehe für Beispiele eines sexuell bestimmten Verhaltens z.B. bei *Bauer/Krieger/Günther*, AGG, 5. Aufl. 2018, § 3 Rn. 55ff. oder *Schlachter*, in: ErfK, 21. Aufl. 2021, § 3 AGG Rn. 22.

1151 *Thüsing*, in: MüKo BGB, Band 1, 9. Aufl. 2021, § 3 AGG Rn. 70; *v. Steinau-Steinrück/Schneider*, in: B/D/D/H, Gesamtes Arbeitsrecht, § 3 AGG Rn. 20; *Bauer/Krieger/Günther*, AGG, 5. Aufl. 2018, § 3 Rn. 54.

Anrufbeantworter, durch E-Mails, durch Auflauern vor der Wohnung des Belästigten sowie durch Geschenke und Liebesbriefe.[1152]

Zuletzt ist bei der sexuellen Belästigung wie bereits bei der normalen Belästigung das Bezwecken oder Bewirken einer Würdeverletzung erforderlich.[1153] Auch hier umfassen die Begriffe dieselben Voraussetzungen.[1154]

Im Gegensatz zur normalen Belästigung setzt die sexuelle Belästigung keine Schaffung eines feindlichen Umfelds als Tatbestandsvoraussetzung voraus.[1155] Es handelt sich hierbei lediglich um ein Regelbeispiel („insbesondere").[1156] Aus diesem Grund können bereits einmalige sexuell bestimmte Verhaltensweisen für eine sexuelle Belästigung i.S.d. § 3 Abs. 4 AGG ausreichen.[1157]

4. *Nachweisschwierigkeiten*

Sowohl die Fälle der Belästigung als auch die der sexuellen Belästigung sehen sich mit Nachweisschwierigkeiten konfrontiert. In beiden Fällen kommt es nicht selten zu einer Vier-Augen-Situation zwischen Belästigtem und Belästigendem, sodass eine gewisse Beweisnot beim Anspruchsteller entstehen kann, da dieser nach § 22 AGG darlegungs- und beweispflichtig ist.[1158] In der Regel wird dieses Problem prozessual durch eine Parteivernehmung des Belästigten gelöst, da das angerufene Gericht dies unter Beachtung der EGMR-Rechtsprechung in seine Ermessensentscheidung gem. § 448 ZPO berücksichtigen kann.[1159]

1152 *Adomeit/Mohr*, AGG, 2. Aufl. 2011, § 3 Rn. 250; *Bauer/Krieger/Günther*, AGG, 5. Aufl. 2018, § 3 Rn. 58.

1153 *Bauer/Krieger/Günther*, AGG, 5. Aufl. 2018, § 3 Rn. 59.

1154 Ähnlich *Schlachter*, in: ErfK, 21. Aufl. 2021, § 3 AGG Rn. 20; *Bauer/Krieger/Günther*, AGG, 5. Aufl. 2018, § 3 Rn. 59.

1155 *Hartmann*, in: Herresthal/Kaiser/Stoffels, Staudinger Eckpfeiler, AGG, 7. Aufl. 2020, S. 112f., B23; *Schnabel*, Diskriminierungsschutz ohne Grenzen?, S. 159.

1156 *Adomeit/Mohr*, AGG, 2. Aufl. 2011, § 3 Rn. 252.

1157 Zustimmend *Hartmann*, in: Herresthal/Kaiser/Stoffels, Staudinger Eckpfeiler, AGG, 7. Aufl. 2020, S. 113, B23; *Thüsing*, in: MüKo BGB, Band 1, 9. Aufl. 2021, § 3 AGG Rn. 70; *Schnabel*, Diskriminierungsschutz ohne Grenzen?, S. 159; *Bauer/Krieger/Günther*, AGG, 5. Aufl. 2018, § 3 Rn. 60.

1158 *Adomeit/Mohr*, AGG, 2. Aufl. 2011, § 3 Rn. 254; *Bauer/Krieger/Günther*, AGG, 5. Aufl. 2018, § 3 Rn. 47, 61f.

1159 *v. Steinau-Steinrück/Schneider*, in: B/D/D/H, Gesamtes Arbeitsrecht, § 3 AGG Rn. 21; *Bauer/Krieger/Günther*, AGG, 5. Aufl. 2018, § 3 Rn. 47, 61.

5. *Assoziierte Belästigung*

Ob auch assoziierte Belästigungen vom Schutzbereich des AGG erfasst sind, ist bisher nicht eindeutig geklärt.

Eine assoziierte Belästigung liegt z.B. vor, wenn ein Arbeitnehmer von seinem Arbeitgeber oder seinen Arbeitskollegen mit unerwünschten Sprüchen gegen Moslems konfrontiert wird und seine Ehefrau Muslima ist oder aber in Zusammenhang mit der Behinderung seines Kindes beleidigt wird.[1160] Denkbar wäre aber auch der Fall, dass jemand in einer Bar homophoben Beleidigungen des Barbetreibers ausgesetzt ist und seine homosexuelle Schwester anwesend ist. Diese Fälle veranschaulichen, dass durchaus auch Fälle assoziierter Belästigungen auftreten können.

a) *Rechtsprechung*

Anhaltspunkte für eine Einbeziehung der assoziierten Belästigung in den Schutzbereich des europäischen Antidiskriminierungsrechts lassen sich nur in der Coleman-Entscheidung[1161] des EuGH finden. Der Gerichtshof hatte sich insbesondere auch mit der Frage zu beschäftigen, ob bei einer Belästigung, die mit einer Behinderung in Zusammenhang steht, erforderlich ist, dass die Arbeitnehmerin selbst behindert ist oder ob es – wie bei Frau Coleman – genügt, dass das Kind der belästigten Arbeitnehmerin behindert ist und sie aus diesen Gründen Opfer einer unerwünschten Verhaltensweise wird.[1162] Im Ergebnis bejahte der EuGH die Einbeziehung der assoziierten Belästigung in den Anwendungsbereich der RL 2000/78/EG aus denselben Gründen wie bei der unmittelbaren assoziierten Diskriminierung.[1163] Demnach sei der Diskriminierungsschutz extensiv auszulegen, da der Wortlaut und das Telos der Richtlinie sowie auch der effet-utile-Grundsatz für ein Verbot der assoziierten Belästigung sprächen.[1164] Allerdings gab er in seinen Entscheidungsgründen auch den Hinweis, dass der Wortlaut des Art. 2 Abs. 3 der RL 2000/78/EG den Mitgliedsstaaten die Möglichkeit gebe, den Belästigungsbegriff „im Einklang mit den einzelstaatlichen Rechtsvorschriften und Gepflogenheiten“ definieren zu können.[1165]

1160 Vgl. für den Fall der assoziierten Belästigung wegen der Behinderung des eigenen Kindes EuGH, Urt. v. 17.07.2008 – C-303/06, Coleman, NZA 2008, 932ff.

1161 Siehe zum Sachverhalt auch 3. Kap. A. I. 1. a).

1162 EuGH, Urt. v. 17.07.2008 – C-303/06, Coleman, NZA 2008, 932 (935f.).

1163 EuGH, Urt. v. 17.07.2008 – C-303/06, Coleman, NZA 2008, 932 (935).

1164 EuGH, Urt. v. 17.07.2008 – C-303/06, Coleman, NZA 2008, 932 (935).

1165 EuGH, Urt. v. 17.07.2008 – C-303/06, Coleman, NZA 2008, 932 (936).

Entscheidungen der nationalen Gerichte zu dieser Problematik sind bisher nicht ergangen.

b) Literatur

Die Literatur setzt sich nur vereinzelt mit der assoziierten Belästigung auseinander.

Überwiegend wird, wenn überhaupt eine Prüfung dieser Konstellation vorliegt, nur pauschal der Anwendungsbereich des AGG für assoziierte Belästigungen eröffnet. So stellen z.B. *Ernst/Braunroth/Wascher* lediglich fest, dass bei einer Belästigung i.S.d. § 3 Abs. 3 AGG das Merkmal, das mit der unerwünschten Verhaltensweise im Zusammenhang stehe, nicht bei dem Betroffenen selbst vorliegen müsse.[1166] Dagegen verweist *Thüsing* in seinen Ausführungen zur assoziierten Belästigung nur auf seine allgemeinen Erläuterungen zur assoziierten Diskriminierung.[1167] Daraus lässt sich allerdings schließen, dass auch *Thüsing* eine assoziierte Belästigung anerkennt.

Eine Stimme, die sich etwas genauer mit diesem Problem auseinandersetzt, ist *Waddington*. Nach ihrer Auffassung erfasst der Begriff der Belästigung in den europäischen Antidiskriminierungsrichtlinien auch Fälle der assoziierten Belästigung, weil der Begriff weit gefasst sei.[1168] Erforderlich sei nur, dass die unerwünschte Verhaltensweise „im Zusammenhang" mit einem verbotenen Differenzierungsmerkmal stehe.[1169] Aus diesem Grund sei es ausreichend, wenn die Verhaltensweise an ein Differenzierungsmerkmal anknüpfe, das nicht beim Belästigten, sondern bei einer ihm nahestehenden Person liege.[1170] Als Beispiel führt sie an, dass jemand wegen der Behinderung der Ehefrau oder Homosexualität eines Familienmitglieds belästigt werden könne.[1171]

In diese Richtung gehen auch die Ausführungen von *Serr*. Er bejaht einen Schutz vor assoziierten Belästigungen für den Anwendungsbereich des AGG aus denselben Gründen wie *Waddington*.[1172] Um allerdings einen zu weiten

---

1166 *Ernst/Braunroth/Wascher*, in: E/B/F/W, AGG, 2. Aufl. 2013, § 3 Rn. 14.

1167 *Thüsing*, in: MüKo BGB, Band 1, 9. Aufl. 2021, § 3 AGG Rn. 67.

1168 *Waddington*, Europäische Zeitschrift zum Antidiskriminierungsrecht, Ausgabe 5, Juli 2007, S. 13 (16).

1169 *Waddington*, Europäische Zeitschrift zum Antidiskriminierungsrecht, Ausgabe 5, Juli 2007, S. 13 (16).

1170 *Waddington*, Europäische Zeitschrift zum Antidiskriminierungsrecht, Ausgabe 5, Juli 2007, S. 13 (16).

1171 *Waddington*, Europäische Zeitschrift zum Antidiskriminierungsrecht, Ausgabe 5, Juli 2007, S. 13 (16).

1172 *Serr*, in: Staudinger AGG, 2020, § 3 Rn. 41.

Anwendungsbereich des AGG zu vermeiden, stellt er auf die besondere Beziehung zwischen Merkmalsträger und Nicht-Merkmalsträger ab: Ein frauenverachtender Witz gegenüber einem Mann könne nur dann eine assoziierte Belästigung wegen des Geschlechts begründen, wenn der Witz unmittelbar die Frau des Nicht-Merkmalsträger betreffe.[1173]

Adomeit/Mohr sprechen sich gegen eine Einbeziehung der assoziierten Belästigung aus.[1174] Sie begründen ihre ablehnende Meinung damit, dass zwar die Coleman-Entscheidung des EuGH auch eine assoziierte Belästigung zuließe, jedoch der EuGH auch klargestellt habe, dass der Belästigungsbegriff in Art. 2 Abs. 3 der RL 2000/78/EG im Einklang mit den Rechtsvorschriften und Gepflogenheiten der Mitgliedsstaaten gebracht werden könne.[1175] Da Belästigungen nach dem AGG vom Wortlaut her keine Fälle assoziierter Diskriminierung betreffen, sei „eine unionskonforme Auslegung insoweit also nicht geboten".[1176]

c) *Stellungnahme*

Betrachtet man zunächst die europäischen Antidiskriminierungsrichtlinien, fällt auf, dass der Wortlaut der Belästigung relativ offen formuliert ist. So beschreibt etwa Art. 2 Abs. 3 der RL 2000/78/EG eine Belästigung als „unerwünschte Verhaltensweisen, die mit einem der Gründe nach Artikel 1 in Zusammenhang stehen". In Art. 2 Abs. 3 der RL 2000/43/EG ist die Rede von „unerwünschte Verhaltensweisen, die im Zusammenhang mit der Rasse oder der ethnischen Herkunft einer Person stehen". In Art. 2 Abs. 1 lit. c) der RL 2006/54/EG wird eine Belästigung als eine „unerwünschte auf das Geschlecht einer Person bezogene Verhaltensweise" beschrieben. Art. 2 lit. c) der RL 2004/113/EG definiert die Belästigung als „unerwünschte geschlechtsbezogene Verhaltensweisen gegenüber einer Person". Den Vorschriften kann somit kein zwingender Personenbezug zum Anspruchsteller entnommen werden. Das Merkmal kann somit auch bei einem Dritten vorliegen. Es ist lediglich erforderlich, dass ein Bezug zu einem verbotenen Differenzierungsmerkmal besteht. Diese Schlussfolgerung wird auch durch die Zwecksetzung der Antidiskriminierungsrichtlinien, nämlich vor Diskriminierungen wegen eines der verbotenen Differenzierungsmerkmale zu schützen, gestützt.[1177]

1173 *Serr*, in: Staudinger AGG, 2020, § 3 Rn. 41. Vgl. zum Näheverhältnis 4. Kap.

1174 *Adomeit/Mohr*, AGG, 2. Aufl. 2011, § 3 Rn. 227.

1175 *Adomeit/Mohr*, AGG, 2. Aufl. 2011, § 3 Rn. 227.

1176 *Adomeit/Mohr*, AGG, 2. Aufl. 2011, § 3 Rn. 227.

1177 Deshalb bejaht auch der EuGH den Schutz vor assoziierten Belästigungen, vgl. EuGH, Urt. v. 17.07.2008 – C-303/06, Coleman, NZA 2008, 932 (935).

Schaut man nun auf den Wortlaut des § 3 Abs. 3 AGG, kann auch hier festgestellt werden, dass der Wortlaut wie bei den Antidiskriminierungsrichtlinien offen formuliert ist. Nach § 3 Abs. 3 AGG ist erforderlich, dass die unerwünschten Verhaltensweisen „mit einem in § 1 AGG genannten Grund in Zusammenhang stehen". Demnach sind auch Fälle einer assoziierten Belästigung durchaus vom Wortlaut des § 3 Abs. 3 AGG erfasst. *Adomeit/Mohr*[1178] liegen zwar mit ihrer Feststellung richtig, dass der Wortlaut der Belästigung nicht explizit auch Fälle der assoziierten Diskriminierung umfasst, allerdings wird übersehen, dass der Wortlaut so offen formuliert ist, dass diese Fälle genauso gut auch darunter subsumiert werden könnten. Sie legen keinen plausiblen Grund dar, weshalb eine unionskonforme Auslegung abzulehnen sein sollte.

Für die Einbeziehung der assoziierten Belästigung in den Schutzbereich des AGG sprechen auch systematische Erwägungen. Wenn nämlich unmittelbare und mittelbare assoziierte Diskriminierungen von § 3 Abs. 1 und 2 AGG erfasst werden und eine Belästigung nach § 3 Abs. 3 AGG eine Benachteiligung darstellt, müsste das AGG auch vor einer assoziierten Belästigung schützen.

Ebenfalls spricht für die Einbeziehung der assoziierten Belästigung in den Schutzbereich des AGG die integritätsschützende Zielrichtung des Gesetzes. Für die Verletzung des Persönlichkeitsrechts kann es keinen Unterschied machen, ob es sich um eine assoziierte Benachteiligung oder assoziierte Belästigung handelt. Für ein Elternteil ist es nämlich irrelevant, ob es im Vergleich zu anderen Arbeitnehmern aufgrund seines behinderten Kindes beruflich benachteiligt wird oder ob es durch den Arbeitgeber Beleidigungen ausgesetzt ist, die im Zusammenhang mit der Behinderung seines Kindes stehen. In beiden Fällen ist der Arbeitnehmer in seinem Persönlichkeitsrecht verletzt. Es ist sogar denkbar, dass eine assoziierte Belästigung für den betroffenen Arbeitnehmer verletzender ist, wenn er wegen der Behinderung seines Kindes z.B. direkt verbal beleidigt wird, weil hier die unerwünschte Verhaltensweise in Form der Beleidigung die Würdeverletzung des Arbeitnehmers bezweckt und die Persönlichkeitsrechtsverletzung besonders stark ausfallen kann.[1179] Demnach wäre ein Ausschluss der assoziierten Belästigung aus dem Anwendungsbereich des AGG mit dessen dogmatischer Zielrichtung nicht zu vereinbaren.

1178 *Adomeit/Mohr*, AGG, 2. Aufl. 2011, § 3 Rn. 227.
1179 Siehe zu den Voraussetzungen der Belästigung unter 5. Kap. B. III. 2.

6. *Assoziierte sexuelle Belästigung*

Ferner ist bisher nicht eindeutig geklärt, ob auch assoziierte sexuelle Belästigungen vom Schutzbereich des AGG erfasst sind.

Beispiele für Fälle assoziierter sexueller Belästigungen sind im Gegensatz zu Fällen assoziierter Belästigungen nur schwer denkbar. Eine sexuelle Belästigung in einem Drei-Personen-Verhältnis stellt aber z.B. der Fall dar, dass ein Arbeitgeber einer Arbeitnehmerin (A) gegenüber Bemerkungen sexuellen Inhalts über die behinderte Schwester der A (B) macht, die ebenfalls in demselben Betrieb beschäftigt ist. Ob es hierfür der Rechtsfigur der assoziierten Diskriminierung bedarf, um A einen Anspruch aus dem AGG zuzusprechen, ist hingegen fraglich.

Die sexuelle Belästigung wird nach Art. 2 Abs. 1 lit. d) der RL 2006/54/EG und nach Art. 2 lit. d) der RL 2004/113/EG als „jede Form von unerwünschtem Verhalten sexueller Natur" definiert. § 3 Abs. 4 AGG spricht auch von einem „unerwünschten, sexuell bestimmten Verhalten". Es ist jedoch im Vergleich zur „normalen" Belästigung kein Zusammenhang zu einem in § 1 AGG genannten Differenzierungsmerkmal erforderlich. Daher spricht der Wortlaut eher gegen die Einbeziehung der assoziierten sexuellen Belästigung.

Ein Blick in das Österreichische Gleichbehandlungsgesetz (GlBG)[1180], welches bereits im Rahmen der Konkretisierung des Näheverhältnisses als Inspiration für eine Formulierung diente und exemplarisch herangezogen wurde, zeigt hingegen, dass das GlBG den Schutz vor assoziierten sexuellen Belästigungen regelt.[1181] Die assoziierte sexuelle Belästigung ist an drei verschiedenen Stellen im GlBG enthalten. Grund hierfür ist, dass das GlBG anders als das AGG aufgebaut ist.[1182] So liegt nach § 6 Abs. 4 GlBG eine Diskriminierung vor, wenn eine Person auf Grund ihres Näheverhältnisses zu einer Person wegen deren Geschlechts sexuell belästigt wird. Nach § 35 Abs. 3 GlBG liegt eine Diskriminierung ebenfalls vor, wenn eine Person auf Grund ihres Näheverhältnisses zu einer Person wegen deren Geschlechts oder wegen deren ethnischer Zugehörigkeit belästigt oder sexuell belästigt wird. Zuletzt regelt § 46 Abs. 4 GlBG, dass eine Diskriminierung auch vorliegt, wenn eine Person auf Grund ihres Näheverhältnisses zu einer Person wegen deren Geschlechts sexuell belästigt wird. In der Regierungsvorlage zum GlBG erstreckt der österreichische Gesetzgeber den Schutz vor assoziierten Diskriminierungen eindeutig auch auf die Fälle der sexuellen Belästigung. So heißt es in der Regierungsvorlage im Rahmen der Ausführungen zur assoziierten Diskriminierung:

1180 Bundesgesetz über die Gleichbehandlung (Gleichbehandlungsgesetz - GlBG) vom 23.06.2004, Österreichisches BGBl. I Nr. 66/2004.

1181 Siehe zum GlBG im Rahmen des Näheverhältnisses 4. Kap. C.

1182 Siehe hierzu ausführlich 6. Kap. A.

> „Der Schutz vor Diskriminierung erstreckt sich auf unmittelbare oder mittelbare Diskriminierung oder (sexuelle) Belästigung.“[1183]

Eine Begründung für die Aufnahme der assoziierten sexuellen Belästigung in den Gesetzestext des GlBG fehlt hingegen.

Schaut man sich die Diskriminierungsform der sexuellen Belästigung allerdings genauer an, ist eine assoziierte sexuelle Belästigung gar nicht erforderlich, um eine Anspruchsberechtigung nach dem AGG zu begründen, da die Person, die sexuell belästigt wird, bereits aufgrund der unerwünschten, sexuell bestimmten Verhaltensweise in ihrem Persönlichkeitsrecht und in ihrer sexuellen Selbstbestimmung verletzt wird. Es wird gar nicht vorausgesetzt, dass ein Bezug zu einem Differenzierungsmerkmal vorliegt. Stellt man sich nun den oben geschilderten Fall der sexuellen Belästigung im Drei-Personen-Verhältnis vor, also dass der Arbeitgeber der A gegenüber Bemerkungen sexuellen Inhalts über B macht, die ebenfalls in demselben Betrieb beschäftigt ist, stellt diese Bemerkung bereits eine sexuelle Belästigung von A dar. Sie muss sich nicht erst auf eine assoziierte sexuelle Belästigung berufen, um einen Anspruch geltend machen zu können. Allein das Verhalten des Arbeitgebers stellt für sich schon eine sexuelle Belästigung i.S.d. § 3 Abs. 4 AGG dar.[1184] Demnach ist eine assoziierte sexuelle Belästigung als Rechtsfigur nicht erforderlich, weil die Fälle der sexuellen Belästigung auch Drei-Personen-Verhältnisse umfassen. Zwar kann der österreichische Gesetzgeber auch explizit den Fall der assoziierten sexuellen Belästigung in sein GlBG aufnehmen, jedoch handelt es sich hierbei um eine Überregulierung, die das deutsche AGG nicht benötigt. Für das AGG besteht aus den bereits genannten Gründen kein Erfordernis für die Rechtsfigur der assoziierten sexuellen Belästigung, um vor sexuellen Belästigungen in Drei-Personen-Verhältnissen zu schützen.

7. *Zwischenergebnis*

Im Ergebnis schützt das AGG mithin vor assoziierten Belästigungen. Die Rechtsfigur der assoziierten sexuellen Belästigung ist hingegen nicht erforderlich, weil die sexuelle Belästigung diese bereits selbst erfasst.

1183 Regierungsvorlage Nr. 938 der Beilagen XXIV.GP, S. 6, https://www.parlament.gv.at/PAKT/VHG/XXIV/I/I_00938/fname_197155.pdf (letzter Abruf: 09.09.2021).

1184 Ähnlich auch *Serr*, in: Staudinger AGG, 2020, § 3 Rn. 55, wonach die sexuelle Belästigung nicht voraussetze, dass die unerwünschte Bemerkung sich an die belästigte Person richte; vielmehr sei nur ein „Klima der Belästigung“ erforderlich.

IV. Anweisung

Zuletzt gibt es als Diskriminierungsform die sog. Anweisung zur Benachteiligung.

1. Begriff

Die Anweisung zur Benachteiligung ist in § 3 Abs. 5 AGG geregelt. Nach Satz 1 gilt die Anweisung zur Benachteiligung einer Person aus einem in § 1 AGG genannten Differenzierungsmerkmal als Benachteiligung. In Satz 2 stellt der Gesetzgeber klar, dass eine Anweisung in Bezug auf den Beschäftigungsbereich (§ 2 Abs. 1 Nr. 1 bis 4 AGG) insbesondere dann vorliegt, wenn jemand eine Person zu einem Verhalten bestimmt, das einen Arbeitnehmer wegen eines in § 1 AGG genannten Differenzierungsmerkmals benachteiligt oder benachteiligen kann.

Von § 3 Abs. 5 AGG werden die Fälle der Beteiligung an einer Benachteiligung erfasst, die ein Dritter begeht.[1185] Ob es sich dabei um eine unmittelbare oder mittelbare Benachteiligung handelt oder doch um eine (sexuelle) Belästigung ist dabei irrelevant.[1186] Es ist eine Ähnlichkeit zu den strafrechtlichen Vorschriften der Beteiligung (Anstiftung nach § 26 StGB und mittelbare Täterschaft nach § 25 Abs. 1 Alt. 2 StGB) erkennbar.[1187]

Bei der Anweisung zur Benachteiligung handelt es sich um „eine Art von Vorfeldschutz“[1188], weil der zu Benachteiligende die eigentliche Benachteiligung nicht abwarten muss, um gegen sie vorzugehen.

Grundsätzlich liegt eine Anweisung nach § 3 Abs. 5 AGG vor, wenn jemand durch jemand anderen vorsätzlich zu einer konkreten Handlung oder Verhaltensweise bestimmt wird.[1189] Umstritten ist, was von dem Begriff der Anweisung umfasst ist:

1185 *Bauer/Krieger/Günther*, AGG, 5. Aufl. 2018, § 3 Rn. 65.

1186 *Bauer/Krieger/Günther*, AGG, 5. Aufl. 2018, § 3 Rn. 65; ähnlich *Roloff*, in: Rolfs/Giesen/Kreikebohm/Meßling/Udsching, BeckOK Arbeitsrecht, 60. Ed., Stand: 01.06.2021, § 3 AGG Rn. 34.

1187 Ebenfalls *Bauer/Krieger/Günther*, AGG, 5. Aufl. 2018, § 3 Rn. 66; *Adomeit/Mohr*, AGG, 2. Aufl. 2011, § 3 Rn. 262.

1188 *Adomeit/Mohr*, AGG, 2. Aufl. 2011, § 3 Rn. 255.

1189 *Schlachter*, in: ErfK, 21. Aufl. 2021, § 3 AGG Rn. 23. Umstritten ist, ob die versuchte Anweisung verboten ist. Das wäre z.B. der Fall, wenn der Anweisende eine Tathandlung – also die Anweisung – vornimmt, aber beim Angewiesenen noch nicht mal einen Tatentschluss hervorruft. Nach z.B. *Bauer/Krieger/Günther*, AGG, 5. Aufl. 2018, § 3 Rn. 68; *Horcher*, in: Hau/Poseck, BeckOK BGB, 59. Ed., Stand: 01.08.2021, § 3 AGG Rn. 79; *Serr*, in: Staudinger AGG, 2020, § 3 Rn. 65, ist schon die versuchte Anstiftung verboten und damit ein Hervorrufen des Tatentschlusses beim Angewiesenen nicht erforderlich. Dem beinahe Benachteiligten stehe im Rahmen des § 15

Überwiegend wird vertreten, dass eine Anweisung nach § 3 Abs. 5 AGG mit einer arbeitsrechtlichen Weisung gleichzustellen sei, also der Anweisende gegenüber dem Angewiesenen eine Weisungsbefugnis aufgrund eines Rechtsverhältnisses haben müsse.[1190] Es wird auch regelmäßig von einer Anweisungsbefugnis gesprochen.[1191]

Andere hingegen legen den Begriff noch weiter aus. Es komme neben einem tatsächlichen Weisungsverhältnis auch ein faktisches Weisungsverhältnis in Betracht.[1192] *Deinert* stellt klar, dass der Anweisende aufgrund seiner rechtlichen,

---

AGG allerdings nur eine geringere Entschädigung zu, da in das Persönlichkeitsrecht geringer eingegriffen werde. Deshalb schlagen z.B. *Thüsing*, in: MüKo BGB, Band 1, 9. Aufl. 2021, § 3 AGG Rn. 88 und *Deinert*, in: Däubler/Bertzbach, NK-AGG, 4. Aufl. 2018, § 3 Rn. 116, eine Anspruchsminderung von 50% vor. *Roloff*, in: Rolfs/Giesen/Kreikebohm/Meßling/Udsching, BeckOK Arbeitsrecht, 60. Ed., Stand: 01.06.2021, § 3 AGG Rn. 34 und *Adomeit/Mohr*, AGG, 2. Aufl. 2011, § 3 Rn. 266, sehen das hingegen anders und lehnen eine Sanktionierung der versuchten Anweisung zur Benachteiligung ab, da u.a. bei der versuchten Anweisung keine tatsächliche Benachteiligung und dadurch auch kein Schaden vorliege. M.E. stellt der Wortlaut des § 3 Abs. 5 Satz 2 AGG durch die Formulierung „benachteiligen kann" klar, dass eben keine Benachteiligungshandlung von dem Angewiesenen vorgenommen werden muss. Es genügt vielmehr, dass das angewiesene Verhalten den anderen hätte benachteiligen können. Es ist somit vom Gesetzgeber nicht vorgesehen, dass der Angewiesene mit einer Benachteiligung begonnen hat. Bei der versuchten Anweisung handelt es sich vielmehr um den wichtigsten Fall, da bei der tatsächlichen Vornahme der Benachteiligung bereits die anderen Diskriminierungsformen greifen und ein Rückgriff auf § 3 Abs. 5 AGG nicht erforderlich ist. Wenn man also die versuchte Anweisung komplett ablehnt, raubt man der Vorschrift die wesentliche Bedeutung, ebenso wie hier *Bauer/Krieger/Günther*, AGG, 5. Aufl. 2018, § 3 Rn. 68.

1190 *Bauer/Krieger/Günther*, AGG, 5. Aufl. 2018, § 3 Rn. 64; *Adomeit/Mohr*, AGG, 2. Aufl. 2011, § 3 Rn. 256 und 264; *Lingemann*, in: PWW, BGB, 16. Aufl. 2021, § 3 AGG Rn. 43; *Ernst/Braunroth/Wascher*, in: E/B/F/W, AGG, 2. Aufl. 2013, § 3 Rn. 21; *Kamanabrou*, RdA 2006, 321 (326); *Schlachter*, in: ErfK, 21. Aufl. 2021, § 3 AGG Rn. 23. *Thüsing*, in: MüKo BGB, Band 1, 9. Aufl. 2021, § 3 AGG Rn. 85 sowie *v. Steinau-Steinrück/Schneider*, in: B/D/D/H, Gesamtes Arbeitsrecht, § 3 AGG Rn. 22, sprechen beide von einer „Anweisungsbefugnis". Wohl auch *Schnabel*, Diskriminierungsschutz ohne Grenzen?, S. 159, da sie von einer „Anweisungsbeziehung" spricht.

1191 *Thüsing*, in: MüKo BGB, Band 1, 9. Aufl. 2021, § 3 AGG Rn. 85; *derselbe*, NZA-Sonderbeilage zu Heft 22/2004, 3 (8); *derselbe*, Arbeitsrechtlicher Diskriminierungsschutz, 2. Aufl. 2013, Rn. 299; *v. Steinau-Steinrück/Schneider*, in: B/D/D/H, Gesamtes Arbeitsrecht, § 3 AGG Rn. 22.

1192 *Deinert*, in: Däubler/Bertzbach, NK-AGG, 4. Aufl. 2018, § 3 Rn. 106; *Horcher*, in: Hau/Poseck, BeckOK BGB, 59. Ed., Stand: 01.08.2021, § 3 AGG Rn. 77; *Braun*, in: D/H/S/W, Arbeitsrecht, 4. Aufl. 2017, § 3 AGG Rn. 24.

sozialen, wirtschaftlichen oder intellektuellen Macht Druck auf den Angewiesenen ausüben können müsse.[1193] Insbesondere würde die Einschränkung des Anweisenden auf Arbeitgeber den Anwendungsbereich der Anweisung viel zu sehr einschränken.[1194] *Roloff* und *Serr* hingegen setzen für eine Anweisung noch nicht mal ein Rechtsverhältnis zwischen dem Anweisenden und Angewiesenen voraus, wodurch der Angewiesene zur Befolgung der Weisung verpflichtet sei.[1195] Das begründet *Roloff* ebenfalls damit, dass der Anwendungsbereich ansonsten zu sehr eingeengt werde.[1196] Aus diesem Grund könne der Anweisende auch Kunden und Dritte zu einer Benachteiligung anweisen.[1197]

Richtigerweise müsste für eine Anweisung zur Benachteiligung eine Anweisungsbefugnis vorliegen. So spricht der Wortlaut des § 3 Abs. 5 AGG für das Erfordernis einer Anweisungs- oder Weisungsbefugnis.[1198] Zudem bezweckt die Vorschrift gerade den Schutz vor Diskriminierungen, die ein weisungsgebundener Dritter gegenüber einem Diskriminierungsopfer ausübt. Auch die Sorge der Mindermeinung, dass der Begriff der Anweisung zu eng definiert werde, wodurch der Schutzbereich zu sehr eingeengt werde, ist unbegründet. Im Beschäftigungsbereich wird so gut wie immer eine Weisungsbefugnis gegeben sein. Im Zivilrecht kommt der Anweisung zur Benachteiligung nach § 3 Abs. 5 AGG sowieso keine besondere Bedeutung zu, da der Angewiesene regelmäßig der Erfüllungsgehilfe des Anweisenden sein wird und dessen Verhalten ihm nach § 278 BGB zugerechnet werden kann.[1199] Der Vorschrift kommt im Zivilrecht lediglich eine beweiserleichternde Funktion zu.[1200] Demnach ist eine Weisungsbefugnis bzw. Anweisungsbefugnis im Rahmen des § 3 Abs. 5 AGG vorauszusetzen.

1193 *Deinert*, in: Däubler/Bertzbach, NK-AGG, 4. Aufl. 2018, § 3 Rn. 106.

1194 *Deinert*, in: Däubler/Bertzbach, NK-AGG, 4. Aufl. 2018, § 3 Rn. 106.

1195 *Roloff*, in: Rolfs/Giesen/Kreikebohm/Meßling/Udsching, BeckOK Arbeitsrecht, 60. Ed., Stand: 01.06.2021, § 3 AGG Rn. 35; *Serr*, in: Staudinger AGG, 2020, § 3 Rn. 62, 66.

1196 *Roloff*, in: Rolfs/Giesen/Kreikebohm/Meßling/Udsching, BeckOK Arbeitsrecht, 60. Ed., Stand: 01.06.2021, § 3 AGG Rn. 35.

1197 *Roloff*, in: Rolfs/Giesen/Kreikebohm/Meßling/Udsching, BeckOK Arbeitsrecht, 60. Ed., Stand: 01.06.2021, § 3 AGG Rn. 35; ebenfalls *Serr*, in: Staudinger AGG, 2020, § 3 Rn. 66.

1198 Ebenfalls *Thüsing*, in: MüKo BGB, Band 1, 9. Aufl. 2021, § 3 AGG Rn. 85.

1199 *Adomeit/Mohr*, AGG, 2. Aufl. 2011, § 3 Rn. 259.

1200 *Adomeit/Mohr*, AGG, 2. Aufl. 2011, § 3 Rn. 259.

Erforderlich ist ferner ein vorsätzliches Anweisen zur Benachteiligung durch den Anweisenden, wobei eine tatsächliche Benachteiligung durch den Angewiesenen nicht erfolgen muss.[1201] Auch ein Verschulden ist nicht erforderlich.[1202]

Die Anweisung zur Benachteiligung nach § 3 Abs. 5 AGG ist unmittelbar mit dem Maßregelungsverbot in § 16 Abs. 1 Satz 1 Alt. 2 AGG[1203] verbunden. Danach darf der Arbeitgeber Beschäftigte nicht wegen der Weigerung, eine gegen das AGG verstoßende Anweisung auszuführen, benachteiligen. Es geht also um eine Art Schutz vor einer möglichen Täterschaft.[1204] Nach Satz 2 der Vorschrift gilt das Gleiche auch für Personen, die den Beschäftigten hierbei unterstützen oder als Zeuginnen oder Zeugen aussagen. § 16 Abs. 1 AGG ähnelt dem Maßregelungsverbot des § 612a BGB[1205] und dient dem Zweck, dass Arbeitnehmer nicht vor einer Rechtewahrnehmung abgeschreckt werden sollen, weil sie nachteilige Maßnahmen ihres Arbeitgebers befürchten.[1206] § 16 AGG geht jedoch als lex

---

1201 BT-Drs. 16/1780, S. 33; *Bauer/Krieger/Günther*, AGG, 5. Aufl. 2018, § 3 Rn. 67f.; *Roloff*, in: Rolfs/Giesen/Kreikebohm/Meßling/Udsching, BeckOK Arbeitsrecht, 60. Ed., Stand: 01.06.2021, § 3 AGG Rn. 34 und 36; *v. Steinau-Steinrück/Schneider*, in: B/D/D/H, Gesamtes Arbeitsrecht, § 3 AGG Rn. 22; *Thüsing*, in: MüKo BGB, Band 1, 9. Aufl. 2021, § 3 AGG Rn. 79; kritisch hinsichtlich des Vorsatzes ist dagegen *Braun*, in: D/H/S/W, Arbeitsrecht, 4. Aufl. 2017, § 3 AGG Rn. 27; differenzierend beim Vorsatz hingegen *Deinert*, in: Däubler/Bertzbach, NK-AGG, 4. Aufl. 2018, § 3 Rn. 115f.

1202 BT-Drs. 16/1780, S. 33; *Schnabel*, Diskriminierungsschutz ohne Grenzen?, S. 159; *Serr*, in: Staudinger AGG, 2020, § 3 Rn. 65.

1203 Einige Stimmen in der Literatur, wie z.B. *Schnabel*, Diskriminierungsschutz ohne Grenzen?, S. 160 und *Benecke*, NZA 2011, 481 (485), sprechen dem Maßregelungsverbot in § 16 Abs. 1 Satz 1 Alt. 2 AGG grundsätzlich keine eigenständige Bedeutung zu. So stuft *Schnabel* es als eine deklaratorische Vorschrift ein, da eine diskriminierende Weisung des Arbeitgebers bereits aufgrund von § 7 AGG unwirksam sei und der Arbeitgeber an eine Weigerung der Befolgung einer unwirksamen Weisung keine Nachteile knüpfen dürfe. *Benecke* sieht nur dann eine eigenständige Bedeutung des § 16 AGG gegeben, wenn auch rechtmäßige Benachteiligungen einbezogen werden.

1204 *Adomeit/Mohr*, AGG, 2. Aufl. 2011, § 16 Rn. 20. Nach den beiden geht es hingegen bei § 16 Abs. 1 Satz 1 Alt. 1 AGG um den Schutz des Opfers der Benachteiligung (Rn. 12ff.).

1205 Vgl. zum Maßregelungsverbot des § 612a BGB *Preis*, in: A/P/S, Kündigungsrecht, 6. Aufl. 2021, 1. Teil Kapitel J Rn. 42ff.

1206 *Berg*, in: D/H/S/W, Arbeitsrecht, 4. Aufl. 2017, § 16 AGG Rn. 1; *Schnabel*, Diskriminierungsschutz ohne Grenzen?, S. 160; *Horcher*, in: Hau/Poseck, BeckOK BGB, 59. Ed., Stand: 01.08.2021, § 16 AGG Rn. 1; *Deinert*, in: Däubler/Bertzbach,

specialis dem § 612a BGB vor.[1207] Mit der Vorschrift soll ein Schutz vor einer sog. Viktimisierung geschaffen werden.[1208]

2. *Assoziierte Anweisung*

Ob auch bei der Diskriminierungsform der Anweisung zur Benachteiligung Fälle einer assoziierten Diskriminierung denkbar sind, ist fraglich.

Sowohl die europäischen als auch die nationalen Gerichte haben sich bisher nicht mit dieser Fragestellung befassen müssen.

In der Literatur gibt es kaum Stellungnahmen zu diesem Problem.

a) *Anweisung kein Fall der assoziierten Diskriminierung*

Eine der wenigen Stimmen in der Literatur, die sich mit der assoziierten Anweisung befasst hat, ist *Adomeit*. Nach ihm stellen eine Anweisung zur Benachteiligung und eine assoziierte Diskriminierung völlig verschiedene Fallkonstellationen dar.[1209] Die Anweisung zur Benachteiligung nach § 3 Abs. 5 AGG verlagere den Diskriminierungsschutz nach vorne, was auch die Rechtsprechung des EuGH im Fall Feryn[1210] zeige.[1211] Dort habe der EuGH verdeutlicht, dass auch eine „öffentliche Ankündigung einer Diskriminierung ohne konkret-individuelle Benachteiligung“ verboten sei.[1212] Bei einer assoziierten

---

NK-AGG, 4. Aufl. 2018, § 16 Rn. 1 und 8; ähnlich *Euler/Schneider*, in: B/D/D/H, Gesamtes Arbeitsrecht, § 16 AGG Rn. 1.

1207 *Schlachter*, in: ErfK, 21. Aufl. 2021, § 16 AGG Rn. 1; *Deinert*, in: Däubler/Bertzbach, NK-AGG, 4. Aufl. 2018, § 16 Rn. 1; *Adomeit/Mohr*, AGG, 2. Aufl. 2011, § 16 Rn. 10.

1208 *Schnabel*, Diskriminierungsschutz ohne Grenzen?, S. 161; *Horcher*, in: Hau/Poseck, BeckOK BGB, 59. Ed., Stand: 01.08.2021, § 16 AGG Rn. 1; ähnlich *Adomeit/Mohr*, AGG, 2. Aufl. 2011, § 16 Rn. 1; siehe auch zum Begriff der „sekundären Viktimisierung“ *Benecke*, NZA 2011, 481 (484).

1209 *Adomeit/Mohr*, AGG, 2. Aufl. 2011, § 3 Rn. 257.

1210 EuGH, Urt. v. 10.07.2008 – C-54/07, Feryn, NZA 2008, 929ff. In der Rechtssache Feryn ging es um eine öffentliche Äußerung eines belgischen Unternehmens namens Feryn NV (i.F. „Feryn“), welches auf den Verkauf und Einbau von Schwing- und Sektionaltoren spezialisiert ist. In dieser Äußerung teilte Feryn mit, dass er Arbeitnehmer einer bestimmten ethnischen Herkunft oder Rasse nicht einstelle, da seine Kunden Bedenken hätten, den Monteuren mit fremder Herkunft Zugang zu ihren privaten Wohnungen zu gewähren (sog. „Hypothetische Diskriminierung“). Vgl. zu dieser Konstellation auch *Schnabel*, Diskriminierungsschutz ohne Grenzen?, S. 341ff.

1211 *Adomeit/Mohr*, AGG, 2. Aufl. 2011, § 3 Rn. 257; siehe auch die erwähnte Entscheidung des EuGH, Urt. v. 10.07.2008 – C-54/07, Feryn, NZA 2008, 929ff.

1212 *Adomeit/Mohr*, AGG, 2. Aufl. 2011, § 3 Rn. 257.

Diskriminierung wie im Fall Coleman habe der EuGH hingegen den personellen Anwendungsbereich des AGG erweitert, da festgestellt wurde, dass eine Anspruchsberechtigung keine Personenidentität zwischen Benachteiligtem und Merkmalsträger voraussetze.[1213] Deshalb handle es sich bei den beiden Fällen um völlig verschiedene Konstellationen.

b) Anweisung als Sonderfall/Unterfall der assoziierten Diskriminierung

Däubler hingegen ist der Auffassung, dass die Anweisung zur Benachteiligung ein Sonderfall der assoziierten Diskriminierung sei.[1214] So liege eine nicht gerechtfertigte Benachteiligung vor, wenn der Angewiesene der diskriminierenden Weisung nicht nachkomme und deshalb selbst benachteiligt werde.[1215] Ähnlich wie *Däubler* argumentiert auch *Waddington* in Rahmen ihrer Ausführungen zu den europäischen Antidiskriminierungsrichtlinien: So führt sie als Beispiel an, dass ein Arbeitgeber einer Arbeitnehmerin deshalb kündigt, weil sie der Weisung, keine Muslime auf das Firmengelände bzw. in das Firmengebäude zu lassen, nicht nachkommt.[1216] In diesem Beispiel werde die Arbeitnehmerin durch eine assoziierte Diskriminierung benachteiligt, weil sie wegen der Religion einer anderen Person, nämlich der betroffenen Muslime, und nicht wegen ihrer eigenen Religion benachteiligt werde.[1217] Insbesondere sei das Verbot der Anweisung zur Diskriminierung vom Wortlaut her so weit gefasst, dass auch die Fälle der assoziierten Diskriminierung darunter gefasst werden könnten.[1218] Zu dieser Meinungsgruppe ist auch *Schnabel* einzuordnen. Sie vertritt die Auffassung, dass die Fälle der Anweisung zu einer Benachteiligung gem. § 3 Abs. 5 AGG „eine Facette“ der assoziierten Diskriminierung seien.[1219] Als Beispiel

---

1213 *Adomeit/Mohr*, AGG, 2. Aufl. 2011, § 3 Rn. 257.

1214 *Däubler*, in: Däubler/Bertzbach, NK-AGG, 4. Aufl. 2018, § 1 Rn. 112; auch *Honeyball*, Web JCLI 2007, Iss. 4, fasst Anweisungsfälle unter den Begriff der assoziierten Diskriminierung.

1215 *Däubler*, in: Däubler/Bertzbach, NK-AGG, 4. Aufl. 2018, § 1 Rn. 112.

1216 Vgl. für das Beispiel *Waddington*, Europäische Zeitschrift zum Antidiskriminierungsrecht, Ausgabe 5, Juli 2007, S. 13 (14).

1217 Siehe Fn. 14 bei *Waddington*, Europäische Zeitschrift zum Antidiskriminierungsrecht, Ausgabe 5, Juli 2007, S. 13 (14).

1218 *Waddington*, Europäische Zeitschrift zum Antidiskriminierungsrecht, Ausgabe 5, Juli 2007, S. 13 (15f.).

1219 *Schnabel*, Diskriminierungsschutz ohne Grenzen?, S. 331. Sie befasst sich zudem mit der „Doppelten Diskriminierung“, in der eine Anweisung zur Diskriminierung und eine assoziierte Diskriminierung zusammenfallen, vgl. S. 309ff.

führt sie an, dass der Arbeitgeber einen Arbeitnehmer anweist, Personen mit einer bestimmten ethnischen Herkunft nicht zu bedienen und den Angewiesenen durch eine Abmahnung oder Kündigung benachteiligt, weil er dieser Weisung nicht nachkommt.[1220] Dieses Verhalten stelle eine Maßregelung des Arbeitnehmers für das Nichtbefolgen der diskriminierten Weisung nach § 16 Abs. 1 Satz 1 Alt. 2 AGG dar.[1221] Genau dieses Maßregelungsverbot bezeichnet *Schnabel* als eine „Erscheinungsform" bzw. als einen „Unterfall" der assoziierten Diskriminierung.[1222]

c) Stellungnahme

Zwar liegt bei einer Anweisung zu einer Benachteiligung genauso wie bei einer assoziierten Diskriminierung ein Drei-Personen-Verhältnis vor und auch der Wortlaut des § 3 Abs. 5 AGG („aus einem in § 1 genannten Grund") sowie des Art. 2 Abs. 4 der RL 2000/78/EG („wegen eines der Gründe nach Artikel 1"), Art. 2 Abs. 2 lit. b der RL 2006/54/EG („aufgrund des Geschlechts") und Art. 2 Abs. 4 der RL 2000/43/EG („aus Gründen der Rasse oder der ethnischen Herkunft") sind weit formuliert, sodass die assoziierte Diskriminierung im Rahmen der Anweisungsfälle erfasst sein kann.

Jedoch unterscheiden sich die Fälle der Anweisung zur Benachteiligung und der assoziierten Diskriminierung stark voneinander. So wird bei einer Anweisung zur Benachteiligung der Angewiesene bei Nichtbefolgung der diskriminierenden Weisung nicht mit dem Merkmal assoziiert und wegen seiner Verbindung zu einem Merkmalsträger benachteiligt, sondern weil er einer Weisung seines Arbeitgebers oder Vorgesetzten nicht nachgekommen ist. Aus diesem Grund stellt die Anweisung zur Benachteiligung und deshalb auch das in § 16 Abs. 1 Satz 1 Alt. 2 AGG geregelte Maßregelungsverbot eben keinen Unterfall der assoziierten Diskriminierung dar. Im Rahmen einer assoziierten Diskriminierung müssen bei integritätsschützender Deutung des Antidiskriminierungsrechts der Nicht-Merkmalsträger und Merkmalsträger in einem besonderen Näheverhältnis stehen, damit der Nicht-Merkmalsträger das fremde Merkmal als eigenes empfinden und dadurch auch in seinem Persönlichkeitsrecht verletzt sein kann.[1223] Bei einer Anweisung zur Benachteiligung muss der

1220 *Schnabel*, Diskriminierungsschutz ohne Grenzen?, S. 331.
1221 *Schnabel*, Diskriminierungsschutz ohne Grenzen?, S. 331.
1222 *Schnabel*, Diskriminierungsschutz ohne Grenzen?, S. 331ff.
1223 Siehe hierzu 4. Kap. A.; *Bader*, Arbeitsrechtlicher Diskriminierungsschutz als Privatrecht, S. 272.

Angewiesene jedoch das fremde Merkmal nicht als sein eigenes empfinden, um unter den Schutzbereich des AGG zu gelangen. Der Angewiesene wird nämlich bereits durch die rechtswidrige Anweisung in seinem Beschäftigungsverhältnis als „Werkzeug" für eine rechtswidrige Benachteiligung eingesetzt und erleidet dadurch eine Persönlichkeitsrechtsverletzung und Herabwürdigung. Dafür ist es letztendlich unerheblich, ob der Angewiesene sich zu den Merkmalsträgern, die er benachteiligen soll, besonders verbunden fühlt oder nicht. Es fehlt demnach in den Anweisungsfällen regelmäßig an einem Näheverhältnis zwischen dem Angewiesenen und dem Merkmalsträger. Genau dies wäre aber nach der hier vertretenen Ansicht eine Voraussetzung für einen Anspruch aufgrund einer assoziierten Diskriminierung, da erst durch das besondere Näheverhältnis das fremde Merkmal als eigenes empfunden wird und eine Persönlichkeitsrechtsverletzung eintritt.[1224] Bei einer assoziierten Diskriminierung wird der Nicht-Merkmalsträger somit als „Repräsentant"[1225] des Merkmalsträgers betrachtet, bei der Anweisung zu einer Benachteiligung hingegen wie ein „Werkzeug" des benachteiligenden Arbeitgebers. Dieser signifikante Unterschied spricht folglich gegen eine pauschale Einordnung der Anweisungsfälle und des § 16 Abs. 1 Satz 1 Alt. 2 AGG als Unterfall der assoziierten Diskriminierung.[1226]

Ferner liegt *Adomeit*[1227] mit seinen Ausführungen richtig, wenn er auf den unterschiedlichen Zeitpunkt abstellt. Bei der Anweisung zu einer Benachteiligung und der darauffolgenden Maßregelung stellt erst die Maßregelung aus der Sicht des Angewiesenen für ihn eine Benachteiligung dar. Demnach ist nicht die Anweisung bereits eine Benachteiligung für den Angewiesenen, sondern erst die nach dessen Nichtbefolgung eintretende Maßregelung. Bei der assoziierten Diskriminierung geht es jedoch darum, dass der Arbeitnehmer bereits deshalb benachteiligt wird, weil er mit einem Merkmalsträger in einem Näheverhältnis steht. Erst durch diese Konstruktion wird dem Arbeitnehmer eine Anspruchsberechtigung eingeräumt. Es ist somit nicht richtig, das Maßregelungsverbot als einen „Unterfall" oder eine „Erscheinungsform" der assoziierten

---

1224 Vgl. hierzu 4. Kap.

1225 Das ist typisch für eine assoziierte Diskriminierung. Ebenfalls *Bader*, Arbeitsrechtlicher Diskriminierungsschutz als Privatrecht, S. 271.

1226 *Schnabels* Ansicht verwundert jedoch nicht, da sie anders als die hier vertretene Ansicht davon ausgeht, dass eine assoziierte Diskriminierung kein besonderes Näheverhältnis voraussetzt, vgl. *Schnabel*, Diskriminierungsschutz ohne Grenzen?, S. 299ff.

1227 *Adomeit/Mohr*, AGG, 2. Aufl. 2011, § 3 Rn. 257.

Diskriminierung zu bezeichnen.[1228] Bei der assoziierten Diskriminierung wird vielmehr der personelle Schutzbereich des AGG erweitert.[1229]

Eine im Rahmen dieses Problems interessante Entscheidung des EuGH stellt der Fall Hakelbracht vom 20.06.2019[1230] dar. Hier ging es um eine unzulässige Maßregelung einer Arbeitnehmerin, die eine abgelehnte schwangere Bewerberin als Zeugin unterstützte. Der Sachverhalt[1231] sah wie folgt aus: Frau Vandenbon leitete eines der Bekleidungsgeschäfte der WTG Retail BVBA und führte mit Frau Hakelbracht ein Bewerbungsgespräch für eine Stelle als Verkäuferin und erfuhr in diesem Gespräch, dass Frau Hakelbracht im dritten Monat schwanger war. Frau Vandenbon schlug der WTG Retail BVBA Frau Hakelbracht als geeignete Bewerberin vor. Die Personalverantwortliche lehnte jedoch die Einstellung Frau Hakelbrachts wegen der Schwangerschaft ab. Daraufhin teilte Frau Vandenbon Frau Hakelbracht mit, dass sie wegen ihrer Schwangerschaft nicht eingestellt werde. Frau Hakelbracht beschwerte sich anschließend bei der WTG Retail BVBA und reichte Beschwerde bei einem Institut für die Gleichheit von Frauen und Männern ein. Die WTG Retail BVBA gab Frau Vandenbon die Schuld dafür, dass Frau Hakelbracht eine Beschwerde eingereicht habe. Einige Monate nach diesem Vorfall beendete die WTG Retail BVBA das Arbeitsverhältnis mit Frau Vandenbon. Sowohl Frau Vandenbon als auch Frau Hakelbracht klagten gegen die WTG Retail BVBA vor dem Arbeitsgericht Antwerpen. Frau Hakelbracht wurde eine Entschädigung wegen einer unmittelbaren Diskriminierung aufgrund ihres Geschlechts zugesprochen. In der Vorlagefrage des Arbeitsgerichts Antwerpen geht es nur noch um Frau Vandenbon und um die belgische Vorschrift zum Schutz vor Viktimisierung. Diese Vorschrift sieht nur einen Schutz für offizielle Zeugen vor, die in einem unterzeichneten und datierten Dokument über das Geschehen berichten oder als Zeugen vor Gericht aufgetreten sind. Das vorlegende Gericht stellt dem EuGH in seiner Vorlage die Frage, ob Art. 24 der RL 2006/54/EG solch einem Formerfordernis entgegenstehe.

Der EuGH stellt in seinen Entscheidungsgründen klar, dass Art. 24 der RL 2006/54/EG weit auszulegen sei und sowohl formelle als auch informelle

1228 So aber *Schnabel*, Diskriminierungsschutz ohne Grenzen?, S. 331ff.

1229 Ebenfalls *Adomeit/Mohr*, AGG, 2. Aufl. 2011, § 3 Rn. 257.

1230 EuGH, Urt. v. 20.06.2019 – C-404/18, Hakelbracht, NZA 2019, 1041ff.; siehe auch für eine Besprechung der Entscheidung *Herbst*, EuZA 2020, 78ff. sowie *Bussmann-Welsch*, AuR 2020, 31ff.

1231 Vgl. für den Sachverhalt EuGH, Urt. v. 20.06.2019 – C-404/18, Hakelbracht, NZA 2019, 1041.

Unterstützungen des Arbeitnehmers umfasse.[1232] Der Gerichtshof führt hierzu Folgendes aus:

> „In vergleichbarer Weise wäre die von der Richtlinie 2006/54 geforderte Wirksamkeit des Schutzes gegen die Diskriminierung aufgrund des Geschlechts nicht gewährleistet, wenn diese die Maßnahmen, die ein Arbeitgeber gegen Arbeitnehmer ergreifen könnte, die die geschützte Person formell oder informell verteidigt oder zu deren Gunsten ausgesagt haben, nicht erfassen würde. Diese Arbeitnehmer, die sich in einer idealen Position befinden, um diese Person zu unterstützen und Kenntnis von Fällen der Diskriminierung durch ihren Arbeitgeber zu erlangen, könnten nämlich dann aus Angst davor, dass sie nicht geschützt sind, wenn sie bestimmte Formerfordernisse wie die im Ausgangsverfahren in Rede stehenden nicht einhalten, davon abgehalten werden, zugunsten dieser Person aufzutreten, was die Verwirklichung des mit der Richtlinie 2006/54 verfolgten Zieles stark gefährden könnte, indem die Wahrscheinlichkeit, dass Fälle der Diskriminierung aufgrund des Geschlechts erkannt und behoben werden, verringert wird.
> Demnach ist Art. 24 der Richtlinie 2006/54 dahin auszulegen, dass die Arbeitnehmer, auf die sich dieser Artikel bezieht und bei denen es sich nicht um die Person handelt, die aufgrund des Geschlechts diskriminiert wurde, geschützt werden müssen, soweit sie von ihrem Arbeitgeber wegen der Unterstützung, die sie formell oder informell der Person, die auf diese Art diskriminiert wurde, entgegengebracht haben, benachteiligt werden können."[1233]

Folglich verdeutlicht der EuGH in seinen Entscheidungsgründen, dass in dieser Drei-Personen-Konstellation der den Benachteiligten unterstützende Arbeitnehmer eben nicht auch „aufgrund des Geschlechts" benachteiligt wird und damit nicht vom Arbeitgeber als Repräsentant des Merkmalsträgers betrachtet wird, sondern der eigentliche Grund für die Benachteiligung dessen Unterstützungshandlung ist. Das ist jedoch eine völlig andere Konstellation als die assoziierte Diskriminierung. Zwar stellt die vorliegende Entscheidung keinen Fall des Maßregelungsverbots nach § 16 Abs. 1 Satz 1 Alt. 2 AGG dar, jedoch einen Fall des Maßregelungsverbots nach § 16 Abs.1 Satz 2 AGG, wonach auch Personen, die den Benachteiligten unterstützen oder als Zeuge aussagen, durch das Maßregelungsverbot geschützt werden. Dies ändert jedoch nichts am Ergebnis, weil sowohl in den Fällen des § 16 Abs. 1 Satz 1 Alt. 2 AGG als auch des § 16 Abs. 1 Satz 2 AGG der Arbeitgeber den Arbeitnehmer deshalb benachteiligt, weil er entweder einer Weisung nicht nachgekommen ist oder den Benachteiligten unterstützt. In beiden Fällen ist Grund der Benachteiligung die Handlung

1232 EuGH, Urt. v. 20.06.2019 – C-404/18, Hakelbracht, NZA 2019, 1041f.
1233 EuGH, Urt. v. 20.06.2019 – C-404/18, Hakelbracht, NZA 2019, 1042f.

bzw. Nichthandlung des Arbeitnehmers, aber nicht dessen Näheverhältnis zum Merkmalsträger. Es handelt sich demnach bei den Anweisungsfällen und dem Maßregelungsverbot um keine Assoziierung mit dem Merkmalsträger, sondern vielmehr um eine Solidarisierung mit dem Merkmalsträger.

3. Zwischenergebnis

Im Ergebnis ist die assoziierte Diskriminierung somit weder von der Anweisung zur Benachteiligung nach § 3 Abs. 5 AGG noch von dem Maßregelungsverbot des § 16 Abs. 1 AGG erfasst.

V. Ergebnis

Es lässt sich letztlich festhalten, dass die assoziierte Diskriminierung von den Diskriminierungsformen der unmittelbaren und mittelbaren Benachteiligung sowie der Belästigung erfasst ist, jedoch im Rahmen der sexuellen Belästigung und Anweisung zu einer Benachteiligung diese Konstellation ausscheidet.

C. Schutz vor assoziierten Diskriminierungen außerhalb des AGG

Im Rahmen der Reichweite der assoziierten Diskriminierung stellt sich ferner die Frage, ob ein Schutz vor assoziierten Diskriminierungen auch außerhalb des Anwendungsbereichs des AGG in Betracht kommt.

I. Sozialversicherungsrecht

In der Literatur wird teilweise vertreten, dass das Verbot vor assoziierten Diskriminierungen ebenfalls für Sozialversicherungsträger nach § 19a SGB IV oder § 33c SGB I gelte, da die Vorschriften der Umsetzung der Antidiskriminierungsrichtlinien dienten.[1234]

Nach § 19a Satz 1 SGB IV darf niemand aus Gründen der Rasse oder wegen der ethnischen Herkunft, des Geschlechts, der Religion oder Weltanschauung, einer Behinderung, des Alters oder der sexuellen Identität im Rahmen der Inanspruchnahme von Leistungen, die den Zugang zu allen Formen und allen Ebenen der Berufsberatung, der Berufsbildung, der beruflichen Weiterbildung, der Umschulung einschließlich der praktischen Berufserfahrung betreffen, benachteiligt werden.

1234 *Nebe*, DVfR, Forum A, Diskussionsbeitrag Nr. 1/2011, S. 1 (5).

§ 33c Satz 1 SGB I regelt dagegen, dass niemand bei der Inanspruchnahme sozialer Rechte aus Gründen der Rasse, wegen der ethnischen Herkunft oder einer Behinderung benachteiligt werden darf.

Grundsätzlich sind auch andere Normen außerhalb des AGG, die zur Umsetzung der Antidiskriminierungsrichtlinien dienen, europarechtskonform auszulegen. Der Wortlaut des § 19a Satz 1 SGB IV und des § 33c Satz 1 SGB I ist so weit gefasst, dass auch assoziierte Diskriminierungen hierunter subsumiert werden können. Ein konkreter Personenbezug muss nicht vorliegen. Ausreichend ist somit, dass jemand wegen eines Differenzierungsmerkmals, das bei einem nahestehenden Dritten vorliegen kann, bei der Inanspruchnahme von Leistungen oder sozialer Rechte benachteiligt wird.

II. Teilzeit- und Befristungsgesetz sowie Pflegezeitgesetz

Wocken vertritt zudem die Ansicht, dass die Rechtsprechung des EuGH zur assoziierten Diskriminierung im Fall Coleman auch bei der Anwendung des TzBfG und PflegeZG und bei der Auslegung der dort enthaltenen unbestimmten Rechtsbegriffe (wie z.B. „betriebliche Gründe“) zu beachten sei.[1235] Sie betrachtet zunächst die im deutschen Recht bestehenden Regelungen für flexible Arbeitszeitgestaltung für Arbeitnehmer, die sich um die Pflege eines behinderten Angehörigen kümmern.[1236] Hierbei geht sie auf das TzBfG und PflegeZG und den dort enthaltenden Möglichkeiten zur Verringerung der Arbeitszeit ein.

Nach § 8 Abs. 4 Satz 1 TzBfG hat der Arbeitgeber der Verringerung der Arbeitszeit zuzustimmen und ihre Verteilung entsprechend den Wünschen des Arbeitnehmers festzulegen, soweit betriebliche Gründe nicht entgegenstehen.

Gemäß § 3 Abs. 4 Satz 2 PflegeZG hat der Arbeitgeber im Rahmen einer teilweisen Freistellung von der Arbeitspflicht bei der Verringerung und Verteilung der Arbeitszeit den Wünschen der Beschäftigten zu entsprechen, es sei denn, dass dringende betriebliche Gründe entgegenstehen.

Wocken meint, dass nunmehr die Wertungen des EuGH auch im Rahmen der Auslegung des Begriffs „betriebliche Gründe“ zu berücksichtigen seien.[1237] Somit stünden das TzBfG und das PflegeZG im Zusammenspiel mit dem AGG einer Ungleichbehandlung eines Arbeitnehmers mit einem pflegebedürftigen Angehörigen entgegen.[1238]

1235 *Wocken*, Sozialrecht aktuell 2009, 12f.
1236 *Wocken*, Sozialrecht aktuell 2009, 12f.
1237 *Wocken*, Sozialrecht aktuell 2009, 12f.
1238 *Wocken*, Sozialrecht aktuell 2009, 13.

Auch diesen Ausführungen ist zuzustimmen. Die Normen im TzBfG und PflegeZG dürfen nicht den europäischen Richtlinien widersprechen und müssen ebenfalls europarechtskonform ausgelegt werden. Ein Arbeitgeber hat somit bei der Verteilung und Verringerung der Arbeitszeit eines Arbeitnehmers aufgrund der Pflege eines behinderten Angehörigen die Vorschriften des AGG zu beachten und darf nicht den Arbeitnehmer bei Anwendung der Vorschriften benachteiligen.

III. Ergebnis

Die dargestellten Beispiele verdeutlichen, dass der Schutz vor assoziierten Diskriminierungen auch in anderen Gesetzen und bei der Auslegung unbestimmter Rechtsbegriffe zu beachten ist.

D. Fazit

Die Untersuchung hat gezeigt, dass die Reichweite des Schutzes vor assoziierten Diskriminierungen umfassend ist.

Zunächst wurde die Reichweite der assoziierten Diskriminierung im Hinblick auf die verschiedenen Differenzierungsmerkmale erörtert. Hierbei konnte festgestellt werden, dass der Schutz vor assoziierten Diskriminierungen alle verbotenen Differenzierungsmerkmale des § 1 AGG umfasst. Dieses Ergebnis lässt sich zum einen mit dem Wortlaut des AGG und dem Zweck des Gesetzes, nämlich vor Persönlichkeitsrechtsverletzungen zu schützen, begründen. Zum anderen spricht auch der Wille des Gesetzgebers, einen umfassenden Schutz vor diesen Diskriminierungen zu ermöglichen, hierfür.

Im Anschluss wurde die Reichweite der assoziierten Diskriminierung in Bezug auf die verschiedenen Diskriminierungsformen beleuchtet. Dabei wurde festgestellt, dass ein Schutz vor assoziierten Diskriminierungen im Rahmen der unmittelbaren und mittelbaren Benachteiligung sowie der Belästigung gegeben ist. Für die sexuelle Belästigung und die Anweisung zur Benachteiligung scheidet hingegen ein Rückgriff auf die Fallgruppe der assoziierten Diskriminierung aus.

Zuletzt wurde die Reichweite des Schutzes vor assoziierten Diskriminierungen außerhalb des AGG untersucht. Das Ergebnis der Untersuchung hat gezeigt, dass die Fallgruppe der assoziierten Diskriminierung auch außerhalb des AGG im Rahmen der Auslegung unbestimmter Rechtsbegriffe sowie bei Anwendung anderer Rechtsvorschriften wie z.B. bei § 19a SGB IV oder § 33c SGB I zu beachten ist.

6. Kapitel Gesetzesänderungsvorschlag

Angesichts der in der Arbeit dargestellten rechtlichen Probleme, die im Zusammenhang mit der Fallgruppe der assoziierten Diskriminierung auftreten, liegt es nahe, eine Gesetzesänderung vorzunehmen. Dadurch könnte im Umgang mit einer assoziierten Diskriminierung mehr Rechtssicherheit in der Praxis gewährleistet werden. Hierfür könnte ein Blick auf eine andere europäische Rechtsordnung behilflich sein, die im Umgang mit der assoziierten Diskriminierung bereits vertrauter ist. Exemplarisch für ein europäisches Antidiskriminierungsgesetz mit einer integrierten Regelung zur assoziierten Diskriminierung kann hier das Österreichische Gleichbehandlungsgesetz (GlBG)[1239] genannt werden. Im Gegensatz zum AGG wurde im Vorfeld zum GlBG jedoch nicht intensiv über dessen dogmatische Einordnung diskutiert.[1240] Ob das GlBG wie das AGG auch eine integritätsschützende Zielrichtung verfolgt, ist für die Heranziehung des GlBG als Inspiration für eine Gesetzesänderung nicht von Bedeutung. Die Arbeit hat nämlich gezeigt, dass grundsätzlich der Schutz vor assoziierten Diskriminierungen mit der Zielrichtung des AGG vereinbar ist und deshalb ein solcher Schutz in den Anwendungsbereich des AGG aufgenommen werden sollte. Das GlBG stellt ein interessantes Beispiel dar, weil es als europäisches Antidiskriminierungsgesetz an mehreren Stellen die Benachteiligung aufgrund eines Näheverhältnisses regelt.

A. Das Österreichische Gleichbehandlungsgesetz (GlBG)

Der Gesetzgeber in Österreich entschied sich nach der Coleman-Entscheidung des EuGH[1241], die assoziierte Diskriminierung in das GlBG aufzunehmen, um insbesondere die Richtlinien der Europäischen Union sowie die Rechtsprechung des EuGH umzusetzen.[1242] Mit dieser Gesetzesänderung soll klargestellt werden,

1239 Bundesgesetz über die Gleichbehandlung (Gleichbehandlungsgesetz - GlBG) vom 23.06.2004, Österreichisches BGBl. I Nr. 66/2004. Vgl. zum GlBG auch *Heimann*, Diskriminierung aufgrund eines Näheverhältnisses, Humboldt Law Clinic, Blogbeitrag vom 04.02.2016.

1240 *Rebhan*, ZfA 2006, 347 (348f.).

1241 EuGH, Urt. v. 17.07.2008 – C-303/06, Coleman, NZA 2008, 932ff.

1242 Siehe für die Erläuterungen zum GlBG die Regierungsvorlage Nr. 938 der Beilagen XXIV.GP, S. 5f., https://www.parlament.gv.at/PAKT/VHG/XXIV/I/I_00938/fname_197155.pdf (letzter Abruf: 09.09.2021). Bereits vor der Gesetzesänderung waren für eine Einbeziehung der assoziierten Diskriminierung in den Anwendungsbereich

dass auch Personen vom Schutzbereich des GlBG erfasst sind, die selbst zwar kein Differenzierungsmerkmal aufweisen, aber aufgrund ihres Näheverhältnisses zu einem Merkmalsträger eine Ungleichbehandlung erfahren.[1243]

Aufgrund der etwas unterschiedlichen Struktur des GlBG zum deutschen AGG ist im GlBG an zehn verschiedenen Stellen die assoziierte Diskriminierung geregelt.

I. Gleichbehandlung in der Arbeitswelt

Im ersten Teil des Gesetzes, in dem die Gleichbehandlung von Frauen und Männern in der Arbeitswelt geregelt ist, sind an drei Stellen Regelungen zur assoziierten Diskriminierung aufgrund des Geschlechts zu finden. So heißt es in § 5 Abs. 4 GlBG: „Eine Diskriminierung liegt auch vor, wenn eine Person auf Grund ihres Naheverhältnisses zu einer Person wegen deren Geschlechts diskriminiert wird." § 6 Abs. 4 GlBG regelt für die sexuelle Belästigung Folgendes: „Eine Diskriminierung liegt auch vor, wenn eine Person auf Grund ihres Naheverhältnisses zu einer Person wegen deren Geschlechts sexuell belästigt wird." In § 7 Abs. 4 GlBG ist für den Fall der Belästigung ferner Folgendes geregelt: „Eine Diskriminierung liegt auch vor, wenn eine Person auf Grund ihres Naheverhältnisses zu einer Person wegen deren Geschlechts belästigt wird."

Der Zweite Teil des Gesetzes regelt hingegen die Gleichbehandlung von Beschäftigten hinsichtlich der ethnischen Zugehörigkeit, der Religion oder Weltanschauung, des Alters oder der sexuellen Orientierung. So lautet § 19 Abs. 4 GlBG wie folgt: „Eine Diskriminierung liegt auch vor, wenn eine Person auf Grund ihres Naheverhältnisses zu einer Person wegen deren ethnischer Zugehörigkeit, deren Religion oder Weltanschauung, deren Alters oder deren sexueller Orientierung diskriminiert wird." § 21 Abs. 4 GlBG hingegen regelt für die Belästigung Folgendes: „Eine Diskriminierung liegt auch vor, wenn eine Person auf Grund ihres Naheverhältnisses zu einer Person wegen deren ethnischer Zugehörigkeit, deren Religion oder Weltanschauung, deren Alters oder deren sexueller Orientierung belästigt wird."

Das GlBG hat zudem speziell für das Arbeitsleben in der Land- und Forstwirtschaft Grundsätze für die Regelung der Gleichbehandlung aufgestellt und

---

des GlBG *Hopf/Mayr/Eichinger*, GlBG, § 17 GlBG Rn. 9 und 104, § 21 GlBG Rn. 10 sowie § 34 GlBG Rn. 8f.

1243 Vgl. für die Erläuterungen zum GlBG die Regierungsvorlage Nr. 938 der Beilagen XXIV.GP, S. 6., https://www.parlament.gv.at/PAKT/VHG/XXIV/I/I_00938/fname_197155.pdf (letzter Abruf: 09.09.2021).

in den §§ 44 Abs. 4, 46 Abs. 4 und 47 Abs. 4 GlBG drei Fälle assoziierter Diskriminierungen geregelt. Nach diesen Vorschriften ist eine Diskrimininierung oder (sexuelle) Belästigung einer „Person auf Grund ihres Naheverhältnisses zu einer Person wegen deren Geschlechts, deren ethnischer Zugehörigkeit, deren Religion oder Weltanschauung, deren Alters oder deren sexuellen Orientierung verboten".

II. Gleichbehandlung in sonstigen Bereichen

Teil 3 des Gesetzes enthält Regelungen zur Gleichbehandlung wegen des Geschlechts oder der ethnischen Zugehörigkeit in sonstigen Bereichen. Dort heißt es in § 32 Abs. 4 GlBG: „Eine Diskriminierung liegt auch vor, wenn eine Person auf Grund ihres Naheverhältnisses zu einer Person wegen deren Geschlechts oder deren ethnischer Zugehörigkeit diskriminiert wird." § 35 Abs. 3 GlBG lautet wie folgt: „Eine Diskriminierung liegt auch vor, wenn eine Person auf Grund ihres Naheverhältnisses zu einer Person wegen deren Geschlechts oder wegen deren ethnischer Zugehörigkeit belästigt oder sexuell belästigt wird."

III. Stellungnahme

Die zehn Regelungen zur assoziierten Diskriminierung im GlBG sind vom Wortlaut fast identisch und unterscheiden sich lediglich in der Diskriminierungsform. So heißt es in allen Formulierungen: *„[…] wenn eine Person aufgrund ihres Naheverhältnisses zu einer Person wegen deren […] diskriminiert/belästigt/sexuell belästigt wird."*

Durch das GlBG wird hingegen nicht genau geklärt, wann ein berücksichtigungsfähiges Näheverhältnis vorliegt. Anhaltspunkte für eine Definition können hier – wie bereits im 4. Kapitel unter C. erwähnt – dem Urteil des Landesgerichts für Zivilrechtssachen Wien vom 10.12.2015, Az.: 36 R 292/15f entnommen werden.[1244] Eine „Diskriminierung durch Assoziation" komme typischerweise in einem Drei-Personen-Verhältnis vor, welches aus dem Diskriminierenden,

1244 LG für ZRS Wien, Urt. v. 10.12.2015 – 36 R 292/15f, https://www.klagsverband.at/klav/wp-content/uploads/2008/06/Urteil-ZRS36R292_15f_anonym.pdf (letzter Abruf: 09.09.2021). Siehe ebenfalls zu dieser Rechtssache die Ausführungen von *Heimann*, Diskriminierung aufgrund eines Näheverhältnisses, Humboldt Law Clinic, Blogbeitrag vom 04.02.2016.

Diskriminierten und dem Merkmalsträger bestehe.[1245] Weil eine Legaldefinition des Begriffs „Naheverhältnis" im GlBG fehlte, hat sich das Gericht bei der Auslegung an der Gesetzesbegründung orientiert und das Freundschaftsverhältnis der Freundesgruppe für ein Näheverhältnis genügen lassen.[1246] Dadurch waren auch die fünf Nicht-Merkmalsträger anspruchsberechtigt.

Das Urteil des Landesgerichts für Zivilrechtssachen Wien veranschaulicht, wie wichtig eine gesetzliche Regelung ist, um eine komplexe Fallgruppe wie die assoziierte Diskriminierung richtig erfassen zu können. Ebenfalls verdeutlichen die Entscheidungsgründe, dass auch einer Regierungsvorlage bei der Auslegung von einem unbestimmten Rechtsbegriff wie dem Näheverhältnis eine wesentliche Bedeutung zukommen kann.

Wie die Untersuchung gezeigt hat, sind insbesondere die Anspruchsberechtigung, das Näheverhältnis sowie die Reichweite der assoziierten Diskriminierung problematisch.[1247] Im Ergebnis ist die assoziierte Diskriminierung jedoch in den Schutzbereich des AGG aufzunehmen, weil auch diese Fallgruppe mit der integritätsschützenden Zielrichtung des AGG vereinbar ist.[1248] Der persönliche Schutzbereich des AGG ist demnach extensiv auszulegen, da auch Nicht-Merkmalsträger durch eine assoziierte Diskriminierung aufgrund der eigenen Persönlichkeitsrechtsverletzung anspruchsberechtigt sein können. Dieses Ergebnis könnte durch eine Gesetzesänderung für die Rechtspraxis klargestellt werden. In der Gesetzesänderung könnte jedoch auch die Reichweite der assoziierten Diskriminierung Berücksichtigung finden. Die Untersuchung hat nämlich ergeben, dass das Verbot der assoziierten Diskriminierung alle Differenzierungsmerkmale des § 1 AGG umfasst.[1249] Hinsichtlich der verschiedenen Diskriminierungsformen kann wiederrum verdeutlicht werden, dass nicht bei allen Diskriminierungsformen eine assoziierte Diskriminierung in Betracht kommt, sondern nur bei der unmittelbaren und mittelbaren Benachteiligung sowie bei der Belästigung.[1250] Hierdurch könnte der deutsche Gesetzgeber wie

---

1245 LG für ZRS Wien, Urt. v. 10.12.2015 – 36 R 292/15f, S. 3 https://www.klagsverband.at/klav/wp-content/uploads/2008/06/Urteil-ZRS36R292_15f_anonym.pdf (letzter Abruf: 09.09.2021).

1246 Siehe für die Erläuterungen zum GlBG die Regierungsvorlage Nr. 938 der Beilagen XXIV.GP, S. 6 https://www.parlament.gv.at/PAKT/VHG/XXIV/I/I_00938/fname_197155.pdf (letzter Abruf: 09.09.2021). Siehe hierzu auch ausführlich 4 Kap. C.

1247 Siehe hierzu 3., 4. und 5. Kap.

1248 Siehe hierzu 3. Kap. C. I.

1249 Siehe hierzu 5. Kap. A.

1250 Siehe hierzu 5. Kap. B.

bereits schon der österreichische Gesetzgeber die Rechtsprechung des EuGH umsetzen. Zudem könnte dem Diskriminierungsschutz durch eine Gesetzesänderung eine klare Grenze gesetzt und die Öffentlichkeit auch im Hinblick auf besondere Diskriminierungsarten sensibilisiert werden.[1251]

B. Formulierungsbeispiel für das AGG

Im Rahmen einer Gesetzenovelle könnte § 3 AGG geändert werden. § 3 AGG definiert als Vorschrift des allgemeinen Teils sowohl für den Beschäftigungsbereich als auch für den Zivilrechtsverkehr die verschiedenen Diskriminierungsformen. Deshalb müsste diese Vorschrift im Rahmen einer Gesetzesänderung angepasst werden.

§ 3 Abs. 1 AGG könnte um folgenden dritten Satz ergänzt werden:

> *Eine unmittelbare Benachteiligung liegt auch dann vor, wenn eine Person auf Grund ihres Näheverhältnisses zu einer Person, die einen in § 1 genannten Grund aufweist, eine ungünstigere Behandlung erfährt.*

§ 3 Abs. 2 AGG könnte um folgenden Satz erweitert werden:

> *Eine mittelbare Benachteiligung liegt auch dann vor, wenn eine Person auf Grund ihres Näheverhältnisses zu einer Person, die ein in § 1 genannten Grund aufweist, eine ungünstigere Behandlung erfährt.*

Zuletzt könnte § 3 Abs. 3 AGG um folgenden Satz ergänzt werden:

> *Eine Belästigung liegt auch dann vor, wenn eine Person auf Grund ihres Näheverhältnisses zu einer Person, die einen in § 1 genannten Grund aufweist, belästigt wird.*

In dem Gesetzesänderungsvorschlag wird somit deutlich, dass nur für die unmittelbare und mittelbare Benachteiligung sowie für die Belästigung eine assoziierte Diskriminierung in den Gesetzeswortlaut aufgenommen werden sollte, weil nur hier die Fallgruppe der assoziierten Diskriminierung vom Schutzumfang des AGG umfasst ist.[1252] Im Unterschied zum österreichischen GlBG ist im deutschen AGG eine assoziierte Diskriminierung in den Fällen einer sexuellen Belästigung nicht in den Gesetzestext des AGG aufzunehmen. Die sexuelle Belästigung erfasst – wie bereits erläutert – selbst Drei-Personen-Konstellationen, sodass die besondere Fallkonstellation der assoziierten Diskriminierung

---

1251 Ähnlich *Heimann*, Diskriminierung aufgrund eines Näheverhältnisses, Humboldt Law Clinic, Blogbeitrag vom 04.02.2016.

1252 Siehe dazu 3. Kap.

hier nicht für einen Anspruch aus dem AGG erforderlich ist.[1253] Bei der Anweisung zu einer Benachteiligung ist – wie ebenfalls bereits dargelegt wurde – die Fallgruppe der assoziierten Diskriminierung nicht erfasst, sodass auch hier eine Änderung des Gesetzeswortlauts nicht erforderlich ist.[1254]

Der Formulierungsvorschlag veranschaulicht zudem, dass für eine assoziierte Diskriminierung grundsätzlich ein Näheverhältnis erforderlich ist. Dass im Rahmen der assoziierten Diskriminierung wegen des integritätsschützenden Charakters des AGG nicht auf das Näheverhältnis verzichtet werden kann, wurde bereits erörtert.[1255] Allerdings sollte in der Gesetzesbegründung eine Konkretisierung des Begriffs „Näheverhältnis" erfolgen, damit die Rechtsprechung im Rahmen der Auslegung des unbestimmten Rechtsbegriffs die Definition des Gesetzgebers berücksichtigen kann.[1256] Wie eine mögliche Konkretisierung aussehen kann, wurde bereits im 4. Kapitel unter C. dargestellt.

C. Fazit

Festzuhalten bleibt, dass eine Gesetzesänderung des AGG sinnvoll und erforderlich ist, um im Umgang mit der Fallgruppe der assoziierten Diskriminierung mehr Rechtssicherheit für die Praxis zu schaffen. Als Inspiration kann dafür das österreichische GlBG herangezogen werden, wobei sich der Aufbau des GlBG sehr von dem des AGG unterscheidet. Unabhängig vom Aufbau des GlBG oder dessen dogmatischer Einordnung kann das GlBG als Formulierungsbeispiel dienen, weil es genauso wie das AGG die europäischen Antidiskriminierungsrichtlinien umsetzt. Der deutsche Gesetzgeber sollte wie bereits der österreichische Gesetzgeber eine Umsetzung der Rechtsprechung des EuGH vornehmen und den Wortlaut des § 3 Abs. 1 bis 3 AGG um die Fallgruppe der assoziierten Diskriminierung erweitern. Die Änderung würde die unmittelbare und mittelbare Benachteiligung sowie die Belästigung umfassen. Im Gegensatz zum österreichischen GlBG ist hingegen eine Änderung des Wortlauts des § 3 Abs. 4 bis 5 AGG nicht erforderlich, weil ein Rückgriff auf die Fallgruppe der assoziierten Diskriminierung bei der sexuellen Belästigung und Anweisung zur Benachteiligung ausscheidet.

1253 Dazu umfassend 5. Kap. B. III. 6.

1254 Siehe dazu 5. Kap. B. IV. 2.

1255 Siehe hierzu 4. Kap. A.

1256 Vgl. zum Näheverhältnis ausführlich auch 4. Kap.

Zusammenfassung der wichtigsten Erkenntnisse

Ziel der vorliegenden Dissertation war es, die rechtlichen Fragen im Rahmen der Fallgruppe der assoziierten Diskriminierung zu klären und dadurch Rechtsanwendern für die Zukunft den Umgang mit diesen Diskriminierungsfällen zu erleichtern. Um die zahlreichen Rechtsfragen lösen zu können, war zunächst eine Auseinandersetzung mit der Zielrichtung des Antidiskriminierungsschutzes erforderlich. Im Anschluss an die dogmatische Untersuchung beschäftigte sich die Dissertation insbesondere mit dem Problem der Anspruchsberechtigung, des Näheverhältnisses und der Reichweite der assoziierten Diskriminierung.

Die durch die Untersuchung gewonnenen Erkenntnisse können wie folgt zusammengefasst werden:

1. Die dogmatische Einordnung des AGG bereitet der Rechtsprechung und Literatur erhebliche Schwierigkeiten. Der Ursprung dieser dogmatischen Problematik liegt darin, dass das AGG das Verhältnis von Freiheit und Gleichheit betrifft und versucht, dieses Spannungsverhältnis zu lösen. Im Ergebnis ist das AGG jedoch dogmatisch unter das sog. Prinzip des Persönlichkeitsschutzes einzuordnen. Nach diesem Prinzip stellt das AGG eine Konkretisierung des Persönlichkeitsschutzes dar und soll vor integritätsverletzenden Benachteiligungen schützen.[1257] Für diese dogmatische Einordnung sprechen insbesondere folgende Argumente:
   a) Zum einen enthält das AGG keinen wie für öffentlich-rechtliche Gesetze typischen Bußgeldkatalog. Das spricht für den privatrechtlichen Charakter des AGG.[1258]
   b) Ferner verdeutlichen die Regelungen des AGG und die Gesetzesbegründung den integritätsschützenden Charakter des Gesetzes. Ziel des AGG ist es, vor Persönlichkeitsrechtsverletzungen und Würdeverletzungen aufgrund eines verpönten Differenzierungsmerkmals zu schützen, weil dem Benachteiligten im Rahmen einer Ungleichbehandlung aufgrund eines Differenzierungsmerkmals seine Gleichwertigkeit aberkannt wird.[1259]

1257 Siehe 1. Kap. A. I. und 1. Kap. B. IV.
1258 Siehe 1. Kap. B. IV.
1259 Siehe 1. Kap. B. IV.

c) Des Weiteren steht die dogmatische Einordnung des AGG unter das Prinzip des Persönlichkeitsschutzes nicht im Widerspruch mit der deutschen Privatrechtsordnung. Zwar kommt es durch die Privatautonomie regelmäßig zu selektiven Entscheidungen im Alltag, allerdings dürfen diese nicht in sittenwidriger Weise erfolgen oder gegen Rechte Dritter oder Verbotsgesetze verstoßen.[1260]
d) Auch der Verhältnismäßigkeitsgrundsatz wird durch das Prinzip des Persönlichkeitsschutzes gewahrt.[1261]

2. Für eine Anspruchsberechtigung nach dem AGG ist eine Rechtsverletzung in Form der Persönlichkeitsrechtsverletzung und das Vorhandensein einer Rechtszuweisungsnorm ausschlaggebend, weil das Recht auf Gleichbehandlung dem Schutz des Persönlichkeitsrechts dient. Demnach muss der Anspruchsberechtigte durch die assoziierte Diskriminierung in seinem Persönlichkeitsrecht verletzt worden sein.[1262]
3. Grundsätzlich ist der Nicht-Merkmalsträger im Rahmen einer assoziierten Diskriminierung durch die Benachteiligung in seinem Persönlichkeitsrecht verletzt und kann aufgrund der Rechtszuweisungsnorm des § 7 AGG im Beschäftigungsbereich und § 19 AGG im Zivilrechtsbereich einen Schadensersatz- oder Entschädigungsanspruch gem. § 15 AGG oder § 21 AGG gegen den Benachteiligenden geltend machen.[1263]
   Die Anerkennung der Fallgruppe der assoziierten Diskriminierung sowie die Anspruchsberechtigung des Nicht-Merkmalsträgers sind mit der Zielrichtung des AGG vereinbar. Vor allem die Regelungen des AGG (wie z.B. die sog. Putativdiskriminierung nach § 7 Abs. 1 Hs. 2 AGG) und das umfassende Diskriminierungsverbot des Art. 21 der EU-GRCharta verdeutlichen, dass der persönliche Schutzbereich der Antidiskriminierungsrichtlinien und des AGG extensiv auszulegen ist.[1264]
   Diese Erkenntnis wird insbesondere durch die Rechtsprechung des EuGH in der Rechtssache Coleman getragen.[1265]

1260 Siehe 1. Kap. B. IV.
1261 Siehe 1. Kap. B. IV.
1262 Siehe 3. Kap.
1263 Siehe 3. Kap. C. I.
1264 Siehe 3. Kap. C. I.
1265 Siehe 3. Kap. C. I. 1.

4. Bei der Anspruchsberechtigung des Merkmalsträgers ist zwischen dem Beschäftigungsverhältnis und dem Zivilrechtsbereich zu differenzieren.[1266]
   a) Im Beschäftigungsverhältnis muss der Merkmalsträger Arbeitnehmer i.S.d. § 6 Abs. 1 AGG sein, damit er im Rahmen einer assoziierten Diskriminierung anspruchsberechtigt ist. Da dies regelmäßig nicht der Fall sein wird, ist grundsätzlich eine Anspruchsberechtigung des Merkmalsträgers im Beschäftigungsbereich nicht gegeben.[1267]
   b) Im Zivilrechtsverkehr kann eine Anspruchsberechtigung des Merkmalsträgers angenommen werden, wenn der Merkmalsträger ebenfalls eine Benachteiligung und damit eine Persönlichkeitsrechtsverletzung erfährt. Er kann sich dann durch die Rechtszuweisungsnorm des § 19 AGG auf Ansprüche aus § 21 AGG berufen. Denkbar ist es zudem, die Grundsätze des Vertrags mit Schutzwirkung zugunsten Dritter auf die assoziierte Diskriminierung zu übertragen und dadurch einen Anspruch des Merkmalsträgers zu begründen.[1268]
5. Auf ein Näheverhältnis kann im Rahmen der assoziierten Diskriminierung nicht verzichtet werden. Ohne das Erfordernis eines Näheverhältnisses würde ein Widerspruch zur integritätsschützenden Zielrichtung des AGG vorliegen. Ein Anspruch aus dem AGG setzt grundsätzlich eine Rechtsverletzung (hier: Verletzung des Persönlichkeitsrechts) und eine Rechtszuweisungsnorm (hier: §§ 7, 19 AGG) voraus. Der Nicht-Merkmalsträger kann nur in seinem Persönlichkeitsrecht verletzt und in seiner Würde herabgesetzt werden, wenn er das Merkmal als sein eigenes empfindet und dadurch in den Wirkungskreis des Merkmals einbezogen wird. Der Nicht-Merkmalsträger muss sich mit dem Merkmalsträger also so eng verbunden fühlen, dass er das Differenzierungsmerkmals auch als ein Teil seiner Identität wahrnimmt oder sich zumindest mit dem Merkmal so identifiziert, dass er sich in den gesellschaftlichen Wirkungskreis des Differenzierungsmerkmals mit einbezogen fühlt.[1269]

   Diese Schlussfolgerung wird durch die Rechtsprechung des EuGH in der Rechtssache Coleman gestützt. Eine Anspruchsberechtigung Frau Colemans kann aufgrund des Näheverhältnisses zwischen Mutter und Kind gut begründet werden. Die Rechtssache CHEZ Razpredelenie Bulgaria geht im Ergebnis

1266 Siehe 3. Kap. C. II.
1267 Siehe 3. Kap. C. II. 1.
1268 Siehe 3. Kap. C. II. 2.
1269 Siehe 4. Kap. A.

hingegen zu weit, da Frau Nikolova ohne ein Näheverhältnis zu den Roma eine Anspruchsberechtigung zugesprochen wurde. Dies ist mit der Zielrichtung der Antidiskriminierungsvorschriften und des AGG unvereinbar.[1270]

6. Für die Beurteilung, ob ein Näheverhältnis und damit eine assoziierte Diskriminierung vorliegt, kommt es stets auf den Nicht-Merkmalsträger an, da für einen Anspruch aus dem AGG die Verletzung *seines* Persönlichkeitsrechts relevant ist.[1271]
7. Folgende Anforderungen sind an das Näheverhältnis zu stellen:
   a) Zwischen dem Nicht-Merkmalsträger und Merkmalsträger muss eine emotionale Verbindung bestehen, da eine Anspruchsberechtigung nach dem AGG eine Persönlichkeitsrechtsverletzung voraussetzt. Der unmittelbar von der diskriminierenden Handlung Betroffene muss seine eigene Assoziierung mit dem Differenzierungsmerkmal des Merkmalsträgers als integritätsverletzend empfinden.[1272]
   b) Eine pauschale Annahme eines Näheverhältnisses bei bestimmten Personengruppen – wie bei Verwandten – ist grundsätzlich abzulehnen. Gruppenbildungen können lediglich als Leitfaden bei der Prüfung eines Näheverhältnisses herangezogen werden. Ausschlaggebend ist, ob der Nicht-Merkmalsträger zu einem konkreten Merkmalsträger eine emotionale Verbindung hat und durch die Benachteiligung in seinem Persönlichkeitsrecht verletzt wird. Dabei hängt das Vorliegen einer solchen emotionalen Verbindung immer vom Einzelfall ab.[1273]
   c) Auf ein familiäres Verhältnis kommt es für das besondere Näheverhältnis nicht an, weil auch zwischen engen Freunden ein fast familiäres und in der Regel sehr enges Verhältnis bestehen kann. Das familiäre Verhältnis kann lediglich ein besonderes Näheverhältnis indizieren. Eine assoziierte Diskriminierung kann demnach sowohl im familiären als auch im außerfamiliären Bereich erfolgen.[1274]
   d) Ein situativ bedingtes Näheverhältnis, wie z.B. das Sich-Einsetzen für einen Freund, ist für das besondere Näheverhältnis nicht relevant, weil bereits im Vorfeld, also vor der Diskriminierungshandlung, eine enge Verbindung zwischen Nicht-Merkmalsträger und Merkmalsträger

1270 Siehe 4. Kap. A.
1271 Siehe 4. Kap. A.
1272 Siehe 4. Kap. B.
1273 Siehe 4. Kap. B.
1274 Siehe 4. Kap. B.

bestehen muss. Aus diesem Grund kann z.B. das Sich-Einsetzen für fremde Personen kein relevantes Näheverhältnis begründen.[1275]

e) Das reine Engagement für eine Gruppe von Merkmalsträgern genügt nicht, um einen Bezug zum eigenen Persönlichkeitsrecht herzustellen. Auch kann kein besonderes Näheverhältnis bei völlig fremden oder zufälligen Bekanntschaften vorliegen.[1276]

8. Durch das besondere Näheverhältnis bilden der Nicht-Merkmalsträger und Merkmalsträger im Falle einer Benachteiligung aufgrund des Differenzierungsmerkmals regelmäßig eine Art „Schicksalsgemeinschaft“, da sie durch die Handlung des Diskriminierenden als eine Gemeinschaft betrachtet werden und der Nicht-Merkmalsträger gleichsam wie ein Merkmalsträger behandelt wird. Der Nicht-Merkmalsträger erleidet wie ein Merkmalsträger Nachteile und trägt damit dasselbe Schicksal wie ein Merkmalsträger.[1277]
9. Für mehr Rechtssicherheit in der Anwendung der Fallgruppe der assoziierten Diskriminierung ist eine Konkretisierung des Begriffs Näheverhältnis notwendig. Als Inspiration kann das Österreichische Gleichbehandlungsgesetz (GlBG) herangezogen werden, welches als europäisches Antidiskriminierungsgesetz die assoziierte Diskriminierung bereits kodifiziert hat. Das Näheverhältnis könnte wie folgt konkretisiert werden:

Ein für die assoziierte Diskriminierung erforderliches Näheverhältnis kann durch eine familiäre oder anderweitig emotionale Verbindung vorliegen. So kann ein Näheverhältnis zwischen Angehörigen, Lebenspartnern/innen, Freunden/innen aber auch Arbeitskollegen/innen gegeben sein. Eine rechtliche Verfestigung der Verbindung ist nicht erforderlich. Ausschlaggebend ist vielmehr, dass eine emotionale Verbindung zwischen dem Nicht-Merkmalsträger und Merkmalsträger besteht, die z.B. durch eine Fürsorgepflicht, soziale oder moralische Beistandspflicht sowie anderweitige emotionale Verbindung entstehen kann. Durch das Merkmal müssen der Nicht-Merkmalsträger und Merkmalsträger eine Art „Schicksalsgemeinschaft“ bilden, sodass sich der Nicht-Merkmalsträger in den gesellschaftlichen Wirkungsbereich des Merkmals einbezogen fühlt und dasselbe Schicksal wie der Merkmalsträger erleidet. Eine familiäre Beziehung kann lediglich als Indiz für ein solches Näheverhältnis dienen. Erforderlich ist stets eine Einzelfallprüfung des Näheverhältnisses. Zufällige oder flüchtige Bekanntschaften fallen allerdings nicht unter den Begriff des Näheverhältnisses i.S.d. AGG.[1278]

1275 Siehe 4. Kap. B.
1276 Siehe 4. Kap. B.
1277 Siehe 4. Kap. B.
1278 Siehe 4. Kap. C.

10. Das Verbot der assoziierten Diskriminierung umfasst alle Differenzierungsmerkmale des § 1 AGG. Hierfür sprechen sowohl der offene Wortlaut als auch der integritätsschützende Zweck des Gesetzes. Der Wille des Gesetzgebers, einen einheitlichen und stimmigen Schutz vor diesen Diskriminierungen zu ermöglichen, stützt ebenfalls dieses Ergebnis. Jede Benachteiligung aufgrund eines Merkmals i.S.d. § 1 AGG ist dazu geeignet, den Benachteiligten in seiner Integrität zu verletzen. Für die Persönlichkeitsrechtsverletzung ist es demnach unerheblich, welches dieser Differenzierungsmerkmale Grund für die assoziierte Diskriminierung ist. Insbesondere sind alle Differenzierungsmerkmale des § 1 AGG gleichrangig. Es verbietet sich somit eine „qualitative" Abstufung der Merkmale.[1279]
11. Das AGG schützt vor unmittelbaren assoziierten Diskriminierungen. Die Rechtsprechung des EuGH im Fall Coleman ist auf das AGG übertragbar und mit dem dogmatischen Charakter des AGG vereinbar. Der Wortlaut der §§ 1, 3 Abs. 1, 7 und 19 AGG ist sehr weit gefasst, sodass eine richtlinienkonforme Auslegung der Normen möglich ist. Auch ist ein konkreter Personenbezug oder eine Beschränkung auf nur Zwei-Personen-Verhältnisse nicht erkennbar.[1280]
12. Das Verbot vor assoziierten Diskriminierungen umfasst ebenfalls die Fälle einer mittelbaren assoziierten Diskriminierung. Ausschlaggebend ist jedoch auch bei der mittelbaren assoziierten Diskriminierung, ob ein Näheverhältnis vorliegt oder nicht. Ein reiner „Kollateralschaden" ohne ein Näheverhältnis kann für einen Diskriminierungsschutz nach dem AGG nicht ausreichen, weil in solchen Fällen aufgrund der fehlenden emotionalen Verbindung regelmäßig eine Persönlichkeitsrechtsverletzung nicht angenommen werden kann.[1281]
13. Auch die assoziierte Belästigung ist vom Schutzbereich des AGG erfasst. Hierfür sprechen neben dem Wortlaut des § 3 Abs. 3 AGG auch die Systematik und das Telos des AGG. Insbesondere macht es für die Verletzung des Persönlichkeitsrechts keinen Unterschied, ob es sich um eine assoziierte Benachteiligung oder assoziierte Belästigung handelt, da in beiden Fällen der Benachteiligende das Persönlichkeitsrecht des Betroffenen verletzen kann. Ein Ausschluss der assoziierten Belästigung aus dem Anwendungsbereich des AGG wäre mit dessen dogmatischer Zielrichtung nicht zu vereinbaren.[1282]
14. Ein Schutz vor assoziierten sexuellen Belästigungen ist regelmäßig nicht erforderlich, um eine Anspruchsberechtigung nach dem AGG zu begründen, da die Person, die sexuell belästigt wird, bereits aufgrund der unerwünschten, sexuell bestimmten Verhaltensweise in ihrem Persönlichkeitsrecht und in ihrer sexuellen Selbstbestimmung verletzt wird. Die sexuelle Belästigung umfasst bereits Drei-Personen-Verhältnisse und fordert nicht einen Bezug zu einem Differenzierungsmerkmal. Bereits das Verhalten des Belästigenden stellt für sich allein schon eine

---

1279 Siehe 5. Kap. A.
1280 Siehe 5. Kap. B. I. 2.
1281 Siehe 5. Kap. B. II. 3.
1282 Siehe 5. Kap. B. III. 5.

sexuelle Belästigung i.S.d. § 3 Abs. 4 AGG dar. Ein Rückgriff auf die Rechtsfigur der assoziierten sexuellen Belästigung ist somit nicht erforderlich.[1283]

15. Die Anweisung zur Benachteiligung nach § 3 Abs. 5 AGG umfasst nicht die Fälle einer assoziierten Diskriminierung und ist auch kein Sonder- oder Unterfall der assoziierten Diskriminierung. Zwar handelt es sich bei den Anweisungsfällen ebenfalls um ein Drei-Personen-Verhältnis, allerdings unterscheiden sich die beiden Konstellationen erheblich. Insbesondere wird im Rahmen einer Anweisung zu einer Benachteiligung der Angewiesene nicht wegen seiner Verbindung zu einem Merkmalsträger benachteiligt, sondern weil er einer Weisung seines Arbeitgebers oder Vorgesetzten nicht nachgekommen ist. Es fehlt in diesen Fällen somit eine Assoziierung und grundsätzlich auch ein Näheverhältnis. Die Persönlichkeitsrechtsverletzung tritt beim Angewiesenen deshalb ein, weil er eine rechtswidrige Anweisung befolgen soll und bei der Verweigerung einen Nachteil erleidet. Während bei der assoziierten Diskriminierung der Nicht-Merkmalsträger als „Repräsentant“ des Merkmalsträgers betrachtet wird, ist er bei der Anweisung zu einer Benachteiligung als „Werkzeug“ des benachteiligenden Arbeitgebers anzusehen.[1284]
16. Auch das Maßregelungsverbot in § 16 Abs. 1 AGG stellt keinen Fall der assoziierten Diskriminierung dar, sondern eine Solidarisierung des Nicht-Merkmalsträgers mit dem Merkmalsträger. In den Maßregelungsfällen benachteiligt der Arbeitgeber den Arbeitnehmer deshalb, weil er z.B. einer Weisung nicht nachgekommen ist oder den Benachteiligten unterstützt hat. Grund der Benachteiligung ist bei den Maßregelungsfällen die Handlung bzw. Nichthandlung des Arbeitnehmers und nicht, wie bei der assoziierten Diskriminierung, dessen Näheverhältnis zum Merkmalsträger.[1285]
17. Der Schutz vor assoziierten Diskriminierungen erstreckt sich ferner auf Fälle außerhalb des AGG. Die Fallgruppe ist im Rahmen der Auslegung von unbestimmten Rechtsbegriffen sowie bei Anwendung anderer Gesetze zu beachten. Als Beispiel lassen sich § 19a SGB IV oder § 33c SGB I, die sozialversicherungsrechtliche Diskriminierungsverbote im Rahmen der Inanspruchnahme von Leistungen oder sozialer Rechte beinhalten, anführen. Somit darf niemand wegen eines Differenzierungsmerkmals, das bei einem nahestehenden Dritten vorhanden ist, bei der Inanspruchnahme von Leistungen oder sozialer Rechte benachteiligt werden.[1286]
18. Die Fallgruppe der assoziierten Diskriminierung stellt die Praxis vor erhebliche Schwierigkeiten. Eine Gesetzesänderung des AGG ist sinnvoll und erforderlich, damit für die Praxis im Umgang mit der Fallgruppe der assoziierten Diskriminierung mehr Rechtssicherheit geschaffen werden kann. Exemplarisch kann hier das österreichische GlBG als Inspiration herangezogen werden, weil es als europäisches Antidiskriminierungsgesetz die Rechtsprechung des EuGH förmlich umgesetzt hat

1283 Siehe 5. Kap. B. III. 6.
1284 Siehe 5. Kap. B. IV. 2.
1285 Siehe 5. Kap. B. IV. 2. c).
1286 Siehe 5. Kap. C.

und im Umgang mit der Fallgruppe der assoziierten Diskriminierung vertrauter ist. Der deutsche Gesetzgeber sollte den Wortlaut des § 3 Abs. 1 bis 3 AGG um die Fallgruppe der assoziierten Diskriminierung erweitern. Dadurch wären die unmittelbare assoziierte und mittelbare assoziierte Diskriminierung sowie die assoziierte Belästigung erfasst. Allerdings ist im Gegensatz zum österreichischen GlBG eine Änderung des Wortlauts des § 3 Abs. 4 bis 5 AGG nicht erforderlich, da ein Rückgriff auf die Fallgruppe der assoziierten Diskriminierung bei der sexuellen Belästigung und Anweisung zur Benachteiligung ausscheidet.[1287]

19. Der Wortlaut des § 3 Abs. 1 AGG könnte um einen Satz 3 ergänzt werden, der wie folgt lauten könnte: „*Eine unmittelbare Benachteiligung liegt auch dann vor, wenn eine Person auf Grund ihres Näheverhältnisses zu einer Person, die einen in § 1 genannten Grund aufweist, eine ungünstigere Behandlung erfährt.*“[1288]
20. Der Satz 2 des § 3 Abs. 2 AGG könnte wie folgt heißen: „*Eine mittelbare Benachteiligung liegt auch dann vor, wenn eine Person auf Grund ihres Näheverhältnisses zu einer Person, die ein in § 1 genannten Grund aufweist, eine ungünstigere Behandlung erfährt.*“[1289]
21. § 3 Abs. 3 AGG könnte um einen Satz 2 erweitert werden, der folgendermaßen formuliert sein könnte: „*Eine Belästigung liegt auch dann vor, wenn eine Person auf Grund ihres Näheverhältnisses zu einer Person, die einen in § 1 genannten Grund aufweist, belästigt wird.*“[1290]
22. Der deutsche Gesetzgeber sollte im Rahmen der Gesetzesänderung in die Gesetzesbegründung eine Konkretisierung des unbestimmten Rechtsbegriffs „Näheverhältnis“ aufnehmen, um der Praxis Anhaltspunkte für die Auslegung des Näheverhältnisses zu geben.[1291]

1287 Siehe 6. Kap.
1288 Siehe 6. Kap. B.
1289 Siehe 6. Kap. B.
1290 Siehe 6. Kap. B.
1291 Siehe 6. Kap. B.

Abkürzungsverzeichnis

a.A.	andere Ansicht
AADG-E	Referentenentwurf für ein arbeitsrechtliches Anti-Diskriminierungsgesetz
Abl. EG/EU	Amtsblatt der Europäischen Gemeinschaft/Europäischen Union
Abs.	Absatz
AcP	Archiv für die civilistische Praxis *(Zeitschrift)*
ADG	Antidiskriminierungsgesetz
AEUV	Vertrag über die Arbeitsweise der Europäischen Union
AGG	Allgemeines Gleichbehandlungsgesetz
Alt.	Alternative
Anm.	Anmerkung
A/P/S	Ascheid/Preis/Schmidt *(Kommentar)*
ArbG	Arbeitsgericht
ArbGG	Arbeitsgerichtsgesetz
ArbRB	Arbeits-Rechts-Berater *(Zeitschrift)*
ArbRHdb	Arbeitsrechts-Handbuch *(Kommentar)*
Art.	Artikel
AuA	Arbeit und Arbeitsrecht *(Zeitschrift)*
Aufl.	Auflage
AuR	Arbeit und Recht *(Zeitschrift)*
Az.	Aktenzeichen
BAG	Bundesarbeitsgericht
BAGE	Entscheidungen des Bundesarbeitsgerichts
BB	Betriebs-Berater *(Zeitschrift)*
Bd.	Band
B/D/D/H	Boecken/Düwell/Diller/Hanau *(Kommentar)*
BeckEURS	Beck´sche Rechtsprechungssammlung des EuGH, EuG und EuGöD
BeckOGK	Beck-online.GROSSKOMMENTAR *(Kommentar)*
BeckOK	Beck'sche Online-Kommentare *(Kommentar)*
BeckRS	Beck´sche Rechtsprechungssammlung
Beschl.	Beschluss

BetrVG	Betriebsverfassungsgesetz
BGB	Bürgerliches Gesetzbuch
BGBl. I/II	Bundesgesetzblatt Teil I/II
BGG	Gesetz zur Gleichstellung von Menschen mit Behinderungen (Behindertengleichstellungsgesetz)
BGH	Bundesgerichtshof
BT-Drs.	Bundestagsdrucksache
Buchst.	Buchstabe/n
bzgl.	bezüglich
Celex-Nr.	Kennzeichen für Dokumente in der Europäischen Datenbank EUR-Lex
CHEZ RB	CHEZ Razpredelenie Bulgaria AD
DB	Der Betrieb *(Zeitschrift)*
d.h.	das heißt
D/H/S/W	Däubler/Hjort/Schubert/Wolmerath *(Kommentar)*
DVfR	Deutsche Vereinigung für Rehabilitation e.V.
E/B/F/W	Ernst/Braunroth/Franke/Wascher *(Kommentar)*
ECLI	European Case Law Identifier
Ed.	Edition
EG	Europäische Gemeinschaft
EGMR	Europäischer Gerichtshof für Menschenrechte
EGV	Vertrag zur Gründung der Europäischen Gemeinschaft
Einf.	Einführung
Einl.	Einleitung
EL	Ergänzungslieferung
EMRK	Europäische Menschenrechtskonvention
ErfK	Erfurter Kommentar zum Arbeitsrecht *(Kommentar)*
EU	Europäische Union
EuGH	Europäischer Gerichtshof
EU-GRCharta	Charta der Grundrechte der Europäischen Union
EuR	Europarecht *(Zeitschrift)*
EUR	Euro
EUV	Vertrag über die Europäische Union
EuZA	Europäische Zeitschrift für Arbeitsrecht *(Zeitschrift)*
EuZW	Europäische Zeitschrift für Wirtschaftsrecht *(Zeitschrift)*
EWG	Europäische Wirtschaftsgemeinschaft
EWiR	Entscheidungen zum Wirtschaftsrecht *(Zeitschrift)*

f.	folgende
FD-ArbR	Fachdienst Arbeitsrecht *(Zeitschrift)*
ff.	fortfolgende
Fn.	Fußnote
gem.	gemäß
Gesamthrsg.	Gesamtherausgeber
GG	Grundgesetz
GlBG	Österreichisches Gleichbehandlungsgesetz
GPR	Zeitschrift für das Privatrecht der Europäischen Union *(Zeitschrift)*
GS	Großer Senat
G/W	Gaier/Wendtland *(Lehrbuch)*
Hdb Europarecht	Handbuch Europarecht *(Lehrbuch)*
Hrsg.	Herausgeber
Hs.	Halbsatz
i.F.	im Folgenden
i.S.	im Sinne
i.S.d./iSd	im Sinne der/des
iss.	issue
i.V.m.	in Verbindung mit
JA	Juristische Arbeitsblätter *(Zeitschrift)*
JR	Juristische Rundschau *(Zeitschrift)*
JURA	Juristische Ausbildung *(Zeitschrift)*
jurisPR-ArbR	juris PraxisReport Arbeitsrecht *(Zeitschrift)*
JuS	Juristische Schulung *(Zeitschrift)*
JZ	Juristen Zeitung *(Zeitschrift)*
Kap.	Kapitel
Kl.	Kläger
KR	Gemeinschaftskommentar zum Kündigungsschutzgesetz und zu sonstigen kündigungsschutzrechtlichen Vorschriften *(Kommentar)*
KritV	Kritische Vierteljahresschrift für Gesetzgebung und Rechtswissenschaft *(Zeitschrift)*
KZD	Bulgarische Kommission für den Schutz vor Diskriminierung
LAG	Landesarbeitsgericht
LGBTIQ*	Lesbian, Gay, Bisexual, Trans*, Inter* and Queer

lit.	litera
m.a.W.	mit anderen Worten
MüHdb Arbeitsrecht	Münchener Handbuch zum Arbeitsrecht *(Handbuch)*
MüKo	Münchener Kommentar *(Kommentar)*
mwN	mit weiteren Nachweisen
NJ	Neue Justiz *(Zeitschrift)*
NJOZ	Neue Juristische Online-Zeitschrift *(Zeitschrift)*
NJW	Neue Juristische Wochenschrift *(Zeitschrift)*
NK-AGG	Nomos-Kommentar zum AGG *(Kommentar)*
Nr.	Nummer
NZA	Neue Zeitschrift für Arbeitsrecht *(Zeitschrift)*
NZA-RR	Rechtsprechungs-Report Arbeitsrecht *(Zeitschrift)*
NZA-Sonderbeilage	Sonderbeilage der Neuen Zeitschrift für Arbeitsrecht *(Zeitschrift)*
PflegeZG	Gesetz über die Pflegezeit (Pflegezeitgesetz)
PWW	Prütting/Wegen/Weinreich *(Kommentar)*
RdA	Recht der Arbeit *(Zeitschrift)*
RIW	Recht der internationalen Wirtschaft *(Zeitschrift)*
RL	Richtlinie/Richtlinien
Rn.	Randnummer
RW	Rechtswissenschaft – Zeitschrift für rechtswissenschaftliche Forschung (Zeitschrift)
S.	Seite
Sec.	Section
SGB I	Sozialgesetzbuch Erstes Buch – Allgemeiner Teil
SGB IV	Sozialgesetzbuch Viertes Buch – Gemeinsame Vorschriften für die Sozialversicherung
SGB IX	Sozialgesetzbuch Neuntes Buch – Rehabilitation und Teilhabe von Menschen mit Behinderungen
SGB V	Sozialgesetzbuch Fünftes Buch – Gesetzliche Krankenversicherung
Slg.	Sammlung der Rechtsprechung des Europäischen Gerichtshofes und des Gerichts Erster Instanz
sog.	sogenannter, sogenannte, sogenanntem, sogenanntes
SozGRCh	Gemeinschaftscharta der sozialen Grundrechte der Arbeitnehmer

SSP	Schleusener/Suckow/Plum *(Kommentar)*
StGB	Strafgesetzbuch
TV-L	Tarifvertrag für den öffentlichen Dienst der Länder
TVÜ-Länder	Tarifvertrag zur Überleitung der Beschäftigten der Länder in den TV-L und zur Regelung des Übergangsrechts
TzBfG	Gesetz über Teilzeitarbeit und befristete Arbeitsverträge (Teilzeit- und Befristungsgesetz)
u.a./ua.	unter anderem
UKEATS	United Kingdom employment appeal tribunal decisions
Urt.	Urteil
v.	vom, von, versus
vgl.	vergleiche
VSD	Vertrag mit Schutzwirkung zugunsten Dritter
Web JCLI	Web journal of current legal issues *(Zeitschrift)*
z.B.	zum Beispiel
ZellKomm	Zeller Kommentar zum Arbeitsrecht *(Kommentar)*
ZESAR	Zeitschrift für europäisches Sozial- und Arbeitsrecht *(Zeitschrift)*
ZfA	Zeitschrift für Arbeitsrecht *(Zeitschrift)*
ZIP	Zeitschrift für Wirtschaftsrecht *(Zeitschrift)*
ZPO	Zivilprozessordnung
ZRP	Zeitschrift für Rechtspolitik *(Zeitschrift)*
ZZD	Zakon za zashtita ot diskriminatsia (Bulgarisches Gesetz zum Schutz vor Diskriminierung)

Literaturverzeichnis

Adomeit, Klaus: Political correctness – jetzt Rechtspflicht!, NJW 2006, Seite 2169-2171

- Die Bedeutung der iustitia distributiva im deutschen Vertragsrecht, NJW 1998, Seite 3259

Adomeit, Klaus/*Mohr, Jochen*: Die mittelbare Diskriminierung als Instrument individueller Verhaltenssteuerung – Zugleich Besprechung von BAG v. 22.4.2010 – 6 AZR 966/08, RdA 2011, Seite 102-108

- Allgemeines Gleichbehandlungsgesetz (AGG), Kommentar zum AGG und zu anderen Diskriminierungsverboten, 2. Auflage, Stuttgart 2011

(Zitiert: *Adomeit/Mohr*, AGG, 2. Aufl. 2011, § … Rn. …)

- Benachteiligung von Bewerbern (Beschäftigten) nach dem AGG als Anspruchsgrundlage für Entschädigung und Schadensersatz, NZA 2007, Seite 179-184

Alenfelder, Klaus Michael: Diskriminierungsschutz im Arbeitsrecht: Das neue Allgemeine Gleichbehandlungsgesetz, Köln 2006

(Zitiert: *Alenfelder*, Diskriminierungsschutz im Arbeitsrecht, Rn. ...)

Annuß, Georg: Das Allgemeine Gleichbehandlungsgesetz im Arbeitsrecht, BB 2006, Seite 1629-1636

Armbrüster, Christian/*Wollenberg*, Viktoria: Grundfälle zum AGG, JuS 2020, Seite 301-306

Arnold, Stefan: Vertrag und Verteilung, Die Bedeutung der iustitia distributiva im Vertragsrecht, Tübingen 2014

(Zitiert: *Arnold*, Vertrag und Verteilung, S. ...)

Artz, Markus/*Emmerich*, Jost/*Emmerich*, Volker/*Rolfs*, Christian: J. von Staudingers Kommentar zum Bürgerlichen Gesetzbuch mit Einführungsgesetz und Nebengesetzen, Buch 2, Recht der Schuldverhältnisse, §§ 557 – 580a; Anhang AGG (Mietrecht 2 – Miethöhe und Beendigung des Mietverhältnisses), Neubearbeitung 2021, Berlin 2021

(Zitiert: *Bearbeiter*, in: Staudinger BGB, 2021, § ... Rn. ...)

Bachmann, Gregor: Grünberger, Michael, Personale Gleichheit. Der Grundsatz der Gleichbehandlung im Zivilrecht, Neue Schriften zum Zivilrecht Band 1 (Nomos, Baden-Baden 2013, 1124 Seiten, ISBN 978-3-8487-0597-9, 198), GPR 2015, Seite 10-11

Bader, Johannes: Arbeitsrechtlicher Diskriminierungsschutz als Privatrecht, Funktion und Schutz der arbeitsrechtlichen Benachteiligungsverbote des AGG, Berlin 2012

(Zitiert: *Bader*, Arbeitsrechtlicher Diskriminierungsschutz als Privatrecht, S. ...)

Bader, Peter/*Fischermeier*, Ernst/*Gallner*, Inken u.a.: KR: Gemeinschaftskommentar zum Kündigungsschutzgesetz und zu sonstigen kündigungsschutzrechtlichen Vorschrift, 12. Auflage, Köln 2019

(Zitiert: *Bearbeiter*, in: KR, 12. Aufl. 2019, § ... Rn. ...)

Bauer, Jobs-Hubertus/*Evers*, Malte: Schadensersatz und Entschädigung bei Diskriminierung – Ein Fass ohne Boden?, NZA 2006, Seite 893-898

Bauer, Jobs-Hubertus/*Krieger*, Steffen/*Günther*, Jens: Allgemeines Gleichbehandlungsgesetz und Entgelttransparenzgesetz – Kommentar, 5. Auflage, München 2018

(Zitiert: *Bauer/Krieger/Günther*, AGG, 5. Aufl. 2018, § … Rn. …)

Bayreuther, Frank: Drittbezogene und hypothetische Diskriminierung, NZA 2008, Seite 986-990

Benecke, Martina: Umfang und Grenzen des Maßregelungsverbots und des Verbots der „Viktimisierung" – Der Konflikt nach dem Konflikt, NZA 2011, Seite 481-486

- Rechtsvergleich der europäischen Systeme zum Antidiskriminierungsrecht, Expertise im Auftrag der Antidiskriminierungsstelle des Bundes, August 2010,

https://www.antidiskriminierungsstelle.de/SharedDocs/downloads/DE/publikationen/Expertisen/expertise_rechtsvergleich_europ_systeme_zum_anti diskr_recht.pdf?__blob=publicationFile&v=3 (letzter Abruf: 09.09.2021)

(Zitiert: *Benecke*, Rechtsvergleich der europäischen Systeme zum Antidiskriminierungsrecht, S. ...)

Birnbaum, Monika: Schutz vor Diskriminierung wegen behinderter Angehöriger, AuA 2010, Seite 314-315

Boecken, Winfried/*Düwell*, Franz Josef/*Diller*, Martin/ *Hanau*, Hans: Gesamtes Arbeitsrecht, 1. Auflage, Baden-Baden 2016

(Zitiert: *Bearbeiter*, in: B/D/D/H, Gesamtes Arbeitsrecht, § ... Rn. ...)

Braunroth, Anna/*Franke*, Bernhard: Gelöste und offene Fragen beim Diskriminierungsschutz in der europäischen und deutschen Rechtsprechung, NJ 2014, Seite 187-194

Britz, Gabriele: Einzelfallgerechtigkeit versus Generalisierung, Tübingen 2008

(Zitiert: *Britz*, Einzelfallgerechtigkeit versus Generalisierung, S. …)

Bussmann-Welsch, Anna: Zum unionsrechtlichen Maßregelungsverbot bei Arbeitnehmerinnen, die zugunsten einer diskriminierten Person auftreten, AuR 2020, Seite 31-33

Calliess, Christian/*Ruffert,* Matthias: EUV/AEUV, Das Verfassungsrecht der Europäischen Union mit Europäischer Grundrechtecharta, 5. Auflage, München 2016

(Zitiert: *Bearbeiter,* in: Calliess/Ruffert, EUV/AEUV, 5. Aufl. 2016, Art. ... Rn. ...)

Corbanie, Stefan/*Gillow,* Elizabeth/*Hopkins,* Martin: EU & International Employment Law, Update 26, Bristol March 2009

(Zitiert: *Corbanie/Gillow/Hopkins,* EU & International Employment Law, Update 26, March 2009, United Kingdom, S. ...)

Czerny, Olivia: 12 Jahre AGG – Die wichtigsten Entscheidungen im Arbeitsrecht, NZA-RR 2018, Seite 393-402

Däubler, Wolfgang/*Bertzbach,* Martin: Nomos Kommentar, Allgemeines Gleichbehandlungsgesetz, 4. Auflage, Baden-Baden 2018

(Zitiert: *Bearbeiter,* in: Däubler/Bertzbach, NK-AGG, 4. Aufl. 2018, § ... Rn. ...)

- Nomos Kommentar, Allgemeines Gleichbehandlungsgesetz, 2. Auflage, Baden-Baden 2008

(Zitiert: *Bearbeiter,* in: Däubler/Bertzbach, NK-AGG, 2. Aufl. 2008, § ... Rn. ...)

Däubler, Wolfgang/*Hjort,* Jens Peter/*Schubert,* Michael/*Wolmerath,* Martin: Nomos Kommentar, Arbeitsrecht, Individualarbeitsrecht mit kollektivrechtlichen Bezügen, 4. Auflage, Baden-Baden 2017

(Zitiert: *Bearbeiter,* in: D/H/S/W, Arbeitsrecht, 4. Aufl. 2017, § ... Rn. ...)

Dudenredaktion: Duden, Deutsches Universalwörterbuch, 8. Auflage, Berlin 2015

(Zitiert: Deutsches Universalwörterbuch, 8. Aufl. 2015, S. ...)

Ernst, Hildegund/*Braunroth,* Anna/*Franke,* Bernhard/*Wascher,* Angelika: Allgemeines Gleichbehandlungsgesetz, 2. Auflage, Baden-Baden 2013

(Zitiert: *Bearbeiter,* in: E/B/F/W, AGG, 2. Aufl. 2013, § ... Rn. ...)

Feuerborn, Andreas: Nachbesserungsbedarf beim Diskriminierungsschutz im Arbeitsrecht – Baumängel der Vorschrift des Allgemeinen Gleichbehandlungsgesetzes, JR 2008, Seite 485-490

Fischinger, Philipp S. /*Latzel,* Clemens/*Richardi,* Reinhard: J. von Staudingers Kommentar zum Bürgerlichen Gesetzbuch mit Einführungsgesetz und

Nebengesetzen, Buch 2, Recht der Schuldverhältnisse, §§ 611 - 613 (Dienstvertrag und Arbeitsvertrag), Neubearbeitung 2020, Berlin 2020

(Zitiert: *Bearbeiter*, in: Staudinger BGB, 2020, § ... Rn. ...)

Franzen, Martin/*Gallner*, Inken/*Oetker*, Hartmut: Kommentar zum europäischen Arbeitsrecht, 3. Auflage, München 2020

(Zitiert: *Bearbeiter*, in: Franzen/Gallner/Oetker, Kommentar zum europäischen Arbeitsrecht, 3. Aufl. 2020, § …/Art. ... Rn. …)

Frenz, Walter: Handbuch Europarecht, Band 4: Europäische Grundrechte, Berlin/Heidelberg 2009

(Zitiert: *Frenz*, Hdb Europarecht, Band 4, Kap. … Rn. ...)

Gaier, Reinhard/*Wendtland*, Holger: Allgemeines Gleichbehandlungsgesetz – AGG, Eine Einführung in das Zivilrecht, München 2006

(Zitiert: *Bearbeiter*, in: G/W, AGG, § ... Rn. ...)

Gebauer, Peer: Zur Haftung des Mieters bei unbefugter Untervermietung – BGH – Urt. v. 13.12.1995 – XII ZR 194/94 –, JURA 1998, Seite 128-135

Göke, Morten: Der Einzelne im Spannungsfeld von Teleologie und Deontologie in der Rechtsprechung des EuGH, Tübingen 2015

(Zitiert: *Göke*, Der Einzelne im Spannungsfeld von Teleologie und Deontologie, S. ...)

Gottardi, Donata: Stellungnahme des Rechtsausschusses für den Ausschuss für bürgerliche Freiheiten, Justiz und Inneres vom 11.02.2009 zu dem Vorschlag für eine Richtlinie des Rates zur Anwendung des Grundsatzes der Gleichbehandlung ungeachtet der Religion oder der Weltanschauung, einer Behinderung des Alters oder der sexuellen Ausrichtung (KOM(2008)0426 – C6-0291/2008 – 2008/0140(CNS)), http://www.europarl.europa.eu/sides/getDoc.do?pubRef=-//EP//TEXT+REPORT+A6-2009-0149+0+DOC+XML+V0//DE (letzter Abruf: 09.09.2021)

(Zitiert: *Gottardi*, Stellungnahme des Rechtsausschusses für den Ausschuss für bürgerliche Freiheiten, Justiz und Inneres vom 11.02.2009, Änderungsantrag...)

Grabitz, Eberhard/*Hilf*, Meinhard/*Nettesheim*, Martin: Das Recht der Europäischen Union: EUV/AEUV, Loseblattsammlung, 72. Ergänzungslieferung, Stand: Februar 2021, München 2021

(Zitiert: *Bearbeiter*, in: Grabitz/Hilf/Nettesheim, Das Recht der Europäischen Union: EUV/AEUV, 72. EL, Stand: Februar 2021, Art. ... Rn. ...)

Grobys, Marcel/*Panzer-Heemeier*, Andrea: StichwortKommentar Arbeitsrecht, Alphabetische Gesamtdarstellung, Individualarbeitsrecht, Kollektives Arbeitsrecht, Prozessrecht, 3. Auflage, 16. Edition, Stand: 2021, Baden-Baden 2021

(Zitiert: *Bearbeiter*, in: Grobys/Panzer-Heemeier, StichwortKommentar Arbeitsrecht, 3. Aufl., 16. Ed., Stand 2021, *Begriff*, Rn. ...)

Grünberger, Michael Personale Gleichheit – Der Grundsatz der Gleichbehandlung im Zivilrecht, Baden-Baden 2013

(Zitiert: *Grünberger*, Personale Gleichheit, S. ...)

Gsell, Beate/*Krüger*, Wolfgang/*Lorenz*, Stephan/*Reymann*, Christoph (Gesamthrsg.): Beck-online.GROSSKOMMENTAR zum Zivilrecht, München 2021

(Zitiert: *Bearbeiter*, in: BeckOGK Zivilrecht, Stand: 01.06.2021, § ... Rn. ...)

Guttenberg, Verena: Schutz vor Diskriminierung im Beschäftigungsverhältnis in Großbritannien – Equality Act 2010, München 2015

(Zitiert: *Guttenberg*, Schutz vor Diskriminierung im Beschäftigungsverhältnis in Großbritannien, S. ...)

Hanau, Peter: Das Allgemeine Gleichbehandlungsgesetz (arbeitsrechtlicher Teil) zwischen Bagatellisierung und Dramatisierung, ZIP 2006, Seite 2198-2201

Hartmann, Felix: Allgemeines Gleichbehandlungsgesetz (AGG), in: Carsten Herresthal/Dagmar Kaiser/Markus Stoffels (Red.), Staudinger Eckpfeiler des Zivilrechts, 7. Auflage, Berlin 2020, Seite 101-140

(Zitiert: *Hartmann*, in: Herresthal/Kaiser/Stoffels, Staudinger Eckpfeiler, AGG, 7. Aufl. 2020, S. …, B...)

- Diskriminierung durch Antidiskriminierungsrecht? Möglichkeiten und Grenzen eines postkategorialen Diskriminierungsschutzes in der Europäischen Union, EuZA 2019, Seite 24-44

- Der Anspruch auf das stellvertretende commodum, Tübingen 2007

(Zitiert: *Hartmann*, Der Anspruch auf das stellvertretende commodum, S. ...)

Hau, Wolfgang/*Poseck*, Roman: Beck'scher Online-Kommentar BGB, 59. Edition, München 2021, Stand: 01.08.2021

(Zitiert: *Bearbeiter*, in: Hau/Poseck, BeckOK BGB, 59. Ed., Stand: 01.08.2021, § ... Rn. ...)

Heimann, Rafael: Diskriminierung aufgrund eines Näheverhältnisses, Blogbeitrag vom 04.02.2016 der Humboldt Law Clinic, Grund und Menschenrechte, http://grundundmenschenrechtsblog.de/diskriminierung-aufgrund-eines-naeheverhaeltnis/ (letzter Abruf: 09.09.2021)

(Zitiert: *Heimann*, Diskriminierung aufgrund eines Näheverhältnisses, Humboldt Law Clinic, Blogbeitrag vom 04.02.2016)

Henssler, Martin/*Braun*, Axel: Arbeitsrecht in Europa, 3. Auflage, Köln 2011

(Zitiert: *Bearbeiter*, in: Henssler/Braun, Arbeitsrecht in Europa, 3. Aufl. 2011, S. ...)

Herbst, Laura: Viktimisierungsschutz: Keine Begrenzung auf formelle Verteidigung – Urteil des Europäischen Gerichtshofs vom 20.6.2019 - Rechtssache Hakelbracht, EuZA 2020, Seite 78-85

Herrmann, Elke: Die Abschlußfreiheit – ein gefährdetes Prinzip, Zugleich der Versuch einer dogmatischen Erfassung der vorvertraglichen Regelungen des § 611a BGB, ZfA 1996, Seite 19-68

Heyn, Judith/*Meinel*, Gernod: Rückenwind für Diskriminierungsklagen – Die Entscheidung des LAG Berlin-Brandenburg vom 26.11.2008, NZA 2009, Seite 20-23

Honeyball, Simon: Discrimination by Association, Web Journal of Current Legal Issues 2007, Issue 4, http://www.bailii.org/uk/other/journals/WebJCLI/2007/issue4/honeyball4.html (letzter Abruf: 09.09.2021)

(Zitiert: *Honeyball*, Web JCLI 2007, Iss.4)

Hopf, Herbert/*Mayr*, Klaus/*Eichinger*, Julia: GlBG, Gleichbehandlung - Antidiskriminierung, Gleichbehandlungsgesetz, GBK/GAW-Gesetz, Behinderteneinstellungsgesetz (§§ 7a-7r), Wien 2009

(Zitiert: *Hopf/Mayr/Eichinger*, GlBG, § ... GlBG Rn. ...)

Horcher, Michael: Kontrahierungszwang im Arbeitsrecht – unter besonderer Berücksichtigung von § 15 Abs. 6 AGG, RdA 2014, Seite 93-102

Illmer, Martin: Diskussionsbericht zum Referat von Thomas Lobinger, AcP (216) 2016, Seite 107-111

Jacobs, Matthias: Grundprobleme des Entschädigungsanspruchs nach § 15 Abs. 2 AGG, RdA 2009, Seite 193-204

Jarass, Hans D.: Charta der Grundrechte der Europäischen Union unter Einbeziehung der sonstigen Grundrechtsregelungen des Primärrechts und der EMRK, 4. Auflage, München 2021

(Zitiert: *Jarass*, Charta der Grundrechte der EU, 4. Aufl. 2021, Art. … Rn. …)

Kainer, Friedemann: Rückkehr der unmittelbar-horizontalen Grundrechtswirkung aus Luxemburg?, NZA 2018, Seite 894-900

Kallos, Christian: Der gesetzliche Kündigungsschutz Englands – insbesondere bei redundancy, Berlin 2008

(Zitiert: *Kallos*, Der gesetzliche Kündigungsschutz Englands, S. …)

Kamanabrou, Sudabeh: Die arbeitsrechtlichen Vorschriften des Allgemeinen Gleichbehandlungsgesetzes, RdA 2006, Seite 321-339

Katzenstein, Matthias: Verfügungsermächtigung nach § 185 BGB durch Zustimmung zum Abschluss eines Schuldvertrags, JURA 2004, Seite 1-9

Kiel, Heinricht/*Lunk*, Stefan/*Oetker*, Hartmut: Münchener Handbuch zum Arbeitsrecht, Band 3, Kollektives Arbeitsrecht I, 4. Auflage, München 2019

(Zitiert: *Bearbeiter*, in: MüHdb Arbeitsrecht, Band 3, 4. Aufl. 2019, § … Rn. …)

Körlings, Peter: Das dritte Geschlecht und die diskriminierungsfreie Einstellung, NZA 2018, Seite 282-285

Kotthaus, Elisabeth: Gleichbehandlung: Schutz auch bei Behinderung eines Kindes des Arbeitnehmers – Anmerkung zu: EuGH v. 17.07.2008 Rs. C-303/06, ArbRB 2008, Seite 270-271

Krieger, Steffen: Anmerkung zu: EuGH, Urteil vom 17.08.2008 – C-303/06, FD-ArbR 2008, 264802

Krimphove, Dieter: Europäisches Religions- und Weltanschauungsrecht, EuR 2009, Seite 330-348

Leder, Tobias: Kurzkommentar zu Art. 2 RL 2000/78/EG 2/08, EWiR 2008, Seite 603-604

Linck, Rüdiger/*Preis*, Ulrich/*Schmidt*, Ingrid (Hrsg.): Kündigungsrecht, Großkommentar zum gesamten Recht der Beendigung von Arbeitsverhältnissen, 6. Auflage, München 2021

(Zitiert: *Bearbeiter*, in: A/P/S, Kündigungsrecht, 6. Aufl. 2021,... Teil Kapitel... Rn. ...)

Lindner, Josef Franz: Die Ausweitung des Diskriminierungsschutzes durch den EuGH, NJW 2008, Seite 2750-2752

Lingscheid, Anja: Starkes Übergewicht (Adipositas) als Behinderung und Diskriminierungsschutz, NZA 2015, Seite 147-150

- Diskriminierung wegen einer Behinderung – auch bei „bloß“ behindertem Kind, BB 2008, Seite 1963-1964

Linneweber, Axel: Aktuelle Entwicklungen im Europäischen Arbeitsrecht 2008/2009, ZESAR 2009, Seite 476-485

Lobinger, Thomas: Perspektiven der Privatrechtsdogmatik am Beispiel des allgemeinen Gleichbehandlungsrechts, AcP 216 (2016), Seite 28-111

- Entwicklung, Stand und Perspektiven des europäischen Antidiskriminierungsrechts, Heidelberg 2015

(Zitiert: *Lobinger*, Entwicklung, Stand und Perspektiven des europäischen Antidiskriminierungsrechts, S. …)

- Systemdenken im Betriebsverfassungsrecht, RdA 2011, Seite 76-92

- Fehlende Diskriminierungsopfer, klagende Verbände und fragwürdige Kundenerwartungen – Urteil des Europäischen Gerichtshof vom 10.7.2008 Rechtssache Feryn, EuZA 2009, Seite 365-384

- Vertragsfreiheit und Diskriminierungsverbote – Privatautonomie im modernen Zivil- und Arbeitsrecht, in: Isensee, Vertragsfreiheit und Diskriminierung, Berlin 2007, Seite 101-180

(Zitiert: *Lobinger*, in: Isensee, Vertragsfreiheit und Diskriminierung, S. ...)

Löwisch, Stephan: Die horizontale Direktwirkung der Europäischen Grundfreiheiten – Zur Frage der unmittelbaren Verpflichtung Privater durch die Grundfreiheiten des EG-Vertrages, Baden-Baden 2009

(Zitiert: *Löwisch*, Die horizontale Direktwirkung der Europäischen Grundfreiheiten, S. ...)

Lüttringhaus, Jan D.: Grenzüberschreitender Diskriminierungsschutz – Das internationale Privatrecht der Antidiskriminierung, Tübingen 2010

(Zitiert: *Lüttringhaus*, Grenzüberschreitender Diskriminierungsschutz, S. ...)

Martini, Mario: Das allgemeine Persönlichkeitsrecht im Spiegel der jüngeren Rechtsprechung des Bundesverfassungsgerichts, JA 2009, Seite 839-845

Maunz, Theodor/*Dürig*, Günter: Grundgesetz Kommentar, 94. Ergänzungslieferung, Stand: Januar 2021, München 2021

(Zitiert: *Bearbeiter*, in: Maunz/Dürig, Grundgesetz-Kommentar, 94. EL Januar 2021, Art. … Kap. … Rn. …)

Meinel, Gernod/*Heyn*, Judith/*Herms*, Sascha: Allgemeines Gleichbehandlungsgesetz, Arbeitsrechtlicher Kommentar, 2. Auflage, München 2010

(Zitiert: *Meinel/Heyn/Herms*, AGG, 2. Aufl. 2010, § ... Rn. ...)

Melot de Beauregard, Paul: Diskriminierungsschutz ohne Ende? – Anmerkung zu dem Urteil des EuGH, RIW 2008, 612 (Coleman), RIW 2009, Seite 18-22

Meyer, Jürgen/*Hölscheidt*, Sven: Charta der Grundrechte der Europäischen Union, 5. Auflage, Baden-Baden 2019

(Zitiert: *Bearbeiter*, in: Meyer/Hölscheidt, Charta der Grundrechte der EU, 5. Aufl. 2019, Art. … Rn. …)

Mohr, Jochen: Schutz vor Diskriminierungen im Europäischen Arbeitsrecht, Die Rahmenrichtlinie 2000/78/EG vom 27. November 2000 – Religion, Weltanschauung, Behinderung, Alter oder sexuelle Ausrichtung –, Berlin 2004

(Zitiert: *Mohr*, Schutz vor Diskriminierungen im Europäischen Arbeitsrecht, S. ...)

Mosiek, Marcus: Effet utile und Rechtsgemeinschaft – Zugleich ein Beitrag zur Kompetenzordnung der Europäischen Gemeinschaft, Münster 2003

(Zitiert: *Mosiek*, Effet utile und Rechtsgemeinschaft, S. ...)

Müller-Glöge, Rudi/*Preis,* Ulrich/*Schmidt,* Ingrid: Erfurter Kommentar zum Arbeitsrecht, 21. Auflage, München 2021

(Zitiert: *Bearbeiter*, in: ErfK, 21. Aufl. 2021, § … Rn. …)

Nebe, Katja: Diskriminierungsschutz erwerbstätiger Eltern behinderter Kinder – EuGH stärkt den Schutz vor drittbezogener bzw. sogenannter assoziierter Diskriminierung, DVfR, Forum A, Diskussionsbeitrag Nr. 1/2011 vom 14.01.2011, Seite 1-6, https://www.reha-recht.de/fileadmin/download/foren/a/2011/A_1-2011.pdf (letzter Abruf: 09.09.2021)

(Zitiert: *Nebe*, DVfR, Forum A, Diskussionsbeitrag Nr. 1/2011, S. …)

Nebe, Katja/*Gröhl*, Stefanie/*Thoma*, Nicole: Der Diskriminierungsschutz von Sorgeleistenden (Teil I), ZESAR 2021, Seite 157-163

Neumayr, Matthias/*Reissner*, Gert-Peter (Hrsg.): Zeller Kommentar zum Arbeitsrecht, Band 1, 3. Auflage, Wien 2018

(Zitiert: *Bearbeiter*, in: ZellKomm, Band 1, 3. Aufl. 2018, § ... GlBG Rn. ...)

Neuner, Jörg: Der privatrechtliche Schutz der Persönlichkeit, JuS 2015, Seite 961-969

- Diskriminierungsschutz durch Privatrecht, JZ 2003, Seite 57-66

Nollert-Borasio, Christiane/*Perreng*, Martina: Allgemeines Gleichbehandlungsgesetz (AGG), Basiskommentar zu den arbeitsrechtlichen Regelungen, 3. Auflage, Frankfurt am Main 2011

(Zitiert: *Nollert-Borasio/Perreng*, AGG Basiskommentar, 3. Aufl. 2011, § ... Rn. ...)

Palandt, Otto: Bürgerliches Gesetzbuch mit Nebengesetzen, 80. Auflage, München 2021

(Zitiert: Bearbeiter, in: Palandt, BGB, 80. Aufl. 2021, § ... Rn. ...)

- Bürgerliches Gesetzbuch mit Nebengesetzen, 66. Auflage, München 2007

(Zitiert: *Bearbeiter*, in: Palandt, BGB, 66. Aufl. 2007, § ... Rn. ...)

Pechstein, Matthias: Entscheidungen des EuGH – Kommentierte Studienauswahl, 11. Auflage, Tübingen 2020

(Zitiert: *Pechstein*, Entscheidungen des EuGH, 11. Aufl. 2020, S. ...)

Picker, Eduard: Deliktsrechtlicher Eigentumsschutz bei Störungen der Sach-Umwelt-Beziehung – eine Skizze –, JZ 2010, Seite 541-553

- Antidiskriminierung im Zivil- und Arbeitsrecht, ZfA 2005, Seite 167-188

Potacs, Michael: Effet utile als Auslegungsgrundsatz, EuR 2009, Seite 465-488

Preis, Ulrich/*Temming*, Felipe: Arbeitsrecht, Individualarbeitsrecht – Lehrbuch für Studium und Praxis, 6. Auflage, Köln 2019

(Zitiert: *Bearbeiter*, in: Preis/Temming, Arbeitsrecht, 6. Aufl. 2019, 4. Teil § 34 Antidiskriminierung Rn. ...)

Prütting, Hanns/*Wegen*, Gerhard/*Weinreich*, Gerd: Bürgerliches Gesetzbuch, Kommentar, 16. Auflage, Köln 2021

(Zitiert: *Bearbeiter*, in: PWW, BGB, 16. Aufl. 2021, § … Rn. …)

Rebhan, Robert: Das neue Antidiskriminierungsrecht – Anmerkungen zur Lage in Österreich, ZfA 2006, Seite 347-360

Rebhan, Robert/*Kietaibl*, Christoph: Mittelbare Diskriminierung und Kausalität, RW Heft 4 2010, Seite 373-396

Reich, Norbert: Kurzbesprechung der Schlussanträge des Generalanwalts Poiares Maduro vom 31.1.2008 in der Rs. C-303/06 Sharon Coleman gegen Attrige Law und Steve Law, EuZW 2008, Seite 132-133

Renner, Moritz: Paradigmen des Antidiskriminierungsrechts, KritV 2010, Seite 161-167

Repgen, Tilman: Antidiskriminierung – die Totenglocke des Privatrechts läutet, in: Isensee (Hrsg.), Vertragsfreiheit und Diskriminierung, Berlin 2007, Seite 11-98

(Zitiert: *Repgen*, in: Isensee, Vertragsfreiheit und Diskriminierung, S. ...)

Rolfs, Christian/*Giesen*, Richard/*Kreikebohm*, Ralf/*Meßling*, Miriam/*Udsching*, Peter: Beck'scher Online-Kommentar Arbeitsrecht, 60. Edition, München 2021, Stand: 01.06.2021

(Zitiert: *Bearbeiter*, in: Rolfs/Giesen/Kreikebohm/Meßling/Udsching, BeckOK Arbeitsrecht, 60. Ed., Stand: 01.06.2021, § ... Rn. ...)

Rosendahl, Cathleen: Der Fall Coleman und seine Auswirkungen auf das britische Gleichbehandlungsrecht, DVfR, Forum B, Diskussionsbeitrag Nr. 12/2011 vom 27.07.2011, Seite 1-7, https://www.reha-recht.de/fileadmin/download/foren/b/2011/B12-2011_Fall_Coleman.pdf (letzter Abruf: 09.09.2021)

(Zitiert: *Rosendahl*, DVfR, Forum B, Diskussionsbeitrag Nr. 12/2011, S. …)

Rupp, Hans-Jürgen: Die unmittelbare Benachteiligung nach § 3 Abs. 1 AGG, RdA 2009, Seite 307-311

Säcker, Franz-Jürgen: „Vernunft statt Freiheit!" – Die Tugendrepublik der neuen Jakobiner, Referentenentwurf eines privatrechtlichen Diskriminierungsgesetzes, ZRP 2002, Seite 286-290

Säcker, Franz-Jürgen/*Rixecker*, Roland/*Oetker*, Hartmut/*Limperg*, Bettina (Hrsg.): Münchener Kommentar zum Bürgerlichen Gesetzbuch, Band 1, Allgemeiner Teil, §§ 1-240, Allg-PersönlR, ProstG, AGG, 9. Auflage, München 2021

(Zitiert: *Bearbeiter*, in: MüKo BGB, Band 1, 9. Aufl. 2021, § ... Rn. ...)

- Münchener Kommentar zum Bürgerlichen Gesetzbuch, Band 2, Schuldrecht – Allgemeiner Teil I, 8. Auflage, München 2019

(Zitiert: *Bearbeiter*, in: MüKo BGB, Band 2, 8. Aufl. 2019, § … Rn. …)

- Münchener Kommentar zum Bürgerlichen Gesetzbuch, Band 3, Schuldrecht – Allgemeiner Teil II, 8. Auflage, München 2019

(Zitiert: *Bearbeiter*, in: MüKo BGB, Band 3, 8. Aufl. 2019, § … Rn. …)

Schaub, Günter: Arbeitsrechts-Handbuch, Systematische Darstellung und Nachschlagewerk für die Praxis, 18. Auflage, München 2019

(Zitiert: *Bearbeiter*, in: Schaub, ArbRHdb, 18. Aufl. 2019, § ... Rn. ...)

Schiek, Dagmar: Allgemeines Gleichbehandlungsgesetz (AGG), Ein Kommentar aus europäischer Perspektive, Regensburg 2007

(Zitiert: *Bearbeiter*, in: Schiek, AGG, § ... Rn. ...)

Schlachter, Monika: Benachteiligung wegen besonderer Verbindung statt Zugehörigkeit zu einer benachteiligten Gruppe – Der Diskriminierungsbegriff des EuGH in der Entscheidung Coleman v. 17.7.2008 – C-303/06, RdA 2010, Seite 104-109

Schleusener, Aino/*Suckow*, Jens/*Plum*, Martin: AGG – Allgemeines Gleichbehandlungsgesetz, 5. Auflage, Köln 2019

(Zitiert: *Bearbeiter*, in: SSP, AGG, 5. Aufl. 2019, § ... Rn. ...)

Schnabel, Astrid: Diskriminierungsschutz ohne Grenzen? – Reichweite und Grenzen des persönlichen und sachlichen Schutzbereichs des Antidiskriminierungsrechts am Beispiel der Entscheidung Coleman (C-303/06) und Feryn (C-54/07) des EuGH, Baden-Baden 2014

(Zitiert: *Schnabel*, Diskriminierungsschutz ohne Grenzen?, S. …)

Serr, Stephan: J. von Staudingers Kommentar zum Bürgerlichen Gesetzbuch mit Einführungsgesetz und Nebengesetzen, AGG (Allgemeines Gleichbehandlungsgesetz), Neubearbeitung 2020, Berlin 2020

(Zitiert: *Serr*, in: Staudinger AGG, 2020, § ... Rn. ...)

Seyr, Sibylle: Der *effet utile* in der Rechtsprechung des EuGH, Berlin 2008

(Zitiert: *Seyr*, Der *effet utile* in der Rechtsprechung des EuGH, S. ...)

Skidmore, Paul: Schutz vor Diskriminierung im englischen Arbeitsrecht, AuR 2005, Seite 360-363

Solanke, Iyiola: Discrimination as Stigma – A Theory of Anti-discrimination Law, 2017

(Zitiert: *Solanke*, Discrimination as Stigma, S. …)

Sprenger, Markus: Aktuelle Tendenzen des EuGH im Diskriminierungsrecht – Rechtsprechung oder Rechtsfortbildung? – Zugleich Besprechung zu EuGH, Urteil vom 10.07.2008, Rs. C-54/07, „Feryn“, BB 2008, Seite 2405-2409

Stenslik, Bastian-Peter: Diskriminierende Arbeitgeberkündigung und die europäischen Diskriminierungsverbote, Berlin 2010

(Zitiert: *Stenslik*, Diskriminierende Arbeitgeberkündigung, S. ...)

Stoffels, Markus: Grundprobleme der Schadensersatzverpflichtung nach § 15 Abs. 1 AGG, RdA 2009, Seite 204-215

Streibel, Angela: Rassendiskriminierung als Eingriff in das allgemeine Persönlichkeitsrecht, Frankfurt am Main 2010

(Zitiert: *Streibel*, Rassendiskriminierung als Eingriff in das allgemeine Persönlichkeitsrecht, S. ...)

Stürner, Rolf (Hrsg.): Jauernig – Bürgerliches Gesetzbuch mit Rom-I-VO, Rom-II-VO, Rom-III-VO, EG-UnthVO/HUntProt und EuErbVO, 18. Auflage, München 2021

(Zitiert: *Bearbeiter*, in: Jauernig, BGB, 18. Aufl. 2021, § ... Rn. ...)

Sutschet, Holger: Assoziierte Diskriminierung – Urteil des Europäischen Gerichtshofs vom 17.7.2008 – Rechtsache Coleman gegen Attridge Law, Steve Law, EuZA Bd. 2 (2009), Seite 245-256

Thüsing, Gregor: Arbeitsrechtlicher Diskriminierungsschutz, Das Allgemeine Gleichbehandlungsgesetz und andere arbeitsrechtliche Benachteiligungsverbote, 2. Auflage, München 2013

(Zitiert: *Thüsing*, Arbeitsrechtlicher Diskriminierungsschutz, 2. Aufl. 2013, Rn. ...)

- Das Arbeitsrecht der Zukunft? – Die deutsche Umsetzung der Anti-Diskriminierungsrichtlinien im internationalen Vergleich, NZA Sonderbeilage zu Heft 22/2004, Seite 3-16

- Die Fortschritte des Diskriminierungsschutzes im Europäischen Arbeitsrecht, ZfA 2001, Seite 397-418

Tolmein, Oliver: Vermittelte direkte Benachteiligung – ein vom EuGH geschaffener neuer Diskriminierungs-Typus? („Coleman") – Anmerkung zu: EuGH Große Kammer, Urteil vom 17.07.2008 - C-303/06, jurisPR-ArbR 37/2008 Anm. 1

von der Groeben, Hans/*Schwarze*, Jürgen/*Hatje* Armin: Europäisches Unionsrecht, Vertrag über die Europäische Union, Vertrag über die Arbeitsweise der Europäischen Union, Charta der Grundrechte der Europäischen Union, 7. Auflage, Baden-Baden 2015

(Zitiert: *Bearbeiter*, in: von der Groeben/Schwarze/Hatje, Europäisches Unionsrecht, 7. Aufl. 2015, Art. … Rn. …)

von Diest, Antoinette: Änderungen im Diskriminierungsschutz durch die Europäische Grundrechtecharta: Anwendungsbereich und inhaltliche Reichweite des Art. 21 Abs. 1 EGRC, Baden-Baden 2016

(Zitiert: *von Diest*, Änderungen im Diskriminierungsschutz durch die Europäische Grundrechtecharta, S. …)

Waddington, Lisa: Schutz für Familie und Freunde: Bekämpfung von Diskriminierungen durch Assoziierung, Europäische Zeitschrift zum Antidiskriminierungsrecht, Ausgabe 5, Brüssel Juli 2007, Seite 13-23, http://www.mittendrinundaussenvor.de/fileadmin/bilder/Europ-Zeitschr-5.pdf (letzter Abruf: 09.09.2021)

(Zitiert: *Waddington*, Europäische Zeitschrift zum Antidiskriminierungsrecht, Ausgabe 5, Juli 2007, S. …)

Wagner, Gerhard: Prävention und Verhaltenssteuerung durch Privatrecht – Anmaßung oder legitime Aufgabe?, AcP 206 (2006), Seite 352-476

Wagner, Gerhard/*Potsch*, Nicolas: Haftung für Diskriminierungsschäden nach dem Allgemeinen Gleichbehandlungsgesetz, JZ 2006, Seite 1085-1100

Walker, Wolf-Dietrich: Der Entschädigungsanspruch nach § 15 II AGG, NZA 2009, Seite 5-11

Wank, Rolf: Diskriminierung in Europa – Die Umsetzung der europäischen Antidiskriminierungsrichtlinien aus deutscher Sicht, NZA Sonderbeilage zu Heft 22/2004, Seite 16-26

Welti, Felix: Anmerkung zu dem Urteil des EuGH (Coleman), ZESAR 2009, Seite 148-152

*Wendeling-Schröd*er, Ulrike: Anmerkung zum Urteil des BAG vom 22.04.2010 – 6 AZR 966/08, AP GG Art. 3 Nr. 322

Wendeling-Schröder, Ulrike/*Stein*, Axel: Allgemeines Gleichbehandlungsgesetz, Kommentar, München 2008

(Zitiert: *Bearbeiter*, in Wendeling-Schröder/Stein, AGG, § … Rn. …)

Westermann, Harm Peter/*Grunewald*, Barbara/*Maier-Reimer*, Georg (Hrsg.): Erman – Bürgerliches Gesetzbuch, Band I: Handkommentar mit AGG, EGBGB (Auszug), ErbbauRG, LPartG, ProdHaftG, VBVG, VersAusglG und WEG, 16. Auflage, Köln 2020

(Zitiert: *Bearbeiter*, in: Erman, BGB, Band I, 16. Aufl. 2020, § … Rn. …)

Wiedmann, Herbert/*Thüsing*, Gregor: Der Schutz älterer Arbeitnehmer und die Umsetzung der Richtlinie 2000/78/EG, NZA 2002, Seite 1234-1242

Willemsen, Heinz Josef/*Sagan*, Adam: Die Auswirkungen der europäischen Grundrechtecharta auf das deutsche Arbeitsrecht, NZA 2011, Seite 258-262

Willemsen, Heinz Josef/*Schweibert*, Ulrike: Schutz der Beschäftigten im Allgemeinen Gleichbehandlungsgesetz, NJW 2006, Seite 2583-2592

Wisskirchen, Gerlind: Der Umgang mit dem Allgemeinen Gleichbehandlungsgesetz – Ein „Kochrezept" für Arbeitgeber, DB 2006, Seite 1491-1499

Wocken, Larissa: Das Verbot der Benachteiligung wegen der Behinderung setzt keine eigene Betroffenheit voraus – Urteilsanmerkung zur Entscheidung des Europäischen Gerichtshofs (Urteil vom 17.7.2008 – C-303/06 S. Coleman/ Attridge Law, Steve Law), Sozialrecht aktuell 2009, Seite 12-13

Yaroshevskiy, Vladimir: Die Auslegungsmethoden des EuGH, in: Berliner Online-Beiträge zum Europarecht, Nr. 59, 28.09.2010, Seite 1-25, https://www.jura.fu-berlin.de/forschung/europarecht/bob/berliner_online_beitraege/Paper59-Yaroshevskiy/Paper59---Die-Auslegungsmethoden-des-EuGH.pdf (letzter Abruf: 09.09.2021)

(Zitiert: *Yaroshevskiy, in:* Berliner Online-Beiträge zum Europarecht, Nr. 59, S. ...)

Zenner, Andreas: Der Vertrag mit Schutzwirkung zu Gunsten Dritter – Ein Institut im Lichte seiner Rechtsgrundlage, NJW 2009, Seite 1030-1034

www.ingramcontent.com/pod-product-compliance
Ingram Content Group UK Ltd.
Pitfield, Milton Keynes, MK11 3LW, UK
UKHW020713041026
15590UKWH00002B/644

9 783631 883563